Karl-Heinz Braun · Konstanze Wetzel

Sozialreportage

Karl-Heinz Braun
Konstanze Wetzel

Sozialreportage

Einführung in eine Handlungs- und Forschungsmethode der Sozialen Arbeit

VS VERLAG FÜR SOZIALWISSENSCHAFTEN

Bibliografische Information der Deutschen Nationalbibliothek
Die Deutsche Nationalbibliothek verzeichnet diese Publikation in der
Deutschen Nationalbibliografie; detaillierte bibliografische Daten sind im Internet über
<http://dnb.d-nb.de> abrufbar.

1. Auflage 2010

Lektorat: Stefanie Laux

VS Verlag für Sozialwissenschaften ist Teil der Fachverlagsgruppe
Springer Science+Business Media.
www.vs-verlag.de

Umschlaggestaltung: KünkelLopka Medienentwicklung, Heidelberg
Druck und buchbinderische Verarbeitung: Ten Brink, Meppel
Gedruckt auf säurefreiem und chlorfrei gebleichtem Papier
Printed in the Netherlands

ISBN 978-3-531-16332-1

Inhalt

Vorwort

Die Reportage ist eine journalistische Textsorte, die thematisch auf die Analyse von Milieuprozessen konzentriert ist und ihren historischen Ursprung in Reiseberichten und Augenzeugenberichten hat. Diese Traditionen werden in diesem Buch bewusst aufgenommen (vgl. Kap.1) und mit Frage- und Aufgabenstellungen der Sozialen Arbeit verknüpft. Dabei dient die Sozialreportage als *Handlungsmethode* vorrangig der mehr oder weniger öffentlichen Selbstreflexion der Menschen über ihre Lebenslage, ihre sozialen Beziehungen und ihre Lebenseinstellungen, wobei den sozialen Problemen als Folge gesellschaftlicher Desintegrationsprozesse und deren zwischenmenschlichen und psychischen Bewältigungsweisen besondere Aufmerksamkeit geschenkt wird. Das schließt die Selbstreflexion der in den verschiedensten Handlungsfeldern der Sozialen Arbeit professionell oder auch ehrenamtlich Tätigen mit ein. Die Sozialreportage als *Forschungsmethode* will handlungsorientierendes Wissen erarbeiten über die komplexen und in sich widersprüchlichen Zusammenhänge von gesamtgesellschaftlichen Strukturen, alltäglichen Lebensbedingungen, intersubjektiven Verständigungsweisen und der Herausbildung unterschiedlicher Formen von psychosozialer Handlungs-, Reflexions- und Genussfähigkeit. Sie nimmt dabei in diesem ersten Begründungsentwurf unterschiedliche *qualitative* (rekonstruktive) Methoden der Sozialforschung auf und stellt sie in *synthetischer* Absicht in den größeren Zusammenhang der Analyse der systemischen Verursachung und der lebensweltlichen Verlaufs- und Bewältigungsformen von epochal- und milieutypischen sozialen Problemkonstellationen. Bei der Weiterentwicklung der Sozialreportage zu einem integralen Bestandteil der *Sozialberichterstattung* wird auch die Triangulation dieser Methoden mit quantitativen Verfahren systematisch und gegenstandsbezogen zu erörtern sein; das soll in einem späteren Band erfolgen.

Der Band verschränkt in flexibler Weise theorie- und sozialgeschichtliche, abstrakt-begriffliche und konkret-empirische, konzeptionelle und methodische Argumentationsstränge miteinander. Dabei überwiegen im ersten Teil die systematischen Reflexionen und im zweiten Teil die historischen. Diese Vielfalt der Sozialreportagequellen ist kein Zufall, sondern spiegelt die Vielschichtigkeit der theoretischen Entwürfe, der empirischen Verfahrensweisen und der praktischen Entstehungs- und Verwendungskontexte.

Man kann dieses Buch zunächst wie ein *„normales" Buch* von vorne bis hinten durchlesen und gewinnt so einen Eindruck, was die Sozialreportage als Handlungs-

und Forschungsmethode in der Sozialen Arbeit leisten will. Der Charakter als *Lehrbuch* wird daran deutlich, dass die einzelnen Kapitel relativ kurz gehalten und in sich geschlossen sind und sich so zur Einführung in die jeweiligen Problemstellungen der Sozialreportage eignen, die relativ eigenständiges Thema von Seminar-, aber auch von Fort- und Weiterbildungsveranstaltungen sein können. Zugleich erlauben die jeweiligen „Bausteine", die fast den Charakter von Modulen haben, auch vergleichende Diskussionen (z.B. zwischen der Kultur- und Wissenssoziologie von Karl Mannheim [Kap. 3] und der sozialwissenschaftlichen Bildpädagogik von Otto Neurath [Kap. 10.5]). Der Charakter des *Arbeitsbuches* wird besonders daran deutlich, dass die jeweiligen Kapitel und Unterkapitel in sich nochmals sehr ausdifferenziert worden sind, so dass sie auch als „Raster" gelesen und verwendet werden können zur *Ordnung* vorhandener Materialien und Erfahrungen sowie zur *Planung* eigener Sozialreportagen. Dazu dienen auch die zahlreichen Lese-, Bearbeitungs- und Projektvorschläge im laufenden Text, die relativ ausführlichen Literaturhinweise in den einzelnen Abschnitten und besonders die Dokumentationsteile: Wir haben die zu bearbeitenden Materialien in dieses Buch integriert und zwar entweder in Form von längeren Zitaten im fortlaufenden Text oder als Zitatmontagen in besonderen Abschnitten (meist in den Kästen, einmal – Kap. 6.2 – auch als eigenes Unterkapitel). Damit wollten wir den LeserInnen die mühsame Suche der Quellen ersparen. Selbstverständlich geht es in diesen Passagen nur darum, eine *andere* historisch bzw. systematisch wichtige Begründungs- und Argumentationsweise vor- und zur Diskussion zu stellen, unsere *eigene* können sie selbstverständlich nicht ersetzen. Insgesamt dürfte auf diese Weise deutlich werden, dass die Sozialreportage immer auch eine *Lern-Lehr-Methode* ist.

Soweit nicht anders vermerkt, sind alle Fotos in diesem Band von uns gemacht worden. Bei den historischen Texten wurde die Rechtschreibung stillschweigend angepasst (soweit dem nicht inhaltliche Notwendigkeiten entgegen standen).

Dieses Buch beruht im Wesentlichen auf Ergebnissen des vom Jubiläumsfonds der Österreichischen Nationalbank unter Nr. 12347 zwischen 2007 und 2009 geförderten Forschungsprojekts „Soziale Desintegrationsprozesse im Alltagsleben von Kindern und Jugendlichen in Österreich: Gesellschaftliche Ursachen und pädagogische Interventionsmöglichkeiten" (Braun/Felinger/Wetzel 2009). Allen MitarbeiterInnen des Projektes sei an dieser Stelle herzlich gedankt; ferner den Studierenden der verschiedenen Seminare an der Hochschule Magdeburg-Stendal und an der Fachhochschule Kärnten. Nicht zuletzt danken wir Matthias Elze (Dessau), der die verschiedenen Schaubilder und Fotos für diese Veröffentlichung zusammengestellt und bearbeitet hat.

Wichtige Teile des Buches wurden in mehreren Sitzungen des von uns angebotenen Theorie-Praxis-Seminars (TPS) diskutiert. Wir widmen dieses Buch den ehemaligen TPS-Teilnehmern Andreas Riedel, genannt „Moff" (31.8.1960 – 21.6.1998) und Andreas Hahn (29.10.1983 – 5.3.2009); sie sind beide viel zu früh gestorben.

Magdeburg und Feldkirchen (Kärnten), im Juli 2009

Karl-Heinz Braun
Konstanze Wetzel

Erster Teil:

Gegenstand und allgemeine Methode der Sozialreportage

Kapitel 1: Von der journalistischen Reportage zur Sozialreportage

Lese- und Bearbeitungsvorschlag: *Dieses Kapitel will zeigen, wie die Sozialreportage an die journalistischen Reportagetraditionen anschließt und sie dann zu einem eigenständigen Handlungs- und Forschungsansatz in der Sozialen Arbeit transformiert. Wir schlagen dazu folgende Leseschritte vor.*
1. Zunächst sollte der Kasten "Merkmale der journalistischen Reportage" (in Kap. 1.1) ausführlich diskutiert werden, der – anhand prägnant ausgewählter Zitate – das Selbstverständnis der journalistischen Reportage zusammenfasst;
2. dann sollte der Kasten „Jürgen Habermas über Alltagssprache, Bildungssprache und Wissenschaftssprache" (in Kap. 1.4) interpretiert und diskutiert werden;
3. beide Argumentationsmuster fließen dann zusammen zu einer ersten Aufgabenbestimmung der Sozialreportage.

Die Übereinstimmungen und Differenzen zwischen der Reportage als journalistischer Erkenntnismethode und Darstellungsform und der Reportage im Kontext der Sozialen Arbeit können in einem ersten „Anlauf" in fünf Punkten zusammengefasst werden:

1.1 Objektive und subjektive Milieustrukturen

Die sozialen Milieus sind das Feld der unmittelbaren Lebensbewältigung; in ihnen können die Menschen ihre sozialen Probleme lösen und beginnen, die Gesellschaft zu verändern – beides allerdings nur unter Beachtung der gegebenen Voraussetzungen. Diese Alltagserfahrung lässt sich begrifflich deuten als Wechsel- und Spannungsverhältnis von *objektiver Bestimmtheit* und *subjektiver Bestimmung*, womit dreierlei gemeint ist:

a. Zwar können die Menschen ihr Leben in solidarischer Weise individuell und kollektiv selbstbestimmt gestalten, aber auch unter sehr günstigen Bedingungen können sie dies nur unter sehr bestimmten, nämlich objektiven Bedingungen tun. Zu diesen ob*jektiven Strukturen* gehören besonders die übergreifenden ökonomischem und staatlich-politischen Verhältnisse. Von diesen *systemischen* Bedingungen sind jene zu unterscheiden, die den Menschen in ihrem *unmittel-*

baren Alltagsleben begegnen (z.B. die Wohn- und Verkehrsverhältnisse in ihrem Stadtteil oder die Bildungs- und Sozialeinrichtungen in der Stadt). Diese bilden den *Sozialraum* als die objektive Seite der sozialen Milieus.

b. So sehr der einzelne Mensch immer auch der Ursprung seiner eigenen Handlungen ist und so wenig die Freiheitsansprüche des einzelnen von anderen Menschen für ihn wahrgenommen werden können (eine stellvertretende Freiheit wäre keine mehr), so wenig ist der Mensch ein isoliertes Wesen. Vielmehr sind auch seine elementarsten Absichten immer schon auf andere Menschen hin ausgerichtet (z.B. sein Bedürfnis nach sozialer Geborgenheit) und im Gang seiner individuellen Entwicklung lernt er es immer mehr *sich selbst* durch seine *Mitmenschen „hindurch"* wahrzunehmen und verstehend zu erkennen (so können die Menschen ihre Geschlechtsidentität nur in der Auseinandersetzung mit dem jeweils anderen Geschlecht herausbilden). Diese sozialen *Intersubjektivitäts- und Interaktionsbeziehungen* bilden die *Lebenswelt* der jeweiligen Milieus.

c. Die Besonderheit des Milieuansatzes als dem Grundlagenkonzept der Sozialreportage liegt nun darin begründet, dass in ihm einerseits die objektiven und die subjektiven Strukturen bis zu einem gewissen Grade analytisch getrennt werden können, um die jeweilige innere Logik besser empirisch erfassen und theoretisch deuten zu können (die Sozialräume lassen sich nicht in Interaktionsbeziehungen auflösen und die Lebenswelt kann nicht aus den alltäglichen Lebensbedingungen abgeleitet werden). Andererseits betont er gerade die Wechselbeziehungen zwischen Sozialraum- und Lebensweltstrukturen. Denn die Milieuverhältnisse sind sowohl *Resultat* als auch *Voraussetzung* individuellen wie gemeinschaftlichen menschlichen Handelns. Die Aneignung der vorhandenen objektiven und intersubjektiven Milieustrukturen und die Schaffung neuer, gerechterer und humanerer Lebensverhältnisse ist den Menschen individuell wie gemeinschaftlich aufgegeben, also eine permanente Entwicklungsaufgabe.

1.2 Soziale Tatsachen und argumentierende Deutung

Nicht nur für die journalistische Reportage, sondern auch für die Sozialreportage ist das Verhältnis von Tatsache und Deutung eine der zentralen Herausforderungen; dabei sind drei Aspekte zu beachten:

a. Die elementarste Form der Tatsache ist das Wissen über einen unmittelbaren *Ereignis-Erlebnis-Zusammenhang.* Damit ist einerseits hervorgehoben, dass eine Tatsache (z.B. der Unfalltod eines Kindes an einem Fußgängerübergang ohne

Ampel) einerseits eine objektive Ereignis-Seite hat, dass diese selber aber von konkreten Menschen als solche auch erlebt werden muss, damit sie als solche anerkannt wird (so sind z.B. in der frühen Neuzeit in Florenz viele Kleinkinder „verschwunden", was aber fast niemanden weiter interessiert hat, weshalb es auch kein Thema des Alltagslebens war). Dabei sind die Einzel-Ereignisse in eine komplexere Ereignisstruktur eingelassen, die das Einzelereignis erst möglich macht (im Beispiel: der stadtplanerische Mangel an verkehrsberuhigten Zonen in den Wohngebieten). Zugleich wird bei näherer Betrachtung auch schnell deutlich, dass das jeweilige Erleben eines solchen Ereignisses ein sehr komplexer Prozess ist, der in hohem Maße davon bestimmt wird, welchen „Blick" das jeweilige Subjekt auf das Ereignis wirft (so wird ein Verkehrsexperte den Unfall anders sehen als eine zufällig anwesende Ärztin oder ein Kind, welches noch nie bei einem solchen dramatischen Ereignis anwesend war). Von der jeweiligen Reflexionsbereitschaft und -fähigkeit hängt auch in hohem Maße ab, ob und ggf. in welcher Weise ein ereignisbezogenes Erlebnis zu einer persönlich bedeutsamen sozialen Erfahrung wird – und auf diese Weise als Tatsache und perspektivisch ggf. als Nachricht (im journalistischen Kontext) oder als soziales Problem (im wissenschaftlichen und/oder politischen Kontext) anerkannt wird. Deshalb erfordert die Sozialreportage – wie es Bonß (1982: Kap. 5) auch mit Blick auf die Empiriebezüge der Kritischen Theorie genannt hat – die *„Einübung des Tatsachenblicks"*.

b. Der angedeutete Zusammenhang von Sinnlichkeit und Reflexivität in der Sozialreportage geht aber über die Beziehung zwischen Erlebnis und Erfahrung noch grundsätzlich hinaus, weil nämlich in den Erlebnisprozess selber auch schon Einsichten in und Erkenntnisse über Strukturen eingehen, die sich nicht auf die situativen Gegebenheiten beschränken lassen (im Beispiel: solche aus der Stadtsoziologie oder aus der Sozialraumforschung). Die *argumentierende Deutung* von Ereignissen stellt somit eine Beziehung her zwischen der jeweiligen Tatsache und den sie ermöglichenden objektiven und subjektiven Strukturzusammenhängen (im Beispiel: die strukturelle Bevorzugung der AutofahrerInnen gegenüber den FußgängerInnen, die aggressive Fahrweise von Teilen der AutofahrerInnen und die unzureichende Verkehrserziehung von Teilen der Kinder). Es handelt sich in diesem Falle insofern um eine Deutung, als die entsprechende erläuternde Stellungnahme von Beteiligten sich nicht auf die Tatsachenfeststellung reduzieren lässt – und sie auch nicht nur als eine solche verstanden werden will. Sie unterscheidet sich allerdings von einer reinen Meinungsäußerung oder Glaubensüberzeugung dadurch, dass sie *Gründe* angibt, warum für sie hier ein bestimmter Ursache-Wirkung-Erfahrungszusammenhang erkennbar wird und damit etwas über ihn gewusst werden kann. Den Ausgangspunkt einer entsprechenden Argumentationskette bilden dann gemeinsam anerkannte Sachverhalte (im Beispiel: über bestimmte Verursachungskomplexe von Verkehrsunfälle) oder soziale Normen (dass z.B. für eine zivilisierte Gesellschaft der gewaltsame Tod von Menschen immer eine zu überwindende soziale Problematik darstellt). Von solchen Übereinstimmungen ausgehend wird dann im dialogischen Prozess versucht „lückenlos" zu beweisen, dass eine bestimmte Deutung die überzeugendere ist. Solche Gründe, die dann auch die Grundlage entsprechender pragmatischer wie wissenschaftlicher Entscheidungen bilden (sollen), müssen sich also gegenüber anderen begründenden Deutungen bewähren, somit als die tragfähigeren erweisen (wer z.B. nur auf die Verhaltensweisen der AutofahrerInnen eingeht, müsste nachweisen, dass deren stadtplanerische Bevorzugung keinen Einfluss auf Unfallprozesse hat). Dabei gilt hier generell der „Sparsamkeitsgrundsatz": Eine Deutung ist um so trifftiger, je weniger Annahmen sie macht, je geringer also ihr Erklärens- und Verstehensüberschuss ist.

c. Aus diesen skizzenhaften Überlegungen ergibt sich auch ein angemesseneres Verständnis der erfahrungswissenschaftlichen Objektvitätsansprüche von Aussagen und Deutungen. Wie in der Textmontage von Mast erkennbar (vgl. aber auch Mast 2004: 129, 245, 319 und 336), gibt es in Teilen des Journalismus die Neigung, die Objektivität einer Aussage nur dann anzuerkennen, wenn sie quasi „subjektlos" erfolgt (dahinter steht die Tradition des angelsächsischen Journalismus, die streng zwischen „Nachricht" und „Meinung" unterscheidet [vgl. ebd.: 237, 245 u. 256] – und dabei Gedankenformen des Sensualismus bzw. des klassischen Positivismus aufnimmt bzw. weiterführt). Wie aber schon in Kap.1.1 dargestellt, gibt es keine subjektlose menschliche Lebenspraxis; und erkenntnistheoretisch ist die Differenz, aber auch der Zusammenhang von Erkenntnis-*Objekt* und Erkenntnis-*Subjekt* nicht auflösbar. Die als „Ideal" missverstandene Absicht, Aussagen ohne einen Bezug auf die subjektgebundenen Erkenntnisprozesse (individueller wie kollektiver Art) zu formulieren, beruht auf einer falschen Verallgemeinerung der Besonderheiten des *naturwissenschaftlichen* Forschungsprozesses: Durch ihn werden in der Tat die Naturprozesse selber nicht verändert. Demgegenüber haben soziale bzw. sozialwissenschaftliche Deutungsprozesse immer auch einen Einfluss auf die gesellschaftliche Lebenspraxis der Menschen (sei es als Vorurteile, sei es als neuer Erwartungshorizont, sei es als eine größere Verbreitung wissenschaftlicher Erkenntnisse durch die Anhebung des allgemeinen Bildungsniveaus usw.). Oder anders ausgedrückt: Edmund Husserl (1859-1938) hatte in den 1930er Jahren die Krise der europäischen Wissenschaften und das Erstarken des modernen Irrationalismus als Folge des naturwissenschaftlichen Objektivismus interpretiert – und als Alternative dazu sein Konzept der Lebenswelt als der praktischen Basis aller Wissenschaften entwickelt (vgl. Husserl 1992: §§ 9 – 15 u. 33 – 48). Diese Einbeziehung der Intersubjektivitätsperspektive öffnet keineswegs der Willkür des rein Individuellen und damit Beliebigen Tür und Tor (wie häufig indirekt unterstellt wird), weil sie nämlich zugleich auf die Notwendigkeit einer rationalen Verständigung zwischen den argumentierenden Erkenntnissubjekten verweist. In dieser Tradition steht auch die Sozialreportage, wobei sie betont, dass aus dem Sachverhalt, dass argumentierende Deutungen immer auch *soziale Konstruktionen* über die soziale und gesellschaftliche Wirklichkeit sind, zugleich folgt, dass sie mit empirischen und theoretischen Argumenten *dekonstruiert* werden können, um dann realitätsgerechteren, also objektiveren Konstruktionen Platz zu machen.

Merkmale der journalistischen Reportage

Bearbeitungsvorschlag: *Bevor mit der Lektüre und Diskussion dieser Systematik begonnen wird, empfiehlt es sich Tages- und Wochenzeitungen sowie Illustrierten ganz unterschiedlichen Niveaus zu sammeln und sie auf ihre verschiedenen Reportageformen hin zu sichten; dabei ist es – auch für die Weiterarbeit mit diesen Materialien in den weiteren Arbeitsschritten und -projekten – ratsam, der Darstellung sozialer Probleme besondere Aufmerksamkeit zu schenken.*

Die Besonderheiten der Reportage im Kontext der journalistischen Aufklärungsarbeit ist – im Anschluss an die grundlegende Arbeit von Haller 2006: Erster Teil) – von Mast (2004) zusammenfassend so bestimmt worden (die Systematik stammt von uns und ist so ausgerichtet, dass die Vergleichspunkte zur Sozialreportage deutlich werden):

1. *Die beiden Ursprungstraditionen: Reisebericht und Augenzeugenbericht*

   „Die moderne Reportage stützt sich auf zwei ganz unterschiedliche Traditionen: den Reisebericht und den Augenzeugenbericht. Die Augenzeugenschaft bleibt dabei bis heute grundsätzlich das zentrale Element bzw. die Ausgangsbedingung jeder Reportage. Der Reporter schildert jegliches Geschehen aus seiner Perspektive, d.h. so wie er es selbst wahrgenommen hat, und er bietet dem Rezipienten damit die Möglichkeit, die Ereignisse und Situationen mit den Augen des Reporters noch einmal unmittelbar erleben zu können.

   Reisereportagen und Augenzeugenberichte hatten in den vergangenen Jahrhunderten das Ziel, stellvertretend für die Hörer und Leser Distanzen zu überwinden, um

Fernes und Fremdes nahe zu bringen. Aber nicht nur räumliche Distanzen sollen dabei überwunden werden, sondern auch Einblicke in Milieus und Lebenswelten vermittelt werden, die dem Leser ansonsten fremd bleiben. Die Überwindung von Distanz und das Überschreiten von Barrieren ist daher selbst ein Leitbild jeder Reportage. Seit den Reportagen Egon Erwin Kischs verbindet man mit dieser Stilform noch eine weitere journalistische Eigenart: die Methode des verdeckten Rollenspiels. Der Reporter begnügt sich nicht mehr mit dem Standpunkt des Beobachters, sondern agiert als Mitspieler oder gar Hauptakteur, bleibt aber für die anderen Beteiligten inkognito." (Mast 2004: 256)

2. *Die Recherche als Voraussetzung der Reportage*
   Wie angeklungen sind auch dem Reporter die Ereigniszusammenhänge und Erfahrungskontexte, über die er berichtet, nicht einfach präsent, gegeben, sondern sie sind ihm aufgegeben, er muss sich die Einsichten in diese Facetten der sozialen Wirklichkeit erarbeiten. „Journalistische Recherche soll also Zusammenhänge und Hintergründe aufdecken, die bei oberflächlicher Betrachtung noch verborgen bleiben. Ein Sachverhalt oder ein Ereignis kann sich in einem ganz anderen Licht darstellen, wenn der Journalist nur genügend Zeit hat, im Archiv zu stöbern, Beteiligte und Zeugen zu befragen oder die Meinung von Experten einzuholen". (ebd.: 204) Insofern baut die Reportage einerseits auf Nachrichten auf: „Nachrichten sind zum einen Mitteilungen von publizistischem Wert; zum anderen ist die Nachricht eine journalistische Darstellungsform, mit der die Vermittlung von Informationen in möglichst knapper, unparteilicher Weise angestrebt wird. Sie ist vor allem eine ausschließlich tatsachenbetonte Darstellungsform." (ebd.: 243 f.). Andererseits enthalten Reportagen stets Berichtselemente: Auch der Bericht ist „eine tatsachenbetonte Darstellungsform. Mit einem Bericht soll der Rezipient möglichst gründlich über ein Ereignis oder ein Thema informiert werden." Er ist länger als Nachrichten, weil das „Ereignis oder Thema ausführlicher und tiefer gehend behandelt wird ... Zusammenhänge, Hintergründe, Vorgeschichte und Konsequenzen kann der Bericht über die reinen Nachrichtenfakten berücksichtigen. (...) Dennoch muss das Geschehen selbst im Bericht das Wichtigste bleiben." (ebd.: 249)

3. *Die handlungs-, reflexions- und genussfähigen Menschen im Milieuzusammenhang als Hauptthema*
   „Milieuthemen sind Reportagethemen schlechthin. (...) Milieus sind Menschen in der von ihnen geschaffenen Umwelt, von der Zimmereinrichtung bis zum Baustil eines Stadtteils, von der Stimmung am Arbeitsplatz bis zu Stammtischen in Wirtshäusern." (ebd.: 257f) Aus ihrer systematischen Analyse resultieren Trendanalysen. „Trendthemen sind durch zwei Dimensionen gekennzeichnet: die eine ist hintergründig und gilt dem Trend, die andere ist vordergründig und hat die Erlebnisse zum Inhalt, die den

Trend in der alltäglichen Lebenswelt aufzeigen. Ein Trend kann vielerlei sein: Moden, Seh- und Denkweisen, aber auch politische und soziale Veränderungen. Den Vordergrund liefern Erlebnisse, Ereignisse und Geschichten, die das Alltagsgesicht des Trends aufzeigen. Dies ist der Ansatzpunkt für Reportagen, die das Allgemeine des Themas in der konkreten Anschaulichkeit einer einzigen, besonderen Geschichte aufscheinen lassen." (ebd.: 258) Bei alledem geht es immer um die Menschen als handlungs-, reflexions- und genussfähige Subjekte. „Reportagen handeln immer von Menschen. Bei Reportagen über Personen unterscheidet man zwischen zwei Formen: Zum einen dem Personenporträt, bei dem der Handlungszusammenhang zurückgedrängt wird und die Person als bemerkenswertes Individuum im Vordergrund steht. Bei der Personenreportage geht man davon aus, dass die Menschen vor allem durch ihre Handlungs- und Lebenszusammenhänge bemerkenswert sind." (ebd.)

4. *Multiperspektivische Betrachtungs- und Darstellungsweise*
Das Plädoyer für eine Vielfalt stilistische Mittel hat seinen Grund nicht nur in dem Bemühen, die Reportage „spannend" zu gestalten, sondern darüber hinaus und besonders darin, die Vielschichtigkeit der Milieuprozesse zu erfassen. Das erfordert analytisch und darstellerisch den Wechsel der Perspektiven (von außen/als Betroffene[r]), von Naheinstellung und Gesamtsicht (Einzelfall/ Allgemeines), der Aktualität (aktuell/latent aktuell), der Tempi (Präsens/ Perfekt) und der formalen Mittel (Erlebnisbericht/Stimmungsbild/ Zitate/ Dokumentation) (vgl. ebd.: 259).

5. *Die Reportage als Teil übergreifender Struktur- und Darstellungszusammenhänge*
So wie sich die Reportage analytisch in „kleinere" Bestandteile zerlegen lässt (vgl. Pkt.2), so lässt sie sich zugleich synthetisch in größere Zusammenhänge integrieren; vier davon sind besonders wichtig:

a. *Das Feature:* „Die Hauptfunktion der Reportage ist das ‚Teilnehmen-Lassen', diejenige des Features besteht im ‚Anschaulich-Machen' abstrakter Sachverhalte, um Strukturen durchsichtig werden zu lassen. (...) Der Journalist bringt die von ihm recherchierten Informationen ins Blickfeld seiner Leser und beschreibt sie mit dem Material, das zum Erfahrungsschatz des Alltags gehört. Dabei ist es durchaus erlaubt, auch fiktive Szenen oder ganze Szenarien zu verwenden, was bei einer Reportage unzulässig ist. (...) Ein Feature individualisiert die geschilderte Szene nicht, sondern typisiert sie, sodass dem Rezipient die Austauschbarkeit klar wird. Eine authentisch schildernde Reportage würde im Gegensatz dazu den Eindruck erwecken, dass es sich um einen unverwechselbaren Einzelfall handelt. (ebd.: 273)

b. *Die Magazinstory:* „Anders als das Feature sammelt die Magazingeschichte Detailinformationen, bettet sie in Episoden und erzählt diese Episoden anhand von Personen, die real existieren. Sie will es genau wissen ... und verleiht so der ausgeprägten Subjektivität ihrer Erzählungen durch präzise Sachverhaltsinformationen und Personenangaben den Anschein von Authentizität. Gleichwohl ist sie aber nicht – wie eine Reportage – an der Einzigartigkeit eines Erlebnisses oder eines Akteurs interessiert, sondern möchte in aller Regel eine Tendenz zeigen. Daher bettet sie ihre Episoden und Personen in recherchierte Zusammenhangs- und Hintergrundinformationen ... Es entsteht ein Wechsel zwischen dem Besonderen (Akteure) und dem Allgemeinen." (ebd.: 318)

c. *Der Hintergrundbericht oder umfassende Dokumentarbericht:* „Die Intention des Hintergrundberichts ist die Aufklärung eines sehr komplexen Wirkungszusammenhangs. Der Anfang eines Hintergrundberichts wird meist an einem Einzelfall aufgezogen, geht dann ins Allgemeine und Analysierende und belegt Behauptungen. Ein guter Hintergrundbericht bewegt sich jedoch nicht nur auf einer abstrakten Ebene, die analog zu Statistiken eine Gesamtsicht wiedergibt, sondern macht den Zusammenhang zwischen Strukturproblemen und Alltagswelt anschaulich. Dabei bedient er sich der Elemente der Reportage und des Features." (ebd.: 331)

d. *Der Argumentationskommentar:* Er kann eine eigenständige Textsorte sein (z.B. als Leitartikel) oder aber integraler Bestandteil der genannten Textsorten; in seinem Zentrum steht das Bemühen, die Fakten nicht isoliert als Fakten stehen zu lassen, sondern in einen argumentativ begründeten und rational diskutierbaren Zusammenhang zu bringen. Im Argumentationskommentar bzw. im argumentativen Teil des Kommentars „werden die Argumente dargelegt, die zur Schlussfolgerung hinführen sollen. Wichtig ist, dass rational, klar, schlüssig und konsequent argumentiert wird. (...) Gegenargumente dürfen ... nicht einfach unterschlagen werden, vor allem dann nicht, wenn sie auf der Hand liegen und vielleicht auch vom Leser vermisst werden... Zudem kann der eigene Standpunkt auch gerade dadurch gestärkt werden, dass Contra-Argumente und gegensätzliche Positionen aufgegriffen und dann plausibel widerlegt und durch fundierte Aussagen entkräftet werden."(ebd.: 305)

6. *Sachbezogene Foto-Text-Relationen*

Es gibt heute (fast) keine Zeitung oder Zeitschrift mehr, die neben infografischen Darstellungsformen nicht auch und besonders Fotos einbezieht. Dabei reichen die bildjournalistischen Darstellungsformen „vom Einzelbild als Nachricht, dem Feature-Foto, dem Reportage-Foto bis zur Fotoserie als Reportage. Dabei sollte der Zweck von Fotos bereits vor der Aufnahme klar sein. Vier Zielsetzungen sind möglich: das Foto als Ergänzung einer Nachricht, als Nachricht in sich selbst, als grafisches Element oder als auflockerndes Element mit Unterhaltungscharakter." (ebd.: 334f) Für die Reportagen sind von besonderem Interesse Bilder-Serien als „Fortsetzung des Einzelbildes zu einem Thema. In Interviews, bei Vorstellungen von Künstlern, Sportlern oder Politikern (oder Personen, die exemplarisch bestimmte Milieuzusammenhänge und -trends deutlich machen – siehe Pkt. 3; die Verf.) oder bei dramatischen Situationen wird diese Darstellungsform gewählt, um den Ablauf zu dokumentieren." (ebd.: 335) Am anspruchsvollsten und erkenntnisreichsten ist die Foto-Reportage: „Sie geht über die einfache Ablaufsequenz einer Fotoserie hinaus. Hier wird ein Thema in viele Aspekte zerlegt und fotografisch ‚eingekreist'. Die Fotos müssen ein Konzept erkennen lassen, die Bildreihe dramatisch aufgebaut sein, was aufwändige Vorplanungen und Recherchen notwendig macht." (ebd.: 336)

1.3 Einzelfallanalyse und allgemeine Strukturaussagen

Die Frage, wie Einzelfallanalysen anzulegen sind und in welchen Schritten dann auf welchem Verallgemeinerungsniveau Strukturaussagen möglich werden, ist ein Thema der qualitativen Forschung (die quantitative zielt auf Häufigkeitsverallgemeinerungen). Da wir uns damit noch näher in Kap. 3.4 beschäftigen werden, sollen hier zwei knappe Anmerkungen genügen:

a. Der Einzelfall ist – sowohl in der journalistischen wie auch in der Sozialreportage – zunächst ein empirisch *vorliegender* Fall (z.B. der erwähnte Unfalltod eines Kindes). Er wird in dem Maße, wie er in seinem Ablauf rekonstruiert und in seinen Entstehungsursachen aufgeklärt wird (diese also – journalistisch gesprochen – recherchiert werden), ein *typischer* Fall, also „ein Fall von…". Wovon er ein Fall ist, hängt selbstverständlich von dem spezifischen Blickwinkel und Deutungsinteresse ab (das Beispiel kann medizinisch ein „Fall von Schädelbasisbruch" sein, unter juristischen Aspekten ein „Fall von fahrlässiger Tötung", unter pädagogisch-sozialen Aspekten ein „Fall von Gefahren bei der kindlichen Sozialraumaneignung"). Im Gang der Verallgemeinerung können dann auch Beziehungen zwischen den verschiedenen Typiken hergestellt werden (z.B. dem Unfallrisiko in unterschiedlichen Stadtteilen mit unterschiedlichen Bebauungsweisen und unterschiedlicher Milieuzusammensetzung) und ggf. immer abstraktere Aussagen getroffen werden, womit der Verallgemeinerungsgrad zugleich immer größer wird (so wenn diese Tatsache als „Fall der sozialraumübergreifenden strukturellen Kindesfeindlichkeit unserer Gesellschaft" oder als Ausdruck einer grundlegenden milieuübergreifenden „sozialen Kälte" gedeutet wird). Jeder Verallgemeinerungsschritt ist dabei begründungspflichtig, es darf also nicht nur behautet, sondern es muss jeweils nachgewiesen werden, dass und in welcher Weise der vorliegende Fall mit bestimmten strukturellen Aspekten der sozialen Milieus und darüber hinaus der Gesamtgesellschaft zusammen hängt. In diesem Argumentationsprozess wird dann auch meist deutlich, dass ein vorliegender Fall nicht nur *einem* Typus angehört, sondern mehreren (so ist z.B. das Unfallopfer nicht nur ein Mädchen, sondern es lebte in prekären Lebensverhältnissen und wurde zumeist von seinen Großeltern betreut). Es muss also jeweils genau geprüft werden, welche Charakteristika des vorliegenden Falls einem bestimmten Typus zugeordnet werden können, welche einem anderen oder wann ein neuer Typus entwickelt werden muss, weil diese vorliegende Falldynamik sonst nicht erklärt werden kann (inwieweit z.B. bestimmte ethnische Lebenskontexte – das Kind hatte einen Migrationshintergrund – das Unfallrisiko mindern oder verschärfen). Auch aus diesem Grund müssen Sozialreportagen multiperspektivisch verfahren.

b. Die Verschränkung der unterschiedlichen Perspektiven – besonders von Einzelnem und Allgemeinem sowie von „Nahaufnahme" und „Fernsicht" wird von Mast (siehe Kasten) besonders mit der notwendigen Anschaulichkeit der Reportage begründet. Das ist aber schon didaktisch wohl eher ein Selbstmissverständnis (und wohl ein Relikt sensualistischer Annahmen), denn anspruchsvolle Darstellungen zeichnen sich sowohl durch einen angemessenen Sachbezug wie auch die Möglichkeit zum nachvollziehenden Sinn-Verstehen aus, bei dem immer personal *neue* Erfahrungsräume und Erwartungshorizonte erschlossen bzw. eröffnet werden und im Fall genuin wissenschaftlicher Analysen auch gesellschaftlich neue Erkenntnisse und Theorieelemente erarbeitet werden. Oder anders formuliert: Die multiperspektivische Darstellungsweise der Sozialreportage, der immer auch eine entsprechende Denkweise zu Grunde liegt, richtet sich sowohl gegen die Vorstellung eines von der Lebenspraxis abgekoppelten, metaphysisch überhöhten Ganzen und Allgemeinen wie auch gegen eine kognitive und emotionale Fixierung auf das unmittelbare Hier und Jetzt. Sie bemüht sich demgegenüber um eine prägnante Darstellung der gesellschaftlichen Wirklichkeit mit ihren objektiven und subjektiven Seiten und damit um eine besondere Form von *reflexiver sozialer Evidenz*: Diese verknüpft Strukturaussagen mit gemeinsamen Erfahrungsfeldern (z.B. die Ausweitung und Vertiefung der gesellschaftlichen Risikolagen mit der Erfahrung eines prekär gewordenen sozialen Status) und ermöglicht es so den rezipierenden Subjekten, sich selber in ihrer alltäglichen Lebenspraxis wieder zuerkennen und zugleich Einsichten über ihre gesellschaftliche Lage, Position und Perspektiven zu erlangen (z.B. in die zunehmende Erosion der sozialen Sicherungssysteme, die sich verdichtende Abschottung der Milieus und die Notwendigkeit eines neuen Sozialstaatsmodells). Dabei werden in *vergleichender* Analyse immer auch die Unterschiede zu und Übereinstimmungen mit anderen sozialen Milieus thematisiert und zu einem Element des reflexiven Selbst- und Weltbezuges. Insofern kann die Sozialreportage verstanden werden als ein Beitrag zu und eine Form der *„groundend theory"*, also einer erfahrungsgesättigten Theorie meist mittlerer Reichweite, die zwar auch von unversaltheoretischen Konzepten und Annahmen ausgeht (z.B. über das Wesen sozialer Gerechtigkeit), diese aber selbst nicht begründet (vgl. Glaser/Strauss 2005: Teil C).

1.4 Ikonische und diskursive Rationalität

Auch das von Mast oben angesprochene Verhältnis von (verbalem) Text und Foto wird uns (in Kap. 4 u. 5) noch ausführlicher beschäftigen. Zu ersten Verortung dieser beiden Formen der *symbolischen* Deutung der Wirklichkeit im Rahmen der Sozialreportage sei hier nur zweierlei angemerkt:

c. Wir sprechen heute in vielen Zusammenhängen, nicht nur im Kontext der „Mediengesellschaft", vom „iconic turn". Wenn damit aber keine Einschränkung bzw. Vereinseitigung, sondern eine Erweiterung der menschlichen Erkenntnismöglichkeiten verbunden werden soll, dann dürfen die bildzentrierten Aussageweisen nicht in einen Gegensatz zur diskursiven Selbst- und Weltinterpretation gesetzt werden. Vielmehr müssen bildliche Analysen und Darstellungsformen als ein besonderes Medium der Rationalität verstanden und in den verschiedenen Kommunikationsprozessen genutzt werden. Das Wesen der Ikonizität besteht dabei darin, dass zwischen dem, *was* dargestellt wird und *wie* es dargestellt wird, eine strukturelle *Ähnlichkeit* besteht, die durch das jeweilige Trägermaterial ermöglicht wird (so sind die ikonischen Möglichkeiten der Fotografie andere als die einer Zeichnung oder einer Skulptur). Diese Ähnlichkeit bezieht sich allerdings nicht auf die naive Gegebenheitsweise der Gegenstände (sonst wären z.B. Kitsch und Kunst nicht unterscheidbar), sondern bringt auf spezifische Wese deren innere Genese, Struktur und Funktion zum Ausdruck. Das wird in der Alltagskommunikation häufig übersehen, weil hier – anders als beim Diskurs – die Tiefenstrukturen in die Oberflächenstrukturen eingelagert sind. Die Vermutung, dass mit der Oberfläche des Bildes „schon alles gesagt ist" bzw. die flüchtige Betrachtung schon alles Bedeutsame zugänglich macht, wird nicht zuletzt durch die alltägliche Bilderflut (im Fernsehen, in den Zeitungen/Zeitschriften, aber auch in den Sozialräumen) nahe gelegt. Erst dem verlangsamten, gedehnten, ruhigen Blick erschließt sich schrittweise die eigentlich Bildaussage; in den Seminaren, wo wir mit den Studierenden gemeinsam bedeutsame Sozialfotografien analysiert haben – z.B. „Migrant Mother" von Dorothea Langer (vgl. Kap. 6.1) benötigten wir im Schnitt drei Zeitstunden für *eine* Fotografie! Diese Durchdringung der Oberflächenstrukturen hin zu den Tiefenstrukturen (z.B. einer Fotografie oder einer Zeichnung eines bestimmten Milieus ist aber selbstverständlich nur möglich, wenn das Bild (im weiten Sinne des Wortes) eben eine solche Tiefenstruktur auch enthält (und dies ist ein wichtiges Qualitätskriterium für den Einsatz der Fotografie im Kontext der journalistischen und wissenschaftlichen Sozialreportage (s.u.). Denn nur solche Fotos sind „eine Schule des Sehens", regen einen mehr oder weniger nachhaltigen Bruch mit lebensweltlich verankerten Sehroutinen und Vorstellungsweisen an (z.B. eine kultur- und milieuvergleichende Fotoserie über alte und neue Formen von „Weiblichkeit" und „Männlichkeit").

d. Die andere, schon angedeutete Gefahr des „iconic turn" besteht darin, dass er den Stellenwert der diskursiven, also argumentierenden Selbst- und Weltdeutung schrittweise relativiert, zurückdrängt und schließlich aus der anspruchsvollen Kommunikation verdrängt. Hier ist zunächst daran zu erinnern, dass die *Schrift* – nach der Überwindung der bildhaften Darstellungsweise in Form der Hieroglyphen, wie wir sie in der frühen Hochkulturen finden – keine Ähnlichkeit mehr hat mit den „Gegenständen", die sie darstellt: Signifikant und Signifikat treten strukturell auseinander. Das gilt sowohl für die gesprochenen Worte (auch wenn es immer wieder noch randständig lautmalerische Ausdrucksweisen gibt) wie besonders für die schriftlichen Worte, denn bei ihnen ist sogar die (häufig nur scheinbare) Gleichzeitigkeit von Gegenwart des Gegenstands bzw. Sachverhalts (im Beispiel der Unfalls, der sich gerade oder kürzlich ereignet hat) und dem Reden über ihn aufgelöst: Es wird im Medium der Schriftsprache über Gegenstände und Sachverhalte kommuniziert und reflektiert, die dazu nicht anwesend sein müssen. Die dadurch ermöglichte *Präsenzentbundenheit* des analysierenden Denkens befreit es aus der „Enge" des unmittelbar Gegebenen und lässt seine Transzendierung zu. Darin liegt das befreiende, emanzipierende, humanisierende Potenzial der Schriftsprache und seiner eigenständigen gesellschaftlichen Tradierung und personalen Aneignung. Dies wird bei der abstraktesten Kommunikations- und Denkform, dem Diskurs, besonders deutlich, weil er die umfassendsten gesellschaftlichen und sozialen Zusammenhangs- und Widerspruchsanalysen ermöglicht, wenngleich um den „Preis" einer großen Erfahrungsdistanz, weshalb er immer wieder rückgekoppelt werden muss zur Umgangs- und Bildungssprache und ihren Erfahrungs- und Denkmodi (vgl. dazu Brumlik 2007: 295ff; Welter, 2007: 304ff). Mit der *dokumentarischen Methode* liegt ein anspruchsvolles Forschungskonzept vor, welches den erwähnten Vereinseitigungsgefahren entgeht und die Verfahrensrationalität der ikonischen und diskursiven Kommunikationsweisen praktisch wie theoretisch zur Geltung bringt; deshalb verwenden wir es auch als Ausgangskonzept für die Sozialreportage (vgl. Kap. 3).

1.5 Die drei Hauptformen der Sozialreportage

Die vorangegangen Überlegungen können mit Hilfe der von Habermas eingeführten Differenzierung zwischen Alltagssprache, Bildungssprache und Wissenschaftssprache (siehe Kasten in diesem Unterkapitel) einerseits gut zusammengefasst werden; und andererseits bietet sie die Möglichkeit, drei Hauptformen der Sozialreportage zu unterscheiden; diese sind:

a. Die *pragmatische* Sozialreportage hat ihr Fundament in der Alltagspraxis der Menschen und bringt ihr lebensweltverankertes Selbstverständnis umgangssprachlich zum Ausdruck. Sie ist als Handlungsmethode der Sozialen Arbeit eine spezifische Form der zunächst präreflexiven, also naiven lebensweltlichen Verständigung über die Probleme der alltäglichen Lebensführung und ihre Bewältigung. Dabei sind aber für den Kontext der Sozialen Arbeit zwei wichtige Unterformen zu unterscheiden: Zum einen die alltagssprachlichen Selbst- und Weltdeutungen derjenigen, die Angebote der Sozialen Arbeit potenziell oder faktisch in Anspruch nehmen und die in entsprechenden Reportagen ihre sozialräumlichen Lebensbedingungen, ihre lebensweltlichen Selbstverständlichkeiten sowie ihre biografischen Erfahrungen und Erwartungen darstellen. Pragmatische Sozialreportagen können und werden aber auch von denen verfasst, die fachlich kompetent und zumeist beruflich, manchmal auch ehrenamtlich in diesem Bereich tätig sind. Auch sie bilden alltägliche Selbstverständlichkeiten über ihr Handlungsfeld aus; in dieses gehen aber ein bestimmtes berufliches Fachwissen und manchmal auch Fragmente wissenschaftlich begründeten Wissens ein (wie die Verwendungsforschung deutlich gemacht hat, kann von einer durchgehenden Verwissenschaftlichung auch der professionellen Praxis in der Sozialen Arbeit nicht die Rede sein). Vergleicht man nun beide Selbst- und Weltdeutungsmuster miteinander, dann wird schnell deutlich, dass beide Personengruppen sich nicht nur hinsichtlich ihrer sozialen Milieuzugehörigkeit meist (deutlich) voneinander unterscheiden, sondern dass auch solche Arbeitsansätze in der Sozialen Arbeit, die sich dem Lebensweltkonzept zuordnen, häufig ein erheblich anderes Problem- und Aufgabenverständnis haben als diejenigen, die die Angebote nutzen (wollen).
Geht man hinsichtlich der verschiedenen Sorten von Fotografien von deren Entstehungs- und (beabsichtigtem) Verwendungszusammenhang aus und un-

terscheidet zwischen privater, öffentlicher und halböffentlicher Fotografie (vgl. Pilarczyk/Mietzner 2005: Kap. 6), dann sind für die pragmatische Sozialreportage *private* Fotos von zentraler Bedeutung. Sie werden ohne irgendwelche kommerzielle oder politische Absichten gemacht und dokumentieren Familien- und Freundschaftsbeziehungen, aber auch persönliche Arbeitsbeziehungen, persönlich wichtige oder für wichtig gehaltene Ereignisse und Erlebnisse dieser sozialen Beziehungsformen (z.B. Geburt, Einschulung, erste Liebe, wichtige FreundInnen, Urlaube, Wohnungen, Lebensorte, Arbeitsplätze, Feste usw.). Dieser Typus der Amateurfotografie kann auch als *„Knipser"-Fotografie* bezeichnet werden. Das ist kein abwertender Ausdruck (vgl. zur seiner wissenschaftlichen Rehabilitierung Starl 1995: 12ff, 142ff u. 148ff), sondern die Charakterisierung eines spezifischen Entstehungs- und Verwendungszusammenhangs: Diese Fotos haben zumeist eine rein dokumentierende („naiv"-dokumentarische) Absicht (z.B. soll ein Familienfest oder ein Stadtteilfest abgelichtet werden), sie bringen das lebenswelteingebundene Selbst- und Weltverständnis der Fotografierenden wie der Fotografierten „ungebrochen" zum Ausdruck (also ohne selbstkritische Reflexion, weshalb hier häufig soziale Vorurteile und stereotype Darstellungsweisen enthalten sind) und sind für die Mitmenschen im jeweiligen Milieu meist spontan verständlich, weil sie gemeinsame Erfahrungen in Erinnerung rufen. Die technischen Möglichkeiten der Kamera (gerade der automatisierten) werden ausgenutzt, ohne dass damit gestalterische oder gar künstlerische bzw. wissenschaftliche Ansprüche verbunden sind. Die Fotos haben deshalb meist auch keine Tiefenstruktur (zumindest keine beabsichtigte). Ihr Erkenntniswert für die Sozialreportage ist eher indirekter Art, weil sie häufig – wie angedeutet – auf eine naive, gleichwohl unverstellte Weise das Selbstverständnis der Fotografierenden, häufig auch der Fotografierten zum Ausdruck bringen (so eine bestimmte Personenanordnung auf dem Familienfoto; oder die professionellen Erwartungen, die mit einem Stadtteilfest verbunden waren und sich ggf. nur sehr begrenzt erfüllt haben). Darüber hinaus haben Fotos meist einen Informationsüberschuss, wenn nämlich der Bildgehalt über die Absichten der Fotografierenden hinausgeht (wenn z.B. ohne Absicht oder vielleicht sogar wider Willen die Spannungen in der Familie deutlich werden an der Mimik und Gestik einzelner Familienmitglieder; oder wenn zu erkennen ist, dass zu dem Stadtteilfest – trotz gegenteiliger Absichten oder sogar Beteuerungen – fast keine Jugendlichen gekommen sind).

Eine Übergangsform zum Bildjournalismus und zur wissenschaftlichen Fotografie stellt die *ambitionierte* Amateurfotografie dar, denn diese FotografInnen haben sich durch informelle Lernprozesse (z.B. in Fotoprojekten und -gruppen, durch Lektüre von entsprechenden Fachbüchern und -zeitschriften, speziellen Ratgebern der verschiedensten Art) oder auch nicht-formelle (z.B. in Fotogruppen) soweit qualifiziert, dass sie die Technik relativ souverän beherrschen, dass sie die formalen Gestaltungsmittel der Fotografie bewusst nutzen und bereit bzw. interessiert sind, ihre Bilder in halböffentlichen oder auch öffentlichen Kontexten zu präsentieren (z.B. kleinen oder größeren Ausstellungen, Tages- und Wochenzeitung, Verbandsorganen).

Jürgen Habermas über Alltagssprache, Bildungssprache und Wissenschaftssprache

Bearbeitungsvorschlag: *Die für die Diskussion der verschiedenen Formen der journalistischen Reportage gesammelten Materialien sollten hier nun unter dem Aspekt analysiert werden, welche Bedeutung bei der Darstellung – speziell von sozialen Problemen – der Alltags-, der Bildungs- und der Wissenschaftssprache zukommt.*

Im Zusammenhang mit den Vorarbeiten zu seiner „Theorie des Kommunikativen Handelns" (vgl. Habermas 1988, bes. Teil I, III, V u. VI) hatte Habermas auch unterschiedliche Formen der Sprachverwendung und der sie tragenden bzw. ermöglichenden Bewusstseinsformen und Begründungsweisen analysiert:

1. *Die Umgangssprache als natürliche Sprache*

„Unter *Umgangssprache* verstehen wir die Sprache, die der Angehörige einer Sprachgemeinschaft ‚im Alltag', eben im täglichen Umgang mit seinen Sprachgenossen benutzt. Mindestens *eine* natürliche Sprache bildet die Umgebung, in der das Kind sprechen lernt. Die Umgangssprache wird ‚naturwüchsig' gelernt. In dieser Hinsicht unterscheidet sie sich von Fachsprachen." (Habermas 1992: 11)

2. *Die Fachsprache als spezialisiertes Kommunikationsmedium*

„Eine *Fachsprache* erwirbt man, indem man sich spezielle Kenntnisse aneignet, z.B. Berufskenntnisse; so haben die Bergleute, Jäger und Fischer, überhaupt Seeleute, natürlich auch Bauern und Handwerker einen Schatz an Fachworten angesammelt ... Fachsprachen erlauben für spezielle Lebensbereiche eine größere Präzision der Rede; diese beruht aber nicht immer darauf, dass die Verwendung fachsprachlicher Ausdrücke explizit geregelt wird. In dieser Hinsicht unterscheidet sich die *Wissenschaftssprache* von den übrigen Fachsprachen." (ebd.: 11f)

3. Die Wissenschaftssprache als besondere Form der Fachsprache

„Eine Wissenschaftssprache muß sich für die Funktion der tatsachenfeststellenden Rede und speziell für die Prüfung von Aussagen eignen. Daraus erklärt sich ein hoher Grad an Normierung und ein entsprechend kontextfreier Gebrauch der sprachlichen Ausdrücke sowie deren Einbettung in einen theoretischen Zusammenhang. Wissenschaftliche Termini belasten denjenigen, der sie verwendet, mit stärkeren Verteidigungspflichten; wer sie verwendet, erweckt beim Hörer bestimmte Begründungserwartungen…"(ebd.: 12)

4. Die notwendigen Wechselbeziehungen zwischen Umgangs- und Wissenschaftssprache

„Einerseits ist die Wissenschaftssprache von der Umgangssprache abhängig. Wir müssen mindestens eine Umgangssprache beherrschen, bevor wir uns eine Wissenschaftssprache aneignen; denn kein Ausdruck einer Wissenschaftssprache wäre sinnvoll, wenn er nicht in *einigen* Kontexten durch umgangssprachliche Ausdrücke ersetzt werden könnte. Der methodische Aufbau einer mehr oder weniger streng normierten Sprache erfordert eine andere Sprache, in der wir diese expliziten Regelungen vornehmen; wenn dieses wiederum eine normierte Sprache ist, ergibt sich hier dieselbe Forderung. Aber am Ende stoßen wir auf eine Sprache, die in ihren definierenden Teilen nicht explizit geregelt ist – eben auf die Umgangssprache. In einer anderen Hinsicht hängt freilich die Umgangssprache ihrerseits von Fach- und Wissenschaftssprachen ab. Denn Wissenschaftsfortschritte setzen sich im alltäglichen Bewusstsein dadurch fest, dass Termini (und in selteneren Fällen auch syntaktische Formen) aus einer Wissenschaftssprache in den natürlichen Sprachgebrauch übernommen werden. So weiß man heute in der Regel, dass Walfische keine Fische sind: sie leben zwar im Wasser, atmen aber nicht über Kiemen. (…) Einige Philosophen haben … die Vorstellung entwickelt, dass nach und nach *alle* Bestandteile der Umgangssprache durch Elemente einer Wissenschaftssprache ersetzt werden könnten. Mit dieser Revolutionierung der Umgangssprache würde am Ende auch der Alltag durch die theoretische Begrifflichkeit der Wissenschaften strukturiert – der Lebenswelt würden alle Naivitäten abgestreift. Diese Utopie hat für Wissenschaftstheoretiker einen gewissen Reiz, aber es besteht auf lange Sicht keine Aussicht, dass sie für das tägliche Leben aktuell werden könnte." (ebd.: 12f)

5. Die öffentliche Kommunikation im Medium der Bildungssprache

„Neben der Berufspraxis ist die Öffentlichkeit das andere große Einfallstor, durch das wissenschaftliches Vokabular in das allgemeine Bewußtsein eindringt; … In der Öffentlichkeit verständigt sich ein Publikum über Angelegenheiten allgemeinen Interesses. Dabei bedient es sich weitgehend der *Bildungssprache*. Die Bildungssprache ist die Sprache, die überwiegend in den Massenmedien, in Fernsehen, Rundfunk, Tages- und Wochenzeitungen benutzt wird. Sie unterscheidet sich von der Umgangssprache durch die Disziplin des schriftlichen Ausdrucks und durch einen differenzierteren, Fachliches einbeziehenden Wortschatz; andererseits unterscheidet sie sich von Fachsprachen dadurch, dass sie grundsätzlich für alle offensteht, die sich mit den Mitteln der allgemeinen Schulbildung ein Orientierungswissen verschaffen können." Dieses „Orientierungswissen stützt sich auf die Kenntnis spezieller Sachverhalte, aber es ordnet diese Kenntnisse in relevante Zusammenhänge einer Lebenswelt ein. (...) Die Bildungssprache ist ein Medium, durch das Bestandteile der Wissenschaftssprache von der Umgangssprache assimiliert werden." (ebd., 13f) Das geschieht allerdings nicht im Selbstlauf, sondern dazu bedarf es kognitiver und emotionaler Anstrengungen, um die Kippeffekte dieser Lernprozesse anspruchsvoll zu bewältigen und ihnen nicht regressiv auszuweichen; etwa wenn man sich den Begriff „strukturelle Gewalt" in Bezug auf Familienverhältnisse aneignet: „Sobald ein solcher Begriff über die Bildungssprache in das Alltagsbewußtsein von sozialwissenschaftlichen Laien eindringt, kann er zu einer Umorientierung in der Wahrnehmung und der Interpretation eines wichtigen Ausschnittes ihrer Lebenswelt führen. Es kann zu einem *Kippeffekt* kommen, der das Bild von einer heiligen Familie in sein Gegenteil verkehrt. Indem wir einen Ausdruck, der auf theoretische Zusammenhänge verweist, auf bisher naiv verstandene Lebensverhältnisse anwenden, gewöhnen wir uns daran, diesen Teil unserer Umwelt anders zu interpretieren, mit anderen Augen zu sehen." (ebd.: 18)

---

b. Die *journalistische* Sozialreportage hat ihr Fundament in der Bildungssprache, denn in sie sind – wie bei Habermas erläutert – jene Elemente der wissenschaftlichen Erkenntnisse eingegangen, die Bestandteil der Allgemeinbildung und damit des allgemeinen Orientierungswissens geworden sind (insofern ist sie auch der „Begegnungsraum" von Sozialreportage als Handlungs- und Forschungsmethode). Diese Form ist im Wesentlichen von Mast (s. o.) charakterisiert worden (wobei sie gegenüber der klassischen journalistischen Reportage um Aspekte des Features, der Magazinstory, des Hintergrundberichtes und des Argumentationskommentars erweitert werden sollte); und zugleich sollten bei der Weiterentwicklung ihre Selbstmissverständnisse hinsichtlich der Objektivitäts- und Verallgemeinerungsansprüche überwunden werden.
Eine der hervorstechenden Qualitäten dieser Form ist der *Bildjournalismus*. Betrachtet und analysiert man Dokumentationsbände bedeutsamer Foto-Agenturen und Zeitschriften (vgl. zu Magnum: Bader u.a. 2007; zu GEO: Gaede 2002 u. 2006; zu Life: Loengard u.a. 2004), dann wird schnell deutlich, welche Potenziale der technischen, gestalterischen und aufklärerischen Meisterschaft in ihm liegen. Insofern ist es nicht übertrieben, wenn es im Vorwort zum Dokumentationsband der Agence France-Presse u.a. heißt:

„Die Fotoreportage zielt auf Aktualität und Geschichte. Sie ist ein Journalismus doppelter Ausrichtung, der die Neuigkeit der Agenturmeldung mit dem kommentierenden Charakter eines Presseartikels verbindet, denn sie produziert Tatsachen und Darstellungen zugleich. Deshalb sind die Bildunterschriften wichtig und unerlässlich. Sie sollten bei der Bearbeitung nie entstellt werden. Agenturmeldungen sind diskret und verblassen hinter den Namensartikeln der Zeitungsjournalisten. Das gelungene Bild jedoch prangt auf der ersten Seite und hat denselben Rang wie Schlagzeilen und Leitartikel. Es übernimmt zwei Funktionen: Zum einen dient es als Beispiel für die Objektivität der Fakten. Zum anderen lädt es als Darstellung zur subjektiven Betrachtung ein. Darin liegt seine Kraft und Begrenztheit. Solche Höhepunkte, die gefühlsmäßig berühren, sind nicht ohne Parteinahme zu erreichen. (…) Diese Aufnahmen können nicht die Unschuld reiner und idealer Neutralität für sich beanspruchen. Es ist deshalb wichtig, dass sie ehrlich sind, überdacht, mit Strenge beschriftet und bearbeitet. Sie werden gleichwohl nie der Ambivalenz entgehen, manchmal auch nicht den Ambiguitäten, die der Fotografie eigen sind. Sie ist ein mehrdeutiges Ausdrucksmittel, reduzierend und komplex zugleich, immer in der Lage, hinter dem augenscheinlichen Eindruck von Wirklichkeit ein wenig zu lügen. (…) Wer glaubt, dass ein Bild die Wahrheit sagt und nichts als die Wahrheit, wird immer enttäuscht werden. Denn die Fotografie nähert sich der Wahrheit immer nur an unter der Voraussetzung, dass sie eine doppelte Berufspflicht erfüllt, die journalistische und die künstlerische. Sie muss die Disziplin formeller Strenge akzeptieren und die Verpflichtung, Fakten in Kontexte einzuordnen.“ (Eveno: 2001: 7) Daraus folgt dann auch: „Jeder Journalist, aber der Agentur-Journalist in besonderer Weise, erfüllt eine gesellschaftliche Aufgabe von allgemeinem Nutzen. Seine Pflicht ist es, objektiv zu informieren, mit dem Ziel, die Öffentlichkeit anhand überprüfter Fakten aufzuklären. Damit trägt er dazu bei, die gesellschaftliche Diskussion zu bereichern. Letztlich geht es also darum, die Demokratie zu beleben und am Leben zu halten. Journalisten wollen das Weltgeschehen dokumentieren, nicht um zu gefallen oder um zu schockieren, auch nicht für die Archive der Historiker, sondern um hier und jetzt Zeugnis abzulegen. Sie wollen Rechenschaft geben, etwas zeigen und verstehen helfen, um so zur Bildung freier Urteile beizutragen. Damit bekannt wird, was geschieht. Damit sich parteiisch Handelnde nicht unerkannt hinter Masken und Listen verstecken können. Der Journalismus in all seinen verschiedenen Formen gehört zum zentralen Räderwerk der Demokratie, weil er die öffentliche Debatte belebt.“ (ebd.: 6)

Diese Ansprüche werden realisiert trotz der Tatsache, dass diese Fotografie am Markt ausgerichtet ist und dass in ihr selber auch politische Machtkonflikte ausgetragen werden (vgl. diesbezüglich zu Magnum kritisch Christen/Holzer 2007; und allgemein Freund 1968, 1979). Nicht übersehen kann und darf aber auch, wie wenig der bildjournalistische Alltag gegenwärtig dieses Niveau erreicht (so sind z.B. Fotoserien sehr selten geworden), wie sehr auch hier soziale Stereotype und Vorurteile transportiert und z. T. sogar erzeugt werden (z.B. über bestimmte jugendliche Subkulturen wie den Punk).

Eine gewisse, wenn auch immer wieder ideologiekritisch zu kontrollierende Funktion hat auch die *Werbe-, Lifestyle- und Modefotografie*, weil sie – auf hohem technischen und gestalterischen Niveau – wichtige Identifikationsangebote, nicht nur für Jugendliche – macht (vgl. die minutiöse Analyse eines Werbeplakats von Bohnsack 2003). Sie ist besonders dann für die Sozialreportage interessant, wenn auf diese Weise neue Trends gesetzt werden sollen (wenn z.B. bestimmte subkulturelle Stilformen von der Modebranche aufgenommen werden). Es sei nur am Rande erwähnt, dass bedeutsame SozialfotografInnen zunächst in der Modefotografie tätig waren. Neben Edward Steichen (s. u.) ist hier besonders auf Diane Arbus hinzuweisen, die durch ihre schonungslose Offenlegung menschlicher Selbstentfremdung berühmt geworden ist (vgl. Arbus 2003). Fließende Übergänge gibt es vom Bildjournalismus einerseits zur explizit *künstlerischen* Fotografie, einschließlich jenen Richtungen, in denen Jugendliche ihr Selbstverständnis in ästhetisch reflektierter Weise zum Ausdruck bringen. Andererseits gibt es Übergänge zur *institutionsöffentlichen* Fotografie, bei der sowohl qualifizierte Amateure wie auch BerufsfotografInnen die institutionsspezifischen Handlungskontexte im Medium der Fotografie darstellen und ggf. auch kritisch beleuchten (wenn z.B. das Organ eines großen Wohlfahrtsverbandes über die Lebensbedingungen von Familien mit Migrationshintergrund berichtet und das mit entsprechenden sozialpolitischen Forderungen verknüpft; oder eine Gewerkschaftszeitung im Bild über politische Aufklärungsaktivitäten gegen Ausländerfeindlichkeit und alltäglichen Rassismus berichtet; oder wenn ein Kinder- und Jugendverband sein 100jähriges Bestehen zum Anlass nimmt für die Veröffentlichung einer Fotogeschichte – so z.B. die Österreichischen Kinderfreunde unter dem für ihr pädagogisch-politisches Selbstverständnis zentralen Motto: „Bilder der Freundschaft“ [vgl. Ackerl/ Dobesberger/Rammer 2008; und als diskursive Vorgängerstudie Braun/ Dobesberger/Rammer/Wetzel 1998, Zweiter Teil]; aber auch firmeneigene Fotoarchive können wichtige Einsichten in die Lebenslage der ArbeiterInnen und das soziale Klima in den Betrieben bieten [vgl. z.B. Kosok/Rahner 1999]).

c. Die *wissenschaftliche* Sozialreportage entwickelt sich vorrangig im Medium der Wissenschaftssprache als einer besonderen Form der Fachsprache, wobei sie aber Elemente der Umgangs- und Bildungssprache in sich aufnimmt (und zwar nicht nur als empirische Grundlage der diskursiven Analysen) und so ihren Praxisbezug sichert. Sie leistet so als Forschungsmethode einen erfahrungswissenschaftlichen Beitrag zur Theorie der Sozialen Arbeit, indem Tatsachen und ihre argumentierende Deutung verbunden werden mit normativen und universellen Annahmen über Genese, Struktur und Funktion sozialer Milieuverhältnisse. Durch diese entwicklungsoffene und widerspruchsfreie Verschränkung von Induktion (Verallgemeinerungen aufgrund von beobachteten Tatsachen) und Deduktion (Ableitung von Einzelphänomenen aus allgemeinen Prinzipien, Gesetzen und Hypothesen) ergibt sich ein komplexes sachbezogenes Gefüge von begrifflichen Beziehungen und theoretischen Sätzen.

Anders als z.B. in der Astrophysik, in der Biologie, in der Medizin, in der Ethnografie und in der Kunstgeschichte (vgl. Geimer 2002; Ziehe/Hägele 2004) gibt es eine den Fragestellungen und Forschungsverfahren der Erziehungswissenschaft im allgemeinen und der Sozialen Arbeit im besonderen angemessene Fotografie bisher allenfalls in Ansätzen (vgl. zu den aktuellen Bemühungen um deren Konzeptionierung u.a. Braun/Wetzel 2007a,b; Ehrenspeck/Schäffer 2003); Friebertshäuser u.a. 2007; Holtzbrecher/Schmollig 2004; Marotzky/Niesyto 2006; Pilarczyk/Mitzner 2005, bes. Teil C u. D). Ein für die Sozialreportage zentrales „Highlight" ist allerdings das Projekt von August Sander (1876-1964), der den in dieser Komplexität nie mehr wiederholten Versuch übernommen hatte, im Medium der Fotografie eine umfassende Analyse aller gesellschaftlichen Milieus im Deutschland der Weimarer Republik vorzulegen. Zu verweisen ist auch auf das 1955 erstmals publizierte Projekt „Family of Man" von Edward Steichen (1879-1973), der – als Reaktion auf die Barbarei des internationalen Faschismus und im weiteren Umfeld der Gründung der Vereinten Nationen – den (z.B. von Barthes [1964, S.16ff] und Sontag [1980: 36f] heftig kritisierten) Versuch unternommen hatte, im Medium der Fotografie die universellen Grundlagen der menschlichen Gattung herauszuarbeiten (vgl. Steichen 1983)[1].

Diese ersten Umrisse zur inhaltlichen und methodischen Bestimmung der Sozialreportage lassen sich exemplarisch zusammenfassen an zwei Projekten, die zumindest indirekt aufeinander verweisen: Das eine Projekt wurde von Gün-

---

[1] Nur ein knapper Hinweis: Auch Otto Neurath, auf den wir in Kap. 10.5 näher eingehen werden, hatte die Hoffnung, dass *Bilder* die Menschen verbinden (während er meinte, dass die Worte die Menschen trennen würden; vgl. Neurath 1991 [1944]:616f).

ther Drommer initiiert und realisiert und hat den prägnanten Titel „Die Wahrheit der Bilder. Zeitgenössische Fotografien vom Leben des deutschen Volkes“ und ist eine Fotogeschichte Deutschlands zwischen 1871 und 1945, bei der u. a. folgende Fotosorten und -bestände einbezogen worden sind (vgl. Drommer 2003, 2004a, b): Private Fotosammlungen (besonders in Form der Familienalben); die Fotoarchive von Ateliers und Journalisten (die häufig von NachlassverwalterInnen zur Verfügung gestellt wurden); Archive der kleineren oder größeren Zeitungen und Zeitschriften[2]; offizielles, häufig propagandistisches Fotomaterial von Behörden und politischen Verbänden und Parteien, Aufklärungsmaterial von Wohlfahrtsverbänden (z.B. aus der Berliner „Wohnungsenquète der Ortskrankenkasse für den Gewerbebetrieb der Kaufleute, Handelsleute und Apotheker von 1902-1920[3]), Werbefotos; viele dieser Fotos finden sich heute in überregionalen Archiven (z.B. im Bildarchiv Preußischer Kulturbesitz in Berlin oder im Bundesarchiv in Koblenz) oder auch in wichtigen Museen (z.B. im Deutschen Museum zu Berlin und in den Staatlichen Museen zu Berlin – Preußischer Kulturbesitz Museum Europäischer Kulturen. Das andere, vorgelagerte Projekt ist die von Jürgen Kuczynski (1904-1997) verfasste „Geschichte des Alltags des deutschen Volkes“ (1981-1982), welche den Zeitraum von 1600 bis 1945 umfasst. Für die Darstellung des Zeitraumes von 1871-1945 (Band 4 u. 5) hatte er u. a. folgende Textsorten verarbeitet: Tagebücher, (auto-)biografische Erlebnisschilderungen und Erinnerungen, private Briefe, Notizen und Aufzeichnungen; Volks- und politische Lieder, Redensarten, Witze, Gedichte, populäre bzw. dokumentarische Theaterstücke; zeitgenössische Presseberichte (Meldungen, Features, Reportagen); Verfassungs-, Gesetzes-, Rechtsverordnungs- und Erlass-Texte, Polizei- und Gerichtsakten (auch Geheimakten); politische Reden und Protokolle politischer Veranstaltungen (z.B. von Partei-, Verbands- und Gewerkschaftstagen), Parlamentsakten (z.B. stenografische Berichte); ökonomische und sozialdemografische Daten (z.B. aus Statistischen Jahrbüchern), Unfall- und Krankheitsgeschichten, zeitgenössische wissenschaftliche Analysen (z.B. Memoranden, Gutachten oder Beiträge in den Jahrbüchern der verschiedensten Disziplinen).

---

2 Für die Sozialreportage ist hier – trotz bestimmter politisch-ideologischer Einseitigkeiten – von besonderem Interesse die 1921 gegründete und bis 1938 erschienene „Arbeiter-Illustrierten Zeitung“ (AIZ); vgl. dazu die Dokumentation und (begrenzte) Analyse von Willmann (1974).

3 Dieses Fotomaterial ist umfassend dokumentiert und interpretiert worden in Asmus (1982); zur Bedeutung dieses Materials für die historische Sozialreportage vgl. Braun/Wetzel (2009: Kap.3.1)

Kapitel 2: Die funktionale Rekonstruktion sozialer Probleme als übergreifende Aufgabenstellung der Sozialreportage

Bearbeitungsvorschlag: *Nachdem wir bisher einen ersten, knappen Überblick zu Gegenstand und grundlegender methodischer Ausrichtung der Sozialreportage gegeben haben, soll nun der Sachbezug genauer erläutert werden. Spätestens jetzt sollten in die Interpretation Materialien aus einschlägigen journalistischen Reportagen und – sofern vorhanden – Sozialreportagen (z.B. aus Verbandszeitschriften) im Sinne des exemplarischen Lernens und Lehrens einbezogen werden; d.h. diese Berichte, Analysen usw. sollten mit Hilfe des nachfolgenden „Problemrasters" thematisch zugeordnet, theoretisch gedeutet und kritisch bewertet werden.*

Die hoch entwickelten kapitalistischen Länder befinden sich heute in epochalen Umbruchprozessen, die auch als Übergang von der Ersten zur Zweiten Moderne gedeutet werden können[4]. Für die Soziale Arbeit und damit auch die Sozialreportagen sind dabei die praktischen, konzeptionellen und theoretischen Um- und Neustrukturierungen u.a. folgender Verhältnisse und Interaktionsmuster und die damit verbundenen Entwicklungsdynamiken von besonderer Bedeutung[5]:

- Die Überlagerungen von Pluralisierung, Polarisierung und Segmentierung der Lebenslagen und Lebensstile (z.B. in den verschiedenen sozialen, ethnischen und religiösen Milieus);
- die Beziehungen zwischen weiblichen und männlichen Sinnentwürfen und Praxisformen (z.B. in der Mode oder in den betrieblichen Hierarchien);
- die Entgegensetzungen und Übergangsformen von naturwüchsigen und reflexiven intersubjektiven Verbindlichkeiten (z.B. im pädagogischen Umgang und bei politischen Entscheidungen);
- die Routinen und Krisen (z.B. in den Intimbeziehungen und im Generationenverhältnis);

---

[4] Vgl. zum Stand dieses Konzeptes einer soziologischen Gegenwartsanalyse die theoretischen und materialen Analysen in Beck (2000; 2002; 2008) Beck/Bonß (2001), Beck/Lau (2004); zur erziehungswissenschaftlichen Relevanz Hinweise bei Braun (2003; 2006)

[5] Die nachfolgende Aufzählung kann dabei auch als eine Themenliste für wünschenswerte Sozialreportagen verstanden werden.

- die verschiedenen Formen der Öffentlichkeit und Privatheit (z.B. bei der Handykommunikation und in der massenmedialen Berichterstattung);
- die Ausprägungsformen von Stabilität und Reflexivität der Biografie (z.B. beim erzwungenen oder freiwilligen Wechsel des Arbeitsplatzes bzw. des Berufs angesichts der Erosion der Normalarbeitsverhältnisse);
- die Wechselbeziehungen zwischen mitlaufend-peripheren und intentional verselbständigten Lernprozessen (z.B. in der Erwachsenenbildung);
- die Abhängigkeiten zwischen formellen, nichtformellen und informellen Bildungsprozessen (z.B. in Schule, offener Kinder- und Jugendarbeit und Peergroups/Familie);
- die Relationen zwischen Normalität, Deprivation und psychodynamischer Realitätsflucht (z.B. beim Konsum von psychotropen Substanzen – vom Alkohol über Psychopharmaka bis hin zu „harten", synthetischen Drogen);
- die epochaltypischen historischen Erfahrungen und zukunftsbezogenen Erwartungen (z.B. beim Übergang von der klassischen Industriegesellschaft zur digitalen Dienstleistungs- und Risikogesellschaft);
- die Lokalität und Globalität der systemischen und sozialen Räume (z.B. bei der Emigration, Transmigration und Immigration);
- die Chancen von sozialer Gerechtigkeit und kultureller Anerkennung und deren Wechselbeziehungen (z.B. für Bevölkerungsgruppen mit unterschiedlichen europäischen und außereuropäischen Migrationshintergründen);
- die verschiedenen Strukturen von und Verhältnisse zwischen Erwerbsarbeit und anderen Formen gesellschaftlich nützlicher und personal sinnstiftender Arbeit (z.B. in Beschäftigungsprojekten für Jugendliche);
- die Unterstützungs- und Ergänzungsrelationen zwischen staatlicher Lebensvorsorge, bürgerschaftlichem Engagement und personaler Lebensbewältigung (z.B. in den verschiedenen Konzepten der Bürgerarbeit).

Dabei stehen diese Neustrukturierungen in einem Zusammenhang mit den systemischen und lebensweltlichen Entwicklungsdynamiken und deren lebenspraktischer Bewältigung.

2.1 Die systemische und kulturelle Reproduktion der Gesellschaft

Aufgrund der Strukturen komplexer Gesellschaften und damit auch der Selbstvergesellschaftungsperspektiven der Menschen lassen sich zunächst zwei Reproduktionsprozesse unterscheiden (vgl. dazu auch Abb.1):

a. Die Selbsterhaltung solcher Gesellschaften vollzieht sich zunächst über die verallgemeinerte Lebensvorsorge in Gestalt selbstgesteuerter Systeme, die wiederum funktionale Handlungskoordinationen zu ihrer Voraussetzung und Folge haben (also die Ausrichtung an den objektiven Handlungs-*Bedingungen* und -*Folgen*, nicht aber an den subjektiven Handlungs-*Gründen*). Das erfordert von den Subjekten die Fähigkeit und Bereitschaft zum zweckrationalen Handeln – und sein *Erfolg* bemisst sich an der erreichten gesellschaftlichen Position. Bezogen auf die Kinder und Jugendlichen zeigt sich dieser besonders im Erreichen bildungsgangsbezogener Abschlüsse und Zugangsberechtigungen in Schule und Ausbildung; bei den Erwachsenen am Erwerb von fachlichen, sozialen und biografischen Berufsqualifikationen, die sich auf dem Arbeitsmarkt „bewähren" (können). Soziale Probleme entstehen auf dieser Ebene immer dann, wenn aus strukturellen Ursachen ein relevanter Teil der Bevölkerung aus der Systemreproduktion – mehr oder weniger radikal – ausgeschlossen wird und so institutionell desintegriert ist (z.B. durch Besuch der untersten schulischen Bildungsgänge, strukturelle Arbeitslosigkeit und Leben in prekären Lebensverhältnissen)[6].
b. Die Lebenswelt als die intersubjektive Dimension der sozialen Milieus enthält „einfache" und höherstufige Formen der Verbindlichkeiten und Perspektiven; entsprechende Handlungsmuster sind zwingend an die Erfahrungen, Einsichten und Motivlagen der Angehörigen der jeweiligen Lebenswelt gebunden. Selbstvergesellschaftung ist hier als Beitrag zur symbolischen Reproduktion der Lebenswelt zu verstehen. Das erfordert die Fähigkeit und Bereitschaft sich kulturelle Traditionen mehr oder weniger reflexiv anzueignen; ferner gültiges Wissen als möglichst offenen Erkenntnisprozess zu erwerben; und nicht zuletzt die eigene Gruppe auf der Grundlage gemeinsamer, immer wieder möglichst kritisch eingeholter Normen und Werte in solidarischer Weise (wieder) zu stabilisieren und so eine weitgehend legitime bzw. legitimierbare soziale Ordnung zu erhalten bzw. zu „erfinden". In dem Maße, wie dies gelingt, werden die Beteiligten zu komplex handlungs-, sprach- und verantwortungsfähigen Subjekten. Soziale Probleme entstehen hier, wenn die Kinder und Jugendlichen, die Erwachsenen sowie die älteren und alten Menschen nicht fähig

---

[6] Wir verwenden in diesem Buch die klassischen Begriffe Integration/Desintegration statt des neueren Begriffspaars Inklusion/Exklusion deshalb weiter, weil in dem hier aufgenommenen Ansatz von Habermas (1988, Kap.VI u. VIII) Integration eben nicht Anpassung an, sondern kritische Auseinandersetzung mit den und radikale Reform der systemischen und alltäglichen Lebensbedingungen impliziert; darüber hinaus sind Inklusion/Exklusion häufig an systemtheoretische Annahmen geknüpft, die wir nicht teilen.

und/oder nicht (mehr) bereit sind, sich durch aktive Teilhabe an den symbolischen Reproduktionsprozessen selbsttätig (und ggf. mit Unterstützung) in ihre Lebenswelt zu integrieren.

strukturelle Komponenten / Reproduktionsprozesse	Kultur	Gesellschaft	Person
kulturelle Reproduktion	Überlieferung, Kritik, Erwerb von kulturellem Wissen	Erneuerung legitimationswirksamen Wissens	Reproduktion von Bildungswissen
soziale Integration	Immunisierung eines Kernbestandes von Wertorientierungen	Koordinierung von Handlungen über intersubjektiv anerkannte Geltungsansprüche	Reproduktion von Mustern sozialer Zugehörigkeit
Sozialisation	Enkulturation	Wertinternalisierung	Identitätsbildung

Abbildung 1: Reproduktionsfunktionen verständigungsorientierten Handelns (Quelle: Habermas 1988. Bd.2: 217)

c. Der Begriff „Entwicklungsdynamik" enthält immer schon eine Perspektive und dies verweist darauf, dass die *Steigerung der systemischen Selbststeuerungskapazitäten* bzw. die *Erweiterung* und *Vertiefung* der umfassend verstandenen *Rationalität der Lebenswelt* eine unabschließbare Aufgabe darstellen. Dabei stehen *System-* und *Sozialintegration* in einer Wechselbeziehung, weil die *materielle* Reproduktion der Lebenswelt (also die Bewältigung der äußeren und inneren Not) über das zweckrationale Handeln und die systemischen Strukturen gesichert wird; und weil die *symbolische* Reproduktion immer wieder auch neue normative Ansprüche an die verallgemeinerte Lebensvorsorge hervorbringt[7]. Soziale Probleme entstehen auch dann, wenn die Abstimmung zwischen der Systemintegration und der Sozialintegration strukturell unzureichend ist. Wenn also z.B. den arbeitslosen Jugendlichen – etwa mit der Formel „Fördern und Fordern" – unterstellt wird, dass sie vorrangig oder sogar allein durch eigene Anstrengung ihre soziale Notlage überwinden können und deren systemischen Ursachen an den Rand gedrängt werden; oder wenn die große Zahl von „RisikoschülerInnen" – das sind nach PISA diejenigen, die erhebliche Schwierigkeiten haben eine moderne Berufsausbildung erfolgreich zu absolvieren – auf deren mangelnden Lerneifer und das zu geringe Engagement der LehrerInnen zurückgeführt wird und dabei die strukturellen Entwicklungsblockaden durch das früh einsetzende gegliederte Schulwesen und die einseitige, erfahrungsverleugnende Ausrichtung der Lehrpläne in Deutschland und Österreich ausgeblendet wird.[8]

---

[7] Daraus resultiert auch der Begriff der *funktionalen Rekonstruktion* als Aufgabenstellung der Sozialreportage, denn es geht bei der Integrationsaufgabe moderner Gesellschaften immer darum sowohl die systemischen als auch die lebensweltlichen Dimensionen in ihrer Eigenständigkeit wie in ihren Wechselbeziehungen im Blick zu haben (vgl. Peters 1993: Kap.3 u. 11.2): Die funktionalen Erfordernisse ergeben sich aus den objektiven Erfolgsbedingungen, den damit verbundenen Zielen und den daraus resultierenden Erfolgskriterien; sie können als Aufgabenstellungen der *Systemintegration* durch *funktional-historische* Analyse aus der *Beobachterperspektive* erschlossen werden. Demgegenüber sind die moralisch-sittlichen und expressiven Dimensionen als Beiträge zur *Sozialintegration* an die *Lebenswelten* der Gesellschaftsmitglieder gebunden und werden in *rekonstruktiv-historischen* Analysen aus der *Teilnehmerperspektive* bearbeitet. Sie haben die Aufgabe, explizit artikulierte, intuitiv oder auch unbewusst geäußerte sowie kontrafaktisch vorausgesetzte Standards und Kriterien der Sozialintegration zu erschließen, verstehend zu thematisieren und öffentlich zur Sprache zu bringen. Diese Ansprüche artikulieren sich am ehesten in der Verarbeitung negativer Erlebnisse, „in Erfahrungen von Erniedrigung, Deprivation, Ungerechtigkeit, Sinnverlust und in Reaktionen der Empörung und des Aufbegehrens. Die expliziten Standards einer Gesellschaft können unter Umständen korrumpiert und ideologisch deformiert sein; gleichwohl … werden sich auch in einem solchen Fall soziale Pathologien und Leidenserfahrungen zeigen, die auf die Verletzung implizit wirksamer Standards moralischer Integrität und authentischen Lebens hindeuten. Eine Aufgabe sozialwissenschaftlicher Analysen ist es, solche Standards gelungener Integration zu rekonstruieren (wobei häufig die erwähnten negativen Erfahrungen, sozialen Pathologien oder Krisenphänomene den geeigneten Ansatzpunkt bieten) und zu studieren, welche sozialen Prozesse und Strukturen zu dieser Integration in welcher Weise beitragen." (ebd.:400)

[8] Vgl. zu diesem sozialen Problemfeld die ausführlichen Analysen in Berger/Kahlert (2005), Bielefeld/Heitmeyer (1998), Böhnisch/Arnold/Schroer (1999), Bois-Reymond (2004), Braun/Felinger (2009), Dahme/Otto/Trube/Wohlfahrt (2003), Galuske (2002), Habermas (1985a; 1998a), Heitmeyer/Imbusch (2005) und Müller (1998). Auf Analysen, die sich auf

2.2 Alltägliche Lebensbewältigung und biografischer Sinnentwurf

Die Lebenswelt ist zunächst einmal zentriert im Alltag und dieser ist das Fundament des Welt- und Selbst-*Bezuges* der Subjekte; zugleich enthält der Selbstvergesellschaftungsprozess immer auch mehr oder weniger entwickelte Formen des Selbst- und Welt-*Entwurfes*. Diese Spannung zwischen Bezug und Entwurf macht den Kern der Sinn-Bildung und damit der personalen Sozialintegration aus; und zwar aus folgendem Grunde:

a. Es ist bereits von Husserl (1992c: §§ 28f u. 34) intensiv darauf verwiesen worden, dass die Lebenswelt den angehörigen Subjekten ganz selbstverständlich ist; allerdings ist diese unbefragte Vertrautheit eine sekundäre Natürlichkeit, weil sie auf einer komplexen subjektiven Konstruktionsleistung beruht[9]. Die alltägliche Lebensführung erfordert nämlich, dass die Vielfalt und Widersprüchlichkeit der gesellschaftlichen Anforderungen (z.B. von Arbeit, Familie und Schule) in einem zyklisch wiederkehrenden Alltag „auf die Reihe" gebracht werden und dazu entsprechende Relevanzstrukturen („Was ist wie wichtig?") aufgebaut und Zeitbudgets („Wozu brauche ich wie viel Zeit?") entwickelt werden. Dazu bedarf es auch eines entsprechenden Koordinationsniveaus mit den Menschen, mit denen ich meinen Alltag teile (z.B. Eltern, Geschwister, FreundInnen) und einer darauf basierenden Gruppenidentität. Alles das ist zu Handlungsroutinen und immer selbstverständlicher werdenden intersubjektiven Verbindlichkeiten zu verdichten, die zugleich die kollektiven Lebensformen reproduzieren (soziale Probleme entstehen auf dieser Ebene immer dann, wenn diese komplexen Koordinationsleistungen nicht mehr – hinreichend – erbracht werden [können]). Die Gleichförmigkeit des Alltag *entlastet* zwar vom permanenten Entscheidungszwang, lässt aber auch das Gefühl der *Langeweile* entstehen („Ist das schon alles?") und seine *Zeitlosigkeit* bricht sich daran, dass das individuelle Leben durch den Tod *begrenzt* ist. In dem Maße, wie damit die unaufhebbare Spannung von Weltzeit und Lebenszeit (vgl. Blumenberg 2001: 86ff u. 258ff) kognitiv erfahrbar und emotional zugelassen wird, in dem Masse beginnt die eigentliche Sinn-Suche als offener Bildungsprozess und Transzendierung der Alltäglichkeit der Lebenswelt. Das bedeutet

---

Österreich beziehen, verzichten wir hier generell, weil deren Befunde im zweiten Teil des Buches ausführlich dargestellt werden.

[9] Dass die Vertrautheit der Lebenswelt den Subjekten nicht einfach gegeben, sondern aufgegeben ist, hatte Husserl weitgehend ausgeblendet und damit die zentrale Bedeutung dieser Dimension der Lebensbewältigung erheblich unterschätzt (vgl. dazu die Kritik von Voß 1991: 124ff).

umgekehrt, dass soziale Probleme auch dadurch entstehen (können), dass die Menschen mit ihrer alltäglichen Lebensbewältigung derart beschäftigt sind, dass sie sich den „Luxus“ von Sinn-Fragen (scheinbar) nicht leisten können und damit in die Gefahr geraten, „von innen auszuhöhlen“ und damit ggf. auch manipulierbar zu werden (z.B. für den Konsum als Sinn-Ersatz oder esoterische Strömungen oder rechtspopulistische Deutungsangebote und Bewegungen).

b. Zwar können die Individuen den eigenen Alltag nicht verlassen, aber sie können die Reichweite seiner Deutungen und die Wirkzone seiner Handlungsmuster überschreiten, indem sie sich in ein bewusstes Verhältnis zu dieser Alltagsdimension der Lebenswelt stellen, die *sekundäre Naturwüchsigkeit* lernen schrittweise zu hinterfragen und sich so immer mehr der Notwendigkeit der kognitiven und emotional-motivationalen *Begründung* des eigenen Handelns bewusster werden (so bereits Husserl 1992c: §§ 38, 40 u. 49). Auf diese Weise erarbeiten sie sich schrittweise auch einen eigenen biografischen Lebensentwurf, der zugleich die individuelle Lebensgeschichte mit den kollektiven Lebensformen verschränkt und Relationen herstellt zu den übergreifenden Strukturen der objektiven Welt und damit auch zur Weltzeit. Oder anders formuliert: Die Lebenswelt ist durch ihre *Halbtranszendenz* charakterisiert[10], in der sich alltägliche Routinen (im Sinne einer naiven „Normalität“) überlagern mit der Normativität eines gelingenden Lebens in einer gerechten Gesellschaft. Von daher ist Sinn-Bildung als Kern der Sozialintegration ein *doppelseitig aufschließender* personaler und kollektiver Entwicklungs- und Lernprozess, durch den sich das Selbst- und das Weltbewusstsein erweitert; insofern ist die Lebenswelt geschlossen *und* offen, selbstverständlich *und* fragwürdig und ihre Rationalität bemisst sich daran, inwieweit sie die Bildung einer posttraditionalen Ich-Identität nahe legt und fördert. Soziale Probleme entstehen dann, wenn diese Sinn-

---

[10] Wir nehmen hier einen Begriff von Habermas (1988: 190ff, 197f u. 205f) in modifizierter Form auf. In vergleichbarer Weise hat Bloch (1985a: 197f) auf den inneren Zusammenhang von *Sinn* und *Perspektive* verwiesen: „Sinn also ist Perspektive, wie sie in der zu verändernden Welt möglich ist, wie sie in der Vervollkommungsfähigkeit der Welt die Latenz guter Ziele für sich hat. Diese Perspektive geht schrittweise auf vor dem Denken und Tun dessen, was aktuell nottut, aber stets muß in diesem Denken und Tun das Totum dessen, was überhaupt nottut, ein Gemeintseins und Eingedenken haben, damit sowohl Sinn als Perspektive wie Perspektive als Sinn da seien. (...) Fehlen freilich das umfassende Bewusstsein und das Bewusstsein des Umfassenden eines solchen utopisch-real fundierten (mindestens noch durch keinerlei totales Umsonst vereitelten) Sinns, dann sind auch die jeweils einzelnen und besonderen Sinngehalte des historischen Fortschritts ohne letzthinnigen Halt, ohne einen philosophisch, also universalwissenschaftlich vertretbaren Ernst.“

Entwürfe sich entweder von der sozialen und personalen Wirklichkeit entfernen, sich verhärten und dogmatisch werden und so die Menschen angesichts der Dynamik des sozialen Wandels verunsichern und immer hilfloser machen (obwohl sie doch das genaue Gegenteil, nämlich Orientierungssicherheit und Entscheidungsfähigkeit fördern sollen); oder wenn die personalen Handlungsbegründungsmuster zunehmend beliebig und willkürlich werden und die Menschen versuchen, durch opportunistische Anpassung an die verschiedensten systemischen und lebensweltlichen Anforderungen und Erwartungen sich noch einen Rest an Handlungsfähigkeit und Lebensfreude zu erhalten[11].

2.3 Gesellschaftliche Ungleichheiten und soziale Strukturkonflikte

Die (international) zu beobachtende Zunahme der gesellschaftlichen Ungleichheiten führen zur Verschärfung der unterschiedlichsten Konfliktarten[12]. Allgemein können dabei unterschieden werden zunächst die *sozialen* Konflikte. Dazu gehören insbesondere die intrapsychischen und zwischenmenschlichen Konflikte sowie die Konflikte zwischen Gruppen, Milieus und Basisorganisationen. Zu den *systemischen* Konflikten gehören die zwischen den ökonomischen Klassen und Klassenformationen, zwischen den politischen Organisationen, Verbänden und Parteien sowie zwischen den Staaten. Auch in diesem Falle verweisen die sozialen und systemischen Konfliktarten und -verläufe aufeinander, ohne dass dabei eindeutige Beziehungen (oder „Entsprechungen") bestehen. Oder anders formuliert: Es gibt einen komplexen Vermittlungszusammenhang zwischen Makro-, Meso- und Mikroebene, deren jeweiligen Dynamiken sich aus Art und Qualität der dabei zur Geltung gebrachten sozialen, politischen und ökonomischen Macht- und Einflussmittel resultieren (wenn z.B. die staatliche Wirtschaftsförderung in einer Region nicht mehr nach dem Grundsatz „Förderung von Betrieben", sondern nach dem der „Förderung von Arbeitsplätzen" erfolgen soll). Dabei können auch soziale Konflikte von anderen (z.B. ethnischen und/oder religiösen) überlagert oder sogar verdeckt werden (wenn z.B. bestimmte Bevölkerungsgruppen mit Migrationshintergrund verantwortlich gemacht werden für Probleme der Mehrheitsgesellschaft – etwa die

[11] Vgl. zu diesem sozialen Problemkomplex die Analysen von Alt (2005), Beckmann /Otto (2009), Böhnisch (2008), Butterwegge/Hentges (2006), Fend u.a. (2009), Furtner-Kallmünzer u.a. (2002), Otto/Schrödter (2006) und Vester u.a. (2001)

[12] Vgl. dazu ausführlich Baum (2007), Bourdieu u.a. (1997), Bude/Willisch (2006; 2008), Heitmeyer u.a. (1998), Heitmeyer/Anhut (2000), Kessl/Otto (2007), Loch/Heitmeyer (2001), Schultheis/Schulz (2005) und Simon (2001). Der nachfolgende Problemaufriss enthält wiederum implizit eine ganze Reihe von Anregungen für spezifische Sozialreportage-Projekte.

Zunahme der Arbeitslosigkeit in der Folge der internationalen bzw. globalen Bankenkrise).

Integrations-dimension:	individuell-funktionale Systemintegration	kommunikativ-interaktive Sozialintegration	kulturell-expressive Sozialintegration
operationalisiert als Lösung folgender Aufgabenstellung:	Teilhabe an den materiellen und kulturellen Gütern einer Gesellschaft	Ausgleich konfligierender Interessen ohne die Integrität anderer Personen zu verletzen	Herstellung emotionaler Beziehungen zwischen Personen zwecks Sinnstiftung und Selbstverwirklichung
Beurteilungs-kriterien:	Zugänge zu Teilsystemen, Arbeits-, Wohnungsmärkten etc. (objektive Subdimension) Anerkennung [der beruflichen und sozialen Position] (subjektive Subdimension)	Teilnahmechancen [am politichen Diskurs und Entscheidungsprozeß] (objektive Subdimension) und Teilnahmebereitschaft (subjektive Subdimension) Einhaltung von Interessenausgleich und moralische Anerkennung sichernden Grundnormen [Fairneß, Gerechtigkeit, Solidarität]	Anerkennung der personalen Identität durch das Kollektiv und die soziale Umwelt Anerkennung und Akzeptanz kollektiver Identitäten und ihrer jeweiligen Symboliken durch andere Kollektive
Anerkennungs-formen:	positionale Anerkennung	moralische Anerkennung	emotionale Anerkennung

Abbildung 2: Integrationsdimensionen, Integrationsziele und Beurteilungskriterien für eine erfolgreiche soziale Integration
(Quelle: Anhut/Heitmeyer 2000:48)

Generell sind gesellschaftliche Strukturkonflikte immer auch solche des *„Kampfes um Anerkennung"* (vgl. Honneth [1992; 2007]; Fraser/Honneth 2003), in diesem Sinne können folgende Konfliktarten unterschieden werden (siehe auch Abb.2) :

<table>
<tr><th>Analyseebene</th><th>Hintergrundprozeß</th><th>Krisenphänomene</th><th>Wirkung auf soziale Integration</th><th>Begünstigung allgemeiner Dispositionen</th></tr>
<tr><td>strukturell</td><td>soziale Polarisierung</td><td>Strukturkrise</td><td>soziale Ungleichheit, soziale Ausgrenzung</td><td rowspan="3">allgemeine Dispositionen: Ohnmacht, Verunsicherung, Apathie, Radikalisierung, Gleichgültigkeit, Beliebigkeit
Handlungsdispositionen: expressive, instrumentelle Gewalt, Ethnisierung, Diskriminierung von Fremdgruppen</td></tr>
<tr><td>institutionell</td><td>Gesellschaftspolitische Entsolidarisierung</td><td>Regulationskrise</td><td>soziales Ungerechtigkeitsempfinden, Rückgang von Rücksichtnahme</td></tr>
<tr><td>emotional</td><td>Ambivalente Individualisierung</td><td>Kohäsionskrise</td><td>fehlender sozio-emotionaler Rückhalt, soziale Isolation</td></tr>
</table>

Abbildung 3: Gesellschaftliche Entwicklungsrichtungen und negative Auswirkungen auf soziale Integration (Quelle: Anhut/Heitmeyer 2000: 52)

a. *Positionale Anerkennungskonflikte:* Hier geht es um die Verteilung knapper Güter (besonders Arbeitsplätze, Wohnungen, Steuermittel, Bildungsgänge) und ihr Ausgang bestimmt die jeweiligen Chancen der individuell-funktionalen Systemintegration und damit den Grad der positionalen Anerkennung (u.U. können durch die Art der Regulierung solcher Konflikte soziale Positionen in Frage gestellt werden – z.B. durch die Zusammenlegung von Arbeitslosenhilfe und Sozialhilfe in Deutschland [Hartz IV]) . Eine besondere Form davon sind *Rangordnungskonflikte,* bei denen die Auseinandersetzung zwischen benachbarten Positionen im Zentrum steht (z.B. zwischen verschiedenen Gruppen der FacharbeiterInnen, der BeamtInnen oder der Arbeitslosen).
b. *Moralische Anerkennungskonflikte:* Bei ihnen geht um den gerechten Ausgleich zwischen unterschiedlichen Interessenlagen (z.B. zwischen ArbeitsplatzinhabeRInnen und Arbeitslosen, zwischen jungen und älteren Beschäftigten) und damit den unterschiedlich verteilten Einfluss auf die institutionalisierten Konfliktregulierungen und deren solidaritätsfördernde Ausgestaltung (z.B. in Form von Tarifverhandlungen und unterstützendem „wilden" Streik) sowie die personale Fähigkeit und Bereitschaft, sich daran zustimmend oder aktiv zu beteili-

gen). In dem Maße, wie diese normative Ausrichtung realisiert werden kann, in dem Maße steigt auch das Niveau der kommunikativen und interaktiven Sozialintegration.

c. *Emotionale Anerkennungskonflikte:* Hier geht es um die Auseinandersetzung mit unterschiedlichen Mustern der alltäglichen Lebensführung sowie des Sinnentwurfes der verschiedenen sozialen, ethnischen und religiösen Gruppen und Milieus. Je eher zwischen den verschiedensten Formen des Selbst- und Weltbezuges sowie des Selbst- und Weltenwurfes und seinen symbolischen Ausdrucksformen (z.B. in Form von religiösen Bauten und Praktiken) eine egalitäre Vielfalt zur Geltung gebracht werden kann, desto größer sind die Chancen der kulturell-expressiven Sozialintegration.

Zu *krisenhaften* Zuspitzungen kommt es, wenn diese Konflikte regressiv, also durch Ausschluss (und Vereinnahmung) gelöst werden sollen; dann entstehen besonders folgende soziale Probleme (vgl. Abb. 3):

a. Es kommt zu *Deprivationsprozessen*, weil die Verteilung der gesellschaftlichen Güter nicht mehr dem Prinzip der Fairness gerecht wird, denn das verschärft die soziale Polarisierung bzw. Segmentierung und vertieft die Strukturkrise
b. Es kommt zu einem *Mangel an Normenakzeptanz*, weil der Ausgleich konfligierender Interessen nicht gelingt, also Solidarität und Gerechtigkeit nicht mehr handlungs- und entscheidungsleitend sind. Eine solche Entsolidarisierung hat Momente einer Regulationskrise zur ihrer Voraussetzung und Folge.
c. Es kommt zu *Verunsicherungen*, weil die sozialen Beziehungen nicht (mehr) hinreichend Rückhalt gewähren und Identität stiften, also Liebe, Zuwendung und Aufmerksamkeit nur unzureichend erfahren und praktiziert werden. Finden solche Tendenzen „massenhafte" Ausbreitung, dann führen sie zu einer Kohäsionskrise.
d. Solche krisenhaften Zuspitzungen gibt es nie nur bei den jeweiligen gesellschaftlichen *Minderheiten* (z.B. den in prekären oder deklassierten Lebenslagen oder bei AsylbewerberInnen), sondern auch bei den gesellschaftlichen *Mehrheiten*, weshalb stets das Wechselverhältnis der jeweiligen Mehrheiten und Minderheiten zu beachten ist; diese werden in dem Maße krisenhaft, wie folgende Trends bestimmend sind:
e. *sozioökonomische Segmentierungen* (oder auch schon Polarisierungen) – besonders bezogen auf Einkommenshöhe sowie Einkommens- und Arbeitsplatzsicherheit;

f. *soziodemografische Entdifferenzierung* – besonders bezogen auf die Wohlstandsentwicklung in den verschiedenen Lebens- und Wohnformen (z.B. den unterschiedlichen Haushaltstypen);

g. *soziokulturelle Heterogenisierung* – besonders als Pluralisierung der Lebensstile, selektive Nachfrage nach bestimmten Wohnräumen/-formen, als demonstratives, symbolisches, u.U. auch provokatives und zusätzlich konflikterzeugendes Zur-Schau-Stellen dieser Unterschiede (z.B. in Form bestimmter Konsumgüter oder religiöser Symbole);

h. *sozial-räumliche Segmentierung* (oder auch Polarisierung), die das Ergebnis (SiegerInnen vs. VerliererInnen) von Konflikten um Lokalisationsprofite sind und die für die *SiegerInnen* beinhalten eine Zunahme der Situationsrenditen (Nähe/Distanz zu [un-]erwünschten Personen/Dingen), Okkupations- und Raumbelegungsprofite (Qualität des verbrauchten Wohnraumes und seines ökologischen Umfeldes) und Positions- oder Rangordnungsprofite (z.B. renommierte Adresse als besondere Form des symbolischen Kapitals). Für die *VerliererInnen* resultieren daraus spiegelbildlich (auch wenn zugleich „Fahrstuhleffekte" vorliegen) eine negative soziale und intergenerative Entmischung (z.B. Verarmung und Überalterung), materielle Nachteile (gerade bei den Wohnungen), schlechtere öffentliche Verkehrsanbindungen, Verdichtung verhindernder Sozialisationsprozesse einschließlich geringerer Bildungschancen (speziell mit Blick auf die neuen Kommunikations- und Bildungsmedien), weniger Sport- und Spielmöglichkeiten, vermehrte symbolische Ausgrenzung, höhere Kriminalitätsrate (tatsächliche und strafrechtlich relevante bzw. polizeilich verfolgte [sozial und ethnisch selektive Kriminalisierung]), verstärkte polizeiliche Kontrolle (z.B. Videoüberwachung, Polizeistreifen u.ä.), geringeres Empowermentpotenzial und geringer entwickelte Urbanität und Weltoffenheit, was alles durch ein entsprechendes negatives Image im weiteren sozialen Umfeld verstärkt wird. Die Ergebnisse davon sind u. a. Formen der *residenziellen Segregation* und der *ethnischen Kolonialisierung* (ungleiche Verteilung der Wohnstandorte der verschiedenen sozialen und ethnischen Gruppen innerhalb einer Stadt), die auf der ethnischen Ebene bei der eingesessenen (ehemaligen) Mehrheitsbevölkerung „Überfremdungsängste" auslösen können, die dann ethnische und soziale Fragen zu einem *„bewegenden" öffentlichen Thema* im Stadtteil (in der Stadt) machen.

Kapitel 3: Die kultursoziologisch-dokumentarische Methode von Karl Mannheim als Ausgangskonzept der Sozialreportage

Es ist das Verdienst von Ralf Bohnsack und seinen ForscherInnengruppen, die methodischen Grundlagen der von Karl Mannheim (1893-1947) begründeten *Wissenssoziologie* in die neueren sozial- und erziehungswissenschaftlichen Forschungskonzepte eingebracht zu haben (vgl. bes. Bohnsack 2008: Kap. 3; ders. 2009: bes. Kap. 1; ders. u.a. 1995; 2007). Mannheim ging es um die Selbstaufklärung des menschlichen Denkens, um die Analyse der verschiedenen Denkweisen und -stile, die er immer auch als das aktive Bemühen verstand, das eigene Leben im Kontext sozialer Gruppen und Klassen zu bewältigten und perspektivisch zu verbessern. Dabei reduzierte sich für ihn Denken nicht in dessen Wissenschaftlichkeit (oder gar Naturwissenschaftlichkeit), sondern er wollte *alle* Ausdrucksformen menschlicher Welt- und Selbsterkenntnis empirisch erforschen, indem er sie in die jeweiligen gesellschaftlich-epochalen Kontexte stellte und auf diese Weise auch erkenntnis- und kulturtheoretische Fragestellungen eng miteinander verknüpfte, gerade in Bezug auf die Objektivität, Relativität und Verbindlichkeit der geistigen Lebenstätigkeit der Menschen wie der Menschheit.

Dies geschah zunächst in der programmatischen Abhandlung „Beiträge zur Theorie der Weltanschauungs-Interpretation", die nicht zufällig im „Jahrbuch für Kunstgeschichte" (von 1921/22) erschien[13]; er hat den zunächst geisteswissenschaftlichen Ansatz dann besonders in der Abhandlung „Das Problem einer Soziologie des Wissens" (erstmals 1925 erschienen im „Archiv für Sozialwissenschaft und Sozialpolitik") gesellschaftstheoretisch fundiert und sich dabei auch intensiv mit der damaligen „Historismus-Debatte" auseinandergesetzt. Dem folgte dann sein Hauptwerk „Ideologie und Utopie" (in der englischen Ausgabe von 1936 mit dem programmatischen Untertitel „An Introduction to the Sociologie of Knowledge"), bei der die theoriegeleitete empirische Analyse bewusster, präreflexiver, aber auch

---

[13] Der Ansatz ist von dem Kunsthistoriker Erwin Panofsky (1892-1968) sofort aufgenommen und in die Begründung der von ihm so genannten „Ikonografie" und „Ikonologie" integriert worden (vgl. Panofsky 1998a: 1058; 1998b: 1073ff); schon hier wird die Forschungsperspektive einer Verschränkung von *Text-* und *Bildinterpretation* deutlich, die für die Sozialreportage zentral ist.

unbewusster politischer Handlungsmuster im Vordergrund stand. Ihren relativen Abschluss fand dieser Ansatz, den Mannheim sowohl als Kultur- wie auch als Wissenssoziologie bezeichnete, in dem Handbuchartikel „Wissenssoziologie" (von 1931), in dem auch die Bezüge zur Bildungstheorie verdeutlicht wurden. Erst posthum wurden die beiden umfangreichen Arbeiten „Über die Eigenbart kultursoziologischer Erkenntnis" und „Eine soziologische Theorie der Kultur und ihrer Erkennbarkeit (Konjunktives und kommunikatives Denken)" veröffentlicht, die zwischen 1922 und 1925 entstanden und wichtige Aspekte enthalten, die gerade von Bohnsack u. a. aufgenommen wurden.

Mannheim wurde am 27.3. 1893 in Budapest geboren, studierte in Budapest, Freiburg, Paris und Heidelberg Philosophie, Soziologie, Germanistik und Romanistik und gehörte dem „Sonntagskreis" um Georg Lukacs (1885-1971) an, der in der ungarischen Räterepublik (1919) wichtige politische Funktionen innehatte. Nach deren Niederschlagung emigrierte Mannheim über Wien nach Deutschland und habilitierte sich (1925/26) – wie Otto Neurath - in Heidelberg, wurde dort ebenfalls Privatdozent und erhielt - nach langwierigen Querelen – 1926 die deutsche Staatsbürgerschaft (nachdem seine Lehrer für ihn gebürgt hatten). Er folgte 1930 dem Ruf an die Frankfurter Universität; musste den Lehrstuhl für Soziologie aber 1933 als Jude aufgeben und floh (wie Neurath) nach England, wo er zunächst als Lektor an der London School of Economics and Political Science und ab 1941 als Professor am Institute of Education der London University lehrte Die Berufung zum Leiter der europäischen Abteilung der UNSESCO konnte er nicht mehr annehmen: er starb unerwartet in der „Londoner Fremde" am 9.1.1947

(Quelle: http://www.arthurmag.com/magpie/wp-content/uploads/2009/03/mar27th_mannheim.jpg)

Wir wollen in diesem Kapitel die fünf Aspekte hervorheben[14], die für die Sozialreportage von besonderer Bedeutung sind (und dabei auch die frühe geisteswissenschaftliche Fassung soweit integrieren wie sie sich in den späteren soziologischen Ansatz einpasst)[15]. Dabei gehen wir insofern über die bisherigen Darstellungen des Ansatzes bei Bohnsack u.a. hinaus, als wir den dort meist nur angedeuteten Gegenstandsbezug der dokumentarischen Methode, also ihre Geschichts- und Kulturtheorie explizieren und so das Verhältnis von Wirklichkeitsverständnis und Forschungsmethoden deutlich machen.

Lese- und Bearbeitungsvorschlag: *Selbstverständlich kann man die nachfolgende Darstellung auch „in einem" durchlesen und diskutieren. Ihre Bedeutung für die Sozialreportage wird sich aber besser erschließen, wenn man gleichzeitig oder in einem zweiten Durchgang die bereits gesammelten Materialien zur pragmatischen, journalistischen und wissenschaftlichen Sozialreportage (siehe die verschiedenen Arbeitsaufgaben in Kap. 1 u. 2) jetzt mit Hilfe dieses „Rasters" neu interpretiert und einordnet. Dabei kann auch deutlich werden, worin die Aufgaben einer Wissenssoziologie der sozialen Probleme bestehen und was die Sozialreportage zu ihrer Verwirklichung beitragen kann und sollte.*

3.1 Von der einzelwissenschaftlich-analytischen Trennung zum synthetischen Entwicklungszusammenhang in den Kulturwissenschaften

Ausgangspunkt von Mannheims Entwurf war die Feststellung, dass die Spezialisierung der Einzelwissenschaften zwar dazu beigetragen hat, die spekulativen Zusammenhangsannahmen der metaphysischen Weltinterpretationen zu hinterfragen und so die empirische Grundlegung der wissenschaftlichen Theorien durch die Erfor-

---

[14] Vgl. zur Interpretation von Entwicklung und Struktur des Werkes von Mannheim Kettler u.a. (1980), Wirth (1985) und Wolff (1964); die umfassendste und aktuellste Analyse bietet Laube (2004).

[15] Da gerade dieser Ansatz die Geschichtlichkeit des Denkens betont und jede Zeit auch ihre eigene Wissenschaftssprache hervorbringt, deshalb werden wir ausführlicher zitieren, um die Spezifik von Mannheims Argumentationsduktus verdeutlichen zu können. Insofern eignet sich dieses ganze Kapitel in einem Hochschulseminar o. ä. auch zu einer eigenständigen, historisch-kritischen Interpretation der wissenschaftsgeschichtlichen „Ursprungsstelle" der dokumentarischen Methode und damit auch der Sozialreportage; ähnlich verfahren wir mit weiteren wichtigen Quellen der wissenschaftlichen Sozialreportage, nämlich dem Konzept der „Farm Security Administration" (Kap. 6) und der Bildpädagogik von Otto Neurath (in Kap. 10.5).

schung der *Teile* zu befördern, dass damit aber zugleich der Blick auf die komplexen *Zusammenhänge* verloren gegangen ist: Die „Teile mussten zunächst für sich erforscht werden, und eine Spezialisierung ... setzte in einem *zweifachen* Sinne ein. Zunächst eine Spezialisierung, die erstens die inhaltlichen Gebiete der Kultur voneinander trennte, d.h. Wissenschaft, Kunst, Religion usw. ganz für sich behandelte, und zweitens (darin liegt das für uns Wesentlichere) diese aus dem Kulturganzen herausgelösten Gebilde nicht in ihrer für die außertheoretische Erfahrung gegebenen originären Totalität nahm, sondern jeweils unter verschiedenen theoretischen Gesichtspunkten abstrahierend betrachtete." (Mannheim 1964a: 92f) Diese „Totalitäten werden für die kulturgeschichtlichen Einzelgebiete noch aus einem zweiten Grunde relevant. Die durch Abstraktion entstandenen Einzeldisziplinen können nämlich ihren logischen Gegenstand gar nicht vollgültig innerhalb ihres immanenten Gefüges erfassen, geschweige denn erklären, ohne auf jene Totalitäten in einem gewissen Stadium ihrer Ausführungen zu rekurrieren. (...) Es liegt also auch im Interesse der kulturwissenschaftlichen *Einzelwissenschaft*, auf die vorwissenschaftliche Totalität ihres Gegenstandes zurückzugreifen... Den gegenwärtigen Umschlag in eine synthetische Forschungsrichtung verrät in erster Linie das in den Vordergrundtreten des Weltanschauungsproblems, das als der am meisten vorgeschobene Posten der neu einsetzenden historischen Synthese zu betrachten ist." (ebd.: 94f)

Auch mit Bezug auf die neuere Entwicklung der Sozialen Arbeit ist unschwer festzustellen, dass sie einerseits durch eine Ausdifferenzierung ihrer inneren Arbeitsteilung an Aussagekraft und Zuverlässigkeit gewonnen hat, dass aber andererseits nicht nur der Bezug zu den vorwissenschaftlichen Erfahrungs- und Erkenntniszusammenhängen sich (erheblich) gelockert hat, sondern auch eine theoretische wie methodische Zersplitterung festzustellen ist (beide Momente dokumentieren sich etwa in Galuske 1998 und Bock/Miethe 2009). In genau diesem Sinne will die Sozialreportage schrittweise nicht eine weitere, neue Handlungs- und Forschungsmethode werden, sondern bemüht sich vorrangig um eine *Synthese* der vorhandenen Methoden wie auch und besonders der vorhandenen Wissensbestände über die Ursachen und Verlaufsformen der sozialen Probleme. Die damit verbundene Perspektive einer *Ausweitung* der Fragestellungen und einer *Vertiefung* der Analysen hatte Mannheim deutlich gesehen: Denn auf diese Weise erlangen wir „erstens die Möglichkeit, *sämtliche* Gebiete der Kultur der synthetischen Forschung zugänglich zu machen. Nicht nur wo theoretischer Inhalt sich ausspricht, sondern auch bildende Kunst, Musik, Trachten, Sitten, Gebräuche, Kulte, Lebenstempo und Gebärden gewinnen Sprache und verraten die Einheit, auf die es uns dabei ankommt. Es ergibt sich aber nicht nur eine Gebietserweiterung der synthetischen Forschung, sondern zweitens auch ein Eindringen in den Gegenstand nach einer neuen Richtung hin. Nicht nur auf das Inhaltliche hin, sondern vorzüglich der Form nach werden wir jene Kulturgebiete von nun an vergleichen können und dadurch das Gefühl haben, dass wir in die wesentliche ungewollte spontane Einheit auf diesem Wege viel tiefer eingehen, als wenn wir sie nur in jener Gebrochenheit erfassen können, die der rein theoretischen Bewusstheit des Inhaltlichen zumeist zu eigen ist." (ebd.: 98)

Das war für sich genommen noch eine geisteswissenschaftliche Begründung; sie wurde in dem Maße zur gesellschaftstheoretischen, wie diese *hermeneutische* Betrachtungsweise mit *soziologischen* Fragestellungen verschränkt wurde; das geschah bei Mannheim mittels des Epochenbezuges.

3.2 Die „Sinngenese im gesellschaftlichen Epochenkontext" als Gegenstand der dokumentarischen Methode

Die damaligen Debatten um die angemessenen Methoden der Geistes- bzw. Kulturwissenschaften[16] waren immer von der Einsicht getragen, dass die methodischen Verfahren der Sache, die sie erforschen wollen, gerecht werden müssen; es kann somit keine methodischen Entscheidungen jenseits dieses Gegenstandsbezuges geben (eine Methodenbegründung ohne Inhaltsbezug wäre den meisten DiskutantInnen damals sehr merkwürdig vorgekommen). Mannheim nahm in diesem Zusammenhang die damalige Diskussion um die „Geschichtlichkeit der menschlichen Welt" auf und entwickelte einen Epochenbegriff, der die Sinngenese ins Zentrum der Historizität der sozialen Wirklichkeit stellt. Während für Mannheim das *kommunikative* Denken (dessen Paradigmen Mathematik und Logik sind) überhistorische Einsichten oder Gewissheiten (bzw. Annahmen) beinhaltet (vgl. Mannheim 1980a: 170ff), zielt das *konjunktive* Denken auf Einsichten in diesen historischen Prozess. Seine Konzeption enthielt sechs Elemente bzw. Ebenen.

Ergänzender Lesevorschlag: *Die nachfolgend dargestellten Strukturen der Sinngenese und der Methode ihre kultursoziologisch-dokumentarischen Erforschung sollten nicht nur hinsichtlich ihrer allgemeinen Gültigkeit interpretiert und diskutiert werden, sondern es sollte zugleich jeweils gefragt werden, welche Entwicklungsrisiken (Chancen und Gefahren) bei der jeweiligen Entwicklungsdimension theoretisch denkbar bzw. empirisch nachweisbar sind und wie ungelöste Widersprüche, Einschränkungen und Deformationen zu sozialen Problemen führen können bzw. dies auch*

[16] Hier ist besonders zu denken an die Kontroverse über „Erklären oder Verstehen" und deren Zuordnung zu den Natur- bzw. Geisteswissenschaften (vgl. Apel 1979: Teil I).

tun. Auf diese Weise kann das in Kap.2 skizzierte Konzept der sozialen Probleme als zentraler Gegenstand der Sozialreportage ausgeweitet und vertieft werden.

3.2.1 Zwischenmenschliche Sinngenese

Sinn ist an die Erfahrbarkeit meiner Selbst, an die Erfahrungsfähigkeit der anderen, unmittelbaren Mitmenschen und an die Mitteilbarkeit dieser Erfahrungen mit mir, mit anderen und mit der gegenständlich-objektiven Welt gebunden. Es treten also erfahrungs-, handlungs- und sprachfähige Menschen in einen Austausch, entdecken Gemeinsamkeiten in ihrer Lebenspraxis, lernen also nicht nur die Differenz von *Ich* und *Du* kennen, sondern auch das *Wir*, wobei dieser Wir-Kreis immer mehr ausgedehnt werden kann und dann eine besondere, kommunikativ gestützte *Erfahrungsgemeinschaft* bildet (vgl. Mannheim 1980b: Kap. 2-4). Dabei ist hervorzuheben, dass die Sinnkonstitution und damit die Selbstverständigung von Anfang an semantisch vermittelt ist, weil nur so die Sinngenese interpersonal nachvollziehbar und wissenschaftlich rekonstruierbar ist: „Erfahrbar wird ein Erlebnis, ein ‚Selbstweltbezug' nur dann, wenn er in einem solchen Grade sich vom undifferenzierten Strome der Erlebnisse *abhebt*, dass er als ein sinngemäßer (wenn auch nicht als theoretischer Sinn) dem Subjekte gegenübersteht. Dieses Sich-Abheben vom Zuständlichen und das Sich-Verwandeln zum Gegenständlichen ist das allgemeinste Charakteristikum des Sinnes überhaupt, sowohl des objektiven wie des ‚selbstweltbezogenen', des theoretisch fixierten wie des atheoretischen. Wir müssen diese Mittelsphäre des atheoretischen Sinnes einschalten, wenn wir nicht alles, was nicht begrifflich ist, als intuitiv, irrational bezeichnen wollen… Es gibt eine unterirdische Kultur, die noch immer sinnhaft ist, eine Struktur hat, vom Strome abgehoben, im Daraufgerichtetsein intendierbar, sich gegenüberstellbar, also ‚irreal sinnhaft' und gerade deshalb noch keineswegs als irrational zu bezeichnen ist." (Mannheim 1964a: 132) Insofern gibt es „eine Stufenleiter zwischen den beiden Sinnpolen, dem des absolut desubjektivierten theoretischen Sinnes und dem des kaum aus dem Subjekt abgelösten ‚Gefühlsinnes'" (ebd.: 133)

Das bedeutet umgekehrt, dass die jeweiligen Semantiken der Text- und Fotografiesorten der Sozialreportage auch *erfahrungsoffen* sein müssen, dass sie die soziale Wirklichkeit in der Lage sein müssen so zu deuten, dass die Art ihrer Problemverarbeitung sinnhaftes Handeln nahe legt und fördert. Umgekehrt ist zu fragen, welche Konsequenzen es für das Selbst- und Weltverständnis der einzelnen Personen wie der jeweiligen Gruppen hat, wenn die entsprechenden Darstellungen (z.B. vom Alltagsleben der Arbeitslosen in Boulevard-Blättern) die jeweiligen sozialen Problemlagen und Bewältigungsversuche (z.B. Schwarzarbeit) einseitig bis falsch darstellen. Wenn in diesem Buch die Sozialreportage sowohl als Handlungs- wie auch als

Forschungsmethode verstanden wird, dann soll damit nicht einer Entdifferenzierung der Arbeits- und Erkenntnisweisen das Wort geredet werden (wie das in vereinfachenden Konzepten der Aktions- bzw. Handlungsforschung in den späten 1960er/frühen 1970er Jahren geschehen ist), sondern der gemeinsame Bezugspunkt, nämlich die Sinngenese in den Vordergrund gerückt werden (insofern korrespondieren Mannheims Überlegungen auch mit denen von Habermas zum Verhältnis von Alltags-, Bildungs- und Wissenschaftssprache; vgl. den Kasten in Kap. 1.4).

3.2.2 Verobjektivierte Sinngenese

Die Herausbildung von sozialem Sinn reduzierte sich für Mannheim also keineswegs auf zwischenmenschliche Kommunikation; vielmehr ist es eine Spezifik der Gesellschaft, dass solche erfahrungsbegründeten Sinnprozesse historisch und sozial vorstrukturiert sind durch die bereits vorhandenen Wissens- und Bewusstseinsformen und deren gesellschaftlichen Bedingungszusammenhänge. Zu diesen geistigen Realitäten gehörten für Mannheim „*erstens* jene, die wir mit Durkheim 'Institutionen' nannten; *zweitens* jene Sinngebungen, die die naturale Umwelt und Innenwelt in ein Sinnbild verarbeiteten..." Hinzu kam noch eine *dritte* „Art der vortheoretischen kollektiven Sinngebung..., die wir kurzweg 'Werke' nennen wollen. Denn sicherlich ist der Erlebnisraum nicht durch die bedeutsam gewordene innere und äußere Natur und durch die durch Vorschriften geregelten sozialen Beziehungen und Rahmenformen erschöpft; es gibt außerdem noch geistige Realitäten, die, obzwar sie wie die genannten 'Sinngehalte' den sozialen Erfahrungs- und Lebensraum auszugestalten verhelfen, dennoch in einer eigentümlichen neuen Weise Sinngebilde sind..." Zu diesen Werken gehören „alle jene Artefakte, die das einzelne Individuum scheinbar aus sich heraus isoliert schafft, als neue Dinge in die Welt der Natur hineinstellt, indem es einen Sinn *bewußt*, wenn auch nicht in theoretischer Weise bewusst, hervorbringt. Weihbilder, Götzenbilder, Geräte, Kleidung, Häuser, Bauten usw." (Mannheim 1980b: 258) Diese Aufzählung wäre aber nicht vollständig, würden wir nicht *viertens* „zwischen die Werke des Individuums und die Kategorie der Institutionen jene vorschriftslosen Institutionen, jene mehrpersonal geschaffenen Kollektivwerke einschalten, die weder als Institutionen noch als Werk richtig charakterisiert sind. Wir denken an Gebilde die (wie *Sprache, Sitte* und andere ungeregelte, aber sich selbst regelnde Gesellschaftsbeziehungen, die alle Sinntotalitäten, alle werdend sind) alle spontan entstehen und doch weder im Zusammenhang mit den 'Werken' noch mit der sinnvoll gewordenen, durch Sinngebungen überstülpten Natur gleichzusetzen sind." (ebd.: 259)

Bereits an dieser Stelle wird die Bedeutung von Mannheims Ansatz für die aktuellen Milieuanalysen und damit auch die Sozialreportage deutlich, weil er nämlich die Wechselbeziehungen zwischen den intersubjektiven (lebensweltlichen) Strukturen und den objektiven Strukturen der Gesellschaft (hier noch auf die kulturellen, symbolischen beschränkt) ins Zentrum stellt und damit auch Zugänge zu den Milieukontexten der Genese sozialer Probleme eröffnet (z.B. von Ehe- und Familienkrisen in den Elitemilieus angesichts der extremen Verschärfung der Konkurrenzverhältnisse am Arbeitsplatz; oder in den traditionellen Facharbeitermilieus angesichts der Ausweitung prekärer Lebensverhältnisse).

3.2.3 Einheit und relationale Perspektivität der Sinngenese

Die verschiedenen Prozesse der interpersonalen und verobjektivierten Sinngenese stehen nicht beziehungslos nebeneinander, sondern bilden ein komplexes Gefüge von Strukturen, aus denen sich für Mannheim die historisch spezifische Einheit des Kulturprozesses ergab: Das konjunktive Erkennen „erfasst stets Geistiges vom selben Geiste; es erfasst den sinnerfüllten Erfahrungs- und Lebensraum in einer bestimmten Perspektive, und jedes erkenntnismäßige Eindringen in das gesellschaftliche Geschehen gelingt nur insofern der Gesamtzustand des Gesellschaftsprozesses dies ermöglicht und nur insoweit es als nächster Schritt für die Weiterexistenz der Gesellschaft nötig erscheint. Das Erkennen und die Selbsterkenntnis der sozialen Gemeinschaft ist nämlich auch ein Teil der Gesamtdynamik, und die Gesellschaft muss ihre Gebilde bis zu einem gewissen und zu einem bestimmten Grade kennen, damit sich dieses Sichverändern in der Richtung des nächsten Schrittes vollzieht." (Mannheim 1980b: 265)

Hier werden gewisse „geschichtsphilosophische" Implikationen von Mannheims Epochenverständnis und damit auch der Aufgabenstellung der dokumentarischen Methode deutlich, dass nämlich die Eigenart und Vergleichbarkeit der Sinngenesen in einem Zusammenhang stehen mit den historisch gewachsenen Möglichkeiten der rationalen, kognitiv begründbaren und emotional befriedigenden Lebensbewältigung und damit der vorreflexiven und reflexiven Angemessenheit des instrumentellen Wirklichkeitsbezuges, des sozialen, moralisch-sittlichen Selbst- und Weltbezuges sowie der expressiven Ausdruckmöglichkeiten der eigenen Subjektivität. Es gilt also empirisch zu dokumentieren und zu deuten die historisch gewachsenen Möglichkeiten der Verschränkung von internen und externen Sinnzusammenhängen und die daraus resultierenden Chancen identitätsverbürgendes Wissen herauszubilden und sich individuell und kollektiv anzueignen. Gerade weil dieses Wissen um die geschichtlichen Möglichkeiten selber nochmals historisch (mit)bestimmt ist, deshalb muss es offen sein für das historisch Neue; das gilt insbesondere für die modernen Gesellschaften, wo die Dynamik des sozialen Wandels – die wir aktuell sehr nachhaltig spüren – immer auch krisenhafte Umstrukturierungsprozesse sowie ein Bewusstsein der Krise des Denkens und Handelns, damit auch des empirischen Forschens hervorbringt, wobei Mannheim drei Prozesse in den Vordergrund stellte: „Erstens handelt es sich um die Tendenz zur selbstkritischen Analyse kollektiv-unbewusster Motive, sofern diese das moderne soziale Denken bestimmen; zweitens um die Tendenz, Geistesgeschichte so zu treiben, dass die Wandlungen in den Begriffen auf gesellschaftlich-geschichtliche Veränderungen hin interpretiert werden können; und drittens die Tendenz, unsere Erkenntnistheorie, die bisher die gesellschaftliche Natur des Denkens nicht genügend berücksichtigte, zu revidieren. Die Wissenssoziologie ist derart eine Systematisierung des Zweifels, der sich in der Gesellschaft als dumpfe Unsicherheit und Ungewissheit äußert." (Mannheim 1985: 44f)

Diesen Zweifel hatte Mannheim dann insofern noch radikalisiert, als er ihn auch auf den eigenen Ansatz ausdehnte (er sprach von dem „totalen Ideologieverdacht"; ebd.: 53ff u. 60ff). Das impliziert für die Milieutheorie, die dokumentarische Methode und damit die Sozialreportage die Notwendigkeit, ihre theoretischen Konzepte und empirischen Verfahren auf deren sozialen Problemgehalt dauernd zu prüfen. Damit diese Relativierung nicht in Beliebigkeit umschlägt, führte Mannheim zunächst den Begriff der *Perspektive* ein. In seiner Begründung wird schon der Bezug zu den westlichen Bildtraditionen seit der Renaissance deutlich wie auch der Wirklichkeitsbezug (mit Mannheim: „die Seinsverbundenheit") jedes Denkens: „Die Landschaft *als Landschaft* … kann sich für ein menschliches Bewusstsein nur perspektivisch konstituieren, und dennoch löst sich die Landschaft nicht in die verschiedenen von ihr möglichen Bilder auf, weil ein jedes dieser Bilder sich an etwas orientiert (weshalb nicht ein jedes willkürliches Bild möglich ist), und weil die eine Perspektive, sofern sie richtig ist, auch von den anderen aus kontrollierbar ist. Hat man aber dies zugegeben, so ist die Geschichte nur aus der Geschichte selbst sichtbar, nicht aber durch einen ‚Sprung' ‚aus' der Geschichte, mit dem man sich plötzlich auf einen außerhalb der Geschichte gesetzten statischen Standpunkt willkürlich begibt." (Mannheim 1964b: 357). Gleichzeitig ist dieses Geschichte kein chaotischer Prozess, sondern einer, in dem sich Vergangenheit, Gegenwart und Zukunft *relational* zueinander verhalten, in dem das menschliche Wissen kumulativ, allerdings nicht gradlinig gesteigert und damit die Erfahrungsräume ausgedehnt, die Erwartungshorizonte erweitert, die Erkenntnismöglichkeiten verbessert und die Lebensqualität insgesamt gesteigert werden können. Auch in der Wissenschaft können so die früheren, begrenzteren Theorien, Konzepte und Methoden in den realitätshaltigeren *aufgehoben* werden (z.B. die hermeneutischen in die soziologischen), um „von *immer neuen Systematisierungszentren* und Axiomatiken aus das vorhandene Material, den immer wachsenden Reichtum der historischen Welt zu bewältigen…“ (ebd.: 354) Dieser *relationale Perspektivismus* bildet den theoretischen Kern von Mannheims Kultur- und Wissenssoziologie und damit auch der dokumentarischen Methode (vgl. dazu ausführlich Laube 2004: Teil B) – und ist von daher auch für die Sozialreportage zentral. Dadurch wird z.B. deutlich, dass Armut nicht nur historisch ein sehr unterschiedliches Ausmaß und sehr unterschiedliche Erscheinungsformen hatte (z.B. im antiken Rom, zur Zeit der Kreuzzüge, im Frühkapitalismus und in den hoch entwickelten Gegenwartsgesellschaften), sondern dass zugleich Armut immer auch auf Reichtum verweist, der eine Sachverhalt ohne den anderen gar nicht zu verstehen ist. Insofern haben die sozialen Probleme einen *epochaltypischen relationalen* Charakter und diesen gilt es sowohl bei historischen (vgl. z.B. Kap. 6 und 10 in diesem Buch; sowie Braun/Wetzel 2009) wie auch bei aktuellen Sozialreportagen jeweils herauszuarbeiten. Der Ansatz von Mannheim bietet darüber hinaus die Möglichkeit, Binnendifferenzierungen der epochalen Einheit zu erschließen und zu dokumentieren[17].

3.2.4 Historische Vielfalt der relationalen Perspektivität in der epochalen Einheit der Sinngenese

Nun war auch schon für Mannheim erfahrbar und klar, dass dieser Bezug auf die epochale Einheit des Kulturprozesses nur eine Seite der gesellschaftlichen Wirklichkeit darstellt; zugleich gibt es erhebliche Differenzierungen, die aber nur vor dem Hintergrund dieser Einheit verständlich und interpretierbar werden und durch deren Vielfältigkeit hindurch sich die jeweilige historisch spezifische und begrenzte

[17] Dieser epochaltypische Charakter des relationalen Perspektivismus samt seiner inneren Differenzierungen wird auch deutlich, wenn man die meist national bestimmten Geschichten der Fotografie betrachtet, denn sie zeigen, dass sich nicht nur die jeweilige soziale Wirklichkeit verändert hat, sondern auch die Art ihrer fotografischen Dokumentationsweisen; dabei sind Erfahrungs- und Darstellungsweise wiederum abhängig vom sozialen und ethnischen Milieu sowie dem Grad und der Art der Engagiertheit. Wir machen deshalb den *Projektvorschlag*, eines (oder vergleichend mehrere) der nachfolgend genannten Bände zur Geschichte der Sozialfotografie unten den dargestellten Leitlinien des epochaltypischen relationalen Perspektivismus zu interpretieren (wobei den sozialen Problemen, die dabei gezeigt werden, besondere Aufmerksamkeit geschenkt werden sollte): Die umfassendste Dokumentation, wenngleich vorrangig mit ideologiekritischen Analysen bietet Paul (2008/ 2009); ferner können u.a. folgende Einzelstudien zur Projektarbeit herangezogen werden: Ackerl/ Dobesberger/Rammer (2008), Bizot (2006), Calvenzi (2003), Danzinger (2005), Drommer (2003; 2004 a, b), Faber/Schröder (2003), Gaede (2006), Günther (1992), Heiting (2001), Kunst- und Ausstellungshalle der Bundesrepublik Deutschland (1997), Lebeck/ Dewitz (2001), Newhall (1998), Perret (2007), Starl (1995), Steichen (1983) und White u.a. (2001).

Einheit konstituiert. Dabei sind zwei Differenzierungen relationaler Perspektivität von besonderer Bedeutung (vgl. dazu ausführlich Laube 2004: 444ff u. 464ff):

a. Der marxistisch informierte Mannheim wusste um die strukturellen gesellschaftlichen Ungleichheiten, die der Kapitalismus wie alle Klassengesellschaften hervorbringt. Er näherte sich aber bereits den aktuellen Debatten über die Besonderheiten und Vielschichtigkeiten der *sozialen Ungleichheiten* an (die besonders in den verschiedenen *Milieukonzepten* ihren Ausdruck gefunden haben), wenn er betonte, dass hier nicht nur materielle, sondern auch ideelle Ungleichheiten von Bedeutung sind, dass also das jeweils typische, verallgemeinerungsfähige Zusammenwirken objektiver und subjektiver Faktoren die Spezifik der jeweiligen Sozial- und Erfahrungsräume rekonstruierbar macht. Dazu vermerkte Mannheim (1964b: 376): „Die naturalistische Epoche des Marxismus kannte nur eine einzige Verknüpfungskategorie zwischen dem sozialen Sein und den Ideengehalten: die des *'Interessiertseins'*. Es hängt mit der ausschließlich auf Enthüllung ausgehenden Phase der Ideologieforschung zusammen, dass man die Funktionalisierung der Ideengehalte auf soziales Sein hin allein in der Form der Interessenbezogenheit wahrnahm." Will man „die Ideologieforschung zu einer Soziologie des Wissens erweitern und mit den ideengeschichtlichen Bestrebungen der Gegenwart verbinden, so gilt es zunächst den zu eng gefassten Funktionalitätsbezug, der nur die interessenmäßige Bedingtheit meint, zu überwinden. Die Überwindung geschieht am leichtesten durch einen phänomenologischen Aufweis, der uns zeigt, dass das interessenmäßige Verbundensein mit Ideengehalten nur eine der möglichen Funktionalitätsbeziehungen zwischen der erlebenden Psyche und den geistigen Gehalten ist. Man kann an ein bestimmtes ökonomisches System durch Interessen gebunden sein, auch gewisse politische Ideen können einer Interessenlage dienlich sein. Aber sicherlich ist es kein unmittelbares Interessiertsein, das uns an einen bestimmten Kunst- und an einen bestimmten Denkstil bindet, und dennoch schweben auch diese Gebilde nicht in der Luft, sondern sind mit ihrem jeweiligen soziologisch-historischen Träger funktional verbunden. Nennt man das unmittelbare Verknüpftsein mit Interessen 'Interessiertheit', so kann man das mittelbare Verbundensein des individuellen und sozialen Subjektes mit jenen geistigen Gehalten auch ... 'Engagiertsein' an gewisse Gehalte nennen. (...) Das mittelbare Engagiertsein an bestimmte geistige Gehalte ist also die umfassendste Kategorie der Funktionalitätsbeziehungen zwischen geistigen Gehalten und sozialem Sein." (ebd.: 377f) Damit ist deutlich gemacht, dass sich die *Differenzierung des sozialen Raumes* (und damit auch die relationale Perspektivität der verschiedenen Traditionen und Konzepte der Sozialreportage) nicht auf die materiellen

Lebensbedingungen beschränken, sondern dass sie auch eine Differenzierung der Ideenwelt sowie eine mehr oder weniger große Spaltung zwischen Politik und Ökonomie zu ihren Voraussetzungen und Folgen hat, und dass sich dieses Gesamtensemble der gesellschaftlichen Schichtungen der Sozialreportage in dem Maße erschließt, wie die „naiven" Wechselbeziehungen zwischen der *Beobachtung* der objektiven gesellschaftlichen Wirklichkeit und der *Teilnahme* an den interpersonalen Prozessen der Vergemeinschaftung und Gesellschaftsveränderung zu einer reflexiven Einsicht in die Relationen zwischen objektiver und subjektiver Strukturanalyse und damit auch zwischen Interessiertheit und Engagiertsein weiterentwickelt werden.

Für die Sozialreportage eröffnet dies die Perspektive, die Genese der sozialen Probleme sowohl unter dem Aspekt ihrer *objektiven Bedingtheit* (z.B. durch die Strukturkrise des Bankensystems und ihre Folgen für die Automobilindustrie und damit für den Arbeitsmarkt) wie auch ihrer *personalen, kollektiven*, ggf. sogar *politischen Bewältigung* zu dokumentieren und zu erforschen (z.B. die Einschränkungen des eigenen Konsums, die Diskussionen am Arbeitsplatz, die Proteste in der veröffentlichten Meinung, die Streiks und Betriebsbesetzungen). Zugleich wird in diesem Zusammenhang deutlich werden, von welch unterschiedlichen Perspektiven die Wahrnehmung, Deutung und Lösung sozialer Probleme geleitet ist.

b. Davon zu unterscheiden sind die *Differenzierungen der sozialen Zeit.* Die erwähnte Dynamik der modernen Gesellschaften hatte auch neue Verzeitlichungserfahrungen hervorgebracht (man denke an so ein elementares Ereignis wie die erste Fahrt mit einer Eisenbahn und die aktuellen Veränderungen in den alltäglichen Kommunikationskulturen). Das Krisenbewusstsein betrifft nie nur die Denkweisen, sondern verweist auch auf den beschleunigten „Verschleiß" von Erfahrungszusammenhängen und der an sie gebundenen Formen der relationalen Perspektivität. Die Menschen eines Zeitalters leben nicht mehr in einer Zeit, es koexistiert die *Ungleichzeitigkeit des Gleichzeitigen* mit der *Gleichzeitigkeit des Ungleichzeitigen.* Beides lässt sich mit einem linearen, „astronomischen", naturbezogenen, „positivistischen" Zeitverständnis (dem des „Chronos") nicht verstehen, sondern dazu bedarf es der Einsicht in die historisch-kulturellen, phänomenologisch rekonstruierbaren Zeitdynamiken, in das "Kairos". Diese sozialen Zeitverhältnisse thematisierte Mannheim besonders mit Bezug auf die Generationenbeziehungen. Dabei war es für ihn typisch, dass er sich sowohl von den Einseitigkeiten des Positivismus als auch der Romantik (mit ihrer Konzentration auf die „innere Zeit" bzw. das „innere Zeiterleben") abgrenzte wie auch deren relative Bedeutung anerkannte, wie das an der dreifachen Differenzierung des Generationenverhältnisses deutlich wird, aus denen auch spezifische relationale Perspektiven resultieren. Dieses ist – erstens – bestimmt durch die *Generationenlagerung* „als eine besondere Art der gleichen Lagerung verwandter 'Jahrgänge' im historisch-sozialen Raume. War die Eigenart der klassenmäßigen Lagerung des näheren bestimmbar durch die Charakteristik der *ökonomisch-sozialen* Bedingungen, so ist die Generationslagerung ihrerseits durch Momente bestimmbar, die aus den *Naturgegebenheiten* des Generationswandels heraus bestimmte Arten des Erlebens und Denkens den durch sie betroffenen Individuen nahe legen." (Mannheim 1964d: 529). Darauf baut – zweitens – der *Generationenzusammenhang* auf; aber es muss noch eine „konkrete Verbindung hinzukommen ..., um von einem Generationenzusammenhang sprechen zu können. Diese Verbundenheit könnte man kurzweg eine *Partizipation* an den *gemeinsamen Schicksalen* dieser historisch-sozialen Einheit bezeichnen." (ebd.: 542) Man denke aktuell z.B. an die Kriegsgeneration, an die Nachkriegsgeneration in Ost- bzw. Westdeutschland und an die „Nach-Wende-Generation". Drittens ist – auf Lagerung und Zusammenhang aufbauend – die *Generationeneinheit* relevant, „die weitgehende Verwandtschaft der Gehalte, die das Bewusstsein der einzelnen erfüllen." (ebd.: 544) Dabei können im „Rahmen desselben Generationszusammenhangs … sich ... mehrere, polar sich bekämpfende Generationseinheiten bilden. Sie werden gerade dadurch, dass sie aufeinander, wenn auch kämpfend, abgestimmt sind, einen 'Zusammenhang' bilden." (ebd.: 547) Man denke hier aktuell an die Generation des „Establishments" und die der „1968er" in der ehemaligen BRD und deren Verhältnis zur gegenwärtigen „Krisengeneration" der heutigen Jugendlichen und jungen Erwachsenen.

Mit dem Generationenverhältnis ist nicht nur eine zentrale pädagogische Problemstellung angesprochen, sondern zugleich die Frage aufgeworfen nach der Bedeutung der Traditionsüberlieferung und -aneignung, nach den Möglichkeiten und Anforderungen einer tatsächlich modernen *Erinnerungskultur als Sinngeschichte* einer dynamischen Gesellschaft; diese ist nämlich u. a. charakterisiert

„a) durch das stete Neueinsetzen neuer Kulturträger;

b) durch den Abgang der früheren Kulturträger;

c) durch die Tatsache, dass die Träger eines jeweiligen Generationszusammenhanges nur an einem zeitlich begrenzten Abschnitt des Geschichtsprozesses partizipieren;

d) durch die Notwendigkeit des steten Tradierens (Übertragens) der akkumulierten Kulturgüter;

e) durch die Kontinuierlichkeit des Generationswechsels." (ebd.: 530)

Soziale Probleme entstehen hier u. a. dadurch, dass die Verständigungsmöglichkeiten zwischen den Generationen eingeschränkt werden oder die Kommunikation sogar abgebrochen wird (wenn also weder die ältere Generation fähig und bereit ist, sich auf die neuen sozialen Zeit-, Raum- und Kommunikationserfahrungen der Jüngeren einzulassen oder die Jüngeren die Älteren nicht ganz ernst nehmen, deren Erfahrungen für grundsätzlich überholt halten – und diese sich deshalb abgeschoben fühlen). Sie können sich als Generationenkonflikte auch dadurch verschärfen, dass gerade in autoritär strukturierten Familienkonstellationen (mit dem sog. „Befehlshaushalt") von der jungen Generation eine Art Folgebereitschaft eingefordert wird, dass sie sich also entsprechenden sozialen, ethnischen und religiösen Normen und Werten einfach unterwerfen sollen und durch solche starren lebenspraktischen Orientierungen hilflos werden, die nachhaltige Dynamik des sozialen Wandels zu verstehen und biografisch zu bewältigen. Wenn solche interpersonalen Konflikte über längere Zeit verleugnet („gedeckelt") werden, dann können sie bei bestimmten Anlässen (z.B. Familienfeiern) eruptiv ausbrechen (in gewaltförmiger Weise sind sie dann beliebtes Thema der Skandal-Presse) und diese Beziehungsebene grundsätzlich zerstören.

3.2.5 Sinntheorie als komplexe Zusammenhangs- und Vermittlungsanalyse

Bevor wir nun auf die *methodischen* Auffassungen Mannheims im engeren Sinne zu sprechen kommen, wollen wir deren *theoretische Voraussetzungen* mit seinen eigenen Worten zusammenfassen (dieser Abschnitt bietet auch die Möglichkeit, das eigene Verständnis des Ansatzes von Mannheim kritisch zu überprüfen):

> „Das Hauptziel besteht darin, in einem jeweiligen Querschnitt der Geschichte die geistig-systematischen Standorte herauszuarbeiten, aus welchen heraus gedacht wurde. Es gilt aber dann, diese nicht als rein theoretische Gegenspieler zu betrachten, sondern ihrer lebendigen Verwurzelung nachzugehen, indem man zunächst jene metaphysischen Voraussetzungen herausstellt, in die diese systematisch gestalteten Standorte verankert sind. Hat man diesbezüglich Klarheit erlangt, so muss man sich fragen ..., zu welchen innerhalb derselben Epoche vorhandenen Weltwollungen dieser oder jener 'Denkstil' zurechenbar ist. Hat man auch hier die Entsprechungen gefunden, so hat man auch die geistigen Schichten, die einander jeweils bekämpfen. Erst nach dieser immanenten Weltanschauungsanalyse beginnt die eigentliche soziologische Aufgabe: wenn man fragt, welche sozialen Schichten jeweils hinter den geistigen Schichten stehen. Denn allein aus der Rolle dieser Schichten im Gesamtprozess und aus der Verschiedenheit ihres Engagiertseins am werdenden Neuen sind jene grundlegenden, in einem Zeitpunkt vorhandenen verschiedenen Willensrichtungen, Weltwollungen erfassbar, in die bereits

> vorhandene Gedanken und Methoden überhaupt aufgenommen werden können und von denen aus ein Funktionswandel (um von schöpferisch neuen Gestalten zu schweigen) einsetzen kann." (Mannheim 1964b: 385)

3.3 Verstehen als Rekonstruktion der Unmittelbarkeit und Vermitteltheit der drei Hauptformen der Sinnentwicklung

Aus der Überlegung, dass bereits in die interpersonale Sinnkonstitution semantische Objektivationen eingelassen sind und dass nur durch eine solche Verknüpfung Sinn entstehen kann (der dann klar abgegrenzt ist vom reinen, ich-eingeschlossenen Erleben) folgte bereits für Mannheim und damit auch die Sozialreportage die methodische Aufgabe, dieses Spannungsverhältnis von unmittelbarem Vorhandensein eines „Kulturgutes" (z.B. eines Augenzeugenberichtes oder einer Fotografie) und seiner Eingebundenheit in komplexe, übergeordnete soziale und gesellschaftliche Prozesse (z.B. die Wirtschaftskrise von 1929) zu rekonstruieren: Wenn ein Gegenstand „unvermittelt gegeben ist, so ist er in Selbstgegenwart da, ist er aber vermittelt gegeben, so ist etwas Vermittelndes statt seiner da. Und dieses für ihn sozusagen in Stellvertretung Daseiende kann in ganz verschiedenen Mittlerrollen fungieren, von denen wir nur zwei für unsere Fragestellung entscheidend wichtige hervorheben: die des *Ausdrucks* und die der *Dokumentation*." (Mannheim 1964a: 103) Insofern ist davon auszugehen, „dass jedes Kulturgebilde nur unter folgenden Bedingungen voll verstanden ist: man muss es zunächst als ein 'Es selbst', ohne es in seiner Mittlerrolle zu nehmen, erfaßt haben, dann aber seinen vermittelnden Charakter, in den oben bezeichneten zwei Richtungen, in Betracht ziehen. Dementsprechend werden wir drei 'Sinnschichten' an jedem vollen Kulturgebilde unterscheiden: a) den objektiven Sinn, b) den intendierten Ausdruckssinn, c) den Dokumentensinn." (ebd.:104)

Diese drei Sinnformen erläuterte Mannheim nun am einem für die Soziale Arbeit interessanten Alltagsbeispiel, nämlich wie ein Freund von ihm einem bettelnden Menschen ein Geldstück gibt:

a) Beispiel für die Rekonstruktion des objektiven Sinns einer sozialen Handlung

> „Ich gehe mit einem Freunde auf der Straße, ein Bettler steht an der Ecke, er gibt ihm Almosen. Ich erfasse seine Bewegung keineswegs als eine physikalische oder physiologische, sondern in dieser ihrer Gegebenheit nur als Träger eines Sinnes, der in diesem Fall 'Hilfe' heißt. In diesem Verstehensprozess wird dieses durch optische Sinnesdata vermittelte Geschehen zum Träger eines von diesem verschiedenen, in der soziologischen Sphäre beheimateten Sinnes, den wir im Falle

theoretischer Fixierung 'soziale Hilfe' nennen. Nur in den sozialen Zusammenhang eingestellt, wird aus dem uns gegenüberstehenden Manne ein 'Bettler', mein Freund ein 'Hilfeleistender' und das Metallstück in seiner Hand ein 'Almosen'. Das Kulturgebilde ist hier allein das soziologisch lokalisierbare Sinngebilde 'Hilfe'; in seiner sinnhaften Eigenart kommt mein Freund als psychophysisches Individuum gar nicht in Betracht, sondern nur insofern er ein Gebender ist, als ein Bestandteil einer allein sinngemäß erfassbaren 'Situation', die an und für sich dieselbe wäre, wenn an seiner Stelle ein anderer stünde." (ebd.: 105f)

b) Beispiel für die Rekonstruktion des intendierten Ausdruckssinns einer sozialen Handlung

„Es ist stets möglich und auch wahrscheinlich..., dass der Freund jenen objektiven Sinn 'Hilfe' durch seine Gabe nicht nur realisiert hatte, um zu helfen, sondern um außerdem mir oder dem Bettler sein Mitleid kundzutun. In diesem Falle wird der Träger jenes objektiven Sinnes zugleich zum Träger eines ganz neuen Sinnes (der zwar nicht immer einen begrifflich fixierten Namen haben muss), diesmal aber als Barmherzigkeit, Güte oder Mitleid benannt werden könnte. Jetzt wird jene 'Bewegung', die 'schenkende Geste', Trägerin nicht nur des objektiven Sinnes 'Hilfe', sondern es lagert sich über diesen gleichsam eine zweite Sinnschicht: die des Ausdruckssinnes. Diese zweite Art von Sinn ist im Unterschiede von der ersten dadurch charakterisiert, dass sie keineswegs jene Ablösbarkeit vom Subjekt und dessen realen Erlebnisstrom besitzt, sondern nur darauf bezogen, nur aus diesem 'Innenweltbezug' heraus ihren völlig individualisierten Sinn erhält. Und zwar ist uns beim Ausdruckssinn stets die Aufgabe gestellt, ihn als solchen und in derselben Weise zu erfassen, wie er von dem ihn ausdrückenden Subjekt *gemeint*, im bewußtseinsmäßigen Daraufgerichtetsein intendiert war." (ebd.: 107)

c) Beispiel für die Rekonstruktion des Dokumentsinns einer sozialen Handlung:

„Man wird glauben, dass damit die Interpretationsmöglichkeiten erschöpft sind, aber unser Beispiel belehrt uns eines anderen. Es ist nämlich möglich, daß ich, der Verstehende, diesen gemeinten Ausdruckssinn mit dem objektiven miterfasse und zugleich in der Interpretation in einer ganz anderen Richtung fortfahre. Ich sehe nämlich plötzlich, die gegebenen Zusammenhänge verfolgend, daß diese 'milde Gabe' ein Akt der 'Heuchelei' war. In diesem Falle kommt es mir gar nicht darauf an, was der Freund objektiv getan, geleistet hatte, auch nicht darauf, was er durch seine Tat ausdrücken 'wollte', sondern was durch seine Tat, auch von ihm unbeabsichtigt, sich für mich über ihn darin *dokumentiert*. Indem ich seine Gabe als ein Dokument seiner 'Heuchelei' erfasse, interpretiere ich gleichfalls seine 'Kulturobjektivation', nur jetzt in einem wesentlich anderen Sinne... Erfasse ich am Kulturgebilde nicht nur das Ausdrucksmäßige, sondern auch das Dokumentarische, so steht es von neuem als etwas Vermittelndes da; nur ist jenes andere, das was sich hier dokumentiert, nicht ein von meinem Freunde irgendwie intendierter Gehalt, sondern seine Tat gilt mir nur als Beleg für sein substantielles Wesen, das ich in ethisch-theoretischer Reflexion als heuchlerisch bezeichne. In dieser Richtung kann ich aber alle seine Objektivationen auffassen, seine Miene, sein Gebärdenspiel, sein Lebenstempo, seinen Sprachrhythmus; verharre ich in dieser interpretativen Einstellung, so bekommt jede seiner Regungen und Handlungen eine neue 'Deutung'. Nichts wird im eigentlich vermeinten Sinn (d.h. mittels intentionaler Interpretation) oder in seinem objektiven Leistungscharakter belassen, sondern alles dient als Beleg für eine von mir vorgenommene Synopsis, die, wenn sie den engeren Kreis des ethisch Relevanten verlässt, nicht nur seinen ethischen Charakter, sondern seinen gesamtgeistigen 'Habitus' ins Auge zu fassen imstande ist."(ebd: 108f)

Die Unterscheidung dieser drei Sinnformen bildet den Kern der dokumentarischen Methode. An ihr hielt Mannheim im Wesentlichen auch fest bei der ausdrücklich sozialwissenschaftlichen Transformation und Fundierung seines hermeneutischen Ansatzes. Er bezeichnete das Verfahren dann auch als *Zurechnung* und unterschied drei Formen der Zurechnungsarbeit: a) „Die *sinngemäße Zurechnung* bewegt sich im Gebiet der Interpretationsproblematik. Sie rekonstruiert Denkstileinheiten und Aspektstrukturen, indem sie einzelne verwandt erscheinende Äußerungen und Gedankendokumente auf das in ihnen wirkende Weltanschauungszentrum und Lebensgefühl zurückführt, die in den Bruchstücken eines Gedankensystems implizit enthaltene Systemtotalität explizit macht oder bei Denkstilen, die kein geschlossenes System intendieren, die ‚Einstellungseinheit' bzw. die Aspektstruktur herausholt." (Mannheim 1985: 264) – b) „Die *Faktizitätszurechnung* besteht eben darin, dass man die in sinngemäßer Zurechnung gebildeten Idealtypen als (unentbehrliche) Forschungshypothese nimmt, um sie dann daraufhin zu befragen, inwieweit etwa Konservative und Liberale in diesem Sinne in der Tat gedacht haben bzw. wie viel sie von Fall zu Fall *de facto* von diesen Idealtypen in ihrem Denken verwirklicht haben. Es muss hierbei jeder einzelne uns zugängliche Autor daraufhin befragt werden und je nach den in seinen Äußerungen vorfindlichen Mischungen und Durchkreuzungen der Aspekte zugerechnet werden." (ebd.: 264) – c) Die *soziologische Zurechnung* „bezweckt, durch ständige Einschaltung konkret erfassbarer Zwischenglieder die zunächst in intuitiver Vermutung auftauchenden Beobachtungen über den Zusammenhang zwischen sozialem Sein und Denken kontrollierbar zu machen. Ist das Gesamtleben einer historisch-sozialen Gruppe ein in ihren Erscheinungen interdependentes Gefüge und das Denken nur eine Lebensäußerung in ihr, so findet man dieses Wechselleben, das eben das Wesentliche an diesem Gefüge ist, dadurch, dass man im einzelnen jener Verklammerung und Strukturverknüpftheit der Lebensäußerungen nachgeht.“ (ebd.: 265)

Bohnsack und seine ForscherInnengruppen haben an die ursprüngliche Konzeption von Mannheim und deren Weiterentwicklung in der Kunsttheorie von Panofsky (1978: Kap.1) und deren Erweiterung durch Imdahl (1980: Kap. VIII/IX) angeschlossen. Das werden wir auch bei unserer Konzeption der sozialdokumentarischen Fotointerpretation und -gestaltung (in Kap. 4) tun, wobei das spätere Konzept von Mannheim dabei einfließt.

3.4 Die Objektivitäts- und Verallgemeinerungsansprüche der dokumentarischen Methode

Es war ein besonderes Anliegen von Mannheim, die *Wissenschaftlichkeit* seiner Kultursoziologie hervorzuheben ohne die komplexe und unreduzierte Erforschung der Sinngenese preiszugeben. Das wird an drei weiteren und vertiefenden Grundsätzen der dokumentarischen Methode deutlich, die auch für die Sozialreportage bedeutsam sind.

3.4.1 Der wohlverstandene Positivismus der phänomenologischen Analyse

Zunächst sah er sich offensichtlich dem Verdacht ausgesetzt, dass er den Gegenstand seiner Forschung, nämlich die Sinngenese, nicht als wirklich vorhandenen ausweisen könne. Dem begegnete er mit folgender *erkenntnisrealistischen* Argumentationsfigur: „Ist einmal das Gegebensein des Dokumentarischen, Weltanschaulichen in jedem Kulturgebilde aufgewiesen, so ist die wesentlichste Garantie für seine ‘Erkennbarkeit’ gewährleistet. Im Sinne eines wohlverstandenen Positivismus mussten wir diesen Aufweis bringen, weil auch nach unserer Ansicht positive Wissenschaft nur über Vorgegebenes handeln soll. Die Gegebenheit des dokumentarischen Gehaltes werden nur diejenigen bezweifeln, die diesen wohlverstandenen Positivismus mit einem naturwissenschaftlichen Positivismus verwechseln und von dem durch nichts begründeten Vorurteil ausgehen, dass sie nur das, was in der Weise des Dinglichen oder – dann halten sie sich schon für sehr entgegenkommend – in der Weise des Psychischen gegeben ist, als wahrhaft positiv gegeben anzuerkennen geneigt sind. Dem gilt es die phänomenologische Einsicht gegenüberzuhalten, daß jedes Gebiet seine eigene Art des Gegebenseins besitzt, und dass der Sinn weder mit dem Dinglichen noch mit dem an einen individuellen Erlebnisstrom, an einen begrenzten Zeitablauf gebundenen Psychischen in seiner Gegebenheitsweise zusammenfällt.“ (Mannheim 1964a:137)

Die Sozialreportage wird also in jedem Arbeitsschritt darauf zu achten haben, dass ihr Erkenntnis-*Objekt* (z.B. eine historische Fotografie oder ein autobiografischer Text) nicht hinter den Bemühungen der interpretierenden *Subjekte* „verschwindet"; die jeweiligen Verfahren (wie das in Kap.4.2 vorgestellte der Fotointerpretation) müssen konkrete Anleitungen geben, die jeweiligen Dokumente in ihrer *realen* Aspektvielfalt wahrzunehmen und schrittweise zu deuten.

3.4.2 Funktionale Bedingungs- und Vermittlungsanalyse als Teil phänomenologischer Forschung

Von der reinen Weltanschauungsanalyse unterschied sich die Kultursoziologie für Mannheim durch die Verschränkung der Analyse von *internen* und *externen* Entwicklungskontexten der jeweiligen Sinngenese. Insofern sind Analyse der sozialstrukturellen Bedingungen der Kulturprozesse und die Analyse der Sinngenesen keine sich ausschließenden Alternativen, sondern verwiesen für Mannheim wechselseitig aufeinander: Für Forscher wie etwa Max Weber (1864-1920) „besteht das methodologische Problem darin, ob man bei der Verbindung der verschiedenen Gebiete der Kultur einer Epoche die Kategorien des Entsprechens, der Funktion, der Kausalität oder der Wechselwirkung einsetzen soll." (Mannheim 1964a: 149f) Dabei muss allerdings gefragt werden, „ob, sofern man ein Phänomen nicht aus einem anderen, sondern aus den hinter den beiden liegenden 'Weltanschauungstotalitäten' erklärt, dies nicht eine ganz anders geartete Klärung des Sachverhalts ist als die der historisch-genetischen Kausalerklärung. Will man aber allein die letztere als eine Erklärung gelten lassen, so werden wir diese Art der Klärung der geistigen Sachverhalte eine *Deutung* nennen. Die Weltanschauungsforschung ist stets ein Deuten und nicht ein Erklären..." (ebd.: 150f) Allerdings hebt die Deutung „die Notwendigkeit der Kausalerklärung nicht auf, sie bezieht sich auf etwas anderes, sie konkurriert deshalb auch gar nicht mit ihr. Die Deutung dient dem tieferen Sinnverständnis. Die genetische Kausalerklärung gibt die Geschichte der Bedingungen der jeweiligen Sinnaktualisierung und Sinnrealisierung. Jedenfalls kann Sinn selbst letzten Endes kausalgenetisch nicht erklärt werden. Sinn in seinem eigensten Gehalt kann nur verstanden oder gedeutet werden." (ebd.: 151) Insofern wird die historische Kulturforschung „selbstverständlich in ihrem konkreten Verfahren die beiden hier scharf abgesonderten Methoden des Kausalerklärens und des Deutens *abwechselnd* (wenn auch nicht vermischend) anwenden, um uns die 'Lebendigkeit' und Vielseitigkeit des darzustellenden historischen Prozesses vor Augen zu führen..." (ebd.: 152)

Einer der Gründe, warum sich die Sozialreportage methodisch an diesem frühen Ansatz ausrichten sollte, besteht darin, dass Mannheim diese ausbalancierende Betrachtungsweise bezüglich der internen und externen Faktoren der Denkentwicklung später zugunsten einer Dominanz der äußeren Bedingungen aufgegeben hatte (so der kritische Hinweis von Sandkühler 1991: 291). Er war dann der Auffassung, „dass sich der Erkenntnisprozess de facto keineswegs nach ‚immanenten Entfaltungsgesetzen' historisch entwickelt, keineswegs nur ‚von der Sache her' und von ‚rein logischen Möglichkeiten' geleitet, keineswegs von einer inneren ‚geistigen Dialektik' getrieben, zustande kommt, sondern dass an ganz entscheidenden Punkten außertheoretische Faktoren ganz verschiedener Art, die man als ‚Seinsfaktoren' zu bezeichnen pflegt, das Entstehen und die Gestaltung des jeweiligen Denkens bestimmen …" und dass diese „in Inhalt und Form, in Gehalt und Formulierungsweise hineinragen, Kapazität, Greifintensität eines Erfahrungs- und Beobachtungszusammenhanges … entscheidend bestimmen." (Mannheim 1985: 230)

3.4.3 Strukturverallgemeinerungen

Auch wenn man die Rechtfertigung eines positivistischen Strangs und einer deutenden Analyse von Kausalbeziehungen innerhalb des phänomenologischen Forschungsansatzes – aus heutiger Sicht (vgl. Flick 2004) – als ein mögliches Plädoyer für eine Verschränkung („Triangulation") von quantitativer und qualitativer Forschung deuten könnte (oder vielleicht sogar kann), so ist doch unübersehbar, dass *Häufigkeitsverallgemeinerungen* nicht das vorrangige Ziel von Mannheims Forschungsarbeit waren bzw. sein sollten. Vielmehr ging es ihm um die Erarbeitung von auf *Homologien* begründeten *Strukturverallgemeinerungen*: Denn das „Gerichtetsein auf Dokumentarisches, dieses Erfassen des Homologen an den verschiedensten Sinnzusammenhängen ist etwas Eigentümliches, das weder mit Addition noch mit Synthese, auch nicht mit bloßer Abstraktion gemeinsamer Merkmale verwechselt werden darf; es ist etwas Eigentümliches, weil das Ineinandersein Verschiedener sowie das Vorhandensein eines einzigen in der Verschiedenheit, Verhältnisse sind, die der geistig-sinngemäßen Welt eigentümlich sind..." (Mannheim 1964a: 121) Insofern ist jedes weitere Forschen „eher ein Suchen nach Bestätigung, nach 'homologen', dasselbe dokumentarische Wesen bekundenden Momenten..."(ebd.)

3.5 Der Handlungs- und Forschungsprozess als Bildungsprozess

Dies ist ein letzter wichtiger Aspekt bei Mannheim, der gerade für unser Verständnis der Sozialreportage als einer Handlungs- *und* Forschungsmethode bedeutsam ist: Mannheim teilte mit allen VertreterInnen hermeneutischer Ansätze die Einsicht, dass der Verstehensprozess die verstehenden Subjekte selber nicht unverändert lassen kann, ja es auch gar nicht will, sondern dass das Verstehen der „Kulturgüter" immer auch als ein Prozess der Erweiterung und Vertiefung der eigenen personalen und kollektiven Selbst- und Weltdeutung und damit auch des Selbst- und Weltbezuges zu begreifen und als solcher zu gestalten ist (vgl. Braun 2009). Er hob dabei drei Aspekte besonders hervor:

3.5.1 Bildung als gefördertes Evidentwerden des Sinns

Die Unterscheidung zwischen Verstehen und Begreifen, zwischen der kommunikativen Fülle der Kultur und ihrer rein funktionalen Betrachtung hat schon deutlich gemacht, dass es immer auch darum geht, dass die interpretierenden Subjekte einen intensiven, ganz „persönlichen" Bezug zu den verschiedenen Sinngebilden entwickeln, dass deren Aneignung selber eine Veränderung ihrer Persönlichkeit hervorruft – und umgekehrt auch notwendig macht. Weil das häufig nicht mit reiner Selbsttätigkeit gelingt, deshalb bedarf es dazu angemessener pädagogischer Begegnungsformen; diese nannte Mannheim *„Kennerschaft"*: „Unter 'Kenner' verstehen wir aber einen Menschen, der seine, auf einem Gebiet spezialisierten und intensivierten, auf qualitative Momente bezogenen Erfahrungen einem Kreise von Individuen evident machen kann, die durch eine spezifische traditionsgebundene Erfahrungsgemeinschaft bezüglich desselben Gegenstandgebietes mit ihm verbunden sind. Dieses Evidentmachen kann durch einfache Hinweise, durch unartikulierte Gesten, so genannte 'Fingerzeige' gelingen; sie kann aber auch durch ausführliche Analysen, durch exakte Zerlegung, und durch graduellen Nachweis des zu Demonstrierenden erfolgen – und dennoch ist die in allen Gliedern dieser Erfahrungsgemeinschaft vorhandene spezifisch gebildete und kultivierte Anschauungsfähigkeit die Basis beider Arten von Mitteilungen und Demonstrationen. Man muß eben in einem besondern Sinne 'sehen' gelernt haben, um die Evidenz der Aufweise Schritt für Schritt mitmachen zu können." (Mannheim 1980b: 240f)

Das stellt an die Sozialreportage hohe Anforderungen, denn sie muss die *diskursive Stringenz* systematisch verknüpfen mit der *ikonischen Prägnanz* ihrer Analysen und Darstellungen (z.B. das problemaufdeckende ExpertInneninterview mit der besonderen Qualität einer Fotografie). Das gilt nicht zuletzt, wenn sie als Lern-und-Lehr-Methode eingesetzt wird und dort „Aha-Erlebnisse", das plötzliche Klarwerden eines komplexen Zusammenhanges, das „Ergriffensein" von einer dramatischen sozialen Tatsache (z.B. der Ausbreitung von AIDS in Afrika besonders unter Kindern) usw. fördern will, also das, was Copei (1969: 28ff) in seinen phänomenologisch-pädagogischen Arbeiten als den *„fruchtbaren Moment"* im Bildungsprozess bezeichnet hatte.

3.5.2 Bildung als Überschreiten der gemeinschaftlichen Erfahrungsräume

Trotz aller funktionalistischen Verengungen war für Mannheim klar, dass die Menschen den Bedingungen ihrer Existenz nicht einfach ausgeliefert sind, sondern sie können sich bewusst mit ihnen auseinandersetzen, sich in ein mehr oder weniger bewusstes, manchmal sogar wissenschaftlich begründetes Verhältnis zu ihnen setzen. Sie müssen auch die kollektiven Erfahrungsräume und Interpretationsmuster, in die sie generativ hineingewachsen sind, nicht einfach über- und hinnehmen, sondern können sich zu ihnen sowohl kritisch als auch konstruktiv verhalten. Sie müssen sich auch nicht nur an der Vergangenheit ausrichten, sondern sie können zugleich die vergegenwärtigte Vergangenheit verknüpfen mit Formen der vergegenwärtigten (möglichen und wünschenswerten) Zukunft. Genau deshalb war für Mannheim Bildung auch immer ein Überschreiten des materiell, sozial und kulturell Vorgegebenen: In solchen anspruchsvollen Formen der Sinngenese entsteht „*eine der Wechselwirkung ähnliche Verbundenheit* zwischen Reflexion und Neuschöpfung, zwischen Weiterentwicklung der geistigen Realitäten und dem Nachdenken über sie: die bestimmte Perspektive und die Möglichkeit der reflexiven Durchdringung des durch geistige Realitäten erfüllten Erfahrungsraumes, die auf einer Stufe der Reflexion möglich ist, ist vom Zustande der bisher vollzogenen Reflexionen über diesen Gegenstand abhängig; dieser aber ist selbst abhängig vom Zustand der gesamtgeistigen Realität – und jede aus ihr erwachsende neue Erleuchtung verändert wiederum die geistigen Realitäten.“ (Mannheim 1980b: 254) Eine besonders anspruchsvolle Form dieses Überschreitens ist die *Utopie*[18]: „Die Utopie ist nichts anderes als die theoretische Vorwegnahme des Weltwollens, auf die die Intention gerichtet ist, und es ist charakteristisch, dass jede erkenntnismäßige Durchdringung des gesellschaftlichen und kulturellen Erfahrungsraumes, sich in diesem Hingespanntsein auf die Utopie hin vollzieht. Die Utopie enthält Richtung, Gesichtspunkt, Perspektive, Fragestellung, von denen aus das Daseiende und Dagewesene überhaupt erst erfassbar wird.“ (ebd.: 274) Dabei konnte er typologisch „zwei Arten von Utopie unterscheiden: die Idee und das Ideal. Die Idee ist eigentlich noch das Spannungserlebnis der Intention ohne eine auf die Geschichte gerichtete Entwicklungskonzeption. Hier ist das erstrebte Weltwollen in eine statische Überwelt hypostasiert: die Ideen, die vollkommenen Gebilde, sind präexistent in einem geistigen überweltlichen Raume auf einmal da. (...) Im Ideal (in der Kantischen Idee) ist die Idee dyna-

[18] Ihr Gegenstück ist die *Ideologie*, welche die *bestehenden* gesellschaftlichen Strukturen und Zustände rechtfertigt und damit eine Transzendierung des Hier-und-Heute-Gegebenen entweder nicht für möglich oder aber für nicht wünschenswert hält (vgl. dazu Mannheim 1985: 78ff u. 83ff).

misches Ziel, und das ganze Weltwollen bewegt sich in zusammenhängenden Gliedern auf sie hin zu."(ebd.: 274)

Hier wird das *gesellschaftskritische* Potential der Kultur- bzw. Wissenssoziologie und damit auch der Sozialreportage deutlich, das die *vorfindliche* soziale Realität an historisch gewachsenen, aber noch immer nicht verwirklichten Ansprüchen misst (vgl. dazu ausführlich Mannheim 1985: 184ff) und sie als *wünschenswerte* Zukunftsentwürfe in die aktuellen sozialen und politischen Debatten und Bewegungen einbringt. Damit ist ein letzter Aspekt angesprochen.

3.5.3 Bildung als aktivierender politischer Aufklärungsprozess

Mannheim hatte seine Wissenssoziologie nie als ein unpolitisches Projekt verstanden, sondern wollte damit – auch das verband ihn mit Neurath (vgl. Kap. 10.5) – politische Reflexions- und Aktivierungsprozesse, also eingreifendes Denken anregen und unterstützen. Seine Wissenssoziologie verstand er einerseits als Beitrag einer zu begründenden Politikwissenschaft und andererseits als umfassendes politisches Aufklärungsprojekt, welches er – typisch für ihn – in den geschichtlichen Prozess der Erkenn- und Gestaltbarkeit der gesellschaftlichen Zusammenhänge stellte: „Im Geschichtlichen spiegelt sich … wider, dass der Mensch anfangs das Sozial-Weltliche genau so als Schicksal, d.h. als unbeherrschbar erlebte, wie wir wohl immer die naturhaften Grenztatsachen (das Faktum des Geborenwerdens und des Todes) erleben werden. Zu dieser Art des Welterlebens gehört eine Ethik, die man ‚Schicksalsethik' nennen könnte. Sie besteht im Wesentlichen in dem Gebot, höheren, undurchschaubaren Mächten zu gehorchen. Der Durchbruch dieser an Schicksal orientierten Ethik vollzieht sich zuerst in der *Gesinnungsethik*, wo der Mensch zumindest sein Selbst dem Schicksalhaften im gesellschaftlichen Ablauf gegenüberstellt. Er reserviert sich seine Freiheit einmal im Sinne der Möglichkeit, durch die Tat neue Kausalreihen in die Welt zu setzen (wenn er auch auf die Beherrschbarkeit der Konsequenzen verzichtet), und zweitens durch den Glauben an die Undeterminiertheit seiner Entscheidungen. (…) Eine dritte Stufe in dieser Entwicklung scheint unsere Gegenwart zu bedeuten: Der Sozialzusammenhang als ‚Welt' ist nicht mehr völlig undurchsichtig, schicksalhaft, sondern manche Zusammenhänge sind potentiell vorhersehbar. Auf dieser Stufe taucht die *Verantwortungsethik* auf. Sie enthält einmal die Forderung, nicht nur der Gesinnung entsprechend zu handeln, sondern auch die möglichen, jeweils berechenbaren Konsequenzen in die Deliberation einzubeziehen, und zweitens … die Gesinnung selbst einer bereinigenden Selbstprüfung zu unterwerfen, um die blind und nur zwangsläufig wirkenden Determinanten auszuschalten. (…) Wenn irgendwann, so kann Politik eben in diesem Stadium zur Wissenschaft werden, wo einerseits das geschichtliche Feld, das es zu beherrschen gilt, sich so weit lichtet, dass es in seinem Aufbau durchleuchtbar wird, und wo andererseits aus der Ethik ein Wille aufsteigt, für den Wissen nicht müßige Kontemplation, sondern Selbstklärung und in diesem Sinne Wegbereitung zur politischen Tat bedeutet." (Mannheim 1985: 166f)

Eine Kultur- und Wissenssoziologie der sozialen Probleme (und damit die Sozialreportage) im Sinne von Mannheim kann also nicht unpolitisch sein. Dabei geht es nicht nur um die Reflexion der politischen Voraussetzungen und Folgen des eigenen professionellen, wissenschaftlichen oder bürgerschaftlichen Handelns, sondern immer auch – im Sinne der politischen Verantwortungsübernahme – um das eigene Engagement für eine *nachhaltige demokratische* Lösung der unterschiedlichen sozialen Probleme, also um Reportagen, die nicht nur kontemplativ berichten, welche sozialen Probleme es tatsächlich und in welchem Umfang gibt bzw. welche es in Zukunft geben wird, wenn schon die aktuellen nicht gelöst werden (schon das ist alles andere als eine Selbstverständlichkeit). Zugleich sollte immer auch nach Möglichkeiten gesucht werden entsprechende Themen in die Basisöffentlichkeiten, die Netzwerke, die sozialen Bewegungen, die Verbände und Parteien hinzutragen und zugleich Aktionen ganz unterschiedlicher Art anzuregen und natürlich darüber zu berichten (man denke hier z.B. an die verschiedenen Wohnungslosen-Zeitungen, die es in vielen europäischen Großstädten gibt). In diesem Sinne ist die Sozialreportage sowohl ein *reflektierendes* wie auch ein *aktivierendes* Projekt, welches interessierte und engagierte AutorInnen benötigt, seien dies nun „Betroffene", SozialarbeiterInnen, WissenschaftlerInnen oder zivilgesellschaftliche Akteure (wir kommen auf diese Fragestellung in Kap. 6 zurück).

Kapitel 4: Die fotografische Rekonstruktion sozialer Probleme

Wenn man sich näher mit dem für die Sozialreportage zentralen Verhältnis von Fotografie und Sozialer Arbeit beschäftigt, dann stößt man auf eine Reihe überraschender Paradoxien:

a. Zwar sind soziale Fragestellungen (z.B. Stadtumbau oder Lebenslagen von Arbeitslosen) ein wesentlicher Inhalt des alltäglichen Bildjournalismus, aber auch bei denjenigen SozialarbeiterInnen, die sich gesellschaftskritisch verstehen, fehlt häufig die *ideologiekritische* Haltung, welche Art von sozialen Vorstellungen, also Sinnstiftungen mit den jeweiligen fotografischen Darstellungsweisen verbunden sind (z.B. Verharmlosung oder Dramatisierung einer sozialen Situation).

b. Obwohl sich in Verbands- und Vereinsveröffentlichungen aller Art, aber auch in Fachzeitschriften ganz selbstverständlich auch *Fotos* finden, haben sie zumeist nur einen sehr lockeren Bezug zum jeweiligen *Text* (hier jetzt im engen Sinne verstanden als sprachlicher Text); mehrheitlich haben sie eine illustrative Funktion, nicht selten dienen sie aber auch dazu, „Bleiwüsten" aufzulockern. Die mangelnde Beachtung der eigenständigen Aussagequalität der Bilder zeigt sich auch bei der großen Mehrheit der LeserInnen, die nämlich auf deren Verstehen selten auch nur ein Viertel der Zeit aufwenden wie auf das des Textes.

c. Bereits 1876 waren posthum Fotografien von John Thomson (1837 – 1872) – zusammen mit Texten des Journalisten Adolphe Smith – in der Zeitungsserie „Street-life in London" veröffentlicht und so jener Typus von *Sozialreportage* begründet worden, der beide Kommunikationsmedien gleichwertig verwendet (vgl. Thomson 1981); daran hatte 1901 Jacob Riis (1849-1914) mit seiner Studie über die Deklassierung fördernden Lebensbedingungen in New York um die Wende vom 19. zum 20. Jahrhundert angeschlossen (wobei er eine Mischung von journalistischen und wissenschaftlichen Textsorten verwendete; vgl. Riss [1971, 1998]). In dieser Tradition steht auch das Werk von Walker Evans (1903-1975), speziell die mit dem Schriftsteller James Agee (1909-1955) im weiteren Kontext der „Farm Security Administration" verfasste Reportage über die Lebensverhältnisse der Farmer in den Südstaaten der USA nach der Großen Depression (vgl. Agee/Evans 1989; dazu ausführlich Kap. 6.1). Obwohl sich in diesen und ähnlichen Arbeiten originelle Verschränkungen von

Sozialfotografie und Sozialberichterstattung finden, sind sie aktuell in der sozialen Arbeit und Erziehung weitgehend unbekannt.

d. Die Bedeutung des „iconic bzw. pictorial turns"[19] wird in vielen Bereichen der Sozialen Arbeit (häufig mit kulturkritischem Unterton) ausführlich diskutiert, aber dem ältesten der neuen Medien wird nur eine stiefmütterliche Rolle zuerkannt. Wird sie als *Handlungsmethode* vorgeschlagen (z.B. Brenner/Niesyto 1993, Praxisbeispiele 5), dann fehlten längere Zeit systematische Reflexionen über die besonderen Bildungsmöglichkeiten dieses Mediums der Welt- und Selbstaufklärung; Ansätze dazu finden sich in neuerer Zeit bei Holzbrecher u. a. (2006), Holzbrecher/Schmolling (2004) und Niesyto (2001).

e. In einer Reihe von Fällen werden zur Konzeptevaluierung, aber auch in der Kinder- und Jugendhilfeplanung qualitative Methoden eingesetzt (z.B. narrative Interviews), aber ganz selten wird hier selbst bei sozialraumorientierten Ansätzen der Fotografie eine empirische Beweiskraft zuerkannt, obwohl doch gerade hier ein weites Feld wäre, um *professionelle Qualitätsverbesserung* mit *wissenschaftlichem Erkenntnisgewinn* zu verknüpfen.

f. Der immer noch zunehmende soziokulturelle Bedeutungszuwachs der Bilderwelten sowohl für die gesamtgesellschaftlichen Kommunikationsweisen (besonders bei den sich globalisierenden Massenmedien) wie auch den alltäglichen Verständigungsprozessen hat seit einigen Jahren zur Entwicklung einer *Bildwissenschaft* geführt (vgl. die zusammenfassenden Problemaufrisse in Belting [2007] und Sachs-Hombach [2005]) und in dem Zusammenhang ist auch der Fotografie wieder systematisch Aufmerksamkeit geschenkt worden (vgl. Geimer 2002; Wolf 2002, 2003). Zugleich gibt es nicht nur in der Soziologie (vgl. Harper 2005; Schändinger 1998, Kap.1), sondern auch in den *Erziehungswissenschaften* verstärkt Bemühungen, die Fotografie als eine eigenständige qualitative Forschungsmethode zu begründen und zu erproben (vgl. die Zwischenbilanzen von Friebertshäuser/Felden/Schäffer [2007], Ehrenspeck/Schäffer [2003] sowie Marotzki/Niesyto [2006]). Aber alle diese wissenschaftstheoretischen und methodischen Anstrengungen sind bisher weder in der Profession noch erstaunlicherweise in der Disziplin der Sozialen Arbeit systematisch zur Kenntnis genommen worden.

Diese Hinweise dürften hinreichend plausibel gemacht haben, dass es an der Zeit ist den Stellenwert der Fotografie für das professionelle und disziplinäre Selbstverständnis der Sozialen Arbeit auszuloten.

---

[19] Vgl. zu diesem Begriff, der an den des „linguistic turn" von Richard Rotry angelehnt ist, bes. Mitchell (2008a: Dritter Teil; 2008b: Teil II/III).

4.1 Einige Voraussetzungen des fotografischen Rekonstruktionsverfahrens

Bevor wir uns unmittelbar der fotografischen Rekonstruktion sozialer Probleme zuwenden, müssen einige zentrale Sachverhalte erläutert werden.

4.1.1 Die orts- und zeitbezogene Sachebene

Jedes Foto wird zunächst einmal an einem bestimmten *Ort* gemacht (z.B. einem Wohnzimmer oder im Schacht eines Bergwerkes); dieser wird vermittels des das Objekt reflektierenden Lichtes und im Durchgang durch das Objektiv entweder chemisch (auf dem Film) oder elektromagnetisch (auf der Platte der Digitalkamera) festgehalten. Zugleich wird es zu einer bestimmten *Zeit* gemacht, einer bestimmten Tages- und Jahreszeit (z.B. am späten Nachmittag in einer herbstlich ungemütlichen Großstadt während der rush hour), aber auch einer bestimmten historischen Zeit (z.B. in Wien am Vorabend des Ersten Weltkrieges, also am Beginn des Endes der K.u.K-Monarchie).

Diese Gebundenheit an Ort und Zeit gibt der Fotografie (vergleichbar mit dem Film und im Unterschied zu Zeichnung und Malerei) eine besondere Qualität, die es den BetrachterInnen erlaubt, das Gefühl entstehen und die Einsicht wachsen zu lassen, dass „sie dabei gewesen sind“ (vgl. Barthes 1990a: 39). Dabei verbindet sich das „so-ist-es gewesen“ (vgl. Barthes 1989: 86f) mit dem ganz spezifischen Augenblick des Fotos, denn es ist – anders als der Film – darauf angewiesen, die Spezifik einer Situation/Konstellation im Moment (zumeist im Bruchteile einer Sekunde [Verschlusszeit]) einzufangen. Daraus resultiert ein imaginäres Ort-Zeit-Verhältnis, nämlich selber als InterpretIn präsent am Ort und in der Zeit zu sein, obwohl man doch faktisch abwesend war. Das bietet – zumal in der historischen Forschung – die Möglichkeit, den Zeitgeist möglichst erfahrungsnah „einzufangen“; obwohl es zugleich mit der Gefahr verbunden ist, dass der historische *Prozess,* dem das Foto entspringt (z.B. die Industrialisierungsprozesse in England und den USA in der zweiten Hälfte des 19. Jh. als Voraussetzung für die Entstehung der Sozialfotografie) aus dem Blick gerät und es zu einer situativen Vereinseitigung in der Bildinterpretation kommt. Und noch eine Ambivalenz muss produktiv verarbeitet werden: Zwar bieten Fotografien immer auch die Möglichkeit eines verdichteten Lebensweltbezuges zur „Sache“ (z.B. zu den Lebensverhältnissen während des deutschen „Wirtschaftswunders“), aber zugleich bringen sie die Gefahr hervor, dass diese Verhältnisse verklärt werden – und zwar sowohl sozialhistorisch („Damals wurde alles immer besser, heute muss man schon froh sein, wenn es nicht schlechter wird“) als auch biografisch („Damals gab es noch richtige Solidarität, da habe ich mich wohl gefühlt, heute denken alle nur noch an sich, das ist für mich einfach deprimierend") und die Schattenseiten dieser Entwicklungsphasen (z.B. Kalter Krieg und Gefahr der nuklearen Katastrophe bzw. Leiden unter den partiarchalisch-kleinbürgerlichen Verhältnissen in großen Teilen der Gewerkschaften) auszublenden.

Gegen diese Betonung der dokumentierenden Sachebene in *jedem* Foto könnte nun der Einwand erhoben werden, dass gerade bei der digitalen Fotografie dieser Realitätsbezug nicht mehr nachgewiesen werden kann. Hier ist historisch zunächst darauf zu verweisen, dass die naturalistische Illusion, ein Foto sei eine 1:1-Reproduktion der sozialen (oder natürlichen) Wirklichkeit *nie* gestimmt hat, dass also seit ihren Anfängen nicht nur die Gegenstände, sondern auch deren Ablichtung wie auch die Herstellung der Negative und Abzüge immer auch ein aktiver, konstruktiver, manchmal gewiss auch manipulativer Akt war. So ist z.B. bis heute unklar, ob das berühmteste Foto von Robert Capa (1913-1954), welches einen kämpfenden republikanischen Soldaten im spanischen Bürgerkrieg im Moment seines Sterbens zeigt, nicht gestellt ist (vgl. dazu und mit vielen weiteren Beispielen Rosler 2000). Insofern bringt hier die Digitalfotografie nur etwas auf den zugespitzten Punkt, was es schon immer gab. Das bedeutet aber im Umkehrschluss: Wo es nachweislich zwischen dem Bild und der Wirklichkeit in keinem sinnhaltigen Einzelkomplex des Bildes (z.B. einem abgebildeten Baum oder Automobil) keine Beziehung mehr gibt, dort hört das Bild auf eine Fotografie zu sein (und hat diesbezüglich die gleichen Charakteristika wie ein Gemälde oder eine Zeichnung).

Bei den unterschiedlichen fotografischen Richtungen und Gattungen lassen sich unterschiedliche Gewichtungen zwischen *Rekonstruktion* und *Konstruktion* der (sozialen) Wirklichkeit feststellen (letzter Aspekt ist z.B. in den surrealistischen Fotos von Man Ray [1890-1976] dominant, während erster z.B. bei Passfotos bestimmend ist). Für die Sozialfotografie ist eine entwicklungsoffene Balance zwischen *sozialer Wirklichkeitsdarstellung* und *ästhetischer Deutung* dieser Praxisformen charakteristisch, also zwischen Dokumentarischem und Visuellem[20]. Damit ist die Frage aufgeworfen, worin denn die spezifischen ikonischen Interpretationsmöglichkeiten der Fotografie liegen.

4.1.2 Die Unterschiede zwischen menschlicher Wahrnehmung und physikalischer Optik

Alle kennen diese Erfahrung: Wir haben ein charakteristisches *Motiv* gefunden (z.B. das freudestrahlende Gesicht eines Kindes, welches seinen Vater kommen sieht, mitten in der Einkaufszone eines sozial deprivierten Stattteils), aber es gelingt uns

[20] Vgl. zur Debatte um ein zeitgemäßes Verständnis der konstruktiv-dokumentarischen Fotografie die Beiträge in Amelunxen (2000: Dok. Nr. 6-10) sowie die gegensätzlichen Positionen von Barthes (1989) und Tagg (1993).

nicht dies in einen treffenden fotografischen *Ausdruck* zu übersetzen. Eine Komplex von subjektiven Gründen für diese Enttäuschung liegt in der unzureichenden Beachtung der strukturellen Differenzen zwischen Wahrnehmung und technisch genutzter physikalischer Optik. Hier ist besonders auf folgende Unterschiede hinzuweisen[21]:

a. Der Mensch sieht binokular und stereoskopisch (also „triangulär" und dreidimensional), während die Kamera monokular, also „einäugig" ist.
b. Das Wahrnehmungsfeld ist eliptisch, das Aufnahmefeld der Fotografie rechtwinklig (manchmal auch quadratisch).
c. Das Auge ist grundsätzlich farbempfindlich, kann aber geringfügige Farbveränderungen nicht wahrnehmen; die Farbwiedergabe der Kamera ist selektiv (besonders natürlich bei Schwarz-Weiß-Fotografien) und hochgradig sensibel gegenüber Veränderungen.
d. Der Mensch kann Lichteindrücke nicht „sammeln" und aufstapeln" (es findet also keine Kumulation der „Lichtquanten" statt), während bei der Fotografie durch die Belichtungsdauer Stärke und Helligkeit erheblich gesteigert werden können.
e. Das Auge ist nur für einen kleinen Teil des elektromagnetischen Spektrums empfindlich; die Kamera kann (fast) alles von den kurzwellige Röntgenstrahlen über das Ultraviolett und das sichtbare Licht bis hin zum langwelligen Infrarot und den Wärmestrahlen sichtbar machen.
f. Der Blickwinkel des Auges ist starr und die Brennweite der Linse festgelegt; der Blickwinkel und die Brennweite des Objektivs ist sehr variabel.
g. Der Mensch sieht dreidimensional, erfasst gradlinige Perspektiven und registriert die Konvergenz zurückweichender Parallelen in der Horizontalen und nimmt sie als „normal" hin (er bemerkt nicht die scheinbare Konvergenz zurückweichender Parallelen in der Vertikalen und lehnt sie deshalb als „unnatürlich" ab); die Kamera kann neben gradlinigen auch zylindrische und sphärische Perspektiven re-konstruieren und unterscheidet nicht zwischen horizontalen und vertikalen Parallelen.
h. Die Wahrnehmung ist nur im Nahbereich scharf, während die Kamera hier fast unbegrenzte Möglichkeiten im Nah- wie im Fernbereich hat.

[21] Wir nehmen hier Überlegungen des in der Bauhaus-Tradition stehenden Andreas Feininger (1906-1999) auf, der nicht nur ein hervorragender *Sozialraum*-Fotograf war (wie besonders sein New York-Buch deutlich macht; vgl. Feininger 1964), sondern sich auch intensiv um die pädagogische Förderung der *ästhetisch-fotografischen Urteilsfähigkeit* bemüht hat (vgl. Feininger 1979: bes. Teil V u. VI).

i. Wir sehen immer alles gleichzeitig scharf, weil wir automatisch unsere „Scharfeinstellung" korrigieren und uns Helligkeitsveränderungen anpassen (auch bezogen auf bestimmte, scharf gestellte Flächen innerhalb unseres Blickfeldes), während bei der Kamera die Schärfe und die Blende (bezogen auf die Gesamthelligkeit) eingestellt werden muss bzw. kann.
j. Der Mensch kann schnelle Bewegungen nicht scharf sehen, kein Bild festhalten und eine Anzahl von Einzelbildern nicht in einem vereinen; die Kamera kann alles drei.
k. In der Wahrnehmung werden nicht-bewusst alle Einzelheiten in einen Verweisungszusammenhang gestellt und zugleich findet sie durch unsere Denkweisen und Begriffe „hindurch" statt, während die Kamera beliebig alle Objekte „zusammenhangslos" erfasst.

Die zuletzt genannte Differenz ist zentral, weil sie deutlich macht, dass die Einlagerung einer analytischen *Tiefenstruktur* in die *Oberflächenstruktur* des fotografischen Bildes ein subjektiver Deutungs- und Konstruktionsakt ist; Bilder ohne diese typisch ikonische Spannung zwischen Tiefen- und Oberflächenstruktur empfinden wir als langweilig, weil sie keinen *neuen* Blick auf die soziale Praxis erlauben. Wie dieser gefördert werden kann, ist nun zu klären.

4.2 Leitfaden für die sozialdokumentarische Foto-Interpretation

Das nachfolgende Frage- und Ordnungsraster[22] soll dabei helfen, den Erkenntnis- und Selbstaufklärungswert von Fotos individuell und gemeinschaftlich zu erschließen. Es ist dabei darum bemüht, eine entwicklungsoffene Balance zu halten zwischen den Ansprüchen der Fotografie als einer Forschungsmethode, einer Lern-Lehr-Methode und einer Handlungsmethode der Sozialen Arbeit. Dabei ist ausdrücklich darauf hinzuweisen, dass es bei einer (fotografischen) Bildinterpretation keine zwingende Reihenfolge der Analyseschritte gibt. In diesem Sinne haben auch die folgenden Fragestellungen Hinweis- und Anregungscharakter. Oder anders formuliert: Alle diese Fragen sollten an einer bestimmten Stelle des Interpretationsprozesses gestellt und so weit wie möglich beantwortet werden, aber wann das jeweils geschieht, ist relativ offen (wenn auch nicht völlig beliebig). Dabei ist auch zu beachten, dass eine solche Fotointerpretation Zeit braucht. Entgegen der alltagskulturellen Gewohnheit, Texte zu lesen, aber Bilder nur flüchtig zu betrachten,

[22] Wir danken Barbara Hönig (FH Kärnten, Studienbereich Soziales, Feldkirchen) für kritisch-konstruktive Hinweise zur ursprünglichen Textfassung.

erfordert die Erschließung des dokumentarischen Sinngehalts selbst von einfachen Amateurfotos (sog. Knipser-Fotos) in der Einzel- und Gruppenarbeit etwa drei Stunden oder sogar noch länger, denn „mit den Augen sozial denken und fühlen zu lernen“ ist ein für viele überraschend aufwendiger Lernprozess. Zu ihm soll das nachfolgende Raster anregen. Dabei sind die jeweiligen Fragen nicht „auf die Schnelle“ zu beantworten, sondern bedürfen des genauen Hinsehens und der detaillierten Beantwortung. Damit die jeweiligen Antworten sich im Dialog und vielleicht sogar Diskurs *bewähren* können, müssen die jeweiligen *Feststellungen* (z.B. dies ist das eigentliche Hauptthema des Fotos) mit einer erläuternden *Begründung* versehen werden (im Beispiel: weil der Gegenstand genau im geometrischen Mittelpunkt liegt). Damit dürfte auch deutlich sein, dass bei der Beantwortung über knappe „Ein-Satz-Antworten“ (weit) hinausgegangen werden muss[23].

4.2.1 Vorikonischer Fragenkomplex: Lebensweltliche Zugänge zum Foto[24]

Diese Aneignungsstufe des sozialdokumentarischen Gehalts der jeweiligen Fotografie[25] ist bewusst noch *vorreflexiv*, um sich einen möglichst sozial und kulturell vorurteilsfreien und unzensierten Zugang zum Bildinhalt zu erschließen. Zugleich wird dabei das, was zu *sehen* ist, in *Worte* gefasst, also „übersetzt“. Dafür ist die Textgattung der *Erzählung* meist die am besten geeignete.

(1)Was ist auf dem Bild (alles) zu sehen?

Diese Frage ist nur scheinbar banal, weil sie nämlich schon der alltäglichen Gewohnheit widerspricht Fotos (z.B. in der Tageszeitung oder auf Werbeplakaten) nur flüchtig anzusehen, also *nicht* zur Kenntnis zu nehmen, was alles zu sehen ist. In der Regel ist es für die Beschreibung hilfreich, nach dem Vorder-, Mittel- und Hintergrund zu unterscheiden. Sollte das nicht möglich bzw. sinnvoll sein, kann man das Foto auch in gleichmäßige Flächen aufteilen und diese zunächst einzeln und dann in ihrem Zusammenhang beschreiben.

---

[23] Eine der grundlegenden Schwierigkeiten jeder Bildinterpretation (nicht nur der fotografischen) besteht darin, dass dazu – wie vor über 40 Jahren bereits Barthes (1990b: 29ff) angemerkt hatte – eine Art Metakommunikation notwendig ist, die weder den diskursiven noch den ikonischen Verständigungsformen angehört; eine solche *Bildsprache* gibt es aber bis heute nicht (darauf verweist auch Bohnsack 2008: 156ff); vgl. zu den möglichen Varianten der Foto-Text-Verschränkung auch Kap. 5.

[24] An dieser Stelle wird die klassische hermeneutische Einsicht relevant, dass – in der Sprache Mannheims – die Aneignung eines „Dokumentes“ das rezipierende Subjekt nicht unverändert lassen kann und will (vgl .dazu auch Michel [2006] und Schuster [1996]).

[25] Wir schreiben im Weiteren immer von Einzelfotos, aber selbstverständlich gilt alles auch für die Analyse von Fotoserien.

(2) Was sind die ersten, spontanen Eindrücke der Interpretierenden von dem Bild?
Hier geht es um das bildhafte Erleben, die intuitiven Eindrücke vom Kontext, vom Thema, von der Atmosphäre, von der sozialen Aussage usw. der Fotografie. Damit soll einerseits eine noch unreflektierte Form der „ganzheitlichen“ Interpretation angeregt und zugleich das Bemühen unterstützt werden, in einen Kommunikationsprozess mit dem Bild zu treten; das kann noch durch drei Fragen differenziert werden:

a. Was möchte ich diese Menschen fragen (wobei nur solche Fragen sinnvoll sind, auf die aufgrund des Fotos eine Antwort möglich ist)?
b. Möchte ich selber in dieser Landschaft, Stadt, Wohnung usw. leben?
c. Möchte ich diese Menschen kennen lernen und möchte ich mit ihnen mittel- oder langfristig zusammen leben?

(3) Was empfinden die Interpretierenden, wenn sie die einzelne Person, die Personen einer Gruppe selber nachstellen?
Damit soll der personale Erfahrungsbezug nochmals verdichtet und zugleich die lebensweltliche Interpretationsebene präzisiert werden, in dem die dargestellte „Körpersprache“ mit den eigenen körperbezogenen Erfahrungen in einen nicht-deckungsgleichen Zusammenhang gebracht werden. Gerade hier sind geschlechtsspezifische Erfahrungs- und Interpretationsweisen zu erwarten.

(4) Wenn Personen auf dem Foto sind: Ist das Bild arrangiert, wird sich hier in Pose gestellt, wussten die Fotografierten, dass sie fotografiert wurden?
Das zielt auf die Klärung der spezifischen Interaktionsbeziehungen zwischen den Fotografierenden und den Fotografierten und deren mögliche Ritualisierung (z.B. bei Kommunions- oder Hochzeitsfotos oder bei Klassen- oder Mannschaftsfotos) – oder umgekehrt: gibt es Hinweise darauf, dass diese soziokulturell verankerten/ tradierten Rituale explizit oder implizit durchbrochen werden (z.B. indem man eine „unangemessene“ Körperhaltung annimmt, einen ungewöhnlichen Gesichtsausdruck zeigt usw.). Sofern Lebenslagen im Zentrum des Fotos stehen (z.B. eine Mansarde) muss man indirekt versuchen, diese Frage zu beantworten (ob es also eine Zustimmung zu diesem Foto gab).

(5) Gibt es Bildinhalte, die die InterpretInnen erwartet hätten, die aber nicht offensichtlich vorhanden sind?
Hier geht es um so etwas wie den möglicherweise vorhandenen „imaginären Schatten“ eines Bildes, einen Verweisungszusammenhang, den man erwartet hat, der aber nicht unmittelbar sichtbar ist (z.B. Personen in einem Wohnzimmer oder Kinder

auf einem Spielplatz) und wo man sich fragt, warum sie fehlen (z.B. weil die Menschen vor Verfolgung fliehen mussten oder weil der Spielplatz so öde ist).

4.2.2 Ikonografischer Fragenkomplex: Der formalästhetische Aufbau des Fotos

Hier setzt die erste Stufe der *reflektierenden* Interpretation ein, denn nun geht es nicht mehr nur darum, zu klären, *was* auf einem Foto zu erkennen ist, sondern *wie* die jeweiligen Sachverhalte dargestellt werden. Damit ist die Frage nach dem eigentlichen sozialen Sinngehalt des Bildes gestellt und dieser soll nun von der ikonischen Darstellungsweise in eine schon abstraktere sprachliche „transformiert" und „übersetzt" werden. Damit treten *Bildwissen* und *(sprachliches) Textwissen* in ein spannungsreiches Verhältnis.

(6) Wie ist der Rahmen beschaffen?

Auch diese Frage ist nur scheinbar nebensächlich, denn der Rahmen ist die Grenzlinie zwischen dem *Inneren* des Bildes und dem *Äußeren* der natürlichen und gesellschaftlichen Wirklichkeit. Schon damit wird einerseits deutlich, dass das Foto immer nur ein Ausschnitt der Wirklichkeit sein kann (und dieser bewusst oder faktisch gewählt wird), und dass andererseits das Bild damit eine relativ eigenständige Dynamik erhält (darauf beruht die relative Autonomie des Fotos und sein Konstruktionspotenzial). Dabei ist es gar nicht selbstverständlich, dass die allermeisten Fotos rechteckig sind, denn dadurch werden die exzentrischen Achsen in den Vordergrund gerückt, während eine kreisförmige Rahmung das Zentrum hervorhebt. Dass wir die Rechteckigkeit des fotografischen Bildes als „normal" ansehen, hängt nicht nur mit der Fotogeschichte zusammen, sondern ist vorrangig ein Erbe der europäischen Renaissancekunst und der in diesem kulturellen Kontext geschulten Sehgewohnheiten. Dementsprechend werden z.B. ganze Personen zumeist im vertikalen Format abgebildet, während z.B. für Landschaften, Menschgruppen, Skylines u.ä. meist das horizontale gewählt wird (in der Architekturfotografie z.B. sind beide Formate relativ gleichberechtigt). Dabei wird die Rahmung manchmal auch erst nachträglich hergestellt (wenn Fotos z.B. mit einem Rahmen versehen oder aufgezogen werden – oder wenn FotografInnen, die „mit der Schere denken", das Format immer wieder neu bearbeiten) Also: Wie ist der Rahmen des vorliegenden Fotos (oder wie sind die unterschiedlichen Rahmen einer Fotoserie) beschaffen und welche Bezüge zu den vorikonografischen Befunden lassen sich schon jetzt herstellen?

(7) Wie sind die Linienführungen?
Wir sprechen nicht zufällig von Foto-*Grafie* und Ikono-*Grafie*, denn die Linien sind – mit den einzelnen oder mehreren Punkten – das elementarste Gestaltungsmittel (spätestens wenn man versucht ein Foto abzumalen, wird das evident). Sind in dem Foto also (etwa durch Straßenfluchten, Horizontbegrenzungen oder Objektumrisse gebildete) horizontale, vertikale und/oder diagonale Linien vorhanden, gibt es Kurven, wird der Blick entlang einer Linie „geführt", bilden die Linien bestimmte runde und/oder eckige Flächen aus (Dreiecke, Rechtecke, runde und/oder ovale Kreise usw.) – und wie verhalten sich diese Linien und Flächen zueinander? So strahlen z.B. gerade und waagerechte Linien Ruhe, Stabilität und Harmonie aus, während senkrechten Linien gewisse und auf- bzw. absteigenden Diagonalen (speziell bei extremen Unter- bzw. Obersichten) große Spannungen innewohnen und der Kreis für Vollkommenheit steht – Es gibt u. U. aber nicht nur manifeste Linien, sondern auch imaginäre (z.B. zwischen zwei oder mehreren symbolträchtigen Zeichen – etwa auf einem Demonstrationsfoto) und in welchem Verhältnis stehen dann die realen und die imaginären Linien zueinander und welches neue Element in der fotografischen Tiefenstruktur entsteht dadurch?

(8) Welche Art von perspektivischer Raumkonstruktion liegt hier vor?
Diese Frage zielt auf die entscheidende Spannung zwischen der *zweidimensionalen* Bildfläche und dem *dreidimensionalen* perspektivischen Bildraum und der damit verbundenen und schon erwähnten Differenzierung zwischen Vorder-, Mittel- und Hintergrund. Wie wird also im vorliegenden Foto durch den Zusammenhang zwischen den angeordneten Objekten eine *Tiefenstruktur* ausgebildet, wobei die Art der sachlichen und/oder personalen Ordnung (z.B. zwischen den Autos und den FußgängerInnen in einer schmalen Straße) nicht nur objektiv gegeben ist, sondern von den Fotografierenden – mehr oder weniger gewollt – hergestellt wird (um z.B. die Gefährdung der Fußgänger deutlich zu machen) -, so dass wir es hier immer mit einer fotografischen *An*-Ordnung zu tun haben Diese Art der perspektivischen Raumkonstruktion wird häufig übersehen, weil wir es aufgrund unserer historisch-kulturell vermittelten, westlichen Sehgewohnheiten (die Perspektive als künstlerisches Gestaltungsmittel wurde erst in der europäischen Renaissance erfunden) quasi „automatisch" diese imaginäre Dreidimensionalität erfassen (wir also z.B. wissen, dass Personen/Gegenstände im Vordergrund größer und im Hintergrund kleiner erscheinen). Eine besondere Bedeutung hat dabei die ggf. vorhandene *Zentralperspektive.* Auch hier beruht das pragmatische Bildwissen darauf, dass wir die Verkürzung der Perspektiven gewohnt sind zu „übersetzen" und der Konvergenz und Divergenz der Linienführungen zu folgen. Gibt es also im dem Foto eine solche *Konver-*

genz von Parallelen – etwa Straßen oder Bahngleise -, die sich im „Unendlichen" treffen; wird somit die deutende Wahrnehmung an diesem Fluchtpunkt, der ggf. auch außerhalb des Fotos liegen kann, ausgerichtet? Oder gibt es umgekehrt eine *Divergenz* (hier entsteht die Perspektive vom Fluchtpunkt hin zur/zum FotografIn/BetrachterIn)? Die jeweilige Linienführung impliziert die Größen(an)ordnung der Personen/Gegenstände. Zugleich erscheinen Rechtecke und Quadrate wie Trapeze und Kreise wie Ellipsen. Selbstverständlich gibt es auch Fotos, wo auf diese „illusionäre" Dreidimensionalität verzichtet wurde (zumal sie auch von Teilen der modernen Malerei abgelehnt, „überwunden" wurde).

(9) Welche Bildmittelpunkte gibt es und wo liegen sie?
Aus den verschiedenen Spannungsverhältnissen zwischen Zwei- und Dreidimensionalität resultieren auch zumindest drei verschiedene Arten von Mittelpunkten:
a) Der eine ist der *geometrische*, er ist planimetrisch bestimmt.
b) Ein weiterer ergibt sich aus dem schon erwähnten *Fluchtpunkt der Perspektiven.*
c) Besonders in der Knipser-Fotografie dominiert – meist ungewusst – das *zentrale Bildmotiv* (z.B. ein altes Fachwerkhaus zwischen postmodernen Hochhäusern) als Bildmittelpunkt.
Zu klären ist aber auch, ob diese verschiedenen Bildmittelpunkte in einer harmonischen oder in einer konflikthaften Beziehung zueinander stehen, denn daraus ergibt sich ggf. eine weitere Schicht der fotografischen Tiefenstruktur.

(10) Welche Lichtverhältnisse liegen vor?
Licht – und sein Gegenstück: der Schatten – sind die konstituierenden Medien der Fotografie überhaupt (FotografInnen bezeichneten sich in der Anfangsphase [auch] als „LichtbildnerInnen"). Das beinhaltet die Möglichkeit, vermittels unterschiedlicher *Tonwerte* und *Farben* eine bestimmte Ausdrucksqualität zu erreichen. Zu fragen ist somit zunächst: Welche Tonwerte dominieren, sind es die Mitteltöne (häufig transportieren sie die meisten Informationen), sind es sehr dunkle Töne (wie bei den sog. Low-Key-Aufnahmen) oder sehr helle (High-Key-Aufnahmen)? In welcher Weise werden durch entsprechende *Kontraste* bestimmte Flächen, Räume, Muster, Figuren, Gegenstände und Personen besonders hervorgehoben und die Aufmerksamkeit auf bestimmte Bildbereiche gelenkt? Welche Bedeutung kommt beim jeweiligen Beleuchtungsstil dem Charakter einer Szene, ihrer Ausleuchtung und der darstellerischen Absicht der FotografInnen zu?

Über die längste Zeit ihrer Geschichte bestand der fotografische Prozess aus technischen Gründen in einer dokumentarischen „Transformation" der „bunten" Welt in Hell-Dunkel-Töne zwischen Weiß und Schwarz und daraus resultierten und resultieren dann auch ihre eigenständige Ausdruckskraft. Zu klären ist daher: Welche spezifische Modulation der Tonwerte, welche besondere Betonung von Strukturen und welche eigensinnige Hervorhebung von Formen und Konturen sind auf dem Foto/der Fotoserie zu erkennen. Zu fragen ist aber auch nach der symbolischen Ausdrucksqualität, denn was im Hellen steht/liegt wird mit etwas Positivem verbunden, und „die im Schatten stehen, die sieht man nicht"; aber gleißendes Licht kann auch für unerträgliche Lebensbedingungen stehen. Inwieweit lassen sich also bei dem zu interpretierenden Foto besondere symbolhaltige Lichtgestaltungen ausmachen?

Seit den 1960er Jahren und spätestens seit dem „massenhaften", im Alltag überall spürbaren Sieg der Digitalfotografie sind Farbaufnahmen zur Selbstverständlichkeit geworden; was umgekehrt bedeutet: wer heute Schwarz-Weiß-Fotos macht, hat sich dafür ganz bewusst entschieden und deshalb ist dann auch zu fragen: Warum wurde das Foto in Schwarz-Weiß gemacht (um z.B. soziale Kontraste stärker hervorzuheben)? Farbfotos sind – gerade im Sinne der Dokumentation – in gewissem Sinne einfacher zu machen und zu interpretieren, weil der aktive und interpretative „Übersetzungsprozess" von der Farbe in die Schwarz-Weiß-Skala entfällt; zugleich wird die Aufgabe auch komplexer, weil die Relationen zwischen den Farben gestalterisch und hermeneutisch zu begründen sind. Es stellen sich somit folgende Fragen: Welche Farben sind vorhanden, dominieren die klassischen Grundfarben Rot, Gelb und Blau oder eher die Sekundär- bzw. Komplementärfarben Grün, Violett (nicht mit Lila zu verwechseln) oder Orange? Welche Farbtöne (z.B. Blau, Gelb oder Grün) sind vorhanden und wie verteilt, wie stark sind deren Intensität/Sättigung und deren Helligkeit? Welche sozial und kulturell eingebundenen symbolischen Ausdruckswerte hat die Farbgestaltung? Zur Erläuterung dieser Frage: Rot ist eine sehr kräftige und dichte, deshalb dominante Farbe, sie wird mit Leidenschaft, Aggression und Gefahr assoziiert, aber auch mit Wärme und Geborgenheit. Gelb steht als hellste Farbe für Durchsetzungskraft, Schärfe, Eindrücklichkeit, für Lebenskraft (z.B. die Sonne). Blau ist eher eine Hintergrundfarbe und recht transparent (z.B. als Himmel) und wird mit Luftigkeit, Feuchtigkeit und Kälte in Verbindung gebracht. Grün (komplementär zum Rot) ist *die* Naturfarbe und symbolisiert Wachstum (und mit Gelb kombiniert Jugendlichkeit), aber auch Krankheit und innere Zerstörung. Violett (komplementär zu Gelb) verdeutlicht (z.B. in der Hierarchie der röm.-kath. Kirche) Größe, Macht und Mysterium. Das reine Orange, welches warm und ausdrucksstark ist, wird als Farbe der Nachmittagssonne wie des Feuers mit Hitze und Dürre einerseits und mit Festlichkeit und Feierlichkeit andererseits in Verbindung gebracht Und als letztes ist hier zu fragen, in welcher Beziehung die Farben zueinander stehen, ob diese eher harmonisch ist, weil sie in einer komplementären Relation stehen bzw. weil sie sich durch die Nähe innerhalb des Farbkreises einander ähneln (z.B. Gelb bis Rot oder Blau bis Grün); oder dominieren in bestimmten Teilen oder im ganzen Bild (z.B. durch Farbakzente) die Kontraste, die Spannungen und Widersprüche und in diesem Zusammenhang dann auch statt der gedeckten die leuchtenden, hellen, manchmal auch grellen Farben (z.B. bei der Kleidung) – und was soll damit jeweils zum Ausdruck gebracht werden?

Zwischenbemerkung: Es macht nun eine Besonderheit der Fotografie als einem *technischen* Medium der Wirklichkeitserfassung aus, dass alle diese Elemente (der Fragen 6 bis 10) *in jedem Fall* vorhanden sind, es muss deshalb keine Ausdrucksintention der Fotografin/des Fotografen vorhanden sein. Insofern bringt die Fotografie *keine eigenen* kommunikativen Geltungsansprüche im Sinne einer ikonischen Tiefenstruktur hervor, aber sie „transportiert" zwingend solche, speziell die nach Wahrheit, Richtigkeit, Wahrhaftigkeit und Schönheit einer fotografischen Darstellung (vgl. Sontag 1980: 139). Die nachfolgenden Fragen 11 bis 13 sollen die bisher erarbeitenden analytischen Einzelaspekte unter Einbeziehung der vorikonografischen Befunde nun zu einer ersten, noch vorrangig formalen synthetisierenden Gesamtinterpretation verdichten (weshalb die einzelnen Aspekte nicht nochmals alle erwähnt oder gar erläutert werden müssen).

(11) Worin besteht die soziale Besonderheit der perspektivischen Projektion?

Durch die Art, wie ein Raum durch die Perspektiven konstruiert und die Personen in ihm platziert werden, wird ein spezifischer sozialer Sinn konstituiert. Zu fragen ist somit:

- Worin besteht die Spezifik des dargestellten natürlichen, systemischen oder sozialen Raumes?
- Welchen Stellenwert wird dem einzelnen Menschen, bestimmten Menschengruppen usw. in ihm zuerkannt, wer steht im Zentrum, wer steht am Rande, wer ist integriert, wer ist ausgegrenzt?
- Wie verhalten sich Raumgestaltung und Personen(an)ordnung zueinander, wer dominiert wen bzw. was (z.B. die Maschinen die Menschen, der Mensch – durch die Technik – die Natur) oder gibt es eine Balance (z.B. zwischen der geplanten und der realen Nutzung von Gemeinschaftsräumen in den Gemeindebauten des „Roten Wien")?
- Sind die An-Ordnungen eher statisch oder eher dynamisch, werden sie eher bejaht oder eher in Frage gestellt? Oder anders gefragt: Was ist der spezifische soziale Blick der Fotografin/des Fotografen auf die gesellschaftliche und lebensweltliche Wirklichkeit, also ihre „Welt-Anschauung"?

(12) Welches ist der interaktive soziale Gehalt der szenischen Choreografie?

Es ist von Barthes (1989: 40) zu recht darauf hingewiesen worden, dass die (Sozial-) Fotografie dem Theater näher steht als der bildenden Kunst, denn es geht hier gerade um die sozialen Beziehungen der Menschen und ihre gesellschaftlichen Kontexte. Dieses szenische Verstehen der Fotografie umfasst drei Ebenen:

a. Wie präsentieren sich die *menschlichen Körper* auf dem Foto, welche Haltungen nehmen sie ein, welche Mimik zeigen sie, mit welchen Gesten wollen sie was ausdrücken, mit welcher Art von Bekleidung drücken sie faktisch und/oder intentional was aus, in welchem Zustand des Wohlbefindens oder der „Krankheit" zeigen sie sich?

b. Welche *zwischenmenschlich geteilten Lebenswelten* sind auf dem Foto zu erkennen, in welcher Weise „schauen" die verschiedenen Personen, wie sind ihre Blicke aufeinander bezogen oder von einander angewendet (hier geht es also um die verschiedenen Blickrichtungen), in welchem harmonischen und/oder konflikthaften Verhältnis stehen die Blicke, Mimiken, Gesten oder auch praktischen Handlungen zueinander (z.B. der Spieler bei einem Fußballmatch oder der TeilnehmerInnen bei einer Betriebsversammlung) ? Welche direkten und/oder indirekten Hinweise gibt es auf die *soziale Lage* der Personen(gruppen), ist sie homogen oder vielfältig oder hierarchisch?

c. Welche *übergreifenden Zusammenhänge* sind erkennbar zwischen den verschiedenen Ausdrucksformen der lebensweltlich eingebundenen Körperlichkeit, den Interaktionsmustern und der sozialen Lage? Hat man diese Beziehungen erwartet (z.B. eine relative körperliche Verwahrlosung verknüpft mit nach innen gewendeten Blicken bei arbeitslosen Landarbeitern) und/oder von welchen ist man überrascht, weil man sie nicht erwartet hat (z.B. der stolze, selbstbewusste Blick eines Mädchen, welches sich in einem Elendsquartier am Rande einer Großstadt „stylt" und damit seinen personalen Eigensinn gegenüber dem sozialen Elend zum Ausdruck bringt)?

(13) Worin besteht die ikonografische Gesamtkomposition des Fotos?

Das ist die Abschlussfrage nach dem besonderen Ausdrucksgehalt des vorliegenden Fotos (und sie bildet zugleich schon den Übergang zum nächsten Fragenkomplex). Hier geht es darum, die verschiedenen Einzelbefunde und die Beschreibung der verschiedenen Zusammenhänge nun zu einer Gesamtdeutung zu verdichten. Die Besonderheit liegt dabei darin, dass jetzt der reine *Bildgehalt* der Fotografie erschlossen werden soll, also seine Eigenlogik gegenüber unserem sprachlich fixierten diskursiven Wissen – um eben zu verhindern, dass die Bildanalyse nur zu einem reinen Anhängsel der diskursiven Analyse wird. Hier sind vier Fragestellungen hilfreich:

- Kennen Sie andere Fotos vom gleichen Sujet (z.B. Eltern-Kind-Beziehungen oder Kinderarbeit) von den gleichen FotografInnen?
- Kennen Sie andere Fotos zum gleichen Sujet von anderen FotografInnen aus der gleichen Zeit?
- Kennen Sie andere Fotos zum gleichen Sujet von verschiedenen FotografInnen aus verschiedenen Zeiten (z.B. zu den schulischen Interaktionsbeziehungen um 1900, nach 1968 und in der Gegenwart)?
- Kennen Sie ähnliche Bildmotive aus der bildenden Kunst (z.B. von bittenden Menschen) oder aus Filmen (z.B. bestimmte weibliche oder männliche Schönheitsideale)?

Die Fragen sind im doppelten Sinne aktivierend gemeint: Zum einen als Aufforderung solche Fotografien zu suchen, wenn man sie nicht schon kennt; und sie dann auch zu vergleichen. Auf diese Weise erschließen sich dann zum anderen auch bestimmte Aspekte der *Bildertraditionen der sozialen Frage*[26] – und damit wird eine eigenständige Dimension gegenüber der Wissenschaftsgeschichte, aber auch der Professionsgeschichte der Sozialen Arbeit zugänglich.

4.2.3 Ikonologischer Fragenkomplex: Die epochaltypische Verortung des Fotos

Jetzt werden die Ebenen der Analyse im Medium des *Alltagsinns* sowie des *Ausdrucksinns* qualitativ überschritten, indem die immanenten Reflexionshorizonte transzendiert werden und durch die theoriegeleitete Reflexion die gesellschaftshistorisch-epochalen Zusammenhänge erschlossen werden, in denen die jeweilige Fotografie oder Fotoserie entstanden ist, verbreitet wurde und gedeutet wird.

(14) Welches epochaltypische soziale Schlüsselproblem wird durch das Foto thematisiert?

Hier ist an die Feststellung in Frage 6 zu erinnern, dass jedes Foto nur einen Wirklichkeits-*Ausschnitt* darstellt. Dieser ist im Fragenkomplex 4.2.2 formal bereits näher betrachtet worden; nun gilt es diese Ergebnisse in historisch-kritischer Weise zu deuten. Dabei geht es in der *Sozial*-Fotografie darum epochaltypische soziale Probleme zu dokumentieren. Bevor dies geschehen kann, muss aber geklärt werden:

a. *Wann wurde das Foto* (immer auch: die Fotoserie) gemacht? Die Antwort kann bzw. muss möglichst präzise sein, wenn es sich um ein bedeutendes historisches oder biografisches Ereignis handelt (z.B. Gründung einer Protestpartei

[26] Dazu haben Sachße/Tennstedt (1983) einen interessanten, leider wenig beachteten Beitrag geleistet; und dazu gehören in jedem Fall z.B. die Arbeiten von Heinrich Zille (1858-1929) und „seinem Miljöh“ (vgl. Braun/Wetzel 2009: Kap. 3.3).

oder Beendigung einer langen Freundschaft); sie können etwas ungenauer sein, wenn eine bestimmte Stimmungslage eingefangen wird (z.B. die der großen Depression nach der Weltwirtschaftskrise 1929). Manchmal enthält das Foto selbst diese Informationen (z.B. das Datum einer Tageszeitung), manchmal sind sie auf dem Foto vermerkt (z.B. als Poststempel oder als Notiz auf der Rückseite durch das Fotoatelier); oder sie werden quasi mitgeliefert (besonders als Bildunterschrift; deren Zuverlässigkeit muss aber ggf. überprüft werden); manchmal muss man den Zeitpunkt auch indirekt erschließen (z.B. über die Kleidung oder die Art der Wohnungseinrichtung und die Typen von Autos, Straßenbahnen, Zügen usw.), manchmal muss man dazu ZeitzeugInnen befragen.

b. *Wo wurde das Foto aufgenommen?* Dies verweist auf geografische Zusammenhänge (z.B. ein Stadtrandgebiet, eine europäische Metropole, eine Megastadt im asiatischen Raum), auf soziale Kontexte (z.B. eine ehemalige Arbeiterwohnsiedlung in einem traditionellen, heute weitgehend entvölkerten Industrierevier, ein Villenviertel), auf politische Orte (z.B. staatsterroristische Vernichtungslager, Gedenkstätten, Regierungsdistrikte); oder auf alltagskulturelle Gegebenheiten (z.B. Volksfeste, die seit langer Zeit an einem bestimmten Ort stattfinden). Diese Informationen müssen in ähnlicher Weise wie bei der Zeitbestimmung den verschiedenen fotointernen und -externen Quellen entnommen werden.

Bei der *inhaltlichen* Bestimmung des fotografischen Dokumentensinnes lassen sich (ohne Anspruch auf Vollständigkeit, sondern nur zur Anregung) folgende Themenfelder unterscheiden[27]:

a. Werden in dem Foto gewaltförmige, besonders kriegerische Austragungsformen (einschließlich Bürgerkriege) struktureller gesellschaftlicher Konflikte (z.B. zwischen Staaten, Nationen, Ethnien, religiösen Gruppen) dokumentiert?
b. Werden in dem Foto gesellschaftliche Ungleichheiten (besonders zwischen Arm und Reich sowie Männern und Frauen) thematisiert?
c. Werden in dem Foto systemische Desintegrationsprozesse erfasst (z.B. Arbeitslosigkeit, Armut, Ausschluss von Bildungsgängen)?
d. Werden in dem Foto normative soziale Desintegrationsprozesse „abgelichtet“ (z.B. unmittelbare Gewaltanwendungen gegen soziale, ethnische oder religiöse Personengruppen – durch andere soziale, ethnische oder religiöse Gruppen oder private „Sicherheits“-Kräfte, die Polizei, das Militär usw.)?

---

[27] Hier bestehen innere Beziehungen zwischen dem Dokumentensinn des fotografischen Bildes und den Sinndimensionen allgemeiner Bildung (vgl. zu letzterem Klafki/Braun 2007: Kap.7.2).

e. Werden in dem Foto expressive soziale Desintegrationsprozesse erfasst (z.B. symbolische Gewalt gegen jüdische MitbürgerInnen in Form von Hakenkreuzen oder die symbolische Schleuse am Eingang der Flag-Stores der großen Modelabels, die „untere" soziale Gruppen an deren Betreten hindern sollen)?
f. Inwieweit dokumentiert das Foto aber auch das genaue Gegenteil all dieser systemischen und sozialen Unterdrückungs- und Ausschlussprozesse, nämlich das Bemühen um die friedliche und demokratische Bewältigung und perspektivische Lösung der sozialen Probleme (z.B. in Form von Friedensmärschen, Arbeitslosen- und Beschäftigungsinitiativen, interkulturellen und interreligiösen Begegnungsstätten, Frauen- und Männergruppen, Runden Tischen, sozialen und politischen Protestbewegungen, Sozialstaatsprogrammen)?
g. Die letzte Frage ist zugleich die schwierigste: Welche soziokulturellen und historischen Kontextinformationen sind notwendig bzw. sinnvoll, um den Interpretationsspielraum zu erweitern und zugleich zu sicheren, objektiveren Interpretationen zu gelangen? – Diese Frage ist deshalb so „gefährlich", weil die Antwort dazu verleiten kann, sich den ikonischen Gehalt des Fotos nur begrenzt zu erschließen, also vorschnell auf das diskursive Textwissen zurückzugreifen. Solche Kontextinformationen dürfen also nicht für vorschnelle Deutungen missbraucht werden („Eh klar, das kenne ich, das ist ein Fall von..." – z.B. Machogehabe auf einem traditionsreichen Volksfest), denn damit würde die Gefahr sehr groß, den Dokumentationssinn und damit den ikonischen Erkenntnisgehalt des Fotos zu verfehlen. Es geht also genau um das Gegenteil von oberflächlicher Eindeutigkeit, nämlich um eine reflektierte Vielfältigkeit der Interpretationen: Denn jede Interpretationsvariante muss sich gegenüber anderen durch die bessere ikonologischen Deutung und diskursive Argumentationskette bewähren – oder dadurch entsprechend korrigieren lassen. Dabei gilt generell die „Sparsamkeitsregel", d.h. eine Interpretation ist einer anderen überlegen, die mit weniger fotoexternen Informationen und Annahmen auskommt.

(15) Mit welcher Art von fotografisch-ikonologischer Verallgemeinerung haben wir es zu tun?[28]
Das jeweilige Foto steht aber nicht *für etwas*, sondern es bringt dies auch in einer ganz spezifischen Weise *zum Ausdruck*. Zu fragen ist somit: Handelt es sich bei dem vorliegenden Foto (bei einer Fotoserie können auch unterschiedliche Verallgemeinerungsformen vorliegen!) um

a. ein *Situationsbild,* bei dem bestimmte soziale Lebensverhältnisse darstellt werden (z.B. Arbeit an einem Hochofen); oder um

[28] Vgl. zu dieser Frage Fuhs (2003: 45ff) und Stiegler (2006b).

b. ein *Erinnerungsbild,* welches bestimmte Ereignisse im institutionalisierten Lebenslauf (z.B. Taufe und Einschulung) oder bestimmte Lebensphasen (z.B. die der ersten Liebe) festhält; oder um
c. ein *Lern- bzw. Lehrbild,* das ein spezifisches Wissen vermittelt (z.B. von einer bestimmten Aktion, die eine historische Bedeutung hatte – etwa vom bewaffneten Widerstand Bruno Kreiskys und seiner Gruppe gegen den grünen Faschismus im Cafe Westend in Wien); oder um
d. ein *symbolzentriertes* Bild, welches einen bestimmten Sachverhalt zum Ausdruck bringt (z.B. rote Fahnen zeigen die Solidarität der klassischen Arbeiterbewegung, der Judenstern die Barbarei des deutschen Faschismus); oder um
e. ein *„Leitbild“,* mit dem ein gewünschtes Verhalten idealisiert wird (z.B. intakte, harmonische, konfliktfreie, meist autoritäre Familienverhältnisse); oder um
f. eine *Karikatur,* welche einen Sachverhalt überzeichnet darstellt (z.B. die Unterwürfigkeit einer Person gegenüber der „Staatsmacht“ in Gestalt eines Polizisten); oder um
g. ein *allegorisches* Bild, welches einen abstrakten Sachverhalt sinnlich erfahrbar machen will (z.B. das christliche Kreuz auf einem Friedhof als Hinweis auf die Transzendenz nach außen und das Vertrauen auf eine Existenzform nach dem individuellen irdischen Tod)?

Mit diesen Fragen und Beispielen dürfte schon deutlich geworden sein, dass es eine stets auszugleichende Spannung zwischen *Verschönerung* (Fotogenität) und *Wahrheit, Richtigkeit* und/oder *Wahrhaftigkeit* gibt; und dass nicht alle Bildelemente in verallgemeinernder Absicht oder Funktion codiert sein müssen, Bilder also immer auch einen „Überschuss“ haben können (wenn z.B. auf dem o. g. Friedhofsbild zugleich in der Ferne oder ganz am Rand ein spielendes Kind zu sehen ist, welches unbeabsichtigt symbolisiert, dass es auch eine andere Form des Weiterlebens und der Tradierung nach dem individuellen Tod gibt, nämlich die Gattungskontinuität).

(16) Mit welcher Technik wurde das Foto aufgenommen und reproduziert?
Dies ist
a. eine *technologische* Frage: Welche Fototechnik war zu einem bestimmten historischen Zeitpunkt überhaupt vorhanden (z.B. Teleobjektive, Kleinbildkameras, Digitalfotografie)? – Es ist ferner
b. eine *soziale* Frage: Welche Milieus und Personen konnten bzw. wollten sich eine bestimmte Ausrüstung „zulegen“? Und nicht zuletzt
c. eine *stilistische* Frage: Mit welcher Ausrüstung können welche Fotos gemacht und reproduziert werden und welche Art von Fototechnik ist für bestimmte

Fotomotive zu bevorzugen (z.B. Teleobjektive für Großstadtfotos, um den Raum zu verdichten; Farbfotos, um die Grünflächengestaltung einer Gartenstadt deutlich zu machen; grobkörniges Papier, um soziale Kontraste hervorzuheben)?

(17) Auf welche sozialen und kulturellen Entstehungs- und Verwendungszusammenhänge verweist das Foto?

Innerer ikonografischer und ikonologischer Gehalt des Fotos und seine *äußere* funktionale Einbindung in gesellschaftliche Entstehungs- und Verwendungszusammenhänge stehen zwar nicht in einem linearen, eindeutigen, aber auch nicht in einem beliebigen Zusammenhang. Für beide Kontexte können unterschieden werden[29]:

a. Handelt es sich um private (z.B. familiäre), um halböffentliche (z.B. in Vereine, Verbände, Institutionen eingebundene) oder um öffentliche Zusammenhänge (z.B. von Zeitungen, Museen, Reiseführern, wissenschaftliche Publikationen)?
b. Stimmen die beabsichtigte Verwendung und die faktische Verwendung überein (z.B. sind die Freundschaftsfotos immer noch im privaten Album), haben sie je übereingestimmt (z.B. sind polizeiliche Unfallfotos nie als Beweismaterial in einem Prozess herangezogen worden, wohl aber zur Erforschung von Unfallursachen) oder haben sie im Laufe der Zeit und Epochen gewechselt (wenn z.B. Schulfotos, die der Propagierung eines bestimmten Menschenbildes und Erziehungsverständnisses dienten, zum Gegenstand ideologiekritischer Analysen werden; oder wenn Familienfotos im Holocaust-Museum unter dem Berliner „Denkmal für die ermordeten Juden in Europa“, dem Stelenfeld, gezeigt werden und damit die Barbarei des deutschen Faschismus sinnlich dokumentiert wird)?
c. Sind auf dem Foto sozialkulturell und historisch typische Zusammenhänge zwischen beabsichtigter Entstehung/Verwendung und der formalen Ausdrucksgestaltung des Fotos zu erkennen (z.B. durch eine unterlegene Positionierung der Frauen, oder durch die farbliche Gestaltung eines hoffnungsfrohen Kindergesichtes oder durch die sehr klare und statische Erfassung eines neuen Bürohochhauses)?

(18) Welchen Beitrag kann das Foto zur Erweiterung des vorhandenen ikonischen Wissens um soziale Problemlagen und -traditionen leisten?

Diesem ganzen Interpretationsleitfaden liegt das Bemühen zu Grunde, das Erkenntnispotenzial der Fotografie für die pragmatische und die journalistische Sozialreportage und darüber hinaus für die sozialwissenschaftliche Forschung und die

---

[29] Vgl. zu diesem Problembereich Bourdieu u.a. (2006) und Bismarck u.a. (2008).

Selbstaufklärung der Menschen zur Geltung zu bringen. Sozialreportagen zielen nämlich – das ist schon angeklungen – auf die Erarbeitung epochaltypischer sozialer Zusammenhänge; und dazu bedarf es eben nicht nur diskursiver, sondern auch visueller Verallgemeinerungen. Dazu dienen – im Anschluss an die Frage 14 – besonders drei Vergleichsverfahren (vgl. Pilarczyk/Mietzner [2005:Kap. 11]):

- Bei *synchronen* Vergleichen werden variiert Thema, Bildinhalt, Verwendungsweisen, AutorInnenschaft und Darstellungsweisen zu *gleicher* Zeit (z.B. die Lebenslagen und Lebenswelten der verschiedenen Milieus und Klassen nach dem Ersten Weltkrieg in verschiedenen Regionen Österreichs).
- Bei *diachronen* Vergleichen werden vergleichbare Lebenslagen und Lebenswelten zu *unterschiedlichen* Zeiten (zunächst einmal vorrangig in *einem* Milieu) untersucht (z.B. die Veränderungen der österreichischen Facharbeitermilieus während der Ersten und der Zweiten Republik).
- Bei *kontrastierenden* Vergleichen können nicht nur verschiedene Entstehungs- und Verwendungszusammenhänge hinsichtlich ihrer Unterschiede und Übereinstimmungen in eine Beziehung gestellt werden, sondern auch die verschiedenen sozialen, kulturellen, ethnischen und religiösen Milieus (z.B. die Veränderungen der Facharbeitermilieus zu denen der Bauernmilieus während der Ersten und/oder während der Zweiten Republik; oder der Jugendkulturen; oder der verschiedenen Volksgruppen; oder der katholisch bestimmten Bauernmilieus).

  Die *qualitative* Seite dieser dreigeteilten Frage kann am besten dadurch beantwortet werden, dass nach Fotografien gesucht wird, die die jeweilige Art des Vergleiches erlauben (dazu können die verschiedensten privaten Fotos – z.B. in Familienalben; die halböffentlichen Fotobestände z.B. von Wohlfahrtsverbänden; und die vielen veröffentlichen Fotos z.B. in Fotobänden, historischen und aktuellen Zeitschriften und Illustrierten – dienen). Die *quantitative* Seite kann nur durch wissenschaftliche Forschung geklärt werden, denn ihre Bearbeitung setzt eine erhebliche Bildmenge voraus und erfordert eine umfangreiche systematische, ggf. computergestützte Interpretation.

(19) Abschluss und Neuanfang: Wurden bisher alle Einzelheiten in ihrem ikonischen und sozialen Gehalt angemessen gewürdigt?

Es ist ganz selbstverständlich, dass man am Ende dieses Interpretationsprozesses über das jeweilige Foto/die jeweilige Fotoserie (erheblich) mehr weiß als vorher (sonst wäre die ganze hermeneutische Anstrengung umsonst gewesen). Das bedeutet im Umkehrschluss aber auch, dass man beim nochmaligen Betrachten des Fotos auch mehr sieht, als man beim 1., 2. oder 3. Durchgang gesehen und verstanden hat. Deshalb ist die Aufforderung, nun nochmals von vorne anzufangen, nicht dem „Mensch-ärgere-dich-nicht" – Spiel entnommen, sondern verweist auf die hermeneutische Spirale des immer tieferen Eindringens in den ikonografischen Ausdruckssinn und in den ikonologischen Dokumentationssinn der Bilder und damit auch des sich vertiefenden lebensweltlichen Bezuges zu ihnen. Daraus folgt, dass eine Fotointerpretation *zumindest* zwei Durchgänge benötigt.

Vorbemerkung: Das Foto wurde während der von uns geleiteten Fortbildungsveranstaltung „Soziale Probleme – Soziale Fotografie – Soziale Arbeit II" (44. Sitzung des Theorie-Praxis-Seminars) gemacht, die vom 13. bis 20. 6. 2009 in Volterra (Toscana) stattfand. Nach den Arbeitsgruppen- und Plenumsdiskussionen der Kap. 2 und 4.2 dieses Buches wurde den TeilnehmerInnen für den Donnerstagvormittag (18.6.2009) die Aufgabe gestellt, in der Stadt Volterra soziale Probleme , die den TeilnehmerInnen auffielen, fotografisch zu dokumentieren, von diesen Fotos später eines auszuwählen, dieses in der Kleingruppe näher zu interpretieren und die Diskussionsergebnisse im Plenum vorzustellen. Wir dokumentieren hier ein Bespiel, weil es eine Besonderheit aufweist: Die Gruppe, die das Foto gemacht und interpretiert hat, hat die ganze Situation zunächst sehr positiv gedeutet, also eigentlich gar kein soziales Problem im engeren Sinne auf dem Foto entdeckt. Die Plenumsdiskussion kam dann aber zu dem genau gegenteiligen Ergebnis. Dieser Diskussionsprozess ist insofern von exemplarischer Bedeutung als er zeigt, dass man – auf Fotos wie im Alltag – bestimmte soziale Probleme erst auf den *zweiten* Blick erkennt.

Das Foto „Stille – ein Versuch, die Einsamkeit zu bewältigen"

(Foto: Matthias Elze; Text: Claudia Ritter – unter Mitarbeit von Marcus Biermann, Matthias Elze, Kristin Klein und Kristin Pollack)

1. *Die Auswahl des sozialen Realitätsausschnittes*

Dem Foto liegt die Beobachtung zugrunde, dass die Straßen, je weiter sie vom Stadtkern entfernt sind, desto kleiner und auch leerer werden, dass immer weniger Menschen, Autos und andere Gegenstände anzutreffen sind. Diese Art von kleinräumiger Segregation war für uns von Interesse. Gleichzeitig aber auch die Art der Objektzusammenstellung: Stühle, Rollstuhl, Hauswand, Eingänge, Fenster, Blumentopf. Das haben wir spontan als ungewöhnlich empfunden: die Stille oder auch Einsamkeit der Szene im Kontrast zur Belebtheit des vorrangig touristisch genutzten Stadtkerns. Unsere Stimmung war: "Das ist zwar eigentlich alltäglich, aber wir haben es dennoch irgendwie nicht erwartet".

2. *Der lebensweltliche Zugang*

Auf dem Bild sind – wie bereits angedeutet – vor einer Hauswand zwei Plastikstühle (mit den Lehnen zur Wand) und rechts daneben ein Rollstuhl zu sehen, der 90 Grad zu den Stühlen steht, so dass der/die darin Sitzende die Personen in den Stühlen ansehen würde. Auf beiden Stühlen liegt je ein durchgesessenes Sitzkissen. Die Sitzfläche des Rollstuhls ist mit einer Decke abgedeckt, die mit zwei Klammern (links und rechts) am Rollstuhl befes-

tigt ist. Am linken Rand des Fotos ist der Teil einer Tür zu erkennen, welche sich vom Rest der schon recht bröckeligen, abgenutzten, alten Hauswand dadurch abhebt, dass sie offensichtlich erst vor kurzem renoviert worden ist; über eine kleine Schwelle gelangt man hier ins Haus. Rechts neben dem Rollstuhl ist eine kleinere Tür zu erkennen, die aber offensichtlich nicht mehr benutzt wird, denn sie wird von einer grünen Topfpflanze versperrt. Darüber befindet sich eine Art Luke. Am rechten Bildrand ist eine weitere, ebenfalls angeschnittene Tür aus hellem, verwittertem Holz zu erkennen. Rechts von der linken Tür ist ein Halteverbot-Schild zu erkennen, ebenso auf der ganz rechten Tür. Am rechten oberen Bildrand verläuft parallel zur Dachkante eine Stromleitung.
Beim ersten Anblick strahlt diese Szene – trotz des indirekten Kontrastes zur Innenstadt – keineswegs Armut und/oder Einsamkeit aus, sondern eher eine angenehme Ruhe und es deutet sich (indirekt) eine gewisse Spannung zum Leben in dem Haus an (man stellt sich die Menschen im Haus quasi als „imaginäre Schatten" immer schon mit vor). Da sich die zwei Stühle vom dunklen Hintergrund deutlich abheben (man kann am Schatten unten rechts sehen, dass das Foto in der Mittagszeit gemacht wurde), kann man sich zugleich – wiederum als imaginäre Schatten – zwei Menschen auf den Stühlen sitzend und sich unterhaltend oder die Straßenszenerie beobachtend vorstellen. Diese Vorstellung wird auch durch die Sitzkissen nahe gelegt: „Es wird bald wieder jemand kommen und sich hinsetzen". Das gilt auch für die Person, die im Rollstuhl sitzt, nachdem er abgedeckt worden ist, und den auf den Stühlen Sitzenden zugewendet ist. Alles das macht (zunächst) den Eindruck einer angenehmen Familienatmosphäre, in der die geschädigte, vielleicht ja sogar behinderte Person integriert ist.

3. *Der formalästhetische Aufbau*

Auffällig ist zunächst, dass es auf diesem rechteckigen Foto fast keinen Vordergrund gibt (nur die kleine Zone vor den Stühlen), dass also eine Zweiteilung dominiert zwischen dem Motivgrund, den Stühlen, und dem Hintergrund, der Wand (daraus entsteht der Eindruck der Enge). Bei der Linienführung dominieren einerseits die Vertikalen der Türen und der Luke, aber auch der Stuhlbeine und Armlehnen(teile), und andererseits die Diagonalen, die von links unten nach rechts oben führen (Schatten, Enden der Stühle, Räder des Rollstuhls, Tür- und Lukenober- und -unterkante, Stromleitung, Verkehrsschilder). Der Eindruck der klaren Linienführung wird auch unterstützt durch die Helligkeitsunterschiede der Flächen – und zugleich wird der Eindruck der zu starken Geometrisierung dadurch verhindert, dass der Putz und die erkennbaren Steine – samt ihren Schattenwürfen – eine gewisse Unruhe ins Bild bringen. Dies wird nochmals verstärkt durch den Kontrast zwischen den hellen Plastikstühlen (die auch geschwungene Formelemente haben) und der dunklen Wand. Unterstützt wird eine gewisse Unruhe auch dadurch, dass sich der planimetrische Mittelpunkt oberhalb des Zwischenraumes zwischen Stühlen und Rollstühlen befindet; der thematische (die Stühle/der Rollstuhl) darunter liegt; und die Diagonalen sich erst weit rechts außerhalb des Fotos schneiden (perspektivischer Mittelpunkt). Betrachtet man unter diesem Aspekt das Bild nochmals, dann fallen die Menschen irgendwie aus dem Bild nach unten heraus; die Dynamik geht irgendwie über sie hinweg – bzw. an ihnen vorbei; und zugleich werden sie durch die Enge (kein wirklicher Vordergrund = kein Raum vorhanden) fast „eingequetscht".

4. *Ikonologische Deutung*

Wie schon mehrfach angedeutet, sind wir zunächst davon ausgegangen, dass diese Szene, dieses Foto Ausdruck eines sehr harmonischen, geselligen, gleichzeitig lebendigen, vielleicht sogar lebensfreudigen Alltagslebens ist, dass der/die RollstuhlfahrerIn ins „normale" Leben integriert ist, dass man ihr/ihm ins Haus hilft, dass die sorgfältige Abdeckung des Rollstuhls auf Fürsorglichkeit schließen lässt; und dass die Tatsache, dass er einfach so da draußen steht auf ein gewisses Vertrauen gegenüber den Menschen aus der Nachbarschaft verweist. Auch die Grünpflanze erschien uns als Hinweis auf das Bemühen, das Leben freundlich zu gestalten. Mit einem Wort: Wir hatten unserem Selbstverständnis nach ein Foto gemacht, das dem Auftrag deutlich widersprach, weil es gar kein soziales Problem zum Ausdruck brachte.

In der Plenumsdiskussion sind gegenüber dieser Interpretation (die ja nicht aus der Luft gegriffen war!) erhebliche Einwände formuliert worden: Es wurde u. a. darauf hingewiesen

- dass die Art der Positionierung des Rollstuhls weniger aus kommunikativen, sondern aus verkehrstechnischen Gründen so erfolgt sei (die Vorderseite hätte sogar genau in die andere Richtung zeigen können, also abgewendet von den Stühlen);
- dass der Rollstuhl hier stehen muss, weil die Türschwelle es verhindert, dass der/die RollstuhlfahrerIn selbständig ins Haus gelangen kann (sie ist also auf die Hilfe anderer ggf. angewiesen);
- dass die Personen die Stühle nur wegen der Mittagshitze verlassen haben, aber ansonsten wohl viel Zeit hier zubringen, weil das Haus zu klein und die Zimmer zu eng sind (es scheint auch keinen Garten zu geben, denn dann würde man sich wohl eher dort aufhalten), dass also auf diese Weise der Wohnraum auf die Straße hin ausgeweitet wird – und die BewohnerInnen so zugleich die Chance haben, am sozialen Leben teilzuhaben, FreundInnen und Bekannte zu treffen, also nicht isoliert zu werden und zu vereinsamen;
- dass die Anordnung der Stühle eher „einfallslos" sei und sehr wenig Bemühen deutlich wird, dieses „öffentliche Wohnzimmer" gemütlich zu machen; darüber hinaus wurde das Fehlen von Blumen (außer der einen, aber sehr pflegeleichten

Topfpflanze), besonders von blütenreichen angemerkt, was für italienische Gewohnheiten sehr ungewöhnlich sei.

So gesehen hatten wir also doch ein soziales Problem entdeckt, welches sich aber (zumindest für uns) erst auf den zweiten Blick und mit Hilfe der gemeinsamen Diskussion erschloss. Wir betrachten nunmehr dieses Bild – wie bei der formalästhetischen Beschreibung schon angeklungen – als Ausdruck einer sozialen Konstellation, die von *Armut* bestimmt ist (Enge und schlechter Zustand der Wohnverhältnisse), von *sozialer Isolation* (die BewohnerInnen müssen sich die KommunikationspartnerInnen quasi suchen, sie kommen nicht ausdrücklich zu ihnen, sie kommen eher zufällig vorbei) und von *fortschreitender Resignation* (wenig Bemühen, das Sitzarrangement anregend und liebevoll zu gestalten), die aber noch nicht so weit gegangen ist, dass sich die BewohnerInnen nun ganz aus dem sozialen und nachbarschaftlichen Leben zurückgezogen haben. Deshalb haben wir dem Foto den Titel gegeben: *„Stille – ein Versuch, die Einsamkeit zu bewältigen"*.

4.3 Hinweise zur sozialdokumentarischen Foto-Gestaltung

Aus dem Leitfaden zur Foto-*Interpretation* ergeben sich immer auch Grundsätze zur Foto-*Gestaltung* – weshalb ausführliche Fotointerpretationen auch den Blick schärfen helfen für die eigene sozialdokumentarischer Fotopraxis. Deshalb können wir uns an dieser Stelle auf knappe Hinweise beschränken.

4.3.1 Die problemzentrierte Recherche

Es geht in einem Seminar, einer Fortbildungsveranstaltung, einem Forschungsprojekt oder in öffentlichen Darstellungen nie um einen „Sozialraum bzw. Lebenswelt an sich und überhaupt", sondern immer um die sozialräumliche und lebensweltliche Ausprägung bestimmter sozialer Entwicklungsprobleme. Zwar soll die Fotografie auch dazu beitragen, *neue* Probleme bzw. Problemsichten zu entdecken, aber dazu ist es erforderlich, sich das *vorhandene* sozialräumliche und lebensweltbezogene Problemwissen zunächst einmal zu vergegenwärtigen. Dazu gehören besonders:

a. Die unterschiedlichen *theoretischen* und *empirischen* Analysen zu einem Stadtteil, einer Stadt, einem Dorf, einer Region, bestimmten Milieus, Personengruppen, Einzelpersonen, ihrer alltäglichen Lebensführung, ihren Biografien, ihren Gesellungsformen, ihren politischen und kulturellen Orientierungen und Handlungsweisen usw. Diese sind *problemzentriert* zu sichten und durchzuarbeiten.
b. Die unterschiedlichen schon vorhandenen *ikonischen* Darstellungsweisen können bereits einen ersten „plastischen" Eindruck von den jeweiligen Sozialräu-

men und Lebenswelten vermitteln. So verraten z.B. Stadtpläne bei genauerer Betrachtung etwas über die unterschiedlichen Bebauungsdichten und räumlichen Nutzungsformen, Grundrisse etwas über die inneren Strukturen und die (wahrscheinliche) Funktion von Gebäuden, alte und neue Fotografien etwas über die Entwicklung des Sozialraumes, der Lebenswelten, der Milieus, der öffentlichen und halböffentlichen Gesellungsformen; bestimmte grafische Darstellungen von sozialstatistischen Daten (z.B. zur sozialen, altersmäßigen und ethnischen Zusammensetzung der Bevölkerung) etwas über die sozialräumliche Konzentration bzw. Entzerrung von Problemzonen. Zeichnungen von Kindern etwas über die Art und Weise, wie sie ihre alltägliche Umgebung erleben und erfahren, welche Wünsche und Ängste sie haben; Videofilme einer Jugendgruppe können spezifische sozialräumliche Aneignungsweisen zum Ausdruck bringen usw. Alles das dient dazu, den sozialräumlichen und lebensweltlichen Blick in ganz spezifischer Weise zu schärfen, bevor man selber fotografiert!

Bevor man fotografiert, muss man aber den jeweiligen Sozialraum und seine Lebenswelten und Milieus, aber auch einzelne Gruppen oder Personen – im ganz direkten Sinne – *in Augenschein* genommen haben. Man durchstreift den Sozialraum – möglichst zu Fuß und am besten ohne Kamera (damit man nicht „in Versuchung kommt") in den verschiedensten Richtungen, wechselt mehrfach zwischen Zentrum und Peripherie, Zonen der Ruhe und der Hektik, man geht in die Häuser, betrachtet die Innenräume und dann von den verschiedenen Stockwerken die Außenräume (Innenhöfe, Plätze, Straßen usw.). Man muss auch Kontakt aufnehmen mit den interessierenden Gruppen (z.B. Schulklassen, Jugendgruppen, Peers, älteren und alten Menschen in einem Seniorentreff, Fußballspielern in ihrer Vereinskneipe, Mitgliedern einer Bürgerinitiative an einem Informationsstand), mit ihnen versuchen ins Gespräch zu kommen, das Anliegen des jeweiligen Projektes erklären und versuchen, sie von der Mitwirkung zu überzeugen, entsprechende Verabredungen treffen usw.) – und bei alledem sie schon genau beobachten und sich erste Gedanken machen, *wie* man diese Menschen wohl am besten fotografieren könnte. Auf diese Weise erlebt man die örtlichen, sozialen und zwischenmenschlichen Verhältnisse und Beziehungen aus sehr unterschiedlichen Perspektiven und man sollte immer wieder nach neuen Betrachtungsstandorten suchen, um einen möglichst vielschichtigen sinnlichen Eindruck zu gewinnen, weil nur dann der fotografische Ausdruck erreicht werden kann, der die *Tiefenstrukturen* des Sozialraumes, der Lebenswelten und Milieus auch visuell in der Lage ist zu erfassen und zu thematisieren. So muss man sich z.B. Gedanken machen, in welchem öffentlichen, halb-öffentlichen oder privaten Raum man bestimmte Personen fotografieren will, welche Kleidung für sie charakteristisch ist, in welcher Interaktionsstruktur ihre Lebenseinstellungen am besten zum Ausdruck kommen – und über alles dies mit den interessierenden Personen sprechen und dabei etwa auch die Frage klären, ob sie in einer „natürlichen" Situation fotografiert werden möchten oder in einer von ihnen bewusst inszenierten, ob sie sich dafür besonders stylen möchten usw.

4.3.2 Die Suche nach dem angemessenen sozialräumlichen und lebensweltlichen Realitätsausschnitt

Das Motiv vermittelt zwischen dem Realitätsausschnitt (Sujet) und seiner spezifischen ikonischen Darstellungsweise; hinsichtlich des Sujets sind schon vor der Aufnahme zu beachten:

a. Man kann bezogen auf den Sozialraum formal unterscheiden, ob relativ *umfassend* der ganze Sozialraum erfasst werden soll (also möglichst viele Gebäude, Straßen, Plätze, Gärten, Parks, natürliche und bebaute Umgebung usw.), was am besten aus der Vogelperspektive zu erfassen ist (von hohen Häuser, Kirchtürmen oder auch vom Flugzeug aus); oder ob *einzelne* Gebäude- und Straßenkomplexe (oder sogar einzelne Häuser) aufgenommen werden sollen; oder ob es um bestimmte, also charakteristische *Details* geht (z.B. Graffitis, die etwas über das Lebensgefühl von Teilen der Jugend aussagen oder Türschilder, die die multikulturelle Zusammensetzung wie auch den Zustand eines Gebäudes verdeutlichen). Vergleichbare Fragen stellen sich auch für die lebensweltbezogene Sozialfotografie. Dabei muss vorausgeschickt werden, dass sie in der Tradition der realistischen (aber nicht naturalistischen) Portraitfotografie steht[30], worunter ja nicht nur Einzelportraits (auch Selbstportraits) fallen, sondern auch Doppelportraits, Gruppenfotos – und dies nochmals differenziert nach alltäglichen (privaten, halb-öffentlichen und öffentlichen) Sozialräumen oder nach Sondersituationen (z.B. auf einer Verbandsveranstaltung – als TeilnehmerIn oder RednerIn oder in einem Studio oder einer vergleichbaren Situation außerhalb von Gebäuden). Dementsprechend muss man sich überlegen, ob man die jeweiligen lebensweltlichen Zusammenhänge in ihrer Gesamtheit erfassen will (z.B. Gruppenfotos der ganzen Peergroup oder Schulklasse), ob man ausgewählte, manchmal sogar einzelne Personen ins Zentrum stellt (die für bestimmte Aspekte „typisch" sind, weil sie z.B. eine bestimmte Körpersprache verwenden), ob man bei ganz wenigen oder einzelnen Personen diese

[30] Vgl. zu den nachfolgenden Überlegungen Fischer (1975) und Kemp/Witzgall (2002); ein interessantes Beispiel für die Verschränkung von wissenschaftlichem Text und Portraitfotografie ist Beck/Erdmann Ziegler/Rautert (1997).

voll abbildet oder nur die Gesichter (um z.B. die Blickbeziehungen hervorzuheben) oder ob man von einer einzelnen Person nur das Gesicht oder nur die Hände zeigt.

b. Wie schon erwähnt, kann man nicht alles zu jeder Zeit fotografieren; das gilt gerade für Sozialräume, die ja dem Rhythmus der *Tageszeiten* und der *Jahreszeiten* unterliegen, in denen sich Beständigkeit und Wechsel überlagern, die zugleich jeweils ganz unterschiedliche Facetten und Strukturen eines Raumes hervortreten lassen; z.B. löst ein Park jahreszeitlich eine sehr unterschiedliche Stimmung aus, wie auch eine Straße am Tag und in der Nacht (beleuchtet oder dunkel) einen sehr unterschiedlichen sozialen Aufforderungscharakter birgt (zwischen Anziehung und Flucht). Es geht dabei nicht darum, den jeweiligen Sozialraum nur dann zu fotografieren, wenn er „besonders schön" erscheint, sondern in der Weise, die den sehr unterschiedlichen Aneignungsweisen der Menschen gerecht wird (so sind für Nachtschwärmer andere Zeiten von Bedeutung als für Kinder oder PensionistInnen). Gerade hier wird deutlich, dass es an *einem* Ort (etwa einem Stadtteil) immer *verschiedene* Räume gibt, je nachdem, wie sie von welchen Menschen wann in welcher Absicht und mit welchen Folgen genutzt werden. Das muss auch fotografisch dokumentiert und gedeutet werden. Alles das gilt selbstverständlich auch für die lebensweltbezogenen Fotos. Auch hier muss man sich fragen, wann bestimmte Fotos überhaupt gemacht werden können; z.B. finden bestimmte gesellige Aktivitäten des Scherbergartenvereins nur an bestimmten Wochentagen oder zu einer bestimmten Jahreszeit statt; oder die Firmung bzw. Kommunion ist nur an ganz bestimmten Tagen im Jahr; oder die wahrscheinlich sehr konflikthafte, weil für den bisherigen Besitzer sehr belastende (u. U. sogar als Entwürdigung empfundene) Übergabe seines Bauernhofes an seinen Sohn oder der Vollzug einer Räumungsklage sind an einem ganz bestimmten Tag zu einer ganz bestimmten Uhrzeit, an dem man anwesend sein muss, um anhand solcher Situationsfotos strukturelle Probleme deutlich zu machen.

c. Selbstverständlich gilt auch für die Sozialfotografie der alte Grundsatz, dass z.B. qualitätsvolle Architektur bei *jedem Wetter* schön ist; im Umkehrschluss bedeutet es eben auch, dass bestimmte sozialräumliche und lebensweltliche Entwicklungsprobleme bei einem bestimmten Wetter am besten zum Ausdruck gebracht werden können. Dass ist nun nicht in der oberflächlichen Weise zu verstehen, dass man z.B. einen problembelasteten Stadtteil am besten im Regen fotografiert oder belastende Familienverhältnisse in einem dunklen Raum, sondern so, dass z.B. die unterschiedlichen Entstehungszeiten der Gebäude und damit ihrer Baustile (z.B. eines Gründerzeithauses im historizistischen Stil und eines Büro- und Geschäftshauses im Bauhaus-Stil) und die Art und Weise, wie die Gebäude innerhalb des Sozialraumes miteinander auf durchaus konflikthafte Weise „kommunizieren“, bei einem bestimmten Wetter (und das kann dann auch ein regnerischer Tag sein) am besten deutlich werden. Oder dass man Konflikte in einer Schulklasse am besten zum Ausdruck bringen kann, wenn man sehr kontrastreiche Lichtverhältnisse aussucht (z.B. einen heißen Sommertag). Dazu muss man den Sozialraum und die Lebenswelt nicht nur gut kennen, sondern auch in der Lage sein, die Gunst der Stunde zu nutzen (wenn z.B. bei einem Gewitter genau zwischen den Gebäuden ein Blitz zu sehen ist oder er den Hintergrund eines Gruppenfotos bildet). Für eine umfassende fotografische Sozialraum- und Lebensweltanalyse ist es meist erforderlich, den Sozialraum bzw. die Lebenswelt in sehr unterschiedlichen Wetterlagen zu erfassen und zu deuten, weil auch diesbezüglich sehr unterschiedliche Aneignungsweisen durch die verschiedenen sozialen Gruppen zu beobachten und zu rekonstruieren sind.

d. Tages- und Jahreszeiten sowie das Wetter haben – wie schon angedeutet – immer auch einen Einfluss auf das *Licht*; und weil Fotografen immer „Lichtbildner“ sind, deshalb muss auch begründet entschieden werden, bei welchen Lichtverhältnissen welche sozialen Problemschichten am besten zu erfassen sind (inwieweit z.B. gleißendes Sommerlicht die Leere und Ausdruckslosigkeit einer Stadtlandschaft oder umgekehrt das kalte Winterlicht die soziale Abgeschnittenheit, Gleichgültigkeit und Einsamkeit der Menschen zum Ausdruck bringt). Ein besonderes technisches Problemfeld sind stets Innenaufnahmen (z.B. bei Kinderfotos), weil für sie meist zu wenig Tageslicht zur Verfügung steht, weshalb lange Belichtungszeiten oder zusätzliche Lichtquellen (in der Regel ein Blitzlichtgerät; dann muss man auf störende Reflexe von Metallgegenständen u. ä. achten) notwendig werden. Hier ist zu berücksichtigen, dass die Helligkeitszonen nicht ausgefressen und bestimmte Raumzonen nicht unterbelichtet sind. Das ist besonders dann eine Herausforderung, wenn man Innen- und Außenraum in *einem* Foto erfassen will (um z.B. den Kontrast einzufangen zwischen relativer infrastruktureller Verwahrlosung der Straßen, Gärten und Häuserfassaden einerseits und dem intensiven Bemühen, die eigene Wohnung dennoch „gemütlich“ und „behaglich“, vielleicht sogar modern und anspruchsvoll zu gestalten).

4.3.3 Die Auswahl der ästhetischen Gestaltungsmittel[31]

Nicht nur auf Ansichtskarten, in Reiseführern und entsprechenden Bildbänden, sondern auch in der ausgesprochen professionellen Architekturfotografie (vgl. z.B. Dechau/Michel [2001] und Michel [1999]) finden sich in der großen Mehrheit außerordentlich traditionelle Raumdarstellungen. Sie sind u. a. bestimmt von parallelen Linien innerhalb des Fotomotivs wie im Verhältnis zum Rand; Frontalansicht, Verhinderung von Gegenlicht und Spiegelungen in Wasserflächen o.ä., Zentralperspektive und durchgängiger gestochener Schärfe; sofern Menschen (einzeln oder in Gruppen) aufgenommen werden, bleiben sie den Gebäuden äußerlich, manchmal wirken sie wie Beiwerk oder Attrappen. Hier könnte man von der „Professionalisierung des Passantenblickes“[32] sprechen, der eben aus der alltäglichen Wahrnehmungsperspektive der vorbeigehenden Personen die Gebäude betrachtet und vorgibt, nur neutral, „unpersönlich“, in gewisser Weise „positivistisch“ zu informieren (was aber – wie in Kap.1 u. 3 – erläutert – in dieser objektivistischen Radikalität gar nicht möglich ist). Dadurch werden die Relationen zwischen materieller und symbolischer Struktur des Raumes einerseits und der Art und Weise, wie sich die Menschen handelnd, erkennend und bewertend mit ihm auseinandersetzen, ausgeblendet, weshalb diese Art von Sozialraumfotografie – bei aller technischer Meisterschaft! – auf uns starr und leblos, also statisch wirkt. Von daher ist für die Sozialraumfotografie, die zugleich für die Thematisierung der lebensweltlichen Dimensionen offen ist, die noch junge Tradition der *dynamischen* Architekturfotografie[33] von

---

[31] Eine gute Übersicht bietet Freeman (2007).

[32] Vom „Passantenblick“ sprach einer der bedeutendsten modernen Architekturfotografen, nämlich Lucien Hervé (*1910), der ab 1949 der persönliche Fotograf von Le Corbusier (1887-1965) war (vgl. Beer 2002: 26) und der forderte, dass die Wahl des Wirklichkeitsausschnittes und die Wahl der Ausdrucksmittel die „Sache selbst zum Sprechen bringen müsse“ (vgl. ebd: 15f u. 23f). Eine ganz ähnliche Argumentationsweise findet sich bei dem russischen Avantgardisten Alexander Rodtschenko (1891-1956), der diesbezüglich von der „Psyche des Bauchnabels“ sprach (vgl. Rodtschenko [1993: 78] und eine neue Seh- und Darstellungsweise forderte, die besonders das „von unten“ und das „von oben“ betont (vgl. ebd: 42ff) und damit auch die Chance eröffnet, den vertrauten Alltag auf eine ganz ungewohnte Weise wahrzunehmen und darzustellen (vgl. ebd.: 13). In dieser Absicht stimmte er mit einem anderen bedeutenden avantgardistischen Fotografen jener Zeit überein, der im Bauhaus für die fotografische Ausbildung zuständig war, nämlich Lázlo Moholy-Nagy (1894-1989); vgl. programmatisch Moholy-Nagy (1986 [zuerst: 1927]: 25ff u. 31ff) Wie *unterschiedlich* auch innerhalb dieser Richtung *ein* Objekt fotografiert werden kann, das zeigen eindrücklich die Fotos des „Pont transbordeur“ in Marseille von wichtigen VertreterInnen der damaligen Avantgarde, nämlich Eugen Batz, Herbert Bayer, Marcel Bovis, Maurice Broguez, Germaine Krull, Ergy Landau, Láslo Moholy-Nagy, Tim Nachum Gida und André Papillon (sie sind dokumentiert in Quermann [2006]).

[33] Vgl. dazu die Ansätze bei Adriani (2002) und Giebelhausen (1982).

zentraler Bedeutung und deren Umgang mit den Linien, der Fläche, dem Körper und den Perspektiven. Denn sie wird dem sich immer noch beschleunigenden sozialen Wandel, der ja auch ein räumlicher und lebensweltlicher ist, eher gerecht; und in ihr spielen immer auch Bildungsabsichten eine Rolle, nämlich das *"Neue Sehen"* als dem der Moderne angemessenen Wahrnehmen und Deuten, welches es zu fördern gilt, um auch ungewohnte Blicke auf vertraute sozialräumliche und lebensweltliche Strukturen anzuregen.

a) Linien, Flächen und Figuren

Wenn es die Absicht ist, nicht nur die Struktur und Funktion eines Raumes, sondern auch seine symbolische Ausdruckskraft, seine Stimmung zum Ausdruck zu bringen, dann sollten die Linien selber sich zu geometrischen Strukturen verdichten, denen zugleich eine bestimmte Aussagekraft eigen ist. So kann z.B. das Transparent einer Kinderrechts-Demonstration, welches sich diagonal durch das Bild zieht und im oberen Teil nur noch „die Masse" zeigt und im unteren Teil einzelne Personen und Personengruppen, die soziale Spannung zwischen Mitgliederorientierung und politischer Interessenorientierung in einem Kinder- und Jugendverband zum Ausdruck bringen; wobei im günstigen Fall innerhalb dieser Teile einzelnen figurative Formen miteinander kommunizieren (z.B. Körperbewegungen, unterschiedliche/gleiche Höhe der Luftballons, die „punktualistische" Darstellung der Personen in der „Masse" und ihre rechtwinklige Einfassung durch die Häuserfront an der Strasse). Solche geometrischen Ausdruckweisen können auch durch kontraststarke Gegenlichtaufnahmen gefördert werden (um z.B. die Massivität eines Gebäudes deutlich zu machen, welches die historisch gewachsene Bebauungsstruktur im Stadtteil „erschlägt"); und Spiegelungen im bewegten Wasser können das Verhältnis von bebauter und „natürlicher" Umwelt verdeutlichen. Weitere Gestaltungsmittel sind u.a. die genaue Abstimmung der Farben bzw. der Grauabstufungen bei Schwarzweissaufnahmen (von sehr harmonisch bis sehr kontraststark – als Ausdruck des relativ „friedlichen" oder konflikthaften sozialen Zusammenlebens); und die ausgeprägte Differenzierung zwischen scharfen und unscharfen Bildteilen lenkt den Blick auf wichtige, aber häufig übersehene Details und deren Zusammenspiel (z.B. die Vogelnester an einem gerade erst errichteten Bürohaus und die Spannungen zwischen der Oberfläche der Materialien der Nester und des Gebäudes). Nicht zuletzt sagen die Größenverhältnisse der Flächen (z.B. von Schaufenstern) nicht nur etwas über Struktur und Funktion, sondern auch über die symbolische Relevanz aus (z.B. "klein, aber fein" vs. „dick und protzig"). Auch in der Portraitfotografie gilt der Grundsatz, dass ein ruhiger = statischer Ausdruck dadurch erreicht wird, dass alle Bildanordnungen parallel zum Bildrand verlaufen; und Dynamik, Bewegung, u.U. auch Flucht werden durch Diagonalen (z.B. die Blickrichtung oder Körperhaltung) erreicht (besonders von solchen, die von links nach rechts verlaufen). Gerade Linien (z.B. der Körperhaltung) stehen dabei für Bestimmtheit, Kraft, Beständigkeit u. ä., während geschwungene und gekrümmte Linien etwas eher Heiteres, Unbeschwertes, Spielerisches zum Ausdruck bringen. Um sich dies selbst zu verdeutlichen, sollte man von einer vertrauten Person eine Portraitserie mit ganz verschiedenen *mimisch-gestischen Ausdrucksweisen*, *fotografischen Sichtweisen* (Standpunkten, Blickrichtungen, Brennweiten, Beleuchtungsarten und -richtungen, Lichtstimmungen, An- und Ausschnitten – und deren harmonischen bis polarisierenden Beziehungen untereinander) und *ikonischen Darstellungsformen* anfertigen und deren lebensweltlichen Gehalt mit Hilfe des Leitfadens in Kap. 4.2 (am besten gemeinsam mit der/dem Fotografierten) hermeneutisch aufschlüsseln. Dabei sollte den anatomischen Details der Gesichtspartie (den Augen, der Stirn, den Ohren, den Haaren, der Nase, dem Mund, dem Kinn, der Hals- und Kopfhaltung und -drehung, ggf. den Brillen und/oder dem Schmuck), aber auch den Händen und Beinen besondere Aufmerksamkeit geschenkt werden. Auf diese Weise gewinnt man ein eigenes, aktives, vieldimensionales, flexibles und reflexives Verhältnis zu den Tiefenstrukturen der Lebenswelten wie auch zu ihren Rekonstruktionsmöglichkeiten und -notwendigkeiten.

b) Perspektiven und Körper

Jede Sozialraumfotografie, die den räumlichen Charakter zum Ausdruck bringen will, muss sich mit dem Problem der Perspektive auseinandersetzen, um die erwünschte illusionäre Dreidimensionalität zu erreichen. Dazu ist in der westlichen Bildtradition die Zentralperspektive entwickelt worden. Sie ist aber – wie die moderne Malerei und Fotografie gezeigt hat – nur ein Sonderfall; so wie die statische Architekturfotografie in gewisser Weise nur ein Spezialfall der dynamischen ist. Letztere arbeitet gerade mit – z. T. extremen – Unter- und Obersichten; mit stürzenden Perspektiven; Gebäude werden schräg aufgenommen, um die Verzerrung der Perspektive (gerade bei der Verwendung von Weitwinkelobjektiven) zu vermeiden; zugleich können bestimmte Farbkombinationen bzw. Grauabstufungen sie nochmals betonen (gerade dazu kann die genau durchdachte Verwendung der beiden „Nichtfarben" Schwarz und Weiß erheblich beitragen). Diese anzustrebende flexible, aber nicht willkürliche Verschränkung von Linien, Flächen und Perspektiven zu Körpern, lassen den sozialen Raum als einen – metaphorisch gesprochen – Organismus entstehen, der durch spezifische Rhythmen und Kontraste bestimmt ist, die selber Ausdruck der spezifischen sozialen Dynamik des jeweiligen Raumes sein sollte. Oder anders und grundsätzlicher formuliert: erst diese dynamische

Raumdarstellung steht im Einklang mit der Einsicht, dass die Räume von Menschen geschaffen wurden und werden, dass sie sie immer auch interpretieren (erkennen und bewerten) und auf dieser Grundlage auch verändern können. Insofern muss das Verhältnis von Mensch und bebauter Umwelt (im weitesten Sinne) auch bei solchen Fotomotiven zum Ausdruck kommen, wo keine Menschen anwesend sind (so impliziert ein Spielplatz, auch wenn keine Kinder auf ihm spielen, die Anwesenheit von ihnen; sind sie abwesend, dann belegt dies, dass er ihren Bedürfnissen nicht entspricht).

Damit sind auch wichtige Ausdrucksmittel der Portraitfotografie mit angesprochen und auch hier gilt der allgemeine Grundsatz: „Weniger ist mehr" (die meisten Fotos zeigen zuviel und das verweist darauf, dass der/die FotografIn sich nicht entscheiden konnte, was wie gewichtet werden sollte). Hier ist speziell darüber zu entscheiden, *warum* die Person(en) *wie* in der Bildfläche positioniert wird/werden. Dabei geht es zum einen um die Größenordnungen[34]: Welche Personen sollen wie groß dargestellt werden, in welcher Relation stehen somit diese Größen und in welcher Beziehung stehen diese zur Gesamtbildfläche. Wenn man z.B. bei einer Versammlung eines großen Wohlfahrtsverbandes die Hierarchie ausdrücken will, dann kann man die „bedeutenden", also Leitungsmitglieder größer ablichten als die „weniger bedeutenden", also die MitarbeiterInnen (wenn man das bewusst kritisieren will, kann man es genau umgekehrt machen, dann sieht man „die Großen" auf den Fotos fast gar nicht). Wenn man – um ein anderes Problem zu nennen – die demonstrative Wucht eines Körpers zeigen will (z.B. in einer Dokumentation eines erlebnispädagogischen Projektes in einem „sozialen Brennpunkt"), dann wird man die Person so groß darstellen, dass sie den Bildrahmen quasi sprengt (u. U. wird man die Person sogar nur „anschneiden", also nicht vollständig zeigen und aus einer Untersicht fotografieren). Will man die Verlorenheit eines alten, vereinsamten Menschen dokumentieren, dann wird man ihn so klein darstellen, dass er auf dem Bild fast verschwindet. Zum anderen muss man sich entscheiden, in welchem Verhältnis die Personen zu den ggf. auch im Bild vorhandenen Gegenständen dargestellt werden sollen. Wenn man z.B. verdeutlichen will, dass die Menschen von bestimmten Dingen = Umständen „erschlagen" werden können, z.B. von vollautomatisierten Produktionsstraßen, dann wird man diese sehr groß und die Menschen sehr klein darstellen. Man kann dieses Ungleichheitsverhältnis dadurch verstärken, aber auch relativieren, dass man die verschiedenen Mittelpunkte entweder zusammenlegt (in dem Fall liegt dann die Maschinenanlage im thematischen, geometrischen und pers-

[34] Hier ist natürlich an den „Goldenen Schnitt" als Extremform der Harmoniedarstellung in der westlichen Bildtradition zu erinnern, wonach sich der kleinere Teil einer Linie/Fläche zum größeren dann so verhält wie der größere zum Ganzen (z.B. 3 zu 5 zu 8).

pektivischen Mittelpunkt; oder man verfährt genau umgekehrt: die relativ kleinen Menschen werden genau dort positioniert und damit würde gezeigt, dass letztlich doch der Mensch die Maschine beherrscht oder doch zumindest beherrschen kann und sollte. In ähnlicher Weise kann man verschiedene Personen an den verschiedenen Mittelpunkten platzieren und so die inneren Spannungen zwischen ihnen verdeutlichen. Und dies kann durch einen spannungsreichen Verlauf der Linien, der Blickrichtungen und Körperachsen unterstrichen oder auch eingeschränkt werden (je nach dokumentarischer Darstellungsabsicht). Alles dies kann dann durch Farb- und Tonwertauswahl, aber auch durch die Brennweitenauswahl verstärkt, relativiert oder in ein konflikthaftes Verhältnis gesetzt werden. Insgesamt sollte auch hier in einer durchdachten Weise experimentiert werden, um die sozialen Problemlagen und -dimensionen möglichst präzise zu erfassen.

c) Fotografische Verallgemeinerung

So groß der Eigensinn der formalästhetischen Gestaltung auch immer sein mag, so sehr ist die in ihnen enthaltene Abstraktionsleistung immer eine *Abstraktion* und eine *Darstellung von* einem bestimmten sozialen Raum und einer bestimmten Lebenswelt, dessen innere Entwicklungslogik es zu erfassen gilt. Das kann besonders auf zweifache Weise geschehen; einmal durch die *Fotoserie:* Sie ist die einfachere Form der Verallgemeinerung, weil in ihr die verschiedenen Aspekte z.B. des jeweiligen Sozialraumes (etwa die verschiedenen Wohn- und Geschäftshäuser aus unterschiedlichen Bauepochen, die Straßen verschiedener Größe und Funktion, die ÖPNV-Anbindungen, die vielfältigen Auslagen in den Geschäften) aus verschiedenen Blickwinkeln, zu verschiedenen Jahres- und Tageszeiten, Wetterbedingungen usw. dargestellt werden. Bei den lebensweltbezogenen Serien ergibt sich hier die Möglichkeit, den zeitlichen Ablauf bestimmter Szenen darzustellen (z.B. die unerwartete – freudige oder sehr belastende – Begegnung von Menschen, die sich lange nicht gesehen haben); oder auch eine Biografie zu dokumentieren, und auf diese Weise deren Vielschichtigkeit, ggf. auch Widersprüchlichkeit zu erfassen (z.B. von einer Frau aus einem traditionellen Arbeiterherkunftsmilieu, die im Rahmen der Bildungsexpansion aufgestiegen ist, auf komplizierte Weise Familie und Beruf hat vereinbaren können, gleichzeitig zivilgesellschaftlich engagiert war und ist und die nun im Rahmen der neueren Weltwirtschaftskrise arbeitslos wird). Ein besonderes Darstellungspotenzial (welches aber erhebliche technische und ästhetische Kompetenzen erfordert, auch wenn es durch die Digitalfotografie erleichtert wird) enthält das *Simultanportrait*, bei dem unterschiedliche Fotos z.B. des gleichen Menschen zur gleichen Zeit, des gleichen Menschen zu (sehr) unterschiedlichen Zeiten, von verschiedenen Menschen zu unterschiedlichen oder gleichen Zeiten in *einem* Foto verdichtet werden (z.B. durch Überblendung oder Überlagerung). Hier eröffnen sich dann fließende Übergänge und unterschiedlichste Kombinationsformen von dokumentarischer und „bildnishaft-künstlerischer" Sozialfotografie, die z.B. die Differenz zwischen äußerer Erscheinung und innerer Psychodynamik (etwa verstanden als Konflikt zwischen „Es, „Ich" und „Über-Ich", Erwachsenendasein und kindlichen Bedürfnissen) durch dekonstruierte/fragmentierte und rekombinierte Gesichter, Körper und Umgebungen zum Ausdruck bringen und damit eine neue Tiefenstruktur der Lebenswelten erschließen.

So wenig das Ganze die Summe seiner Teile ist, so wenig ergibt sich aus einer Ansammlung von Fotos ein hinreichender, vertiefender Eindruck von einem Sozialraum. Die Fotos müssen also nicht nur inhaltlich aufeinander bezogen sein, sondern sie müssen auch in ihrer formalen Gestaltung miteinander so korrespondieren, dass die tiefer liegenden Strukturen erfasst werden; und sie müssen auch dementsprechend angeordnet werden (z.B. bei einer Fotoausstellung in einem Jugendzentrum, bei einer Reportage in einer Lokal- oder Stadtteilzeitung oder in einem studentischen Projektbericht eines Seminars).

Die andere Form ist das *typische Einzelfoto* (das Simultanfoto, was man auch von Sozialräumen machen kann, ist Serie und Einzelfoto in einem*):* Schon die Fotoserie darf nicht der Gefahr erliegen, möglichst viele Fotos zu präsentieren, um damit inhaltliche und formale Gestaltungsmängel kompensieren zu wollen (solche Serien ermüden die BetrachterInnen sehr schnell). Die Qualitätsansprüche werden allerdings nochmals erheblich gesteigert, wenn man sich bemüht, in nur ein oder zwei Fotos z.B. das soziale Klima einer Kleinstadt, in einem Mehrgenerationenhaus oder in einer Familie auch gegenüber Außenstehenden überzeugend zu erfassen (z.B. durch eine charakteristische Szene auf dem wöchentlichen Bauernmarkt, die Begegnung eines kleinen Kindes mit einem unbekannten, an das Bett gefesselten älteren Menschen, die – missglückte – Geburtstagsfeier in einer Familie). Die Schaffung solcher Einzelfotos erfordert ein immer tieferes *Eindringen* in die sozialen Dynamiken des Raumes bzw. der Lebenswelten und in die formalen Gestaltungsmöglichkeiten; sie kann dadurch unterstützt werden, das man sie *vergleicht* mit anderen charakteristischen lebensweltlichen Szenen im gleichen Sozialraum (z.B. beim Friseur oder in einer Schulklasse) oder mit solchen in anderen Sozialräumen (z.B. den Begegnungsformen auf einem Bauernmarkt in einer Großstadt). Manchmal mögen solche weit reichenden Bemühungen letztlich erfolglos bleiben; aber dann eigenen sich solche Fotos immer noch für einen exponierten Platz in der Fotoserie (z.B. kann man um ein besonders gelungenes, aber immer noch nicht befriedigendes Bild die ganze Serie herumgruppieren oder es ins Zentrum des Simultanfotos stellen).

4.3.4 Die notwendige Fototechnik

Hier beschränken wir uns natürlich auf ganz wenige Hinweise, weil es zu diesem Fragenkreis ausreichend viele Handbücher gibt; das gleiche gilt für die verschiedenen Bildbearbeitungsprogramme, auf die wir gar nicht eingehen (vgl. dazu etwa Schmidt 2004).

Die Fototechnik sollte in jedem Fall die Ansprüche der ambitionierten Amateurfotografie nicht übersteigen – und möglichst von technischen Entscheidungen (z.B. über Schärfezone, Blendengröße, Verschlusszeit, Farbabgleich usw.) entlasten, weshalb eine automatisierte Spiegelreflexkamera zu empfehlen ist (wobei die Mehrfachautomatik teilweise bzw. ganz ausschaltbar sein muss). Bei den *Objektiven* ist zu empfehlen:

- Zunächst einmal werden Weitwinkelobjektive benötigt bis zu einer Brennweite von ca. 25 mm (besser noch bis 17 mm; ein „Fischauge" wird wohl sehr selten benötigt). Allerdings sollte von ihnen nur gezielter Gebrauch gemacht werden, denn auch hier gilt der Grundsatz: „Weniger ist mehr" (zwar hat man bei einem Weitwinkelfoto „alles drauf", aber es sagt dann auch nichts mehr). Es sei daran erinnert, dass der o. g Lucien Hervé lange Zeit überhaupt kein Weitwinkel benutzt hat.
- Neben einem Normalobjektiv sollten in jedem Falle auch Teleobjektive bis zu einer mittleren Brennweite von ca. 200 mm verwendet werden; bei noch größeren Brennweiten steigt dann die Verwackelungsgefahr erheblich.
- Natürlich ist es am günstigsten und auch bequemsten, wenn man über ein oder auch zwei Zoomobjektive verfügt, die in etwa dieses Brennweitenspektrum abdecken.
- Wer in jedem Fall auch Fotos in ganz traditioneller Weise und gleichzeitig technisch-ästhetisch perfekt machen will, der wird dazu ein „Tilt-and-Shift"-Objektiv benötigen, mit dem man stürzende Gebäudelinien ausgleichen kann (weil das Objektiv beweglich ist und parallel zur Gebäudefassade positioniert werden kann).
- Um die optimale Schärfe zu erreichen ist ein optischer Bildstabilisator hilfreich.

  Beim *Zubehör* sind unverzichtbar das Stativ bzw. ein Tisch- und ein Standstativ (ggf. mit eingebauter Wasserwaage; sie legen es nahe, sich beim Fotografieren Zeit zu lassen) und das Blitzlichtgerät (heute meistens in die Kameras schon eingebaut genauso wie Selbst- bzw. Fernauslöser) und ggf. zusätzliche Beleuchter.

Kapitel 5: Ausgewählte Text-Foto-Relationen

In diesem Kapitel soll nun – im Anschluss an die Überlegungen in Kap. 1.4 – das für die Sozialreportage zentrale Verhältnis, die entwicklungsoffene Balance von Text und Foto (stets auch: Fotoserie) an einigen exemplarischen Aufgabenfeldern behandelt werden[35].

5.1 Text im Foto

Hier lassen sich drei Varianten unterscheiden: Zum einen ist an Schriftzüge in Fotos zu denken, die eher zufällig mit aufgenommen worden sind (z.B. das Flugblatt mit dem Hinweis auf eine Veranstaltung, das Reklameschild eines Zigarettenladens, das Verkehrsschild); der eigentliche Zweck des Fotos war ein ganz anderer (z.B. die Bekleidung und Haltung einer Person oder die Bebauung einer Einkaufsstraße aufzunehmen). Solche Schriftelemente sind gerade bei historischen Fotos manchmal von besonderem Interesse, weil sie in vielen Fällen überhaupt erst eine zeitliche und örtliche Zuordnung erlauben (die gerade bei Privatfotos häufig sehr schwierig ist). Ferner können sie auf Ereignisse und/oder Stimmungen hinweisen und auf bestimmte Darstellungsformen (z.B. die Besonderheiten der Reklameschrift zu den jeweiligen Zeiten, die für uns heute als ungewöhnlich empfunden wird).

Zum anderen ist hier an Schriftzüge zu denken, die absichtlich *mit*-fotografiert worden sind. Dafür ist das unten stehende Foto aus „La Stampa" ein Beispiel, denn die Zeitungen verkünden gerade eine zentrale politische Grundsatzentscheidung: Dass nämlich Italien nach einer Volksabstimmung nicht mehr Königreich, sondern Republik geworden ist. Allerdings werden die Textteile in diesem Fall – wie auf dem Foto gut zu erkennen – nicht nur lebensweltlich eingebettet (hier: die lesenden und diskutierenden Menschen), sondern auch sozialräumlich (hier: sie befinden sich auf öffentlichen Sitzgelegenheiten, wobei durch die Diagonale der Zeitungen eine sozialräumliche Zweiteilung hervorgerufen wird zwischen den stehenden und sitzenden Personen, den vielleicht nicht an Politik Interessierten und der intensiv mit der Zeitungslektüre Beschäftigten).

---

35 Auf den notwendigen, also *inneren* Verweisungszusammenhang von Text und Foto gehen auch Berger/Mohr (1984) näher ein.

(Quelle: ITALIA 1945-2005. LE GRANDE FOTOGRAFIE DELLA NOSTRA STORIA, Hachette, Milano 2006: 33)

Eine dritte Variante besteht darin, dass ein Foto nur wegen eines Schriftzuges gemacht wurde bzw. wird (z.B. die unterschiedlichsten Plakate oder Ankündigungen auf einer Stellwand oder die Angebote eines kleinen Geschäftes oder einer großen Supermarktkette oder von Wahlplakaten). Manchmal ersetzen solche Textteile im Foto dann zusätzliche Erläuterungen außerhalb des Fotos, sie können dann für sich selbst stehen.

5.2 Bildunterschriften

Bei ihnen handelt es sich um Texte, die außerhalb des Fotos bestehen und wo die Beziehung zum Foto jeweils hergestellt werden muss (weshalb die dokumentarische Qualität der jeweiligen Angaben, Zitate usw. geprüft werden kann und ggf. muss). Auch hier gibt es sehr unterschiedliche Textsorten, die von den jeweiligen Intentionen der Sozialreportage (mit-)bestimmt sind. Gleichwohl gilt für alle Bildunterschriften, dass das Bild gegenüber dem Text dominant ist. Einige Beispiele:

a. Zunächst einmal können Bildunterschriften „technische" Angaben im weitesten Sinne enthalten. So finden sich in einem Landschafts-Fotoband über die „Les Calanques" an der südfranzösichen Mittelmeerküste östlich von Marseille zu jedem Foto Anhaben wie die folgenden: „Date et heure: 26.mai 2005, 12:12:55 Uhr; Latitude: 43 0 12'11' N; Longitude: 05 0 30' 45 E; Altitude: 150m; Direction: 37 0; Température: 24 0; Pression: 1003 hPH." – Manchmal finden sich zusätzlich (oder auch stattdessen) Angaben zur Kamera, zu den Objektiven und zum Film- bzw. Fotomaterial. Solche ausführlichen Angaben dürften aber in der Sozialfotografie relativ selten notwendig sein.

b. Dann gibt es Unterschriften, die hauptsächlich Informationen zum Sujet enthalten, die das Bild verständlicher oder überhaupt erst verstehbar machen (sollen). So z.B. in der schon erwähnten Berliner Wohnungsenquète, wo zu einem Foto, welches ein menschenleeres Zimmer zeigt, folgende Zusatzinformationen gegeben werden: „ *B.-SW* (Berlin-Südwest; d. Verf.), *Nostitzstraße 41, linker Seitenflügel im Keller.* Durch den Hausflur gelangt man über 6 Stufen in die Küche, welche 2 Personen als Schlafstelle dient. Am Fuße der Treppe ist eine alte, schmutzige Portiere zum Schutz gegen Zug angebracht, die Türe ist so niedrig, dass man sich beim Eintreten bücken muss. Die Wände sind feucht und schmutzig, die Tapeten hängen in Fetzen herab. Ein kleiner Kanonenofen dient zur Erwärmung des Raumes. Länge 4.80 m, Breite 4,00 m, Höhe 2,45 m". (Asmus 1982: 237) Und zu einem anderen Foto, auf dem man einen Mann auf einem Bett liegend und Zeitung lesend sieht, sowie eine Frau im Hintergrund (hinter einem Kinderwagen) und 4 Kinder auf einem Sofa liegend, lautet die Bilderläuterung: *„B.-O, Liebigstraße 25, Quergebäude 3 Treppen.* Stube, 4 m Länge, 3,60 m Breite, 3 m Höhe. Die Wohnung besteht aus Zimmer und Küche, die Luft ist fast unerträglich, der Fußboden ohne Farbe und schwarz von Schmutz, Lumpen und Abfälle lagern in den Ecken. In dem Raume schlafen 7 Personen, auf dem Sofa, auf welchem ein Strohsack liegt und welches durch 2 davorstehende Stühle verbreitert ist, schlafen 4 Knaben, je 2 nebeneinander, mit einem leichten Bett ohne Bezug zugedeckt, während in dem einen Bett Mann und Frau liegen. In einem Kinderwagen liegt ein Kind von 4 Wochen, das an Tuberkulose erkrankt und mit einer alten Decke belegt ist, welche von Urin und Schweiß völlig durchnässt war. Nach Angabe der Eltern schreit das Kind Tag und Nacht, die Geschwister fahren den Wagen, an Pflege fehlt es gänzlich, da der Mann an Rheumatismus erkrankt und arbeitsunfähig ist." (ebd.: 223)

c. Wie unterschiedlich das Verhältnis von Ereignis, Foto und Bildunterschrift gestaltet sein kann, verdeutlicht das folgende Beispiel: Es gab am 17.4.1912 in Europa eine Sonnenfinsternis. Sie fotografierte auch einer der ersten deutschen Fotojournalisten, Philipp Kester (1873-1958). Auf dem Foto sieht man Männer verschiedenen Alters und unterschiedlicher Milieus und dazu einen Jungen im Vordergrund; die Mehrheit hat Glasscherben, durch die sie das Ereignis betrachten. Die Bildunterschrift lautet schlicht: „Passanten betrachten die Sonnenfinsternis am Karlsplatz, 1912, München“ (Halfbrodt/Pohlmann 2003: 160). Auch Heinrich Zille hat das Ereignis in Berlin fotografiert: Der Vordergrund und die Mitte des Motivgrundes werden von einer Straße dominiert, der Hintergrund von Prachtbauten des 19. Jahrhunderts. Rechts und links auf den Bürgersteigen sieht man eher gut bekleidete Erwachsene, die nach oben schauen. Der Herausgeber W. Ranke notiert rein „technisch“ zu dem Foto: „Potsdamer Platz, Passanten beobachten eine Sonnenfinsternis – 17.4.1912.“ (Ranke 1975: 64) Als letzter soll Eugen Atget (1857-1927) erwähnt werden, dem wir eine der bedeutendsten Sammlungen von Sozialraumfotografien des „alten Paris“ verdanken. Auf dem Foto sieht man im Motivgrund eine große Menschenmenge, die diagonal nach oben links sieht (viele halten ein Glas vor die Augen); im Hintergrund sieht man Prachtbauten des Historizismus. Dieses Foto kaufte die Surrealistengruppe um Man Ray Atget ab. Während er selber ihm nur den Titel „Sonnenfinsternis, April 1912“ gab, versah es die Redaktion von „La Révolution Surréaliste“ (in der Ausgabe vom 15.6.1926 auf S.1) mit dem Titel „Die letzten Konversionen“. Das ist selbstverständlich keine Fehlinterpretation oder gar Fälschung, sondern eine typisch surreale Deutung des Fotos und damit auch des Verhältnisses der Menschen zu diesem Ereignis (vgl. Le Gall 2007: 102).

d. Die Bildunterschriften können aber auch quasi zweigeteilt sein, wenn es etwa einen einführenden Text zu einer Fotoserie gibt und dann zu jedem einzelnen Foto noch spezielle Bildunterschriften. Mit diesen Textformen arbeitet z.B. Drommer in seiner (auch schon in Kap. 1.5 erwähnten) fotografischen Alltagsgeschichte des deutschen Volkes. Der 1.Band („Im Kaiserreich 1871-1918. Alltag unter den Hohenzollern“) enthält zu den verschiedensten Themenkomplexen (z.B. „Auf den Straßen das Volk“, „Zur Schicht ruft die Sirene“ oder „Vom Fahren und Fliegen“) knappe Einleitungstexte, die über die wichtigsten Entwicklungstrends entweder eigenständig und „distanziert“ informieren oder sie jeweils prägnant zum Ausdruck bringen (z.B. behördliche Dokumente, autobiografische Erinnerungen, Lied- und Gedichttexte aus der Zeit). Und dann gibt es zu jedem Foto einen eigenen Text, der in unterschiedlicher

Weise zum Bild „Stellung" nimmt. So heißt es zu einem Foto, dass Kaiser Wilhelm II. und Mitglieder der Familie Krupp zeigt, die von Menschen am Straßenrand begrüßt werden: „Die Firma Krupp in Essen begeht in Anwesenheit des Kaisers ihr hundertjähriges Bestehen. Wilhelm II und Gustav Krupp von Bohlen und Halbach auf dem Weg zum Festakt,1911" (Drommer 2003: 8). Oder es heißt zu einem Unglücks-Foto ganz lapidar: „Hochbahnunglück am Bahnhof Gleisdreieck in Berlin, 26.September 1908" (ebd.: 15). Schon etwas anders gelagert ist die Unterschrift unter ein Bild, welches Soldaten im 1. Weltkrieg zeigt. Innerhalb des Fotorahmens ist bereits der Text eingearbeitet: „Ein Schützengraben im Osten nach einer heftigen Schlacht". Der dort auch enthaltene Hinweis auf Fotograf und Zensurbehörde wird in der Bildunterschrift erläutert: „Ein deutscher Schützengraben im Osten. Von der im Auftrag des kaiserlichen Bild- und Film-Amtes zur Zensur berechtigten Firma Paul Hoffmann in Berlin-Schöneberg freigegebenes Foto des Hoffotografen Kühlewindt" (ebd.: 241); als indirekter Kommentar ist auch die grafische Gestaltung anzusehen: Nur in diesem, den Krieg betreffenden Teil des Buche ist der Untergrund schwarz und die Schrift weiß.

e. Unser letztes Beispiel steht für die Verwendung eines (früher) allseits bekannten Symbols in einem Foto und der Verbindung eines Foto-Titels mit einer erläuternden Bildunterschrift: Auf Seite 1 der Frankfurter Allgemeinen vom 15.5.2009 (also mitten in der Krise von Opel, das damals noch zu General Motors gehörte) ist unter der Überschrift „Damals, im Land der Fuchsschwänze" ein diagonal durchs Bild schwebender Fuchsschwanz zu sehen; nur die Antenne, an der er befestigt ist und einige wenige Teile von ihm sind scharf abgebildet. Der farbige Hintergrund ist völlig unscharf. Die Bildunterschrift lautet: *„Flieg, Opel flieg!* Zum ‚Proll-Tuning' überzeugter Opel-Fahrer gehörte früher der Fuchsschwanz an der Antenne. Besonders beliebt war er unter Manta-Fahrern, die in den siebziger und achtziger Jahren, in der Hoch-Zeit der Bonner Republik, ein Gefühl von Freiheit versprühen wollten: Nur fliegen ist schöner! Das war schon damals spießig, weshalb Opel und die Bonner Republik in den neunziger Jahren ein Marketingproblem hatten. Die Spätfolgen treiben Wirtschaftsminister zu Guttenberg auf *Seite 11* um und unseren Berliner Korrespondenten Günter Bannas auf *Seite 3*."

5.3 Foto zum Text

Es gibt die unterschiedlichsten Anlässe und Verfahren, *vorhandenen* Texten nachträglich Fotos zuzufügen: So werden z.B. in dem Band „Städtebilder“ (Benjamin 1992) Stadtanalysen von Walter Benjamin aus den Jahren 1925-1933 mit aktuellen Fotos kombiniert und damit nicht nur eine besondere Spannung zwischen diskursiver und ikonischer Argumentation hergestellt, sondern auch eine zeitliche. Das gilt in gewisser Weise auch für den Band „In Algerien“, der Fotos von Bourdieu aus den Jahren 1958 – 1961 mit gleichzeitig und später entstandenen theoretischen Texten in Beziehung setzt (vgl. Bourdieu [2003]). In noch anderer Weise werden z.B. in dem Band „Paris“ (Proust/Atget 1987) vorhandene Texte von Marcel Proust (1871-1922) und vorhandene Fotos von Eugen Atget, die beide der gleichen historischen Zeitspanne entnommen sind, so verbunden, dass die *dokumentarischen* Fotos die *literarischen* Texte quasi verdeutlichen und in gewisser Weise auch interpretieren[36]. Es gibt aber noch eine andere Entstehungs- und Kombinationsweise und die ist für die Sozialreportage als Handlungsmethode von Interesse: Dass nämlich interessierte (Einzel-) Personen und Gruppen (z.B. eine lokale Geschichtswerkstatt) eigenständig oder im Umfeld der Gemeinwesenarbeit einen bestimmten Sachverhalt, eine bestimmte Entwicklung, einen bestimmten Blick auf politische, soziale und individuelle Entwicklungen und Probleme usw. mit Hilfe von Texten beschreiben und dokumentieren und diesen dann Fotos zufügen (historische und/oder aktuelle, eigene und/oder von anderen, Amateur- und/oder professionelle Fotos) und dies dann in geeigneter Form veröffentlichen.

Auf eine solche pragmatische Sozialreportage sind wir bei unserer Weinhändlerin Benvenuta Plazzotta in Camporosso bei Tarvisio (Friuli/Italien) gestoßen, nämlich den Band „Care Signore“, der die Geschichte von 23 Frauen aus der unmittelbaren Umgebung, den Julischen Alpen erzählt, die ohne professionelle und finanzielle Unterstützung dann als Buch veröffentlicht wurden. Wir dokumentieren dies hier auch deshalb, weil es deutlich macht, wie intensiv das Bemühen der Menschen um Selbstverständigung (auch) außerhalb der Handlungsfelder der Sozialen Arbeit ist, und dass diese bei geeigneten Dokumentationsverfahren und Publikationsformen auch den Weg in die lokale Öffentlichkeit finden können; die in diesem Fall wegen des exemplarischen Charakters sogar in die überregionale Öffentlichkeit Eingang gefunden haben (in die überregionale Presse des Friuli und das österreichische Fernsehen in Kärnten).

---

[36] Es wäre darüber hinaus möglich auch Beziehungen herzustellen zu den Darstellungen des (Pariser) Stadtraumes in der zeitgenössischen (französischen) Malerei (vgl. Frey [1999: Teil III]).

Das Projekt „Care Signore. Unbekanntes Frauenleben in den Julischen Alpen“

Benvenuta Plazzotta charakterisierte Anspruch und Anliegen dieses Buches in einem Gespräch mit uns so: „Care Signore“ sei vorrangig kein Biografiebuch und auch kein Fotobuch, sondern ein öffentlicher Dank und eine gemeinschaftliche Anerkennung für die Frauen, die hier leben, die in sehr verschiedenen Arbeitsfeldern tätig sind (z.B. im Wald, im Sägewerk, im Krankenhaus, im Restaurant, im Laboratorium, im Büro, auf den Bergen) und deren Lebensleistungen dennoch vielen unbekannt seien. Indem ihre Lebensgeschichten dokumentiert und veröffentlicht würden, könne man auch viel über das Leben hier im Kanaltal erfahren, ein Leben, das häufig sehr schwer gewesen sei und ist. Viele Frauen wollten in ihrer Jugend dieses Gebiet verlassen, in die Stadt gehen, studieren usw. Viele hätten das auch getan, aber anderen sei das verwehrt gewesen. Diese hätten dann einen Weg gefunden hier zu bleiben – und sie hätten durch ihre beharrliche Arbeit viel dazu beigetragen, dass das Leben im Kanaltal auch besser geworden sei. Natürlich sei es für viele der Frauen ungewohnt gewesen über sich selbst zu erzählen. Es sei also viel Geduld erforderlich gewesen, aber dann hätten sie begonnen von sich zu sprechen und dann seien häufig auch schmerzhafte Erinnerungen wach geworden und manche Frauen hätten zu weinen begonnen. Das aber nicht nur aus Betroffenheit, sondern weil sie davon überrascht waren, dass ihrem ach so alltäglichen Leben nun eine besondere Aufmerksam zuteil wurde. Viele von ihnen seien nun müde, aber hauptsächlich seien sie zufrieden, nicht aus Resignation, sondern weil sie doch ahnen würden, dass ihr Leben hier sinnvoll war und ist. Das sei der Dank, den das Buch ihnen abstatten wolle, der anfangs erwähnt worden sei.

Weitere Informationen unter:(http://de.wikipedia.org/wiki/Kanaltal) und (http://dawit-benvenuta.blogspot.com/2009/01/unsere-sprache.html)

In Absprache mit der Initiatorin und Antonia Wedam dokumentieren wir die folgende Biografie.

Antonia Wedam

Ihre Geschichte

Sie wurde am 14. Juni 1971, als 3. Tochter einer bäuerlichen Familie, in Ugovizza geboren. Nach der Mittelschule besuchte sie kurzzeitig einen Kurs für Landwirtschaft in Codroipo, in der Nähe von Udine.

Sie litt daran soweit von ihrer Familie entfernt zu sein, in dieser Umgebung, die komplett anders und fremd war. Sie fühlte sich nicht wohl und entschied sich nach Hause zurückzukehren, um sich der Arbeit mit ihrer Familie zu widmen.

Ihr Berufsleben

Sie wollte Tierärztin werden, die Tiere pflegt und aufzieht, aber der Weg war zu lang und zu schwierig. Sie war das dritte Mädchen, ihre Geburt wurde zu Hause nicht mit überschwänglicher Freude aufgenommen. „Du musst verstehen, meine Eltern brauchten einen Jungen, sie rechneten nicht mit noch einem Mädchen".

Unbewusst ersetzt sie den Jungen, der nötig gewesen wäre – auch wenn nach ihr dieser Junge gekommen ist; sie hatte die Aufgabe den Betrieb zu führen.

Sechs Monate pro Jahr steht sie jeden Morgen um 4:30 Uhr auf und beginnt mit der Stallarbeit; es müssen 15 Kühe versorgt, gefüttert und gemolken werden – und das jeden Tag, zu Ostern, an Weihnachten und an ihrem Geburtstag. Mit diesem Ritual fängt ihr Alltag an.

Während des Sommers verlagert sich das ganze in die Alpen, wo auf den Almwiesen der Familie die Kühe zum Weiden bleiben.

Der Vater brachte ihr alles bei sowohl die Stallarbeit als auch die Feldarbeit. „Zum Glück, denn als er krank war, haben wir uns ohne Probleme zu helfen gewusst, es war ein Glück für uns so selbständig sein zu können".

Wie bei den meisten anderen Bauern in der Umgebung verdiente sie mit der Landwirtschaft nicht genug Geld und deshalb begann Antonia dann um sieben Uhr morgens eine andere Arbeit, die von Reinigungsarbeiten bis hin zu Serviceleistungen für Touristen reichen kann.

Wer sie um 8 Uhr morgens Kaffee servieren sieht mit einem freundlichen Lächeln, der kann sich sicherlich nicht vorstellen, dass ihr Tag schon vor mehr als 3 Stunden angefangen hat und das in einer ganz anderen Umgebung.

Nachmittags findet man sie im Tal auf dem Traktor. „Es wird immer schwieriger das Heu für die Kühe zu beschaffen, ich muss dafür häufig 12 Kilometer fahren, von einem Rasen zum nächsten, manchmal fragen wir uns, ob es das noch wert ist".

Eine Erinnerung

Der Opa. „Er ist immer gegenwärtig, auch wenn er bereits seit mehr als 16 Jahren tot ist. Ich bin mit ihm aufgewachsen, es war nicht nötig mit einander zu sprechen, wir verstanden uns auch so.

Ich wollte nie den Kindergarten besuchen, ich bevorzugte es mit ihm in der Hütte zu bleiben. Er hat mir viele Dinge beigebracht, vor allem Respekt gegenüber der Familie, der Autorität.

Noch heute sieze ich meine Mutter, ich betrachte das nicht als eine Sache vergangener Tage, es ist das richtige Verhalten und natürlich ein Respekt, den man sich verdient."

Eine Leidenschaft

Das Tanzen. Wer sie spät abends auf den Volksfesten beim Tanzen sieht, wo sie sich wie ein Holz-Kreisel dreht, würde man niemals denken, dass dieses freundliche Mädchen schon seit 4:30 Uhr morgens auf den Beinen ist. In dem Moment, wo die Musik zu spielen beginnt, gibt es etwas in ihr das wächst, ein eigener Teil, den auch sie nicht begreift.
Sie tanzt stundenlang ohne müde zu werden, mit Grazie und Eleganz, mit einer erstaunlichen Fröhlichkeit. Denn die Antonia, die wir kennen, ist ein Einzelstück, energiegeladen und entschlossen. Wer würde jemals denken, dass sie sich in eine Libelle verwandelt, die, solange die Musik spielt, die Füße nicht still auf dem Boden halten kann?
Es ist ein Vergnügen ihr zuzusehen und man bekommt Lust auch zu tanzen, selbst dann, wenn man gar nicht tanzen kann.

5.4 Text zum Foto

Nun soll jene Variante der Foto-Text-Beziehung dargestellt werden, wo ein Foto bereits vorliegt und nachträglich ein Text dazu verfasst wird. Die einfachste Variante ist die schon erwähnte Bildunterschrift und eine weitere ist ein charakteristischer Titel für ein vorhandenes Foto; eine anspruchsvollere die ebenfalls schon vorgestellte Bildinterpretation (vgl. Kap. 4.2). Jetzt geht es um solche Texte, die eine ganz eigenständige Qualität gegenüber dem Foto aufweisen. Diese können sehr unterschiedlich sein. So kann man in einem Text die Fotos – direkt oder indirekt – erläutern; das geschah schon immer in den Fotoreportagen der Illustrierten (auch derjenigen, die einen expliziten sozialen und politischen Aufklärungsauftrag verwirklichten; vgl. zu dieser Tradition Lebeck/Dewitz [2001]). Oder man kann zu einem vorhandenen Bild eine Geschichte „erfinden“. Noch eine andere Variante – und auf die wollen wir uns hier konzentrieren – besteht darin, die Geschichte der *Entstehung* eines Fotos zu *erzählen*. Das sei exemplarisch an Arbeiten von Wim Wenders erläutert – und dies aus folgendem Grunde: Wenders hat nicht nur eigenständige Fotobände veröffentlicht (z.B. Wenders [1987, 2001 u. 2003]), sondern zu vielen seiner wichtigen Filme auch eigenständige Foto-Bände publiziert (z.B. Shepard/Wenders [2005], Wenders W./D. [2000], Wenders/Handke [1992]) und damit bestimmte Seiten der rekonstruktiven Beziehungen zwischen Foto und Film deutlich gemacht. Diese werden nicht nur in den verschiedenen Audiokommentaren zu einer ganzen Reihe seiner Filme thematisiert[37], sondern auch in seinen theoretischen Selbstrefle-

[37] Die meisten der DVD-Veröffentlichungen seiner Filme enthalten diese Audiokommentare sowie erläuternde Gespräche mit Robert Willems (vgl. dazu auch die Analysen von Cook/Gemünden [1997] und Grob [1991]).

xionen (vgl. Wenders [1988, 2005]). Und diese machen dann die besondere Nähe seiner filmästhetischen Auffassungen und Praktiken zu den Traditionen der Sozialfotografie deutlich; wir wollen ihn deshalb nun etwas ausführlicher zu Worte kommen lassen.

Man kann die Relationen zwischen sozialdokumentarisch ausgerichteter Foto- und Filmästhetik an zwei markanten Beispielen verdeutlichen; das eine ist Walker Evans[38]. Auf die Feststellung eines der Interviewer – *„Ich kenne keinen Fall von größerer Zuneigung und Liebe zu den Dingen, keinen Fotografen, der mehr hinter die Dinge zurücktritt, die er aufnimmt. Zugleich aber drückt er seine Zuneigung immer ganz deutlich aus. Wie geht so was?"* – antwortet Wenders (1992: 168-170): „Das ist eigentlich eine moralische Frage. Diese Frage stellt sich mit jedem Foto neu. Und für jeden Fotografen und an jedem Tag, an dem man fotografiert, auch anders als an jedem vorangegangenen Tag. Ich glaube, dass man sagen kann, dass Walker Evans ein großer Moralist der Fotografie war. Aus jedem Bild spricht ein Respekt vor dem Gegenstand. Bei anderen Leuten ist das überhaupt nicht der Fall. Gerade wenn man sich anguckt, wie Fotografie zum Teil verkommen ist, zur Reklame für wer weiß was. Evans' respektvolle Haltung ist immer seltener geworden. Das hat vielleicht mit der enormen Inflation von Bildern, der wir ausgesetzt sind, zu tun[39]. Es breitet sich entweder eine Gleichgültigkeit dem Objekt gegenüber, oder sogar eine Geringschätzung der Objekte aus. Z.B. diese wunderschöne Landschaft auf der Grenze von Arizona und Utah, Monument Valley, die so einer wie der Indianerfotograf Edward Curtis fotografiert hat, mit Staunen und mit Ehrfurcht. Es ist die gleiche Landschaft, die jetzt in jeder Zigaretten-Reklame vorkommt. Sie ist durch die Fotografie so geschändet worden, dass man sie jetzt erst mal 100 Jahre in Ruhe lassen müsste, bevor irgend jemand diese Landschaft wieder sehen könnte. Also Fotografie kann schon ein ganz furchtbarer Gewaltakt sein.

Stimmt mein Eindruck, dass ein anderer amerikanischer Fotograf, Robert Frank, Ihren Blick sehr stark beeinflusst hat?

Ja, schon. Man nennt ihn immer einen amerikanischen Fotografen, aber Robert Frank ist eigentlich *der* europäische Fotograf par excellence, der Amerika geliebt hat[40]. Er hatte eine Hassliebe zu Amerika, die sozusagen den europäischen

---

[38] Wir gehen auf Walker Evans in Kap. 6.1 näher ein.

[39] Die Zerstörung der menschlichen Wirklichkeitsbezüge durch die Bilder ist das zentrale Thema seines Filmes „Bis ans Ende der Welt" (jetzt ist auf DVD die *vollständige* Fassung zugänglich!), eine dialektische Kritik des Bildes im Medium des Bildes (diese Dialektik hat Schändlinger [1998: 247f] in seiner Wenders-Kritik übersehen).

[40] Hier ist besonders auf seinen Fotoband „Die Amerikaner" (mit Fotos aus den Jahren 1955/56) zu verweisen (vgl. Frank 2008).

Blick ausmacht, dass man ganz fasziniert ist und gleichzeitig erschrocken. Seine Fotografie drückt diesen Zwiespalt oft präzise aus.

Ist Robert Frank für Sie vielleicht auch wichtig, weil er ein Fotograf der inneren Unruhe ist, weil er sich permanent bewegt, weil er ein Reisefotograf ist?

Ja, ganz bestimmt. Aber auch das ist latent in der ganzen Kunst der Fotografie von Anfang an schon angelegt gewesen. Die Hälfte der Fotografen war Reisefotografen. Die ganze Fotografie war von ihrer Erfindung her auf das Reisen hin ausgerichtet. Aber um auf Robert Frank zurückzukommen. Das ist einer, der viele Dinge sieht. Die Augenblicke, die man sonst entweder gar nicht mitkriegt, oder nur im Nachhinein realisiert, die sieht er tatsächlich und zwar so rechtzeitig, dass er sie sogar noch auf den Film bannen kann. Insofern ist er auch ganz einzigartig, weil er sozusagen aus den Augenwinkeln fotografieren kann. Das können nur wenige.

Sie haben einmal als Ihr Ideal des Filmens formuliert, dass Sie gerne so filmen können würden, wie man die Augen aufmacht, wie man einen flüchtigen Eindruck wahrnimmt. Ist das nicht in der Fotografie von Robert Frank realisiert? Ein Stativ wäre bei ihm undenkbar. Sie haben Robert Frank einmal einen bescheidenen Fotografen genannt, jemand der nicht auffallen will, der hinter der Sache, die ihm wichtig ist, zurücktritt. Kann das ein Filmemacher?

Der Unterschied zum Film ist, dass man auch noch eine Geschichte erzählen will. Und dass das Geschichtenerzählen einem sozusagen diesen bescheidenen Blick sehr schwer macht, einem immer furchtbar in die Quere kommt und ein Problem schafft: der Erzähler ist eigentlich per Definition einer, der sich aufspielt, der sich anmaßt etwas zu erfinden.

Das ist das Dilemma bei jeder Film-Geschichte: wie weit sie einem den Blick auf das, was da existiert, unmöglich macht. Man erfindet etwas: eine Geschichte an einem Ort, in einer Stadt, in einer Landschaft und manchmal ist es so, dass das Erfundene dann den Blick auf diese Landschaft völlig unmöglich macht. Man sieht dann nur noch seine Erfindung. Die Landschaft dahinter wird dann eigentlich im wahrsten Sinne des Wortes benutzt. Das ist genau das, was ein Fotograf zu vermeiden sucht".

Die Filme von Wenders haben – wie die Sozialreportage bzw. die Sozialfotografie – aber nicht nur Bezüge zu bestimmten Richtungen der Fotografie, sondern auch zu den „realistischen" Strömungen der bildenden Kunst; für Wenders (2005: 171f) ist dies besonders das Werk von Edward Hopper (1882-1967)[41]:

„Können Sie das Beispiel eines Malers nennen, der Ihnen etwas bedeutet?

---

[41] Gute Übersichten des Werkes von Hopper bieten Liesbrock (1988) und Renner (2003). Die Wechselbeziehungen zwischen Fotografie und bildender Kunst stehen auch im Zentrum der praktischen Arbeiten und theoretischen Reflexionen von Jeff Wall (vgl. Museum Moderner Kunst Stiftung Ludwig Wien [2003] und Wall [1997]).

Da würde ich natürlich am liebsten von Edward Hopper reden, von den Städtebildern Edward Hoppers. Er ist immer von einem bestimmten Ort ausgegangen, auch da wo seine Bilder manchmal sehr abstrahiert und allgemeingültig aussehen. Es gibt dieses berühmte Bild mit einem Straßenzug in New York, das einen Frisörladen in der Mitte zeigt. Das ist eigentlich für mich ein Bild, das in einem ganz aufregenden Bezug sowohl zur Fotografie als auch zum Film steht. Ich habe dieses Bild oft gesehen. Das Bild hängt im Whitney-Museum in New York. Ich bin oft dorthin gegangen. Jedes mal habe ich gedacht, wenn ich das nächste mal hinkomme, dann hat sich das Bild verändert; vielleicht geht dann gerade jemand über die Straße. Das ist ein Bild, wo man erwartet, dass es im nächsten Moment einen Ruck gibt und es sich verändert, dass das Licht wechselt z.B. Es ist ein Bild in Wartestellung. Es hat große Affinität zur Fotografie. Aber eigentlich ist es weniger starr als eine Fotografie.

Ich habe bei Edward Hopper immer gedacht, gleich wird eine Geschichte erzählt werden, gleich findet etwas statt, oder gerade hat etwas stattgefunden, wie im Kino. Ich selbst fand immer das Bild der Platzanweiserin phantastisch, das eine Frau in einem Kinoraum zeigt. Das ist ein Gemälde über ein anderes Medium. Ich habe so etwas vorher noch nie gesehen. Es ist wie das Versprechen eines Bildes, das andere Bilder produzieren würde. Es ist für mich ein Gemälde, das ich mir so nur aus Amerika kommend vorstellen kann. Genauso wie die Bilder von Tankstellen, die Edward Hopper gemalt hat. So etwas Alltägliches zu malen, keine Angst vor der Trivialität des Gegenstandes zu haben, das hat mich begeistert. Es sind Bilder, die vollkommen von Tiefsinn entlastet sind, die zugleich aber nicht oberflächlich sind.

Das ist völlig richtig, was Sie sagen. Die Bilder von Edward Hopper sind auch Geschichtsanfänge. In der Tankstelle bei Edward Hopper fährt gleich ein Auto ein, wo jemand am Steuer sitzt, der eine Schusswunde im Bauch hat. Es sind immer auch Anfänge von amerikanischen Filmen.

Solche Bilder müssen etwas tun, um sich vor der Banalität und Trivialität zu schützen. Es muss noch etwas dazukommen, damit ein Bild die Zeit, aus der es stammt, auch überdauern kann. Es muss über die Zeit, die es zeigen will, hinausreichen. Ein Bild braucht doch eine Art Versiegelung, damit es haltbar wird.

Man kommt da in eine Kategorie von Zeitbezogenheit rein, die ich ganz wichtig finde, auch in der Fotografie schon. Eigentlich sind nur die Künstler ‚Zeitgenossen', die sozusagen immer schon ihrer Zeit ein wenig voraus sind, so dass man in jedem Moment die *Jetztzeit*, aber mit so einem kleinen Vorsprung wieder erkennt. Mit dem kleinen Vorsprung, dass das ‚Heute' nicht nur auf der Zunge liegt, sondern auch schon verstanden ist."

Für die Foto-Text-Relationen in der Sozialreportage ist daran zum einen wichtig, dass die *Fotos* in der übergreifenden Tradition der *Bilder* von den sozialen Entwicklungsproblemen der Gesellschaft stehen, die auch die der bildenden Kunst und des Films umfassen und als Teil des soziokulturellen, zwischenmenschlichen und personalen ikonischen Gedächtnisses der Menschen in die Foto-Rezeption eingehen. Zum anderen darf auch die Sozialreportage der Versuchung nicht erliegen, dass sich ihr Text quasi „vor die Linse schiebt" und dann das Bild nur als Bestätigung dessen konzipiert wird „was ohnehin schon klar und bewiesen ist". Das beinhaltet im Umkehrschluss die An- und Aufforderung, dass der dazu gehörige Text den Eigensinn des Fotos nicht einschränken darf, dass beide sich „auf Augenhöhe" begegnen müssen, um so eine neue Qualität der Verständigung über ein Sachproblem (z.B. den Verfall einer ehemaligen Industriestadt) anzuregen. Wie das geschehen kann, zeigt ein Beispiel von Wenders selber, und zwar aus „Einmal", seinem „Lieblingsfotobuch" mit dem bezeichnenden Untertitel „Bilder und Geschichten" (siehe unten). Den Eigensinn des fotografischen Bildes sieht er u. a. in folgenden Ausdrucks- und Dokumentationsqualitäten (vgl. Wenders 2001: 7ff):

a. Der Band heißt „Einmal", weil der fotografische Akt an eine einmalige objektive Situation gebunden ist (dass man z.B. bestimmte bekannte Personen unerwartet an einem bestimmten Ort in einer bestimmten Landschaft zu einer bestimmten Zeit in einer bestimmten historischen Konstellation trifft, dass dabei ganz bestimmte Lichtverhältnisse existieren, dass die Menschen einen bestimmten Gesichtsausdruck haben, mit spezifischen Gesten etwas verdeutlichen usw.). Aber indem diese Situation fotografisch dokumentiert wird, wird sie der unmittelbaren Vergänglichkeit entzogen, so dass aus *Einmal* dann *Immer* wird. Zugleich erinnert jedes Foto die Menschen an ihre eigene Sterblichkeit – und ermöglicht es den nachfolgenden Generationen an einer Zeit teilzuhaben, die sie nicht erlebt und erfahren haben.
b. Der Prozess des Fotografierens bezieht sich nie nur auf die objektive Wirklichkeit in Natur und Gesellschaft, sondern sie bringt immer auch das mehr oder weniger bewusste Verhältnis der/des Fotografierenden zum Ausdruck. Wenders nimmt dabei die Metapher auf, dass man ein Fotos „schießt". Das impliziert nicht nur die Absicht, „etwas zu treffen", sondern damit ist ein „Rückstoß" verbunden, der vom Fotosubjekt „einkalkuliert" werden muss, um zu treffen; und darin kommen seine Welt- und Selbstdeutungen, seine sozialen und kulturellen Horizonte und Vorlieben, aber ggf. auch seine realitätsverfälschenden Umdeutungen zum Ausdruck, inwieweit es der Versuchung zur *Anmaßung* erlegen ist und sich nicht von *Demut* gegenüber „der Sache" leiten lässt. In diesem Sinne hat jedes Foto einen Doppelcharakter, es ist gleichermaßen Dokumentation der objektiven Wirklichkeit wie auch der fotografischen Einstellung im technischen wie im soziokulturellen Sinne; es zeigt *die Dinge* und *den*

Wunsch; mit der Kamera agiert man immer „nach vorne" und „nach hinten", so dass das „hinten" im „vorne" verschwindet – oder doch zumindest verschwinden kann und der Suchende sich durch den Sucher in der Welt orientieren und sie schrittweise besser verstehen, sehen, hören und lieben lernen kann.

c. Versteht man den fotografischen Prozess als eine Suchbewegung, dann hat er einen Anfang wie eine Geschichte, die aber, um eine Geschichte zu werden, einer Fortsetzung bedarf; so auch das erste Foto, dem schon bald ein zweites, drittes usw. folgt, woraus eine innere Bewegung entsteht, die von der Unruhe getragen wird, die man als „Geschichtenaufspüren" verstehen kann; deshalb finden sich nicht nur in diesem Band, sondern in den meisten Fotobüchern von Wenders Fotoserien und nur ganz wenige Einzelfotos.

d. Die Geschichtlichkeit der sozialen Situation, in der man ein Foto „schießt", muss gar nicht sein expliziter (Haupt-)Inhalt sein, zumindest nicht der beabsichtigte; vielmehr sind es häufig die *Details* (die Tageszeitung eines bestimmten Tages, eine Schachtel einer bestimmten Zigarettenmarke auf einem Bürgersteig, der Titel eines bestimmten Buches auf einem Küchentisch, eine alte Kaffeetasse von der Oma, in der ein noch neuer Designerlöffel steckt, die Farbkombination bestimmter Kleidungsstücke, die Art und Weise, wie ein bestimmtes Kleidungsstück getragen wird – selbstbewusst oder verlegen oder betrübt), die man manchmal erst beim (zweiten oder dritten) Betrachten des Fotos entdeckt, die ihm seine spezifische dokumentarische Qualität verleihen (z.B. Motorräder, die für den Krieg – oder Mäntel, die in Friedenszeiten produziert wurden) – und die uns heiter oder traurig, nachdenklich oder komisch stimmen.

Wim Wenders: *Einmal* bin ich nach Butte in Montana gefahren[42]

(Hinweis: Die nachfolgende Text-Foto-Kombination – die als weitere, allerdings sehr anspruchsvolle und dichte „Mini"-Sozialreportage angesehen werden kann – ist entnommen Wenders 2001: 190-203; die äußerliche Gestaltung wurde weitgehend beibehalten, die Fotos wurden nur verkleinert und die jeweils im Buch gegenüber liegenden Fotoseiten wurden auf einer Seite wiedergegeben. Wer sich näher mit dieser Art von Text-Foto-Beziehungen beschäftigen möchte, dem sei dieser Band von Wenders nachdrücklich empfohlen!)

Einmal

bin ich nach Butte in Montana gefahren.
Ich hatte »Red Harvest« von Dashiell Hammett wiedergelesen
und wußte, daß die verkommene Stadt,
die er darin als »Poisonville« beschrieben hatte,
in Wirklichkeit Butte war,
wo er eine Zeitlang als Pinkerton-Detektiv gearbeitet hatte.
Ich fuhr also von San Francisco aus
in Richtung Nordosten
und kam nach einer langen Fahrt spät in der Nacht an.
Ich nahm mir ein Motelzimmer und ging sofort zu Bett.
In meinen Träumen ging es wild zu.
Es war Krieg und die Sirenen heulten…

Am Morgen stand ich auf und trat ins Freie.
Mein Oldsmobile stand direkt vor dem Motelzimmer.
Er war mit einer dünnen Schicht schwarzer Asche überzogen.
Ich machte kehrt und holte meine Kamera.

Eine Ecke weiter versperrten Feuerwehrmänner die Straße.
Es lag ein giftiger Geruch in der Luft.
Ein Junge erzählte mir, was geschehen war:
Die Papierfabrik war über Nacht abgebrannt.
Es gelang mir, mich bis auf das Dach
des gegenüberliegenden Gebäudes durchzuschlagen.
Dort traf ich den Schweden.
Er machte auch Photos,
aber mit Tränen in den Augen.
Das niedergebrannte Haus dort drüben,
erklärte er mir,
war sein Lieblingsgebäude gewesen
und hatte unter Denkmalschutz gestanden.
Ein großartiges Architekturbeispiel aus der Gründerzeit!

---

[42] In Butte spielt nicht nur „Rote Ernte" von Hammett (1976), sondern dort hat Wenders auch „Don't come Knocking" gedreht (vgl. dazu den Fotoband Shepard/Wenders[2005]).

Jede Woche,
fuhr er fort,
ginge ein anderes Gebäude in Flammen auf.
Alles Brandstiftung.
Das bißchen, was von der alten Stadt übrig sei,
würde langsam, aber sicher ein Raub des Feuers.

Der Schwede war Mitglied des Komitees zur Erhaltung von Butte.
Er liebte seine Stadt.
Die Leute verbrannten ihren Besitz,
um Versicherungsgelder zu kassieren,
als letzte verzweifelte Möglichkeit,
bei der anhaltenden Rezession und Arbeitslosigkeit
an Geld zu kommen.
Das war seine Erklärung
für das Verschwinden von Butte,
die er mir in der Bar darlegte,
in die er mich auf einen Drink eingeladen hatte.
Später tranken wir noch ein Bier bei ihm zu Hause.
Er lebte allein.
Viele Schweden gab es in Butte nicht,
aber eine Menge Finnen,
die als Minenarbeiter gekommen waren
und natürlich schon Saunas in Montana eingeführt hatten,
als man hier noch nicht einmal das Wort dafür gekannt hatte.
Butte war immer noch eine Minenstadt
wie zu Hammetts Zeit in den zwanziger Jahren.
Aber jetzt wurde die Mine im Tagebau abgetragen,
und wenn die Stadt nicht durch Brandstiftung ausgelöscht würde,
dann würde sie von der gigantischen Grube aufgefressen,
die sich langsam immer weiter zum Stadtzentrum hin ausbreitete.

Ich verbrachte einen weiteren Tag in Butte.
Ich sah den einzigen Zug einfahren,
der einmal am Tag dort hält,
wer weiß wie lange noch.
Oh, ich war gerne in Butte.
Ich werde keine Sekunde meines Aufenthalts vergessen.
Ich fuhr auch in den Nachbarort,
Anaconda.
Was für ein unglaublicher Name für eine Stadt:
»Anaconda, Montana«!
Ich verbrachte die letzte Nacht in meinem Motelzimmer in Butte,
indem ich auf die Landkarte von Montana und Wyoming starrte
und all die Namen las,
einer verlockender als der andere.

Kapitel 6: Die Sozialreportage als eingreifender Beitrag zur Sozialberichterstattung. Zur Forschungs- und Öffentlichkeitsarbeit der „Farm Security Administration"

Mit diesem Kap.6 schließen wir den ersten Teil des Buches und damit die Begründung des theoretischen und methodischen Konzeptes der Sozialreportage ab. Wir haben dazu die Darstellung eines speziellen Projektes gewählt, nämlich die wissenschaftlich-empirische Arbeitsweise und das soziale und politische Profil der entsprechenden Aktivitäten der „Farm Security Administration" (FSA) – und dies aus mehreren Gründen: Erstens handelt es sich um ein sehr breit angelegtes Projekt – zumal wenn man das weitere politisch-kulturelle Umfeld einbezieht -, an dem sehr unterschiedliche Verfahrensweisen und Funktionen der Sozialreportage beobachtet werden können. Zweitens sind gerade die Fotografien von Dorothea Lange (1895-1964)[43] und Walker Evans (1903-1975)[44] seit ihrer Wiederentdeckung in den frühen 1970er Jahren ins allgemeine visuelle Gedächtnis gelangt, ohne dass aber die konkreten sozialen und politischen Kontextbedingungen ihrer Entstehung und beabsichtigten frühen Verwendung ebenfalls rezipiert wurden. Diese sollen an dieser Stelle aufgeklärt werden und dabei sollen – drittens – zwei Dokumente in den Vordergrund gestellt werden, die bis in die Gegenwart allenfalls randständig behandelt werden: Der Band „An American Exodus" von Lange/Taylor (1999 [zuerst 1939]) und die Artikelserie „Erntezigeuner" von Steinbeck (1997 [zuerst 1936]). Die Notwendigkeit, sie ausführlicher zu dokumentieren bietet – viertens – die Möglichkeit, an deren Lektüre komplexe Arbeitsaufgaben zu knüpfen, die es den LeserInnen ermöglichen, ihr bisher angeeignetes Wissen zur Sozialreportage an einem historisch bedeutsamen Exempel zu erproben und zu vertiefen. In gewisser Weise ist dieses Kapitel auch eine „Sozialreportage über eine Sozialreportage", also eine Art „Meta-Sozialreportage", das zugleich deutlich macht, welchen Beitrag die Sozialreportage

---

43 Eine gute Übersicht ihres Gesamtwerkes bietet Lange (1998).

44 Übersichten seines Gesamtwerkes bieten Brix/Mayer (1990) und Mora/Hill (1993). Zu den politischen Aufklärungszielen des FSA-Projektes stand Evans allerdings von Anfang an in einer ausdrücklichen Distanz; er bezeichnete seine Fotografie als *„dokumentarisch im Stil"* (vgl. Brix 1990a: 24ff u. 34ff).

zu dem umfassenderen und komplexeren Projekt der Sozialberichterstattung leisten kann und sollte[45].

6.1 Visuelle Sozialwissenschaft und engagierte Öffentlichkeitsarbeit

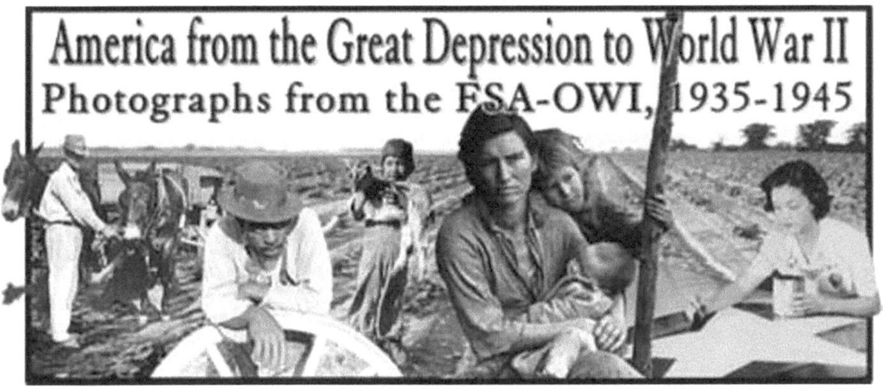

Quelle: The Library of Congress; Farm Security Administration-Office of War Information Collection http://memory.loc.gov/ammem/fsowhome.html)

Die FSA[46] wurde 1937 Nachfolgerin der 1935 als Abteilung im State Department of Agriculture gegründeten Resettlement Administration (RA), die im Kontext der New Deal Politik von Präsident Roosevelt (1933-1939) stand, mit der die ökonomischen und sozialen Folgen der Wirtschaftskrise von 1929[47] bewältigt werden sollten. Ihr Ziel war es, die Farmer, die im Mittleren Westen der USA (speziell in der Region des „Dust Bowl", der sog. Staubwüste, welche Teile der Bundesstaaten New Mexiko, Texas, Oklahoma, Kansas, Nebraska und Colorado umfasste) vorrangig aus ökonomischen, aber auch aus ökologischen Gründen ihrer Existenzgrundlagen beraubt worden und die vorrangig nach Kalifornien gezogen waren, um sich als SaisonarbeiterInnen zu verdingen, dort anzusiedeln. Die Einrichtung des „Photo-

---

[45] Vgl. zu den Aufgabenstellungen und Verfahrensweisen der Sozialberichterstattung Bartelheimer (2001: Kap. 1, 3, 5 u. 6), Glatzer u.a. (2002: Teil III-IV) und Mardorf (2006: Teil II/III).

[46] Vgl. zur nachfolgenden Darstellung Runge (2006: Kap. I u. III) und Schändlinger (1998: Kap. 1.2.1).

[47] Vgl. zu den Ursachen der Wirtschaftskrise Galbraith (2005).

graphic Unit of the Farm Security Administration“ stand also von Anfang an in einem sozialreformerischen Kontext und hatte die Aufgabe, durch eine geeignete *Öffentlichkeitsarbeit* die Bevölkerung über die Hintergründe und Maßnahmen der Sozial- und Wirtschaftspolitik des New Deal zu informieren und dafür zu gewinnen. Dabei sollte es nicht um Überredung oder gar Manipulation gehen, sondern um *Überzeugung* – und dazu bedurfte man *wissenschaftlich* fundierter Analysen über die Hintergründe der Wirtschaftskrise und ihre Folgen für die Menschen, hier besonders die Farmer.

Der Leiter dieses Projektes war Roy E. Stryker (1893-1975), der schon aufgrund seiner vorherigen Aktivitäten die spezifische Ausrichtung dieses Arbeitsansatzes „personifizierte“: Er hatte 1925 (mit Tuigwell) den Band „American Economic Life“ herausgegeben, welches als Lehrbuch des gerade an den Universitäten eingerichteten Faches „Contemporary Civilization“[48] dienen sollte. Dieses kann man auch als eine Art von Kulturwissenschaft oder Sozialanthropologie verstehen, in dem interdisziplinär WirtschaftswissenschaftlerInnen, GeschichtswissenschaftlerInnen, LiteraturwissenschaftlerInnen und ErziehungswissenschaftlerInnen tätig waren. In diesem Zusammenhang hatte Stryker bei der Zusammenstellung von Bildmaterial auch auf Fotografien von Lewis Hine (1874-1940)[49] zurückgegriffen, der bereits 1909 in einem Lichtbildervortrag die SozialarbeiterInnen aufgefordert hatte, Fotos als Medium der Dokumentation in einer dezidiert sozialkritischen Öffentlichkeitsarbeit zu verwenden: „Die Maxime des Sozialarbeiters ist ...: ‘Es werde Licht!’ und in diesem Feldzug für das Licht haben wir als Vorhut den Licht-Schreiber, den Fotografen. (...) Der schnellste Fortschritt in der Sozialarbeit muss ... durch eine Popularisierung des Fotografierens bewirkt werden... Wenn wir hunderte dieser Fotos haben, wie ich sie gezeigt habe, unterstützt durch Beobachtungsprotokolle, Interviews, Namen und Adressen, sind wir dann nicht besser in der Lage, diejenigen zu widerlegen, die aus Optimismus oder Heuchelei behaupten, es gebe keine Kinderarbeit in Neu-England?“ (Hine 1999: 272 u. 271) Diese Überlegung ist Ausdruck und Teil einer internationalen Tendenz, nämlich die Lebensbedingungen „der anderen Hälfte“ wie es Riis (1971) genannt hatte, zum Sujet der engagierten Fotografie, aber auch der bildenden Kunst, der Literatur zu machen (vgl. Schwarz u.a. 2007). Hine hielt jenen Vortrag in Chicago, an dessen Universität dann seit den frühen 1920er Jahren sich jene *interaktionistisch* ausgerichtete Richtung der Sozialfor-

---

[48] Dieses Fach wurde z.T. auch als Kulturwissenschaft oder als Sozialanthropologie verstanden und sollte sich neben den klassischen Sozialwissenschaften etablieren, mit denen es gleichzeitig kooperieren wollte. Hier werden also gewisse Ähnlichkeiten mit dem phänomenlogischen Ansatz von Mannheim (vgl. Kap.3) deutlich.

[49] Vgl. zu Hine die Werkdarstellung von Rosenblum (1992).

schung herausbildete, die in ganz besonderer Weise *qualitative* Forschungsmethoden ins Zentrum stellte, ohne die Bedeutung von quantitativen Untersuchungsverfahren strikt zu bezweifeln[50]. Gerade die Stadtsoziologie von Park/Burges (1984 [zuerst 1925]) schloss nicht zufällig an die Traditionen der Großstadtreportage an (in dem Bereich war Park selber tätig gewesen) und bemühte sich um eine *Aufhebung* der dazu entwickelten Untersuchungsmethoden in einem erweiterten wissenschaftlichen Forschungsansatz (vgl. dazu ausführlich Lindner [2007: Kap. II]).

Stryker schloss also an diese Bemühungen um eine alltagsnahe, beobachtend-teilnehmende, erfahrungsgesättigte und aussagekräftige (expressive) Sozialforschung an (vgl. auch Heiß 1990) und verstand es nach seinem Amtsantritt im Juni 1935 (er war bis 1943 für die FSA tätig) in relativ kurzer Zeit mit Dorothea Lange und Walker Evans nicht nur bedeutsame FotografInnen[51] für seine Arbeit zu gewinnen, sondern auch SoziologInnen, speziell Paul Taylor, der entsprechende Untersuchungen über die Lebens- und Arbeitsbedingungen der mexikanischen Landarbeiter in den USA durchgeführt (und besonders in „Survey Graphic" veröffentlicht) hatte und beratender Experte einer New Deal commission war (er erhielt 1935 von der „California State Emergency Relief Administration SERA" den Auftrag für Feldforschungen über die Lage der MigrantInnen, die er gemeinsam mit Lange durchführte).

Strykers Intention und Arbeitsweise wird besonders an seinen *„Shooting Scripts"*[52] deutlich, mit denen er – mehr oder weniger verbindlich – festlegte, *was* er an Bildmaterial haben wollte, besonders welche Sachverhalte zu fotografieren sind: Die Art wie die Menschen leben, wie sie ihr zu Hause einrichten, was sie sehen, wenn sie aus ihren Fenstern sehen, welche religiösen Praktiken ihnen wichtig sind, wie sie sich in der Gemeinde engagieren, was sie in ihrer Freizeit machen – und wie alles dies sich ausdifferenziert nach den verschiedenen sozialen Klassen, Schichten und Milieus. Er regte damit die FotografInnen auch an, in direkten Kontakt mit den Menschen zu treten und ihre Erlebnisse, Einstellungen, Bewertungen, Stimmungs-

---

[50] Eine gute Übersicht zu den Forschungsinteressen der „Chicagoer Schule" bietet immer noch der Dokumentenband der Arbeitsgruppe Bielefelder Soziologen (1980).

[51] Weitere FotografInnen waren Paul Carter, John Collier Jr., Jack Delano, Theo Jung, Russell Lee, Carl Mydanns, Arthur Rothstein, Ben Shahn, John Vachon, Marion Post Wolcott (vgl. Runge 2006:60). Erstaunlicherweise hatte Stryker das Angebot von Hine, an dem Projekt mitzuarbeiten, nicht angenommen (vgl. Panzer 2002: 12).

[52] Diese „Fotodrehbücher" waren auch Grundlage der Arbeitsteilung innerhalb der FSA, denn die FotografInnen arbeiteten jeweils in bestimmten Regionen an bestimmten Themen (wobei sie nicht direkt von der Behörde kontrolliert wurden). Eine vergleichbare Orientierungsfunktion hat für unser Konzept der Sozialreportage die in Kap.2 enthaltene Skizze der „Sozialen Probleme".

lagen usw. in Erfahrung zu bringen und bei den Fotografien so zu berücksichtigen, dass der Einzelfall in seiner *Einmaligkeit* nicht verloren geht (das scheinbar nebensächliche Detail, eine charakteristische Handbewegung, ein ganz persönlicher Gesichtsausdruck) und zugleich etwas *Typisches*, was Verallgemeinerungsfähiges über den „American Way of Life" deutlich wird, was in einem krassen Gegensatz steht zum hoffnungsfrohen „American Dream". Damit weitete sich der Blick allerdings über die sozialen Probleme im engere Sinne und eröffnete sich die Perspektive einer umfassenden Darstellung des ländlichen Alltagslebens in den Südstaaten der damaligen USA, in welches die sozialen Krisenprozesse und ihre individuellen, gemeinschaftlichen und staatlichen Problembewältigungen eingelagert sind. Und dieser hohe Anspruch hat dazu beigetragen, dass die Fotos, aber auch die textstrukturierten Forschungen durch ihre Publizierung einen Beitrag zur *öffentlichen Erfahrungsbildung* über die gesellschaftliche Wirklichkeit geleistet haben und auch heute noch leisten.

Neben einzelnen Fotos von Lange (s.u.) ist aus dem Gesamtspektrum der Arbeiten das Buch des Fotografen Walker Evans mit dem Schriftsteller James Agee (1909-1955) „Preisen will ich die großen Männer" (Originaltitel: „Let Us Now Praise Famous Men" (deutsch 1989) am bekanntesten geworden. Anlass für das Buch war das Angebot der New Yorker Zeitschrift „Fortune", einen Artikel/eine Artikelserie über die durchschnittlichen weißen Pachtbauern zu schreiben (dafür wurde Walkers von seiner FSA-Arbeit freigestellt). Aus diesem Anlass reisten beide im Juli und August 1936 zunächst durch Oklahoma, dann nach Alabama, wo sie drei typische Familien fanden, die Burroughs (bei Agee Gudgers genannt), die Tingels (Ricketts) und die Fields (Woods), bei denen sie knapp vier Wochen wohnten bzw. sich aufhielten. Da das Material zu umfangreich und besonders zu vielschichtig wurde – besonders was die komplexen Selbstreflexionen Agees betrifft, wurde es nicht als Zeitschriftenserie, sondern – nach mehrfachen Anläufen erst 1941 – als Buch veröffentlicht. Die 1. Auflage hatte fast keine öffentliche Resonanz, denn das Thema war zu diesem Zeitpunkt schon „out", Amerika befand sich im Krieg und viele der arbeitslosen Farmer hatten in der völlig neu aufgebauten Rüstungsindustrie Arbeit gefunden. Erst in den 1960er Jahren wurde es wieder entdeckt und zu so etwas wie einem „nationalen Bildungsgut" (zumindest für die Intellektuellen). Obwohl das Buch in zwei deutlich getrennte Teile gegliedert ist (Erstes Buch: die Fotos, Zweites Buch: die deskriptiven und reflexiven Texte) hat es sich immer – entgegen seiner gängigen Rezeption – als eine Einheit verstanden (vgl. Brix 1990b). Diese besteht nun weniger darin, dass bestimmte Gegenstände sowohl fotografiert wie auch beschrieben worden sind, sondern dass Evans dokumentarische Präzision mit hoher künstlerischer Ausdruckskraft verband (die formale Struktur hat stets

Oberfläche und Tiefe zugleich) und seine Bilder in Serien anordnete (einige zeigen dann jeweils die Erwachsenen, die Kinder und die Pachthäuser mit deren Umgebung). Dementsprechend entwickelte Agee eine Art von phänografischer Sozialraumbeschreibung (bes. im Kapitel „Obdach“, ebd.: 201ff), die zu den Lebenswelten der Menschen offen ist (sich ihnen aber nur bis zu einer bestimmten Grenze nähert; vgl. dazu ebd.: 179ff), die zugleich immer wieder sozial- und selbstreflexiv durchbrochen wird: etwa bezogen auf Fragen der sozialen Gerechtigkeit (mit deutlichem Bezug zur originären christlichen Soziallehre), der Schicksalhaftigkeit des menschlichen Lebens oder den besonderen Herausforderungen einer tatsächlich realistischen, aber eben nicht naturalistischen literarischen Annäherung an die soziale und menschliche Wirklichkeit (vgl. zum letzteren ebd.: 306ff), die allerdings an einigen Stellen die Grenzen auch eines *reflexiven* Dokumentarismus überschreiten (vgl. die kritischen Hinweise bei Schändlinger 1998: 190f)

Einen ganz anderen Charakter hat der bereits genannte Band von Lange/Taylor (der aber mit dem Titel „American Exodus“ ebenfalls ein biblisches Motiv aufnimmt). Während Taylor – wie erwähnt – als Soziologe besonders Feldforschungen betrieben hatte, kam Lange aus der Portraitfotografie (sie hatte seit 1919 ein Atelier in San Franzisko, das sie aber in Folge der Wirtschaftskrise aufgeben musste), sich aber schrittweise davon löste und immer mehr Personen in öffentlichen Räumen fotografierte, zunehmend Arbeitslose, Wohnungslose und Wanderarbeiter, häufig mit Migrationshintergrund. Ab 1.9.1935 (und bis 1939) arbeitete sie – lange Zeit relativ konfliktfrei – für die FSA und ihr berühmtestes Foto, nämlich „Migrant Mother“ (es ist das berühmteste aller FSA-Fotos und eines der am meisten zitierten des 20. Jahrhunderts, aber nicht im o. a. Buch enthalten) entstand 1936 (siehe S. 136)

Dorothea Lange: „Migrant Mother“ (Nipoma/Californien; 1936)

Die Entstehung des Fotos (es ist das letzte von 5 und in dieser Serie nähert sie sich den Personen immer mehr) schildert Coles (1998: 20) so: „Sie war einen Monat unterwegs gewesen. Bis zu 14 Stunden täglich war sie umhergefahren, hatte fotografiert und minutiös die von Washington verlangten Angaben über zurückgelegte Meilen, ausgegebene Pennis und Anzahl der gemachten Fotos aufgezeichnet. Sie hatte ihre Notizen bearbeitet, sich um ihre Ausrüstung gesorgt und sie gereinigt. An einem regnerischen, kalten Märzabend fuhr sie heim. Ein Schild mit der Aufschrift 'Erbenspflückerlager' fiel ihr bei Nipomo auf, doch sie verdrängte es. Ihre Arbeit auf dieser Reise war getan und gut getan. Sie fuhr noch 20 Meilen, und wie sie sich später erinnerte, ging ihr währenddessen immer wieder die Frage durch den Kopf: 'Fährst du zurück?' Sie wehrte sich dagegen, sogar noch als sie das Auto wendete, die 20 Meilen zurückfuhr und von der Straße in ein verschlammtes, gottverlassenes Zeltlager einbog. Ihr Blick fiel auf eine erschöpfte Mutter, die mit ihren Kindern in einem Zelt saß. Lange verbrachte knapp zehn Minuten bei der Frau, machte fünf Aufnahmen, hörte, dass die Ernte erfroren war, dass die Frau und die Kinder von Gemüse lebten, das sie von den Feldern holten, und von den paar Vögeln, die die Kinder fingen. Die Mutter konnte nicht wegziehen, denn sie hatte die Reifen ihres Autos verkauft.“

Die Frau hieß Florence Thompson, war damals 32 Jahre alt und ohne festen Wohnsitz und hatte sieben Kinder. Als die Mutter später an Krebs erkrankte, gab es 1983 einen erfolgreichen Spendenaufruf, so bekannt und präsent war das Foto geworden.

Kommen wir nun direkt auf den „Exodus"-Band von Lange/Taylor zu sprechen: Beide gehen von einem *inhaltlich* bestimmten und nicht weiter begründeten *sozialdokumentarischen* Anspruch aus – sowohl der Texte wie auch der den Band insgesamt dominierenden Fotos (sie sind meist mit großer Tiefenschärfe gemacht und häufig aus der Zentralperspektive aufgenommen). Sie thematisieren – ganz im Sinne der „Shooting Scripts" – besonders die unterschiedlichen Relationen zwischen Lebenslagen und Lebenswelten und die dadurch entstehenden Abhängigkeits- und Unterdrückungsverhältnisse; ferner die durch die Industrialisierung verursachten Brüche zwischen der bisherigen traditionellen Lebensweise und den neuen Bedingungen und ihren krisenhaften Bewältigungsversuchen, die beide nebeneinander existieren (als Gleichzeitigkeit des Ungleichzeitigen). Fotos und Text stehen nicht in einem einseitigen Abhängigkeitsverhältnis, aber sie verweisen zugleich aufeinander. Der Vielfalt der fotografischen Motive und Darstellungsformen entspricht auch eine Vielfalt der Textsorten: Es gibt eine informierende Einführung und längere Zwischenbetrachtungen zu den einzelnen Themenkomplexen („Old South", „Plantation – Under the Machine", „Midcontinent", „Plains", „Dust Bowl" und „Last West") und zu den jeweiligen Fotos u.a. Orts- und Zeitangaben, (meist knappe) Zitate aus den Interviews mit den Personen, historische und aktuelle sozialgeografische und -statistische Angaben, kurze Kommentare; und darüber hinaus findet man Auszüge aus offiziellen Dokumenten und Montagen aus Zeitungsartikeln und -anzeigen.

Wir haben im nachfolgenden Kasten Foto-Text-Kombinationen zu vier Themenkomplexen zusammengestellt, die einerseits der Anlage des Buches gerecht werden – und andererseits (dies ist für die Arbeitsaufgaben wichtig) bereits Bezüge herstellen zu der in Kap. 6.2 ausführlich dokumentierten Reportage von Steinbeck.

Bearbeitungsvorschläge: *Es sollte besonders folgenden Fragestellungen nachgegangen werden. Dabei ist es wichtig zu beachten, dass jede Fragestellung einen eigenständigen Arbeitsdurchgang erforderlich macht; sie müssen aber ggf. auch nicht alle und nicht in der hier vorgestellten Reihenfolge bearbeitet werden.*

1. Welche epochaltypischen sozialen Probleme werden in den Fotos deutlich (zur Beantwortung sollte der Leitfaden für die Fotointerpretation in Kap. 4.2 hinzugezogen werden; und in jedem Fall sollte „Migrant Mother" einbezogen werden)?
2. Welche anderen Fotos gibt es mit einem vergleichbaren sozialen Inhalt aus der gleichen Zeit, aber einem anderen Land bzw. aus früheren oder späteren Zeiten und worin besteht die jeweilige Besonderheit sowohl der sozialen Probleme wie auch der fotografischen Dokumentations- und Darstellungsweisen?
3. Welche Foto-Text-Relationen haben welche spezifische Aussagekraft und wie verzichtbar ist der jeweilige Text (oder Teile davon) bzw. das jeweilige Foto?
4. Wie verhalten sich menschliches Leid und menschliche Würde in den Fotos zueinander (hier empfiehlt sich ein Vergleich mit denen von Evans, aber auch von Hine)?

Dorothea Lange / Paul Taylor: „An American Exodus" (1939)

a) Der Verlust von Arbeit und Heimat *(Quelle: Lange/Taylor 1999: 91 [links] u. 92 [rechts])*

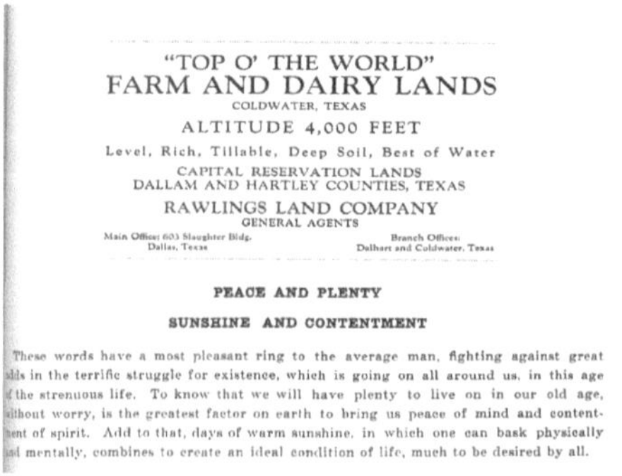

"TOP O' THE WORLD"
FARM AND DAIRY LANDS
COLDWATER, TEXAS
ALTITUDE 4,000 FEET
Level, Rich, Tillable, Deep Soil, Best of Water
CAPITAL RESERVATION LANDS
DALLAM AND HARTLEY COUNTIES, TEXAS
RAWLINGS LAND COMPANY
GENERAL AGENTS
Main Office: 603 Slaughter Bldg. Dallas, Texas
Branch Offices: Dalhart and Coldwater, Texas

PEACE AND PLENTY

SUNSHINE AND CONTENTMENT

These words have a most pleasant ring to the average man, fighting against great dds in the terrific struggle for existence, which is going on all around us, in this age f the strenuous life. To know that we will have plenty to live on in our old age, ithout worry, is the greatest factor on earth to bring us peace of mind and content-ent of spirit. Add to that, days of warm sunshine, in which one can bask physically nd mentally, combines to create an ideal condition of life, much to be desired by all.

1938—"Top o' the World" Farm and Dairy Lands 13 Years After
"Lots of 'em toughed it through until this year."
Coldwater, June 1938

b) Auf dem Weg in eine ungewisse Zukunft *(Quelle: ebd.: 53 [links] u. 128 [rechts])*

FAMILIES MILL AROUND–

"We're bound for Kingfisher, Oklahoma, to work in the wheat, and Lubbock, Texas, to work in the cotton. We're trying not to, but we'll be in California yet."

Family with 7 children from Paris, Arkansas, on the highway near Webber Falls, Oklahoma. June 27, 1938

OKLAHOMA FAMILY WITH 11 CHILDREN

She: "I want to go back to where we can live happy, live decent, and grow what we eat."
He: "I've made my mistake and now we can't go back. I've got nothing to farm with."

Brawley, February 23, 1939

c) Überleben und Arbeiten in der Fremde *(Quelle: ebd.: 115 [links] u.38 [rechts])*

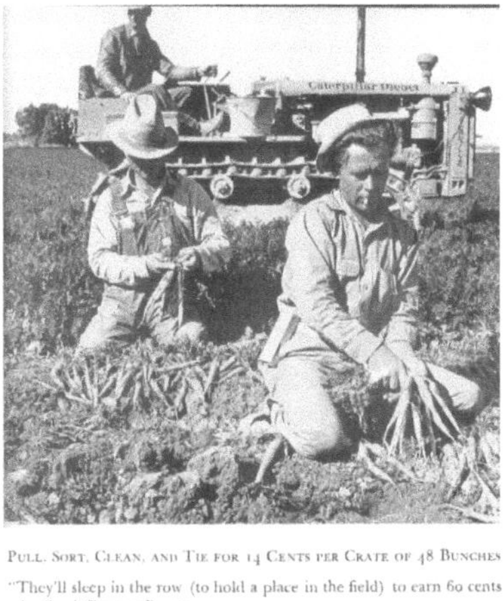

PULL, SORT, CLEAN, AND TIE FOR 14 CENTS PER CRATE OF 48 BUNCHES

"They'll sleep in the row (to hold a place in the field) to earn 60 cents a day."– A CARROT PULLER

"Imperial Valley Wintergarden," February 24, 1939

THE COMMERCIAL APPEAL
Evicted Sharecroppers Camp Along Highways In Missouri

Plantations of the Delta are coming under the machine. The sharecropper system is collapsing at its advance, and croppers are being cut from the land. In protest, hundreds of families–white and black victims of its devastation–left their cabins in January 1939 to camp along 150 miles of open road.

Highway U S 61 in southeast Missouri

d) Widerstand und Repression *(Quelle: ebd.: 138 [links] u. 136 [rechts])*

"The Salinas strike . . . is a warning that California agriculture has outgrown its infant industrial diapers. Farming has ceased to be a simple, serene mode of living and has evolved into an outdoor factory deal, with all the attendant industrial grief."–*From "California, magazine of Pacific business," Lettuce strike, 1938*

BEGINNINGS OF ORGANIZATION

Their tap-root to the land severed, they search with their fellows where new roots may be sunk.

Migrant peach pickers, Yuba County, August 1938

COTTON PICKERS' STRIKE FAILS

Street meeting at night near the end. Kern County. November 1938 →

6.2 John Steinbecks Reportage „Erntezigeuner. Unterwegs zu den Früchten des Zorns"

John Steinbeck (1902-1968) verfasste diese Reportage (mit dem Originaltitel „The Harvest Gypsies. On the Road to the Grapes of Wrath") für die „San Francisco News" auf Bitten ihres Herausgebers George West, wo sie vom 5. bis 12.10.1936 erschien[53]. Ihr waren „Feldforschungen" ganz eigener Art vorangegangen, denn der Autor bereiste im Sommer 1936 mit dem alten Lieferwagen einer Bäckerei die Landschaftsgebiete Kaliforniens (besonders „Hoovervielles" und „Little Oklahomas"). Begleitet wurde er dabei von Tom Collins. Dieser war Lehrer gewesen, hatte ein Schule für straffällige Jungen geleitet und dann nach der Weltwirtschaftkrise in der Obdachloseninitiative „Federal Transient Service" gearbeitet. 1935 kam er zur RA (dann FSA) und baute zunächst für die WanderarbeiterInnen das Lager Marysville und dann Arvin auf (sie werden in der Reportage beschrieben). Beide nahmen am Leben verschiedener Lager teil, sprachen mit den BewohnerInnen, besuchten Veranstaltungen der Lagerkomitees sowie Tanzveranstaltungen und lasen gleichzei-

53 Vgl. zur Entstehung, den Hintergründen und Wirkungen dieser Reportage Runge (2006: 46ff) und Wollenberg (1997).

tig die verschiedensten Berichte offizieller Stellen. Beide waren nicht nur von der Bedeutung der Selbstverwaltung überzeugt, sondern auch von der Notwendigkeit des gewerkschaftlichen und politischen Widerstands gegen die großen Verbände der Farmer und die dahinter stehenden Industriellenvereinigungen (der Widerstand der amerikanischen Wanderarbeiter war allerdings merklich geringer als gerade der der mexikanischen). In diesem Sinne unterstütze Steinbeck auch die „Simon J. Lubin Society", der er 1938 erlaubte sich „John-Steinbeck-Komitee" zu nennen. Collins und Steinbeck bereisten die Gegenden – wiederum mit der „alten Brotkutsche" – nochmals. Diesmal um Material zu sammeln für einen Roman. Steinbeck arbeitete jetzt allerdings z. T. auch mittels verdeckter Recherchen und nicht nur teilnehmenden Beobachtungen. Seine Erfahrungen und Einsichten hat er dann literarisch verarbeitet in „Früchte des Zorns", dessen Widmung lautete: „Carol wollte dieses Buch. Tom lebte es"[54]. Das Buch erschien im Frühjahr 1939 und erlebte zwischen März und November bereits 10 Auflagen. Es wurde dann auch schnell verfilmt unter der Regie von John Ford und mit Henry Fonda in der Rolle des „Tom Joad"[55] . Der Filmproduzent Darryl Zanucks hatte nicht nur Collins als technischen Berater verpflichtet, sondern auch ein Detektivbüro beauftragt zu überprüfen, ob Steinbeck und Collins nicht übertreiben würden; die Detektive bestätigten, dass alles noch viel schlimmer sei.

Tom Collins (http://media.photobucket.com/image/tom%20collins%20steinbeck/bakersfieldpride/Moms%20stuff/TomCollins.jpg)

John Steinbeck (http://www.californiahistorian.com/articles/pics/2007-hall-of-fame/09johnsteinbeck.jpg)

[54] „Carol" war Steinbecks damalige Frau Carol Henning Steinbeck und „Tom" natürlich Tom Collins und das Vorbild für „Jim Rawley" im Roman.
[55] Der Film ist auf DVD zugänglich.

Bearbeitungsvorschläge: *Da die Artikelserie sehr komplex aufgebaut ist – und das wird trotz der notwendigen Kürzungen deutlich – sollte sie unter mindestens folgenden Fragestellungen interpretiert werden (auch in diesem Fall erfordert jede einzelne Fragestellung einen eigenständigen Arbeitsdurchgang):*

1. Welche sozialen Probleme (im Sinne von Kap. 2) werden im einzelnen dargestellt, welche Ursachen werden dafür benannt, welche alltäglichen Bewältigungsweisen werden thematisiert und welche Lösungsvorschläge werden unterbreitet?

2. Welche Darstellungsformen (im Sinne von Kap. 1) werden im einzelnen gewählt und wie verhalten sie sich zueinander?

3. In welcher Weise wird das Verhältnis von individueller, gemeinschaftlicher und staatlicher Verantwortung sowie von sozialer und politischer Demokratie in den verschiedenen Argumentationsketten miteinander verbunden?

4. In welcher Beziehung stehen soziale Dokumentation, moralische Empörung und politisches Engagement (hierzu können auch vergleichend einbezogen werden die Antworten einer entsprechenden Umfrage unter amerikanischen SchriftstellerInnen; vgl. Agee/Evans 1989: 411ff)?

5. Inwieweit lassen sich die Antworten zu den Fragekomplexen 1-4 auch in den Fotos des Projektes wieder finden – und wo bzw. wie erweitern diese Fotos das Wissen um die sozialen Probleme und deren mögliche Bewältigung? Oder anders gefragt: Welche Art von Kontextinformationen sind notwendig, um die Bilder angemessen verstehen zu können (man sollte einmal unbekannte Fotos zunächst ohne Kontextinformationen deuten und dann fragen, welche Tiefenanalyse man auf diesem Wege erreichen kann und welche nicht)?

6. Inwieweit bietet Steinbecks Roman und die erwähnte Verfilmung von „Die Früchte des Zorns" nochmals vertiefende Einsichten in die Gesamtproblematik (hier kann der Vergleich von Runge 2006: bes. Kap. V einbezogen werden)?

7. Inwieweit gibt es ähnliche Reportagen über das Elend in den kapitalistischen Großstädten (vgl. dazu auch die Hinweise in Kap. 9.3)?

8. Inwieweit stimmen diese journalistischen Analysen von Steinbeck mit zeitgenössischen wissenschaftlichen Studien überein? – Hier ist natürlich ein Vergleich mit der berühmten, zuerst 1933 veröffentlichten Studie über einen österreichischen Ort, die „Arbeitslosen von Marienthal" mit ihrer Darstellung der Psychodynamik sozialer Ausgrenzungsprozesse und ihrem Verfahren der soziografischen Rekonstruktion von besonderem Interesse (vgl. Jahoda/Lazarsfeld/Zeisel [1975] sowie Lazarsfeld [2007: 157ff, 163ff u. 264ff]).

9. Welche dieser Probleme (einschließlich ihrer [Nicht-] Bearbeitung) können auch heute noch (z.B. beim zwischenmenschlichen, verbandspolitischen und staatlichen Umgang mit AsylberwerberInnen oder Wohnungslosen) festgestellt werden und in welchen Reportageformen werden sie dokumentiert und veröffentlicht?

Folge 1: Erntezigeuner – ein neues soziales Problem[56]

„Für den Reisenden, der gerade auf den großen Highways unterwegs ist, sind die Bewegungen der Wanderarbeiter ein Rätsel, sofern er sie überhaupt wahrnimmt: Plötzlich tauchen überall auf den Straßen ihre offenen Klapperkisten auf, die mit Kindern, schmutzigem Bettzeug und vom Feuer geschwärzten Küchengerät bepackt sind. Die geschlossenen und die offenen Güterwagen auf den Eisenbahnlinien sind auf einmal voller Männer. Und ebenso schlagartig wird es auf den Hauptverkehrsadern wieder still. An Seitenstraßen und Flussufern, wo es kaum Verkehr gibt, entstehen dann auf fremdem Grund bald armselige, schmutzige Lager, und in den Obstplantagen werden Früchte gepflückt, geschnitten und getrocknet.

Die einzigartige Natur der kalifornischen Landwirtschaft verlangt, dass es solche Arbeiter gibt, und erfordert, dass sie umherziehen. Pfirsiche und Weintrauben, Hopfen und Baumwolle können nicht von einer ansässigen Arbeiterschaft geerntet werden. Eine große Pfirsichplantage zum Beispiel, die das Jahr über von 20 Arbeitern betreut wird, benötigt unter Umständen für die kurze Zeit der Ernte und des Verpackens bis zu 2000 Arbeitskräfte. (23 f.)

[…]

Sehen wir uns einmal an, welche Menschen das sind, woher sie kommen und wie es um ihre Wanderrouten bestellt ist. Früher waren es verschiedene Rassen, die man zu kommen ermutigte und oft als billige Arbeitskräfte importierte; ganz am Anfang Chinesen, dann Philippiner, Japaner und Mexikaner. Es waren Fremde, und als Fremde wurden sie geächtet, getrennt und durch das Land getrieben. (25)

[…]

Die ausländischen Wanderarbeiter von einst waren ihrem Ursprung nach ausnahmslos verschuldete Taglöhner, Leibeigene der Gutsherren. Auf die neuen Wanderarbeiter trifft das nicht zu. In ihrem Fall handelt es sich um Kleinbauern, die ihre Farmen verloren, oder um Farmarbeiter, die nach alter amerikanischer Tradition bei der Familie des Bauern gelebt haben. (26)

[…]

Sie stammen von Männern ab, die in den Mittleren Westen kamen und sich ihr Land erkämpften, die Prärien kultivierten und auf ihrem Grund ausharrten, bis dieser wieder zur Wüste wurde. Von ihrer Herkunft und Ausbildung her sind es also keineswegs Menschen, die zu Wanderarbeitern geboren sind. Es ist die Macht der Umstände, durch die sie zu Erntezigeunern wurden. (27)

[…]

---

[56] Alle Zitatnachweise im laufenden Text beziehen sich auf Steinbeck (1997); die Überschriften zu den einzelnen Artikeln stammen von uns.

Sie sind in den Prärien aufgewachsen, in welche die Industrialisierung nie vorgedrungen ist, und dann ohne jeden Übergang von ihren alten unabhängigen Farmen, auf denen beinahe alles, was man brauchte, selbst angebaut oder hergestellt wurde, in ein landwirtschaftliches System geworfen worden, das dermaßen industrialisiert ist, dass der, der etwas anbaut, kaum je die Frucht seines Anbaus sieht, geschweige denn erntet, und in dem der Wanderarbeiter in keinerlei Verbindung mit dem Wachstumszyklus steht. Und es gibt noch einen Unterschied zwischen dem alten und dem neuen Leben. Die neuen Arbeiter kommen aus Gebieten, in denen Demokratie nicht nur möglich, sondern unabdingbar war, in denen die Herrschaft, ob nun in Bauernverbänden, in der Kirche oder in der Gemeinde, jedermanns Sache war. Und nun sind sie in ein Land gekommen, in dem sie, weil sie abgewandert sind, um sich ihren Lebensunterhalt zu verdienen, nicht nur keinerlei Stimme haben, sondern sogar als rechtens unterprivilegierte Klasse angesehen werden. (28 f.)
[…]
Die Artikelserie wird beschreiben, wie sie leben und um welche Menschen es sich handelt, wie es um ihren Lebensstandard bestellt ist, was man für sie tut, was man ihnen antut und welche Sorgen und Bedürfnisse sie haben. Während Kalifornien mit Erfolg Wanderarbeiter einsetzte, sorgte es dafür, dass sich allmählich ein menschlicher Zusammenhang herausbildete, der das Land gewiss verändern und, sofern man dieselbe Unmenschlichkeit und Dummheit an den Tag legt wie in der Vergangenheit, das gegenwärtige System der landwirtschaftlichen Ökonomie vielleicht sogar zerstören wird."(30f)

Folge 2: Das Leben im Lager: Drei Familienschicksale
„Überall im Land findet man Lager von Squattern. Wie sieht so ein Lager aus? Es liegt am Ufer eines Flusses, an einem Bewässerungsgraben oder an einer Nebenstraße, in deren Nähe es eine Quelle gibt. Aus der Entfernung nimmt sich das Lager wie die Müllhalde einer Stadt aus, und das nicht von ungefähr, kommen doch die Materialien, aus denen es gebaut ist, von ebendort. Da sieht man einen Berg von Lumpen und Alteisen und Häuser, die aus Gestrüpp, flachgeschlagenen Dosen oder Papier zusammengeflickt sind. Nur aus nächster Nähe erkennt man, dass hier jemand lebt.

Da stößt man vielleicht auf ein Haus, das von einer Familie gebaut wurde, die eine gewisse Ordentlichkeit beizubehalten versucht hat. Das Haus misst etwa drei mal drei Meter und besteht aus Wellpappe. Das Dach hat einen First, die Wände sind an einem Rahmen aus Holz festgenagelt. Der Erdboden ist sauber gekehrt, und am Bewässerungsgraben oder im schmutzigen Fluss schrubbt die Frau ohne Seife Wäsche und versucht, im verdreckten Wasser den Schmutz herauszuschwemmen.

Der Geist der Familie ist noch nicht ganz gebrochen, denn die Kinder – es gibt deren drei – haben Kleider, und die Familie besitzt drei alte Decken und eine feuchte, klumpige Matratze. Man kann das Geld, das man zum Essen braucht, nicht für Seife oder Kleider ausgeben. (32)
[…]
Fünf Jahre zuvor hatte diese Familie noch 20 Hektar Land und 1000 Dollar auf der Bank. Die Frau gehörte einer Nährunde an, und der Mann war Mitglied eines Bundes, in dem sich die Bauern der Nachbarschaft zusammengeschlossen hatten. Die Familie hatte Hühner, Schweine und Tauben sowie einen Gemüse- und einen Obstgarten für ihre eigenen Bedürfnisse; und auf ihrem Land wuchs das hohe Getreide des Mittleren Westens. Und jetzt haben sie nichts. (33)
[…]
Bald erkennt man im Gesicht des Mannes und der Frau ein Gefühl, das man in jedem Gesicht im Lager wiederfinden wird: Es ist nicht Sorge, die da geschrieben steht, sondern die absolute Angst vor dem Hunger, der immer näher rückt. Der Mann wollte ein Klo und hat in der Nähe seines Papphauses ein Loch in die Erde gegraben und es mit einem alten Stück Sackleinen umgeben. Er wird solche Dinge aber nur in diesem Jahr tun. Er gehört nämlich zu den Neuankömmlingen, und sein Schwung und sein Anstand und sein Sinn für Würde sind noch nicht ganz zerstört. Nächstes Jahr wird er sich schon wie der Mann verhalten, der neben ihm haust. (33f)
Dieser Mann ist der Vater einer sechsköpfigen Familie; er und seine Frau haben vier Kinder. Sie leben in einem Zelt, das sich kaum vom Boden abhebt. Die Leinwand verrottet schon, und deswegen sind die Klappen und Seitenteile nur mehr Fetzen und werden von rostigen Drahtstücken zusammengehalten. Es gibt eine Bettstatt in der Familie, und die besteht aus einem Überzug, der im Zelt am Boden liegt. (34)
[…]
Der Vater und die Mutter spüren jetzt die lähmende Dumpfheit, mit der sich der Geist vor zu großem Kummer und Schmerz schützt.
Und dieser Vater wird unter keinen Umständen 400 Dollar im Jahr erreichen (sie sind zur elementaren Existenzsicherung notwendig; d.Verf.), weil er nicht mehr schnell genug ist; er ist zu langsam, wenn es bei der Ernte auf Stückzahlen ankommt, und er kann die Dumpfheit nicht abschütteln, die ihn befallen hat. Sein Geist verfällt. (35)
[…]
Diese Familie gehört sozusagen zur Mittelklasse des Squatterlagers. In einigen Monaten wird sie nach unten hin abrutschen. Die Würde wird dann verflogen sein, und der Schwung wird sich in düstere Wut verkehren, ehe er erstirbt.

Die Nachbarsfamilie, ein Mann, eine Frau und drei Kinder zwischen drei und neun Jahren, haben sich ein Haus gebaut, indem sie Weidenzweige in die Erde getrieben und Gestrüpp, Blech, altes Papier und Teppichstreifen dazwischen geflochten haben. Oben haben sie ein paar Äste darübergelegt, um sich vor der Mittagssonne zu schützen. Gegen Regen richten die Äste nichts aus. Es gibt kein Bett. (…) Das drei Jahre alte Kind hat einen Leinensack umgebunden. Das ist seine Bekleidung. Der Junge ist unterernährt, sein Bauch angeschwollen. (36)
[…]
Vor vier Nächten hat die Frau im Zelt auf dem schmutzigen Teppich ein Kind zur Welt gebracht. Es ist tot geboren worden, und sie hätte es ohnehin nicht stillen können; von dem, was sie isst, bekommt sie keine Milch (…) Ihr letztes Baby, das vor weniger als einem Jahr geboren wurde, war eine Woche am Leben. Die Frau hat den glasigen, in die Ferne gerichteten Blick einer Schlafwandlerin. Sie wäscht keine Kleider mehr. Sie hat keinen Drang zur Reinlichkeit und keine Kraft mehr. Ihr Mann war früher Pachtbauer, hat es aber nicht geschafft. Jetzt will er nicht einmal mehr sprechen. (37)
[…]
Sozialarbeiter und Ermittler für verschiedene Statistiken haben Fallgeschichten aufgenommen. Die Unterlagen werden archiviert und können eingesehen werden. Man hat die Familien wieder und wieder nach ihrer Herkunft und der Anzahl der lebenden und toten Kinder befragt. Die Angaben werden festgehalten und zu den Akten gelegt. So, das hätte man also. So oft hat man das schon getan, und so wenig ist dabei herausgekommen. (38)
[…]
So sieht das Squatterlager also aus. Manche sind ein wenig besser, manche viel schlimmer. Ich habe drei typische Familien beschrieben. In einigen Lagern gibt es bis zu 300 solcher Familien. Manche Lager sind so weit vom Wasser entfernt, dass die Menschen, die dort hausen, für einen Kübel Wasser fünf Cent bezahlen müssen. Wenn die Zuwanderer stehlen und gut angezogenen, zufriedenen Menschen mit Argwohn und Groll begegnen, liegt das nicht an ihrer Herkunft oder an einer Charakterschwäche.“ (39)

Folge 3: Klassenverhältnisse und strukturelle soziale Konflikte

„Wenn die Kleinbauern im Laufe der Jahreszeit Wanderarbeiter brauchen, greifen sie im allgemeinen auf die Lager der Squatter zurück. Mit Kleinbauern meine ich hier die Besitzer von Zwei- bis Vierzig-Hektar-Gründen, die ihre mehr oder weniger überschaubaren Felder selbst bestellen.
[…]

Im Großen und Ganzen ist die Beziehung zwischen Wanderarbeitern und Kleinbauern … freundlich und verständnisvoll.
Bei vielen Streiks in der kalifornischen Landwirtschaft hat sich der Kleinbauer auf die Seite der Wanderarbeiter und gegen die mächtigen Spekulantenverbände gestellt. (40)
[…]
Kalifornische Großfarmen sind ebenso durchorganisiert und werden im Hinblick auf die Arbeitsverhältnisse ebenso zentral verwaltet wie Industrieunternehmen und Werften, Banken und Versorgungsbetriebe. Die Angehörigen und Aufsichtsratsvorsitzenden von Gesellschaften wie etwa Associated Farmers Incorporated sind ja Bankleute, Zeitungsverleger und Politiker, die durch ihre enge Verbindung mit der kalifornischen Handelskammer wiederum verzweigte Verbindungen zu den Schiffseigentümerverbänden, den Konzernen im Versorgungsbereich und den Transportmittelgesellschaften haben. (41)
[…]
Die Ranches, die von diesen Spekulanten betrieben werden, haben in der Regel Häuser für die Wanderarbeiter, die sie verpflichten – Häuser, für die sie eine monatliche Miete von drei bis fünfzehn Dollar verlangen. (…) Die Häuser, meist drei mal vier Meter große Ein-Zimmer-Hütten, haben keinen Bodenbelag, kein Wasser, kein Bett. In einer Ecke steht ein kleiner Holzofen aus Eisen. Das Wasser muss man von der Wasserleitung am Ende der Straße holen. Dort gibt es auch – für jeweils 100 bis 150 Personen – ein Plumpsklo oder ein Klo mit einem Klärbehälter. (42 f.)
[…]
Der Wille des Besitzers der Farm ist .. Gesetz; ihre Waffen deutlich zur Schau tragend, ist immer gleich eine Ordnungskraft zur Stelle. Jede Meinungsverschiedenheit gilt als Widerstand. Ein Blick auf die Liste der Wanderarbeiter, die innerhalb eines einzigen Jahres in Kalifornien erschossen wurden, weil sie sich ‚einem Beamten widersetzten', genügt, um zu erkennen, wie beiläufig diese ‚Beamten' Arbeiter töten. (43)
[…]
Die Einstellung des Arbeitgebers auf einer großen Ranch ist von Hass und Misstrauen gekennzeichnet, und sein Umgang mit den Arbeitern beruht auf der Androhung von Waffengewalt. (44 f.)
[…]
Auch die Haltung der Arbeiter auf einer großen Ranch ist im Wesentlichen eine des Hasses und des Misstrauens. Sie sind von Gewalt umgeben. Der Arbeiter weiß, dass er umgebracht werden kann, ohne dass der Arbeitgeber etwas zu befürchten hätte …. (45)

[…]
Man hat beinahe den Eindruck, dass die Leitung der Farmen, nachdem sie nun gegenüber den Arbeitskräften, die sie für ihr Überleben brauchen, diese Unterdrückungshaltung aufgebaut haben, Angst vor den Folgen ihres Tuns haben. Diese Angst diktiert ihnen, die Unterdrückung zu verschärfen, die Zahl der Wachen zu erhöhen. Und auf Schritt und Tritt wird das Gefühl vermittelt, dass die Ranch bald losschlägt und einen bewaffneten Kampf führt.“ (46)

Folge 4: Versuch einer humanitären staatlichen Problemlösung
„Die Bundesbehörden, die erkannt haben, dass die elenden Verhältnisse der kalifornischen Wanderarbeiter in der Landwirtschaft ein drängendes und schwerwiegendes Problem darstellen, haben zwei Lager eingerichtet und planen für die unmittelbare Zukunft acht weitere. Aus der Entwicklung der Lager in Arvin und Marysville lassen sich in sozialer und ökonomischer Hinsicht wesentliche Schlüsse ziehen. (83)
[…]
In diesem Lager (in Arvin; d.Verf.) finden die Arbeiter Wasser, Toilettenpapier und einen Vorrat an Medikamenten vor. Der Lagerleiter lebt auf dem Areal. Um auf dem Grund ein Zelt aufschlagen zu dürfen, gibt es drei einfache Bedingungen: Man muss ein Landarbeiter sein und arbeiten wollen. Man muss dazu beitragen, das Lager sauber zu halten. Und man muss als Gegenleistung zwei Stunden pro Woche in die Erhaltung und Verbesserung des Lagers investieren. (83)
[…]
In dieser Artikelserie ist das Wort Würde bereits wiederholt vorgekommen. Das Wort bezeichnet hier nichts Aufgeblasenes, sondern meint einfach eine Ebene menschlicher Verantwortung gegenüber der Gemeinschaft. Ein Mensch, den man hin und her treibt, bewaffneten Wachen unterstellt, hungern lässt und dazu zwingt, im Dreck zu leben, verliert seine Würde, verliert seine berechtigte Stellung im Hinblick auf die Gesellschaft und daher auch sein moralisches Empfinden dieser gegenüber. Das wird nirgendwo deutlicher als in Gefängnissen, wo man die Menschen jeder Würde beraubt und Verbrechen und Verstöße gegen die Regeln auf der Tagesordnung stehen. Die Zerstörung der Würde betrachten wir also als eines der bedauerlichsten Ergebnisse der Lebensverhältnisse der Wanderarbeiter. So mindert man ihr Verantwortungsbewusstsein und macht sie zu mürrischen Ausgestoßenen, die gegen die Regierung losschlagen werden, wann und wie es ihnen gerade einfällt.
Das Beispiel des Lagers in Arvin stützt diese Einschätzung. Die Menschen werden dort dazu ermutigt, sich selbst zu verwalten, und sie haben sich für einfache und durchführbare demokratische Maßnahmen entschieden. (84)

[…]
Die Ergebnisse dieser verantwortlichen Selbstverwaltung sind bemerkenswert. Die Bewohner des Lagers waren gebrochen, niedergeschlagen und mittellos, als sie eintrafen. Doch mit dem Wiedererwachen ihres sozialen Empfindens haben sie sich niederzulassen begonnen. Das Lager kümmert sich jetzt selbst um seine Armen und sorgt dafür, dass jene, die nichts mehr haben, von den spärlichen Vorräten zu essen und eine Unterkunft bekommen. Der Zentralausschuss macht die Gesetze, die das Verhalten der Lagerbewohner bestimmen. (85)
[…]
Die Pläne der Wiederansiedlungsbehörde zur Ausweitung der Lager stößt auf einen durch verschiedene Interessen im Land motivierten Widerstand. Es handelt sich im wesentlichen um vier Argumente, die gegen die Einrichtung von Lagern vorgebracht werden.
Erstens, so meint man, würden sich durch die Lager die Kosten der Gemeinden für lokale Polizeikräfte erhöhen. Die beiden Lager, die es jetzt schon seit über einem Jahr gibt, brauchen hingegen überhaupt keine Polizeikräfte, für welche die Gemeinde aufkommen müsste, während die Squatterlager dauernd das Büro des Sheriffs beschäftigen.
Das zweite Argument betrifft die Schulkosten, die sich durch die Kinder aus dem Lager für die Bezirksbehörden angeblich erhöhen würden. Die Unterstützung der Schulen liegt in den Händen der Landesbehörden und richtet sich nach der Anzahl der Schüler. (…)
Drittens führt man an, dass die Art von Menschen, die in den Lagern wohnt, die Bodenpreise sinken lassen würde. Durch die beiden Lager … haben sich die Bodenpreise in der Umgebung nicht im geringsten verändert, und die Menschen in den Lagern kommen aus guten alten amerikanischen Familien und haben bewiesen, dass sie dem amerikanischen Lebensstandard entsprechen können. (…)
Viertens wird – wie etwa vom Herausgeber des *Yuba City Herald*, der sich selbst als einen Sadisten bezeichnet und eine Reihe hetzerischer und umstürzlerischer Leitartikel über das Lager von Marysville verfasst hat – behauptet, dass es sich um Brutstätten des Streiks handle. Angesichts zwingender Beweise musste der Patriot aus Yuba City seine Aussage, dass das Lager voller Radikaler sei, zurückziehen. Auch die Spekulanten in den Anbauerverbänden werden so argumentieren. Diese Verbände haben kein Hehl daraus gemacht, dass sie die Existenz einer Leibeigenenklasse als für ihren Erfolg unabdingbar ansehen. Jeder Schritt, der auf eine Verbesserung der Lebensumstände der Wanderarbeiter abzielt, wird von ihnen als radikal angesehen werden.“ (89-91)

Folge 5: Wie und warum man durch alle sozialen Netze fallen kann

„Für die Wanderarbeiterfamilien in Kalifornien sind Zuschüsse, wie sie Arbeitslosen mit einem festen Wohnsitz gewährt werden, keine Alternative. (…)

Wanderarbeiter sind immer wieder arbeitslos, weil sie Saisonarbeiter sind. Sie haben jedoch keinen Anspruch auf Arbeitslosenunterstützung, weil man für die meisten Zuschüsse einen festen Wohnsitz haben muss.

Der Wanderarbeiter kann keinen festen Wohnsitz angeben. Er muss ja im Land umherziehen, um arbeiten zu können. (…)

Aus demselben Grund kommt er auch für Unterstützungen seitens der lokalen Behörden nicht in Frage, weil deren Fonds den Menschen vorbehalten sind, die in der betreffenden Region ansässig sind.“ (92)

Es folgt nun die ausführliche Schilderung eines Falles, wo ein Vater sich verletzt und aufgrund fehlender Ansprüche auf ärztliche Behandlung seine Arbeitskraft und damit seine Beschäftigung einbüßt; und sein Junge aus gleichem Grunde an einer Blinddarmentzündung stirbt.

„Die kalifornischen Gemeinden werden mit solchen Problemen auf altbewährte Art fertig: Erstens glaubt man es nicht und bestreitet hartnäckig, dass es ein Problem gibt. Zweitens erklärt man sich seitens der lokalen Behörden als nicht zuständig, weil die Betroffenen ja dort keinen festen Wohnsitz haben. Und die dritte und dümmste aller Methoden besteht darin, sich das Problem dadurch vom Hals zu schaffen, dass man die Menschen in ein anderes County abschiebt.“ (96)

Folge 6: Die historische Kontinuität eines sozialen Skandals

In diesem Artikel wird die bereits in Folge 1 angesprochene Geschichte der chinesischen, japanischen, mexikanischen und philippinischen ArbeiterInnen ausführlich dargestellt; darauf verzichten wir hier und zitieren nur zwei Feststellungen; zunächst die einleitende:

„Die Geschichte der Einfuhr fremder Arbeitskräfte nach Kalifornien und ihrer Behandlung ist eine Geschichte skandalöser Gier und Grausamkeit.“ (101)

Und zum Schicksal der mexikanischen ArbeiterInnen heißt es:

„Nun haben sich kürzlich die Mexikaner in Kalifornien, dem Beispiel der Arbeiter in ihrer Heimat folgend, zu organisieren begonnen. In Südkalifornien ist man dieser Entwicklung mit terroristischen Mitteln und einer Brutalität entgegengetreten, die man in einem zivilisierten Land nicht für möglich gehalten hätte.“ (103)

Folge 7: Was getan werden kann und muss: Sozialpolitische Reformvorschläge

„Aus den Geschichten, die fast täglich in der Zeitung erscheinen, den zahlreichen Berichten für Regierungsstellen, die jedem zugänglich sind, der sich dafür interessiert, und dieser gezwungenermaßen kurzen Artikelserie geht hervor, dass ein Plan gefasst werden muss, der sich des Problems der Wanderarbeiter annimmt. Dies ist, wenn schon nicht aus humanitären Gründen, so wegen des Bedarfs der kalifornischen Landwirtschaft an solchen Arbeitskräften, unumgänglich. Überblickt man die Lage, bieten sich eine Reihe von Veränderungsvorschlägen an. Die folgenden Punkte zielen auf eine teilweise Lösung des Problems.

Da die meisten weißen amerikanischen Wanderarbeiter ehemalige Besitzer einer Ranch, Pächter oder Farmarbeiter sind, steht außer Frage, dass sich ihre Ausbildung und ihr Ehrgeiz nie von der Landwirtschaft gelöst hat. Man sollte ihnen Land verpachten oder – wenn möglich – Grund und Boden des Bundes oder des Landes Kalifornien für Subsistenzfarmen zur Verfügung stellen. (…)

Es sollte jeweils mehrere solcher Subsistenzfarmen in unmittelbarer Nähe voneinander geben, und die Farmen sollten in Gebieten liegen, in denen man viele Erntearbeiter braucht. Man sollte kleine Häuser errichten und die Familien ansiedeln; Schulen sollten so nah sein, dass die Kinder sie besuchen können. Die Arbeiter, die solche Farmen übernehmen, sollten ermutigt und unterstützt werden, für ihren Eigenbedarf Obst und Gemüse anzubauen und Vieh zu züchten, Schweine, Hühner, Kaninchen, Puten und Enten zu halten.

Man sollte die Erträge darauf abstimmen, dass ihre Erfordernisse dem Bedarf an Wanderarbeitern nicht widersprechen. (…)

Man sollte in diesen Gemeinschaften Zusammenarbeit und Selbsthilfe fördern, damit diese Menschen durch die Selbstverwaltung und die wiedererlangte gesellschaftliche Verantwortung wieder zu wirklichen Staatsbürgern werden. Für die Kosten solcher Projekte sollten Bundes-, Landes- und Countystellen aufkommen, damit die Gemeinden, welche die meisten Saisonarbeitskräfte brauchen, zu deren Wohlergehen auch den entsprechenden Teil beitragen.

Die Kosten für solche Unterfangen wären wohl kaum sehr viel höher als die derzeitigen Ausgaben für Tränengas, Waffen, Munition und Hilfssheriffs. (108 f.)

[…]

Auf Landesebene sollte man einen Ausschuss für die Belange der Wanderarbeiter mit Außenstellen in den verschiedenen Gebieten einrichten, in denen man Saisonarbeitskräfte braucht. In diesem Ausschuss sollten die Arbeiter vertreten sein.

Lokal eingerichtete Stellen sollten, bevor die Nachfrage einsetzt, das betreffende Gebiet bereisen, die Zahl der erforderten Arbeitskräfte sowie den in Aussicht ste-

henden Lohn erheben. Die Informationen sollten den Subsistenzbauern und den Gewerkschaften zur Verfügung gestellt werden, damit es zu keinem chaotischen Ansturm kommt und sich die doppelte oder dreifache Menge der erforderlichen Arbeiter einfindet. (110)
[…]
Man sollte die Landarbeiter dazu ermutigen, sich zu organisieren, und ihnen dabei helfen – und das sowohl zu ihrem eigenen Schutz als auch im Hinblick auf eine vernünftige Aufteilung der Arbeit und ihre Selbstverwaltung auf Grundlage einer Auseinandersetzung mit den gegebenen Problemen. (…)
Der Generalstaatsanwalt … sollte jedem Aufflackern von Terror seitens der sogenannten Schutztruppen der Grundeigentümer auf den Grund gehen und diese für Kalifornien schändlichen Vorkommnisse untersuchen. (…) Da eine Regierung nichts anderes ist als das System der von ihr erlassenen Gesetze und das bewaffnete Schutzbündlertum einen Versuch darstellt, dieses System von Gesetzen zu stürzen und eine Herrschaft der Gewalt an dessen Stelle zu setzen, könnte man nach bestehendem Syndikalismus-Strafrecht Anklage erheben.
Man hat die Gesetze bisher nur gegen die Arbeiter verwendet. Man sollte sie jedoch gegen die viel zerstörerischen faschistischen Gruppen einsetzen, die den Sturz der jetzigen Regierungsform durch Waffengewalt predigen und anstreben. (111 f.)
[…]
Es wird einer militanten und wachsamen Organisation von Angehörigen des Mittelstandes, Arbeitern, Lehrern, Handwerkern und Liberalen bedürfen, um diese um sich greifende Gesellschaftsphilosophie zu bekämpfen und die demokratische Regierungsform im Bundesstaat Kalifornien zu sichern.“ (113)

Und die ganze Serie endet mit dem ambivalenten Ausblick:

„Die neuen Zuwanderer aus den Staubwüsten des Mittleren Westens werden in Kalifornien bleiben. Es sind Menschen aus guten alten amerikanischen Familien, intelligent, einfallsreich und – wenn man ihnen die Chance gibt – sozial verantwortlich. Der Versuch, sie zum Lohnsklaventum zu zwingen und ihnen Hunger und Verzweiflung aufzuherrschen, wird scheitern. Sie können zu Staatsbürgern erster Güte oder aber zu einer von Leid und Hass getriebenen Armee werden, die sich nimmt, was sie braucht. Zu welchem Weg die Wanderarbeiter sich gezwungen sehen, wird davon abhängen, wie man sie in Zukunft behandelt.“ (113)

Zweiter Teil:

Historische und aktuelle Themenfelder, Verfahrensweisen und Techniken der Sozialreportage – am Beispiel von Österreich

Kapitel 7: Bildung, historische Räume und soziale Ungleichzeitigkeiten

Dieses sehr kurze Kapitel will nur eine Überleitung herstellen zwischen dem ersten und zweiten Teil dieses Buches, indem es einige wichtige Ergebnisse der Kap. 1 – 6 so zuspitzt, dass daraus leitende Fragestellungen resultieren für die nachfolgenden Analysen.

7.1 Die demokratische Bewältigung der sozialen Probleme als Bildungsperspektive

Die Reportage von Steinbeck (in Kap. 6.2) hat nochmals exemplarisch deutlich gemacht, dass die in Kap. 2 skizzierten sozialen Probleme stets komplexe Wechsel- und Widerspruchsverhältnisse zwischen objektiven Ursachen und subjektiven Bewältigungsweisen und Gründen beinhalten, dass ihre Lösung also zugleich die systemischen Voraussetzungen der alltäglichen Lebensführung verbessern wie auch die Fähigkeit und Bereitschaft der Menschen anregen und unterstützen muss, ihr Leben wieder „selbst in die Hand zu nehmen". Während *autoritäre* Lösungen die betroffenen Menschen von der Verbesserung ihrer Lebensbedingungen weitgehend ausschließen und ihnen zugleich vorschreiben, wie sie ihr Leben zu führen haben, zeichnen sich *demokratische* Bewältigungsformen durch eine ausbalancierende Betrachtungs- und Handlungsweise aus, die die Bedingungsverbesserungen stets mit Subjektförderungen verbinden. Das ist selbstverständlich nicht einfach und es ist auch nicht widerspruchsfrei, es ist aber schon mittelfristig die einzige Möglichkeit einer *nachhaltigen* Einschränkung und schließlichen Überwindung der sozialen Probleme (auch das macht die Reportage von Steinbeck deutlich).

Die Tatsache, dass sich Soziale Arbeit stets im Spannungsverhältnis von *Sozialpolitik* und *sozialpädagogischem Handeln* bewegt und entfaltet und diese Relation zugleich aus der *intersubjektiven* Perspektive der Beteiligten (Betroffenen, Professionellen und Interessierten) betrachtet, also den *Lebensweltbezug* zum Angelpunkt ihres Problemverständnisses und ihrer Problembearbeitung macht (oder zumindest machen sollte), wirft nun die Frage auf, an welchen „Maßstäben" sich denn dieses Handeln ausrichten soll und kann, damit die demokratische Bewältigungsperspektive nicht nur gute Absicht ist, sondern tragfähiges Fundament wird. An dieser Stelle ist es nicht nur nahe liegend, sondern auch gut begrünet, die neuere Bildungsdiskussion aufzunehmen, weil nämlich die sozialwissenschaftlich ausgerichteten Ansätze *normative* Orientierungen enthalten, mit deren Hilfe die vorfindliche Realität (hier: Entstehung und Verlaufsformen der sozialen Probleme) *kritisch* analysiert und zugleich durch eine *konstruktive* soziale und pädagogische Handlungspraxis schrittweise abgebaut und überwunden werden kann. Bildung reduziert sich dabei nicht auf bestimmte Wissensformen, Werte und Einstellungen (obwohl auch sie dazu gehören), sondern beinhaltet eine umfassende Perspektive der alltäglichen und biografischen Lebensführung. Sie wird von uns verstanden[57] als die Fähigkeit und Bereitschaft

- zur *Selbstbestimmung*, zum reflexiven Umgang mit den eigenen Erfahrungen, Wünschen und Einsichten, den biografisch gewachsenen und raumzeitlich verankerten Selbst- und Weltsichten sowie den eigenen Lebensbeziehungen und Sinndeutungen;
- zur *Mitbestimmung* und *Mitgestaltung* der ökologischen, ökonomischen, politischen und kulturellen Lebensbedingungen sowohl des alltäglichen Nahraumes wie der übergreifenden systemischen Strukturen und Institutionen;
- zur *Solidarität* mit denjenigen, die strukturell benachteiligt werden und unter körperlichen Verletzungen, psychosozialen Belastungen und moralischen Kränkungen leiden, und zu der Aufgabe, gemeinsam die Ursachen dieses Leidens schrittweise abzubauen und perspektivisch zu überwinden;
- und zur aktiven *Verantwortungsübernahme* für die Schaffung ökologisch nachhaltig gesicherter, ökonomisch und sozial gerechter, politisch und kulturell freiheitlicher gesellschaftlicher Verhältnisse sowie humaner zwischenmenschlicher Beziehungen.

Der innere Zusammenhang dieser übergreifenden Bildungsdimensionen besteht u.a. darin, dass eine Symmetrie geschaffen werden soll zwischen dem personalen *Recht* auf Selbst- und Mitbestimmung und der personalen Pflicht zur Solidarität und Verantwortungsübernahme. Hier nimmt die Bildungstheorie neuere Entwürfe der Menschrechtsdebatte auf, die deutlich machen, dass das *Recht auf* die Menschenrechte zwingend verbunden ist mit der *Pflicht, zu* ihrer Realisierung selber möglichst viel beizutragen und Menschenrechtsverletzungen *aktiv* entgegen zu treten.

Wird Bildung so verstanden, so dürfte unmittelbar verständlich sein, dass soziale Problemkonstellationen immer auch zu begreifen sind als Einschränkung und

---

57 Vgl. dazu Klafki (1991a,b) und Klafki/Braun (2007 (Kap. 2 u. 3), wo auch näher erläutert wird, in welchem Verhältnis dieses Bildungsverständnis zu anderen, besonders klassischen Ansätzen steht; vgl. zur aktuellen Debatte Otto/Oelkers (2006).

Verhinderung von Bildung, als *„Halbbildung“* (wie es Adorno [1972] nannte), als „Bildungsarmut“ (wobei „Armut“ hier durchaus in einem weiten Sinne zu verstehen ist). Dies wird noch deutlicher, wenn man sich vergegenwärtigt, dass diese Art von Bildung immer auf das *Allgemeine* zielt (sie ist am gesellschaftlichen Allgemeininteresse ausgerichtet); also

- an einem egalitär-pluralen Zugang *aller* Menschen zu *allen* gesellschaftlichen Einrichtungen der Daseinsvorsorge, der Qualifikation und Sozialisation, der akiven Aneignung und reflexiven Vermittlung von dynamischem Wissen, welches das anspruchsvoll-realistische Welt- und Selbstverständnis fördert;
- an einer Ausrichtung dieses dynamischen Wissens und Könnens an verallgemeinerten Erfahrungen, Erkenntnissen und Fähigkeiten (klassisch formuliert: an der „Bildung im Medium des Allgemeinen“), worunter konkret die Ausrichtung an den *epochaltypischen Schlüsselproblemen* der jeweiligen Gesellschaftsordnung verstanden werden kann (vgl. dazu Kap. 7.2); und
- an der vielseitigen, perspektivisch *allseitigen* Förderung aller Fähigkeiten, Fertigkeiten, Bereitschaften usw.

Diese Differenzierung der Bildungsperspektiven in eine soziologische („für alle“), eine didaktische („über alles“) und eine psychologische Dimension („aller Seiten“) erlaubt zugleich eine genauere Analyse der objektiven Ursachen und intersubjektiven Entwicklungsdynamiken der unterschiedlichsten sozialen Probleme als speziellen Ausprägungsformen von Halbbildung bzw. Bildungsarmut. Eine weitere Konkretisierung und Spezifizierung erlaubt die Verknüpfung von Bildungs- und Sozialraumtheorie.

7.2 Die Stadt-Land-Relationen als epochaltypisches Schlüsselproblem der Sozialraumentwicklung

Die Bedeutung der sozialräumlichen Kontexte für die Ausrichtung und das Gelingen von Bildungsprozessen, nicht nur bei Kindern und Jugendlichen, sondern auch bei Erwachsenen, älteren und alten Menschen, ist in den letzten 10-15 Jahren gerade von der Sozialen Arbeit in vielfältiger Weise herausgearbeitet worden[58]. Dem liegt u.a. folgende Einsicht zu Grunde: *Orte* werden durch einzelne Menschen, durch Gruppen, durch soziale Milieus und Klassen, ggf. durch die Gesellschaft insgesamt

[58] Vgl. bes. Deinet (2009), Deinet/Reutlinger (2004), Ecarius/Löw (1997), Faulde u.a. (2006), Gängler (1990), Kessl/Otto (2007), Kessl/Reutlinger (2008), Krisch (2009) und Reutlinger (2008).

miteinander in Verbindung gesetzt und auf diese Weise entstehen *Räume.* Sie sind also eine materielle, symbolische und intersubjektive *Konstruktionsleistung*, sie sind den Menschen nicht einfach gegeben, sondern aufgegeben, sie müssen sie sich aktiv aneignen und im Prozess ihrer Aneignung verändern sie entsprechend ihren bewusst gewordenen Interessen und Bedürfnissen diese Räume. Voraussetzung und Resultat einer solchen Raumgestaltung ist immer auch *Bildung.*

Damit ist auch gesagt, dass gesellschaftliche Räume *historisch gewordene* sind und sich auch *in Zukunft verändern* werden. Dies entspricht der kultursoziologischen Einsicht, dass auch die Ziele, Inhalte, Sozialformen, Medien und Rückmeldeverfahren von Bildung(sprozessen) in den umfassenden geschichtlichen Prozess eingelassen sind, dass sie aus ihm heraus zu verstehen und zu begründen sind. Der relationale Perspektivismus von Mannheim (vgl. Kap. 3.2.3/3.2.4) stellt das menschliche Wissen einerseits in dieses Spannungsverhältnis von Vergangenheit, Gegenwart und Zukunft (dies wird mit dem Bezug auf die Epoche bzw. die epochaltypischen Schlüsselprobleme begrifflich zum Ausdruck gebracht) und andererseits in den Kontext der unterschiedlichen Klassen, Lebenswelten und Milieus und den dort ermöglichten bzw. verhinderten Bildungsprozessen. Im Unterschied dazu gibt es in der aktuellen Sozialraumdebatte nur wenige Beiträge, die sich den *historischen Voraussetzungen* der *gegenwärtigen und absehbar zukünftigen Entwicklungen* zuwenden (sie werden in dem *theorie*-geschichtlichen Band von Kessl/Reutlinger [2008] allerdings indirekt angesprochen). Insofern versteht sich dieser zweite Teil auch als ein spezifischer Beitrag zur Geschichte der sozialen Räume und ihrer Lebenswelten. Da dies nun aber ein sehr weites Feld ist – selbst wenn man sich auf Österreich beschränkt –, haben wir uns in *exemplarischer* Absicht den Stadt-Land-Relationen zugewendet. Das bietet einerseits die Möglichkeit, die unterschiedlichen Themenfelder, Verfahrensweisen und Techniken der Sozialreportage wie „Perlen" aufzureihen bei der Darstellung der „Kette" der epochalen Entwicklungen (und sie nicht relativ beliebig nebeneinander stellen zu müssen); und andererseits können auf diese Weise die *historische* Genese, Struktur, Funktion und Sinndimension einer der zentralen *Gegenwarts-* und *Zukunftsfragen* dargestellt werden. Es lebten nämlich 2008 welthistorisch erstmals die meisten Menschen in einer Stadt; waren es um 1900 noch 10%, sollen es 2030 schon 60% und könnten es 2075 bereits 75% sein. Das klingt irgendwie verständlich, ist es aber bei näherem Hinsehen keineswegs (womit schon darauf hingewiesen ist, dass sich die Sozialreportagen hier eines komplexen und komplizierten Problems annehmen). Denn ist diese Stadt und ihr Gegenstück – das Land – noch das, was wir bisher darunter verstanden haben? Doch damit hören die Verständnisprobleme noch nicht auf, denn schon ein flüchtiger Blick in Berichte der Tagespresse oder touristische Informationen und populäre Reiseführer, aber auch auf Postkarten, in Filme und ähnliche ikonische Darstellungsformen macht sehr schnell deutlich, wie vage die Vorstellungen von dem sind, was „das Land“ ausmacht und was „die Stadt“ eigentlich ist. Aber auch in der wissenschaftlichen bzw. verwissenschaftlichten Literatur (etwa in Schulbüchern) werden beide Worte manchmal eher als Metaphern, denn als streng wissenschaftliche Begriffe verwendet; oder aber es wird – wie z.B. auf der Marburger Tagung „Stadt und Land im Wandel“ (Schirp/Zahn 2009) – durchgängig darauf hingewiesen, dass die Dichotomie von Stadt und Land gegenwärtig weder aus empirischen noch aus theoretischen Gründen aufrecht erhalten werden kann. Damit ist nicht bestritten, dass beide Konzepte in bestimmten Epochen der europäischen Geschichte eine erhebliche theoretische und praktische Relevanz hatten[59], sondern dass wir es aktuell mit grundlegenden epochalen Neustrukturierungen der Stadt-Land-Relationen zu tun haben, die zugleich ein hohes Maß an Ungleichzeitigkeiten aufweisen (vgl. die Übersichten bei Benevolo 1993 und Le Goff 1998). Diese sollen in diesem Teil umrissen werden, um so mehr Klarheit darüber zu gewinnen über die historische, die aktuelle und die in Zukunft zu erwartende Dynamik der sozialen Probleme und die daraus resultierenden thematischen und methodischen Aufgabenstellungen der Sozialreportage.

7.3 Soziale Ungleichzeitigkeiten in den Bildungsverhältnissen

Das Theorem der Ungleichzeitigkeit ist in den 1930er Jahren besonders von Bloch (1985: 104ff) entwickelt worden (es klang auch schon bei Mannheim an; vgl. Kap.3.2), um das klassische bzw. traditionelle marxistische Basis-Überbau-Konzept zu flexibilisieren und so verständlicher zu machen, warum in einer modernen Gesellschaft wie der deutschen, aber auch der österreichischen die Barbarei des Faschismus siegen konnte. Das Theorem hat aber für die Analyse von historischen Raumbeziehungen – wie denen von Stadt-Land – eine darüber erheblich hinausgehende Bedeutung, weil in sie zwingend Ungleichzeitigkeiten in den Bildungsverhältnissen eingelassen sind, die auch als solche zwischen *historischem Gedächtnis* und *ge-*

59 Sie waren allerdings wohl nie so stimmig, dass sie einen systematischen Eingang in die Geschichtswissenschaft gefunden haben; das wird auch daran deutlich, dass beide Begriffe in dem „Historischen Lexikon zur politisch-sozialen Sprache in Deutschland“ von Koselleck u.a. (2004) fehlen.

schichtlich gewordener Gegenwart und *Zukunft* verstanden werden können[60]. Das gilt besonders in viererlei Hinsicht:

a. Die *objektiven*, sowohl materiellen wie symbolischen Ungleichzeitigkeiten resultieren aus der Tatsache, dass diese Objektivationen menschlicher Zwecksetzungen und Bedürfnisse – auf die sich Bildung im o.g. Sinne bezieht – den Zeitpunkt ihres Entstehens strukturell überdauern und es somit zu einer Gleichzeitigkeit des zu ganz verschiedenen Zeiten Entstandenen kommt. So kann man bei fast jedem Foto eines Dorfes, einer Stadt Gebäude aus sehr unterschiedlichen Zeiten erkennen, manchmal können sie – wenn sie „geschickt" gemacht sind – mehrere Jahrhunderte auf einem Bild bannen (und in einem Fotowettbewerb mit Kindern oder Jugendlichen könnte man es zur Aufgabe machen, möglichst viele Jahrhunderte auf ein Foto zu bannen – aber ohne ein Weitwinkelobjektiv zu benutzen). Es ist das Wesen des umbauten wie des gebauten Raumes, dass seine materiellen Strukturen (z.B. Material und Konstruktionen eines Förderschachtes im einem Bergwerk), seine gesellschaftlichen und sozialen Funktionen wie seine symbolischen Ausdrucksformen sowohl in die jeweiligen Epochen eingelassen sind – und sie gleichzeitig immer schon überschreiten (sofern sie nicht zu einem bestimmten Zeitpunkt durch extreme Gewaltformen wie Naturkatastrophen und Kriege weitgehend vernichtet worden sind bzw. werden). Somit begegnet uns in diesen menschlich geschaffenen Räumen sowie der durch sie hervorgerufenen sozialen Probleme unsere eigene Geschichte und wir verhalten uns mehr oder weniger bewusst schon immer zu dieser Geschichte.
b. Dieses lebensweltliche und bildende Verhältnis zu den räumlichen Lebensbedingungen ist aber nicht einfach ein direktes, ungefiltertes, quasi reflexartiges, sondern es ist ein durch *kollektive Deutungsangebote*, objektive Gedankenformen, kulturelle Traditionen vermitteltes (z.B. auch über das, was früher soziale Probleme waren, was heute welche sind und welche es wohl in Zukunft geben wird; oder über das, was ein gutes Leben ist oder ob das Leben in der Stadt zwar anstrengender, aber auch interessanter ist). Und gerade bezogen auf die Vorstellungen, die mit „Stadt" und „Land" verbunden werden, kann und gibt es zahlreiche Ungleichzeitigkeiten zwischen der historisch-gesellschaftlichen Wirklichkeit und deren ebenfalls sich geschichtlich herausbildenden kollektiven Deutungen. So gibt es z.B. Vorstellungen, die zu einer bestimmten Zeit zutreffend waren (dass es z.B. ländliche Zonen gibt, die weitgehend „unbe-

[60] Vgl. zum allgemeinen Verhältnis von Moderne und Geschichte Albrow (1998; Kap.1) und Le Goff (1999: Kap. I); und zum Verhältnis von Architektur und Geschichte Amsoneit/Ollenik (2008).

rührt" sind vom Zivilisationsprozess), die aber auf die heutige Zeit übertragen weitestgehend unzutreffend sind (in dem genannten Beispiel spiegelt sich ein aus der Romantik stammendes, tendenziell anti-modernes Naturverständnis wider, was zum Teil auf Jean-Jacques Rousseau [1712-1778] zurückgeht). Aus diesem Grunde ist es notwendig, stets relativ genau *empirisch* zu klären, worin die Besonderheiten der Stadt-Land-Beziehungen und der jeweils ermöglichten bzw. verhinderten Bildungsprozesse epochaltypisch bestanden bzw. bestehen.

c. Dieses innerhalb einer Lebenswelt *intersubjektiv* geteilte Verhältnis zu den historischen Raumrelationen und Bildungsverhältnissen- hier: den Stadt-Land-Relationen – ist aber selber von Ungleichzeitigkeiten bestimmt, weil es einerseits *biografisch* gewachsene und intersubjektiv verbindende Vorlieben und Abneigungen zu bestimmten historischen Epochen gibt (die einen mögen den in Österreich allseits präsenten Barock als Ausdruck der starken gesellschaftlichen und politischen Positionen des Katholizismus der Gegenreformation – und andere Gruppen lehnen ihn genau deshalb ab). Zugleich gibt es *intergenerative* Unterschiede in den Beziehungen zu und Bewertungen von bestimmten Raumentwicklungen (man denke z.B. an die Generation, die bestimmte ländliche Regionen vor ihrer Zersiedlung durch den extrem „raumfressenden" Eigenheimbau kannte – und derjenigen der StadtbewohnerInnen, die ihn gerade durch den Zweitwohnungsbau der „Freizeitgesellschaft" in hohem Maße vorangetrieben hat; (vgl. Kap. 11.3.2/11.3.7).

d. Da Räume immer Voraussetzung und Resultat individuellen und kollektiven menschlichen Handelns und damit von Bildungsprozessen sind, deshalb geht in ihren Gestaltungsprozess stets das spannungsreiche Verhältnis von *objektiver Bestimmtheit* und *subjektiver Bestimmung* ein[61]. *Freiheitsfördernde* Raumordnungen sind durch das Gleichgewicht von objektiven und subjektiven Gestaltungselementen charakterisiert; Objektivismus wie Subjektivismus sind Ausdruck und Element der *Entfremdung* der Menschen von der Raumordnung und der sie bestimmenden Gestaltungsprozesse und damit auch von *Halbbildung.* Dieser Gedanke ist im Grundsatz so alt wie die Bildungstheorie und die mit ihr verbun-

---

[61] Dass diese Perspektive nicht nur hohe praktisch-politische Ansprüche, sondern auch theoretische formuliert, macht folgende pointiert-paradoxe Bemerkung von Roland Barthes in seinem letzten Buch deutlich: „Das Unerträgliche ist die Verdrängung des Subjekts welche Risiken die Subjektivität auch enthalten mag. Ich gehöre einer Generation an, die allzusehr unter der Zensur des Subjekts gelitten hat; sei es unterm Zeichen des Positivismus (Forderung nach Objektivität in der Literaturgeschichte), sei es unterm Banner des Marxismus (der in meinem Leben, auch wenn er darin nicht mehr sichtbar ist, sehr bedeutsam gewesen ist). Lieber die Trugbilder der Subjektivität als der Schwindel der Objektivität. Lieber das IMAGINÄRE DES SUBJEKTS als seine Zensur." (Barthes [2008: 29f])

denen sozialutopischen und normativen Entwürfe einer wirklich menschlichen Gesellschaft. Sie sind in dem Sinne *unabgegolten*, als sie in den materiellen und symbolischen Objektivationen der Raumgestaltung (z.B. in der Architektur und Stadtplanung des antiken Griechenlands wie auch der Renaissance) einschließlich ihren „theoretischen" Deutungen enthalten sind und ggf. auch im intersubjektiven Gedächtnis präsent sind (z.B. die „Versprechungen" des modernen Wohnungsbaus, bedürfnisgerechte Lebensräume für alle zu schaffen); zugleich aber ist ihre Realisierung immer noch unzureichend, ja wird häufig hinter die einmal gewonnenen Einsichten zurückgefallen (wenn z.B. der funktionale Wohnungsbau auf die billigste Bauvariante reduziert wird). Daraus resultiert nun das für die moderne und bildende Raumgestaltung entscheidende Spannungsverhältnis, sich der Unabgegoltenheit der *historischen* Entwürfe (jenseits von Nostalgie und kulturkritischer Beschwörung der „guten alten Zeit") bewusst zu werden und sie „hoch zu halten" und sie zugleich mit weitgehend neuen *Zukunftsperspektiven* zu verknüpfen.

Kapitel 8: Die Herausbildung neuzeitlicher Sozialräume und Lebenswelten im „langen Mittelalter" (976-1848)

Betrachtet man die österreichische Geschichte im Zeitraffer[62], dann lässt sie sich relativ gut in drei zentrale Epochen aufteilen, die zugleich charakteristische Stadt-Land-Beziehungen hervorgebracht haben: Zunächst in die Epoche, die Le Goff[63] als epochalen neuzeitlichen Übergang vom „langen Mittelalter" zur Moderne charakterisiert hat; und dann in jene Epochen, die Beck (vgl. Beck 1997; Beck/Bonß 2001) als „Erste" bzw. „Zweite Moderne" typisiert hat (vgl. die Hinweise in Kap.2). Auch diese Epochen hatten selbstverständlich natur- und gesellschaftsgeschichtliche Voraussetzungen.

8.1 Naturraum und Gesellschaftsraum

Der *Naturraum* des heutigen österreichischen Staatsgebietes (vgl. zum Folgenden Lichtenberger 2002a: 91-140) ist bestimmt – erstens – durch die *geologisch-morphologische Gliederung*, also die Sockel- und Deckgebirgsdeckenbildung (die sich vor 1,5 Milliarden Jahren vollzog) und die anschließenden Strukturveränderungen des Gesteins sowie die vielschichtige Bruch-Kluft-Tektonik, woraus sich die Unterschiede zwischen dem ober-, mittel- und unteralpinen Naturraum ergeben. Zwei-

---

62 Vgl. zur allgemeinen Gesellschaftsgeschichte Scheuch (1994); zur politischen Geschichte Brook-Shepherd 1998); zur Wirtschafts- und Industriegeschichte Jetschgo u.a. (2004); zur Sozialgeschichte Talos (1981); zur Bildungs- und Schulgeschichte Scheipl/Seel (1987, 1988) sowie Seel/Scheipl (2004), zur Geschichte der Familienverhältnisse Ehmer (1994) und Mitterauer/Sieder (1982) und zur Geschichte der Sozialen Frage und Sozialen Arbeit Lauermann/Knapp (2003: Teil I). Die nachfolgende Gesamtdarstellung orientiert sich besonders an Vocelka (2002) und dort finden sich auch zu den jeweiligen Epochen wichtige Anregungen für Museums- und Ausgrabungsbesuche sowie Stadtbesichtigungen usw., die eine gute Grundlage für themenspezifische historische Sozialreportagen bieten.

63 Traditionellerweise wird unter Mittelalter die europäische Epoche zwischen 500 und 1500 n.Chr. verstanden; zu Recht ist aber von Le Goff (1994: 39ff) darauf hingewiesen worden, dass wesentliche Charakteristika der Renaissance und des Absolutismus dem Mittealter zugehören – weshalb der Begriff des langen Mittelalters die Epoche bis zur Französischen Revolution bzw. der Industriellen Revolution umfasst.

tens sind die verschiedenen *Klimazonen* von Bedeutung, nämlich das alpine Klima (kurze, recht kühle und regenreiche Sommer, eher angenehmer Herbst, lange und schneereiche Winter, wobei Südkärnten schon unter mediterranem Einfluss steht), das mitteleuropäische Übergangsklima im Alpenvorland und in den mittleren Lagen des Donaubeckens und in einigen Quertälern (mit den Hauptniederschlägen im Sommer) und das pannonische und illyrische, also kontinentale Steppenklima (mit kurzem Frühling, heißen Sommern, trockenem Herbst und recht kaltem Winter). Drittens sind die *Gewässer*, speziell die Hochgebirgsflüsse, aber auch die Seen zu nennen, die sich aus unterschiedlichen Quellen speisen (in den vergletscherten Zentralalpen, den Gebieten unterhalb der Schneegrenze, und in den unteren, stark an die aktuellen Niederschläge gebundenen). Aus alledem resultiert – viertens – der *Stockwerksbau* von Vegetation und Bodenbeschaffenheit (wobei allerdings – wie man etwa an der veränderlichen Waldgrenze gut erkennen kann, hier die wirtschafts- und sozialräumlichen Eingriffe den Naturraum ganz erheblich verändert haben und immer noch verändern). Unterschieden werden kann zwischen den Niederungen bzw. der Hügelstufe (200 bis 500m), wo die großklimatischen Bedingungen relevant sind und sowohl Wald, als auch Acker-, Obst- und Weinanbau sowie Viehzucht anzutreffen sind; der Bergstufe (500-1500 m), wo die Luv- bzw. Leeseite sowie die Differenz zwischen Kalk und Kristall wichtig sind, und die Wälder gegenüber dem Ackerbau (im Wechsel mit Grünlandnutzung) dominieren; die subalpine Stufe (1500-1900 m bzw. 2000-2200 m) mit vorherrschender Weiden- und Strauchvegetation (durch die Almwirtschaft wurden die Hochlagenwälder stark reduziert); die alpine Stufe als baum-strauchfreie Grasheidenstufe und als höchste die nivale Stufe mit offenen Polsterpflanzenbeständen (sofern die Schneedecke gering und die Wärmestrahlung ausreichend ist). Zentrale vom Naturraum ausgehende, aber durch die menschlichen Eingriffe sich mehr oder weniger stark verschärfende Gefahrenquellen sind das Hochwasser, die Muren und die Lawinen.

Projektvorschlag: *Solche in Österreich regelmäßig sich wiederholenden „Naturkatastrophen" (z.B. das erneute Donauhochwasser Ende Juni 2009) haben immer auch – mehr oder weniger tief greifende – soziale Folgen, sie fordern finanzielle Opfer (manchmal gefährden oder zerstören sie Existenzen) und sie rufen häufig ein vielfältiges bürgerschaftliches Engagement hervor. Diese Zusammenhänge von* ökologischen *Ursachen und* sozialen *Folgen und Bewältigungsformen sollten entsprechende Sozialreportagen analytisch dokumentieren. Ein sehr gelungenes, wenn auch anspruchsvolles Beispiel dafür ist die Text- und Bilddokumentation von Pantucek/Pantucek (2003) zum „Donauhochwasser 2002" in Niederösterreich mit der Darstellung der natur- und sozialhistorischen Voraussetzungen, einer chronologischen Übersicht des Ablaufs der Ereignisse in*

ausgewählten Orten und Interviews mit ExpertInnen aus den unterschiedlichsten Berufs- und Handlungsfeldern sowie einer selbstreflexiven Projektbeschreibung.
Auch wenn es bereits in der Altsteinzeit (Paläolithikum) um 250.000 vor heute Basislager in Form von Tal- oder alpinen Stationen für Großwildjäger gab, so entsteht ein noch prähistorischer *Siedlungsraum* erst in der *Jungsteinzeit* (Neolithikum) mit der Sesshaftwerdung, der Viehzucht, der Errichtung von Langbauten und der Gründung von Dörfern (ab 6000 vor heute). Einen besonderen Entwicklungsschub brachte die *Bronzezeit* und die anschließende *Eisenzeit* (1800 bis 800 v.Chr.) nicht nur in der Landwirtschaft, sondern auch im Bergbau und im Handel (das notwenige Zinn kam aus Cornwell und das Kupfer aus den Alpen; der älteste Handelsweg, die Bernsteinroute vom Baltikum nach Italien führte um 2000 v.Chr. durch österreichisches Gebiet), und seinen Höhepunkt fand dies in der *keltischen* Hallsteinkultur des Salzkammergutes (800-400 v.Chr.)und der La-Téne-Kultur (450-50 v.Chr), an deren Ende sich auch erste Ansätze von Stadtgründungen ausbildeten. Dies war Element und Folge der Herausbildung einer *komplexen* Gesellschaft mit der relativen Trennung von unmittelbarem *Alltagsleben* (mit dem objektiven Sozialraum und den einfachen intersubjektiven Formen der Lebenswelt) und den übergreifenden, *systemischen* Wirtschafts- und Politikräumen. Das gilt natürlich besonders für die unmittelbar anschließende *römische* Epoche, wo dieses Gebiet in Gestalt der beiden prokuratorischen Provinzen Noricum und Rätien und der senatorischen Pannonia inferior zum Bestandteil des römischen Weltreiches gehörte und damit auch an dem bereits existierenden Sozialstaatssystem („Brot und Spiele") partizipierte. Mit dem Zusammenbruch des weströmischen Reiches in der 2. Hälfte des 5. Jh. n.Chr. endete diese Epoche. Danach wurden viele Siedlungsorte zunächst aufgegeben und das gesamte Territorium auf „niederer", tendenziell unterkomplexer gesellschaftlicher Entwicklungsstufe weitergeführt. Insgesamt wurde das Gebiet während der Epoche der Völkerwanderungen zu einem Durchzugsland, wobei die Langobarden, die Awaren, Slawen und Bayern es phasenweise auch in ihren Wirtschafts-, Staats- und Kulturraum integrierten, ohne aber dauerhafte Strukturen aufzubauen. Zu einem neuen, langfristig bedeutsamen Aufschwung kam es dann im Hochmittelalter, wobei hier zumeist eine Kontinuität zumindest der Siedlungsorte, häufig auch der Besiedlung nachgewiesen werden kann.

Projektvorschläge: *Sozialreportagen über diese Zeit können selbstverständlich nicht „aus dem Vollen schöpfen", sondern müssen unter dem besonderen Blickwinkel des* Alltagslebens *der Menschen (Lebensraum, Verkehrsraum, Behausungen, Arbeitsmittel und -formen, Nahrungsmittel, Bekleidung, Rituale, Glaubensvorstellungen und Religionszugehörigkeit usw.) und seiner Einbindung in die sozialen Klassenverhältnisse, die Verwaltungsstrukturen und die Staatsfunk-*

tionen (es gab im römischen Reich schon eine entwickelte Soziapolitik [„Brot und Spiele"]) entsprechend zusammengestelltes Material darstellen und interpretieren. Hier ist selbstverständlich besonders an regionale und überregionale Museen für Natur- und Frühgeschichte, Freilichtmuseen, Museumsdörfer, ggf. auch Ausgrabungsstätten zu denken[64]*. Die Sozialreportage (Texte und Fotos) wäre dann ein* Bericht über *einen solchen Besuch (der mit Hilfe eines Leitfadens vorbereitet und ausgewertet werden sollte). Man könnte darüber hinaus auch versuchen alltägliche Lebensformen* nachzuspielen – *z.B. in einem Projekt „eine Woche Leben wie die Kelten oder die Alten Römer in Österreich", ein entsprechendes Camp aufbauen und die uns überlieferten und unseren Koch- und Eßgewohnheiten angepassten Rezepte z.B. aus römischen Kochbüchern nachkochen – und über alles das dann auch eine Sozialreportage verfassen.*

8.2 Die territorialstaatliche Herausbildung von „Österreich" (976-1500)

Sie ist zunächst mit der Herrschaftszeit der Babenberger (997-1246) verbunden, die das Gebiet des heutigen Niederösterreich (NÖ) unter ihre ökonomische, soziale und politische Kontrolle gebracht und so einen mittelalterlichen Territorialstaat geschafft hatten (mit eigenen Rechtsgewohnheiten, die später als Landrecht kodifiziert wurden, eigenem Landesbewusstsein, einer politischen Organisation der herrschenden Klasse [Grafen, Hochfreie, Ministerialen], einem obersten Gericht und dem Landeswappen als Symbol). Aber erst den seit 1292 (und bis 1918!) herrschenden Habsburgern gelang es durch die Schaffung einer ökonomisch abgesicherten Dynastie, die „Aneignung", „Erfindung" und Praktizierung von Herrschaftsrechten und die Schaffung eines sich immer erweiternden Territoriums, in welchem die Herrschaftsrechte und Machtbeziehungen ausgeübt und durchgesetzt werden konnten, schrittweise einen von anderen Räumen abgegrenzten, relativ einheitlichen Wirtschafts- und Staatsraum zu schaffen. Es gehört dabei zu den bis in die Gegenwart wirksamen Kontinuitäten der Raumgeschichte Österreichs, dass die Länder eine relativ starke Position gegenüber der Zentralgewalt hatten (wie sie besonders im Neuberger Vertrag von 1379 anerkannt wurde).

Um 1500 wurde Österreich zu einer europäischen Großmacht. Dies war im wesentlichen das Ergebnis einer strategisch und taktisch sehr klug angelegten Heiratspolitik in der Regierungszeit von Maximilian I (1486-1519), wodurch sich die

---

64 Wir nennen in diesem Kapitel bestimmte Einrichtungen (z.B. Museen), Dokumentationsformen (z.B. Kochbücher) usw. nur einmal und dann jeweils an der Stelle, wo sie zuerst für die Sozialreportagen relevant werden (so sind z.B. Museen auch für spätere Epochen bedeutsam, aber über spätere Zeiten gibt es z.B. Fotodokumentationen und Presseberichte, die es früher nicht gab).

Habsburger Dynastie mit Teilen des spanischen Hochadels verband und nun zwei Zweige des Hauses Habsburg entstanden: der österreichische und der spanische. Allerdings konstituierte sich dadurch nicht ein gemeinsamer Staatsraum und erst recht kein gemeinsamer Wirtschaftsraum; und durch den spanischen Erbfolgekrieg (1701-1714) wurde auch die mehr oder weniger enge geopolitische Kooperation weitgehend beendet.

Im Spätmittelalter entstand auch das erste österreichische Städtesystem. Die Gründungswelle bis 1330 konzentrierte sich im Wesentlichen auf das Vorland, die offenen Grenzen im Norden und Osten und die Gebirgsübergänge. Der weitere Ausbau zwischen 1130 und 1500 fand in den abgelegenen Gebieten, kleinen Becken, lokalen Marktorten und Bergbauorten statt. Daran ändert sich bis zum Beginn der Ersten Moderne wenig (und die meisten dieser Orte sind heute Bezirksorte; vgl. Kap. 11.3.4). Hier wird schon der grundsätzliche Sachverhalt deutlich, dass durch bestimmte ökonomische und politische Strukturen verschiedene *Orte* so miteinander in einen Funktionszusammenhang gebracht werden, dass daraus Wirtschafts- und Politik-*Räume* entstehen; wenn diese Verbindung durch Verständigung erreicht wird, dann haben wir es mit Rechts- und Kulturräumen zu tun, die auch die Bildungsräume einschließen.

Projektvorschläge: *Aus dieser Zeit gibt es viele* „steinerne Zeugen“ *(Burgen, Klöster, Kirchen, Dörfer und Städte mit spezifischen Siedlungsformen und Bebauungsstrukturen) und diese sagen bereits einiges über die materiellen und symbolischen Strukturen der damaligen Sozialräume aus (entsprechende Sozialreportagen müssen allerdings beachten, dass wir sie mit unseren* heutigen *Augen anders sehen als die Menschen damals). Darüber hinaus gibt es zahlreiche Stadtmuseen, die Einblicke in deren Entstehungs- und frühe Blütezeit vermitteln – auch hinsichtlich der bereits genannten Aspekte des Alltagslebens der „einfachen“, der arbeitenden Menschen. Darüber hinaus gibt es die unterschiedlichsten* Textdokumente*: z.B. das Stadtrecht und andere Verfassungsordnungen, Gesetze, Rechtsverordnungen, Erlasse, Gerichtsurteile (z.B. über die Hexenverfolgungen); Handwerkerlisten, Zunftsordnungen, betriebliche und staatliche Korrespondenzen; Reiseberichte und Augenzeugenberichte; Volkslieder, Märchen, Gebetsbücher, medizinische Hausrezepte und diese alle enthalten immer auch Hinweise auf die sozialen Probleme der Zeit. Material für entsprechende historische Sozialreportagen bieten aber auch die zeitgenössischen* bildlichen *Darstellungen von Bettlern, von Bettelmönchen, von Armut der Kinder und Erwachsenen, von Vagabunden und generell des fahrenden Volkes, aber auch davon, wie „kluge“ und „weise“ HerrscherInnen und Heilige sowie Mönche Almosen geben oder wohltätige Stiftungen ins Leben rufen* [65]*. Die sozialen Problemlagen sind aber auch damals von den Menschen nicht einfach hingenommen worden, son-*

[65] Viele Anregungen diesbezüglich können entnommen werden Sachße/Tennstedt (1983: hier bes. 33ff).

dern sie haben in ganz verschiedener Weise dagegen protestiert. Die größte soziale Protestbewegung *ging (in ganz Europa) von den Bauern und Teilen der städtischen Handwerker aus und fand insbesondere in den Bauerkriegen zwischen 1470 und 1630 ihren bedeutsamsten Ausdruck. Aus dieser Zeit sind u .a. überliefert Beschwerden an die Grundherren und städtischen Ratsherren, Landes- und Bundesordnungen der unterschiedlichen Bauernvereinigungen, Verträge zwischen Bauerbünden und Gemeinden/Städten, Eidesformeln, Kriegsordnungen, politische Schriften (besonders in Form der Predigten), Reformpläne und Verfassungsentwürfe und sie alle könnten – mit den vorgenannten Quellen – in einer Sozialreportage unter dem Oberthema „Gemeinschaftliche und staatliche Problemanalysen und Lösungsvorschläge der sozialen Frage im Spätmittelalter" bearbeitet werden. Dabei sollte auch ein Aspekt einbezogen werden, nämlich die Suche nach und Verfolgung von „Sündenböcken",. wobei hier besonders an die Progrome gegen jüdische MitbürgerInnen seit dem frühen 15. Jahrhundert zu denken ist.*

8.3 Die Epoche des „aufgeklärten Absolutismus" (1740-1792)

Mit „aufgeklärtem Absolutismus" wird in Österreich im wesentlichen die Regierungszeit von Maria Theresia (1740-1780) und ihrer beiden Söhne Joseph II. (1780-1790) und Leopold III. (1790-1792) bezeichnet. In dieser Zeit wurden Staatsreformen eingeleitet und durchgeführt, die bis in die Gegenwart bedeutsam sind; deshalb wird dieser Zeitabschnitt hier genauer dargestellt.

8.3.1 Die Versuche einer äußeren Staatsreform

Der Übergang vom „Haus Österreich" zur „Monarchie" war in den europaweiten Prozess der wirtschaftlichen und politischen Konstituierung der Nationalstaaten eingelassen (vgl. Albrow 1998: Kap.2), der seinen Ausgangspunkt im Dreißigjährigen Krieg (1618-1648) nahm, an dessen Anfang u. a. die Konflikte zwischen der in Wien agierenden Zentralmacht und den in Prag um Eigenständigkeit bemühten böhmischen Adligen stand, der mit dem Prager Fenstersturz (1618) den Anlaß bot, in die territoriale Neuordnung Europas mit militärischen Mitteln einzugreifen. Dieser Krieg war also nur begrenzt ein „Religionskrieg" und an seinem Ende standen für Österreich zwar keine Gebietsgewinne, wohl aber ein nachhaltiger Schub beim Staatsbildungsprozess wie bei der Rekatholisierung der Bevölkerung Die alten und neuen territorialen Ansprüche sollten nun mit militärischer Gewalt durchgesetzt werden. Besonders zu erwähnen sind:

- der 1. schlesische Krieg gegen Preußen (1740-1742), der mit der Abtretung Schlesiens endete; sie wurde durch den 2. schlesischen Krieg (1744/45) genauso bestätigt wie durch den siebenjährigen Krieg (1756-1763);

- die 1. polnische Teilung (1772) mit der Annektion von Galizien und Lodometien und 1775 der von Bukowina;
- der erfolglose Türkenkrieg (1787-1791), nachdem die zweimalige Belagerung von Wien (1529 und 1683) erfolgreich abgewehrt werden konnte.

Nachdem deutlich geworden war, dass mit Hilfe der bestehenden Staatsstrukturen offensichtlich keine außenpolitischen, besonders militärischen Erweiterungen des österreichischen Wirtschafts- und Staatsraumes zu ereichen war, wandten sich die den entstehenden Absolutismus unterstützenden gesellschaftlichen und politischen Kräfte ab 1745 den inneren Reformen zu (sie standen ab 1749 im Vordergrund des staatlichen Handelns).

Projektvorschläge: *„Krieg und Frieden" sind nicht nur deshalb eines der epochaltypischen Schlüsselprobleme (auch) der damaligen Zeit, weil Kriegsführung ein Zentrum der Staatsaktionen ist, sondern auch und besonders, weil sie zugleich gravierende Konsequenzen für das* Alltagsleben *und die* Biografien *der Menschen haben, sowohl für diejenigen, die als Soldaten in „den Krieg ziehen" müssen, wie auch für diejenigen, die von ihm direkt oder indirekt betroffen sind. Und dies sollte in entsprechenden Sozialreportagen behandelt werden. Das kann dadurch geschehen, dass das Alltagleben der „einfachen" Soldaten dargestellt wird (ihre soziale, ethnische und geografische Herkunft, die Art der Einberufung, die Ausrüstung, die Verpflegung, ihre Verletzungen und Verstümmelungen, ihre Überlebenswahrscheinlichkeit angesichts alternativer Formen der Bewaffnung und Kriegsführung, Vergleiche von Bevölkerungsdichte und Truppenstärken vor und nach einem Krieg usw.). Einbezogen können dabei auch werden Schlachtendarstellungen auf Bildern und in Augenzeugen- und Militärberichten (sie müssen alle meistens „gegen den Strich", also „von unten" gelesen werden), aber auch die bildlichen Darstellungen von verstümmelten Bettlern, den Folgen des Tods der Männer für Kinder und Frauen (was sich in manchen Bettlerdarstellungen findet), die Darstellung von Landsknechten bzw. herumziehenden Landsknechtgruppen nach einem Krieg usw.*

8.3.2 Die nachhaltigen inneren Staatsreformen

Im Zentrum dieser inneren Reformpolitik, die auch zu einer folgenreichen Veränderung aller Raumstrukturen, damit auch der Stadt-Land-Relationen führte, standen besonders:

a. Die Umstrukturierung des *Wirtschaftsraumes* war wesentlich durch die Protoindustrialisierung bestimmt: Obwohl das Land der Raum blieb, der den Hauptteil des gesellschaftlichen Reichtums erwirtschaftete, entstanden neben den schon länger existierenden Webersiedlungen mit Kleinst- und Heimhandwerkern zunehmend regionale Zentren der vorindustriellen Produktion in den arbeitsteilig organisierten Manufakturen: Die Textilindustrie im Wiener Becken, die Spinnfabriken in Pottdorf und Schwandorf sowie die großen Manufakturen in Schwechat und Ebreichsdorf (letztere waren in Staatsbesitz; die verstaatlichte Industrie als Moment der Raumpolitik hat also eine lange Tradition).

b. Der Umbau des *Politikraumes* war besonders bestimmt durch eine zunehmende Entmachtung des Adels, der nun auch der Steuerpflicht unterworfen wurde (dessen Grundlage war die Erfassung der Besitztümer durch das neu eingerichtete Katasterwesen, was eine fast lückenlose Erschließung der unmittelbaren Sozialräume durch den Zentralstaat ermöglichte und zugleich zu einem wichtigen Aufgabefeld der Gemeinde wurde; vgl. auch Pkt. c). Ferner wurden der Hofkammer die politischen und finanziellen Befugnisse entzogen und einer neuen Verwaltung (dem „Directorium in publicis et cameralibus") unterstellt sowie der Staatsrat gegründet.

c. Mit der Gemeindereform wurde eine unterste Ebene der Staatsorganisation geschaffen, die durch ihre finanziellen und administrativen Befugnisse eine unmittelbare Bedeutung für die alltagsverankerten *Sozialräume* hatte (und bis in die Gegenwart hat). Die dazu geschaffenen Kreisämter waren nicht nur für die Einziehung der Steuern und die Verwaltung der Gemeindefinanzen zuständig, sondern auch für die Armenfürsorge, und sie waren für die Bauern auch Schutzinstanzen vor der Willkür der mit Gerichtsbefugnissen ausgestatteten adligen und kirchlichen Grundherren.

d. Ein besonders wichtiges Aufgabenfeld der Gemeinde war die Errichtung des staatliches Bildungswesens, womit ganz neue, staatlich organisierte und garantierte *Bildungsräume* entstanden, die zumindest teil- bzw. phasenweise säkular ausgerichtet waren. Dazu wurde die Unterrichtspflicht eingeführt, auf dem Land einklassige Volksschulen (sog. „Trivilaschulen") eingerichtet (1780 gab es davon 500), wurden in den Städten dreiklassige Hauptschulen und in den Landeshauptstädten „Normalschulen" für die Lehrerausbildung gegründet, ab 1775 die Einrichtung von Gymnasien forciert und ab 1773 die ausschließlich in Städten vorhandenen Universitäten der staatlichen Aufsicht unterstellt. Zugleich wurden zahlreiche Akademien für die Förderung der verschiedenen Wissenschafts-, Wirtschafts- und Verwaltungszweige gegründet und ausgebaut (was nochmals die Zentralisierung der Forschung und akademischen Bildung in den Städten verstärkte).

e. Das Zusammenwirken zwischen den systemischen Wirtschafts- und Politik- bzw. Staatsräumen einerseits und den alltagsverankerten Sozial- und Bildungsräumen andererseits (also zwischen „Oben" und „Unten") wird zunächst einmal durch die *Rechtsräume* ermöglicht und gesichert. Dazu diente zunächst u.a.

die Sammlung aller in den Ländern der Monarchie existierenden Rechtsvorschriften im „Codex Theresinus“ (1769; die Folter wird allerdings erst 1776 und die Zensur 1781 aufgehoben), das Gesetz über den Warenhandel (Abschaffung der inneren Zölle; 1775), die Steuer- und Urbialregulierung (1789), die Aufhebung der Leibeigenschaft (1781), das Untertanenpatent (1781), die Robotablösungen für Böhmen (1775), Galizien (1786) und Ungarn (1787). Einen besonderen Höhepunkt bildete die Verabschiedung des Bürgerlichen Gesetzbuches (1811). Fasst man die Punkte a) bis e) zusammen, dann kann man sagen, dass Österreich in dieser Zeit zum Steuer-, Verwaltungs- und Rechtsstaat wurde und gleichzeitig Polizei- und Militärstaat blieb.

f. Eine andere Form der Verbindung der übergreifenden systemischen Räume mit den unmittelbaren Sozial- und Bildungsräumen stellen die *Kulturräume* dar (mit ihren symbolischen Verknüpfungen der verschiedenen Orte zu Räumen durch die Medien der Wissenschaft, der Kunst und der Moralität/Sittlichkeit). In diesem Zusammenhang kam der Kirche ein wichtige Rolle zu, weil sie im Rahmen der Gegenreformation den in Österreich gerade beim Adel weit verbreiteten Protestantismus z.T. mit ideologischen, z.T. mit gewaltförmigen Mitteln bekämpft, zurückgedrängt bzw. vertrieben hatte und nun eine *hegemoniale* Funktion ausübte. Während die absolutistische Staatsreform die Machtposition der Kirche dadurch stärkte, dass sie diese im Rahmen der Diozösenregulierung (1775) in die Gemeindereform einbezog (es also hier eine enge Verflechtung zwischen staatlicher und kirchlicher Macht gab – und z.T. heute noch gibt), wurde durch die erwähnte Besteuerung des kirchlichen Eigentums, die Aufhebung des Jesuitenordens (1773) und der Klöster (ab 1782) und die Toleranzpatente für die Griechisch-Orthodoxen und Protestanten (1781) sowie die Juden (1782) deren Position geschwächt. Dabei ging es nicht – wie die katholische Kirche damals auf sehr scharfe Weise unterstellte – um eine grundsätzliche Bekämpfung des Katholizismus, sondern um seine innere Reform, um eine Überwindung der starren organisatorischen und ideologischen Strukturen des Barockkatholizismus hin zu einer aufgeklärten und toleranten Form des Christentums, die das Wohl der Gläubigen ins Zentrum stellt und nicht Macht und Reichtums (diese Entwicklung ist dann durch das nach dem Sieg über den innenpolitisch republikanischen eingestellten Napoleon und das vom Wiener Kongresses [1815] installierte „System Metternich“ weitgehend zurückgenommen worden).

Projektvorschläge: *Ein bedeutsames Thema für historische Sozialreportagen wären die Arbeits- und Lebensweisen der in den* Manufakturen *Beschäftigten, weil sie die Vorläufer der* *industriellen Arbeiterklasse sind. Dabei sollten besonders die konkreten Arbeitsbedingungen (Art der Werkzeuge, Arbeitsorganisation, Arbeitszeiten, Entlohnungshöhen und -formen, Produktionsziffern Arbeitsbelastungen, Arbeitsunfälle und -krankheiten, Arbeitskonflikte) wie auch alle Aspekte des familiären Alltagslebens (über die schon genannten hinaus wären hier auch zu thematisieren das Heiratsverhalten, die sozialen und ethnischen sowie religiösen Familienstrukturen, die verschiedenen Formen der sozialen Kontrolle des „Wohlverhaltens" und die räumliche Mobilität) berücksichtigt werden und dies alles könnte exemplarisch zu* typischen Lebensläufen *bzw.* Biografien, *also charakteristischen lebensweltlichen Entwicklungszusammenhängen verallgemeinert werden. In gleicher Weise sollte den Arbeits- und Lebensbedingungen der Handwerker und kleinen Gewerbetreibenden nachgegangen werden und dabei auch die ersten Ansätze einer staatlichen Sozialpolitik (konzentriert auf die Unterstützung der Armen) aufgenommen werden.*

8.3.3 Die Durchsetzung von Wien als Gestaltungs- und Herrschaftszentrum

Wie erwähnt bildete sich das österreichische Städtesystem zwischen 1300 und 1500 heraus. Das gilt auch für Wien, das bis zu seiner Privilegierung als Residenzstadt des Habsburger Großreiches nach der 2.Türkenbelagerung (1683) und der „Rückeroberung" Ungarns eine mittelalterliche Bürgerstadt war, die sich in der Spannung zwischen landesfürstlicher Residenz und Bürgergemeinde entwickelte (wobei es den BürgerInnen nie gelungen ist, die Dominanz zu erreichen, was auch darin zum Ausdruck kommt, dass Wien nie reichsunmittelbar war und erst 1920 ein eigenes Bundesland wird). Es beherbergte Institutionen der weltlichen Herrschafts- und Machtausübung (z.B. Münze und Gericht), kirchliche Einrichtungen (besonders Bistum, Klöster und Kirchen); zu ihren ca. 20.000 EinwohnerInnen zählten auch Erbbürger, Fernhändler und „ausländische" Gewerbetreibende und im Ghetto lebende jüdische MitbürgerInnen. Es gab eine gewisse kulturelle Elite im Umfeld der 1365 gegründeten Universität. Einen vergleichbaren Status in der damals schon bestehenden Städtehierarchie hatten Graz und Innsbruck (Prag war damals erheblich bedeutsamer).

Die Primatfunktion von Wien zeigt sich in folgenden äußeren und inneren Entwicklungstendenzen:

a. Zunächst einmal wird Wien und sein Umland zum *Zentrum* des Habsburger Wirtschaftsraumes. Dies kommt (neben den erwähnten protoindustriellen Produktionszweigen) einerseits im Bevölkerungswachstum zum Ausdruck (1350: 20.000; 1750: 180.000). Andererseits wird es Verkehrszentrum; die so genannten Kommerzialstraßen (die „Autobahnen" der damaligen Zeit, an denen sich auch der Eisenbahnverkehr ausrichtete) gingen alle von Wien aus und verbanden es mit den anderen Zentren des Reiches. Die Namen sind bis heute erhalten geblieben: Triester, Ungarische, Prager, Brünner und Linzer Straße.

(Salzburg gehörte damals nicht zum Reich). Damit bildete sich erstmals innerhalb der Stadt-Land-Beziehungen der strukturelle Unterschied zwischen *Zentrum* und *abgestufter (*städtischer und ländlicher) *Peripherie* aus.

b. Wien wird bzw. ist aber auch Zentrum des Staatsraumes (als Teil des Politikraumes), denn hier konzentriert sich der Hofstaat und die sich formierende Zentralverwaltung und hier findet der Aufstieg des Beamtenstandes, aber auch der Militärkaste statt. Das zwingt den bisher auf dem Lande, also an der politischen Peripherie lebenden Adel auch – zumindest für bestimmte Zeiten – in Wien präsent zu sein oder sogar dort zu leben, was eine nachhaltige Urbanisierung dieses Teils des Adels zur Folge hatte. Gleiches gilt für die Präsenz der Kirche. Ihren architektonischen Ausdruck[66] fand der Absolutismus im *Barock* als dem Symbol der Gegenreformation. Der entsprechende architektonische Umbau Wiens fand zwischen 1650 und 1750 statt und umfasste sowohl *Paläste* (z.B. den Leopoldinischen Trakt der Hofburg, 1660; das Palais Schwarzenberg, 1697; das Untere bzw. Obere Belvedere von Prinz Eugen, 1714-1716 bzw. 172171722; die Geheime Hofkanzlei, heute Bundeskanzleramt, 1717-1719; und nicht zuletzt Schloss Schönbrunn, 1744-1749) als auch *Kirchen* und *Klöster* (z.B. die Kapuzinergruft, ab 1622; Kirche und Kloster der Barmherzigen Brüder, 1622-1652; die Jesuitenkirche, 1627-1631; die Pestsäule, 1682-1693; die Karlskirche, eingeweiht 1737; die Schottenkirche wurde 1638-1648 barock umgebaut und an Stelle der Synagoge wurde 1670/71 die Leopoldkirche errichtet). Die Konstruktionsprinzipien und die Formensprache des Barock (das Wort stammt aus der Goldschmiedekunst) schließt an die der Renaissance an (für diese Epoche stehen in Wien z.B. die Stallburg [1558-1565] oder die Amalienburg Hofburg [1575-1611]) und überwindet deren ausgewogene Statik und Klarheit der Formen durch eine auf Dramatisches zielende Expressivität, in der nun die an der Antike orientierten Formen, Proportions- und Kompositionsregeln so in eine dynamische Beziehung gesetzt werden, dass die Einzelformen, Flächen und Baukörper einen relativ einheitlichen Bewegungsablauf ergeben, mit dem große Räume und Raumfolgen gestaltet werden können. Das wird unterstützt durch die enge Verbindung von Architektur, Plastik und Ornament unter Hervorhebung der Stukkatur. Als einziger bemerkenswerter und bis heute präsenter Gegenpol zur totalen Barockisierung der Wiener Stadtlandschaft hat sich der auf zwei romanischen Vorgängerkirchen zwischen 1304 und 1511 erbaute *gotische* Stephansdom erhalten. Dieser Umbau- und Umgestal-

66 Vgl. zur Darstellung der architekturgeschichtlichen Epochen von Wien die knappe und präzise Darstellung von Steinmetz/Panek (2007) und zur internationalen Einordnung dieser Entwicklungen Müller/Vogel (1981: Bd.2)

tungsprozess hat sich aber nicht auf Wien beschränkt, sondern alle Städte und Regionen erfasst und er hat bedeutende Kulturdenkmäler wie die Klöster Melk, Klosterneuburg, Altenburg und St. Florian derart verändert, dass von ihrer ursprünglichen Substanz nur noch wenig zu erkennen ist. Spöttisch wurde und wird deshalb auch von Österreich als „Klösterreich" gesprochen.

c. Das Verhältnis von Zentrum und Peripherie zeigt sich in den *Sozialräumen*, wo sich *großräumige Segregationsstrukturen* ausbilden (vgl. Lichtenberger 2002a: 246ff): Im heutigen 1. Bezirk befand sich das Adels- und Regierungsviertel; dann das Viertel mit einem hohen Anteil von Großhandelsleuten und Bankiers; dann das Viertel mit hohem Anteil an Gewerbetreibenden; und schließlich das bürgerliche Viertel mit einem hohen Anteil an Beamten. Diese Räume waren hochgradig eingeschlossen, also voneinander abgeschottet. Um den steigenden Raumbedarf zu befriedigen, wurden zur Errichtung der notwendigen Verwaltungsgebäude die bürgerlichen Schichten enteignet; darüber hinaus bestand Hofquartierspflicht, die die Hausbesitzer zwang, die in der Zentralverwaltung Beschäftigten aufzunehmen. Da gleichzeitig die Bautätigkeit staatlich gefördert wurde, entstanden so die ersten gut ausgestatteten Miethäuser für die ökonomischen, politischen und kulturellen Elitemilieus. Umgekehrt wurden Teile der Gewerbe- und Handeltreibenden in die Vorstädte abgedrängt (das waren ca. ein Drittel der 40.000 BewohnerInnen). Zwischen der heutigen Ringstraße und dem Gürtel bildeten sich dann die Vorstädte aus, die zugleich wieder in sehr verschiedene, ebenfalls voneinander abgeschlossene Sozialräume zerfielen: Das Gast- und Verkehrsgewerbe platzierte sich entlang der Ausfallstraßen; ferner gab es die Viertel mit einem höheren Anteil von Beamten; die Gewerbeviertel, die Kleinhandwerker- und Tagelöhnerviertel, die reinen Tagelöhnerviertel, die Viertel mit den Sommerpalästen und Parkanlagen des Adels, die bürgerlichen Landhausviertel und die Gärtnersiedlungen. Den dritten großen Sozialraum bildeten die *Vororte*, unterschieden in Kleinhandwerker- und Tagelöhnerorte und Weinbauerdörfern mit Sommerfrischequalitäten.

Projektvorschläge: *Sozialreportagen zu dieser Zeit sollten hauptsächlich die sozialräumlichen und lebensweltlichen Polarisierungen und Segmentierungen thematisieren, denn „Armut" und „Reichtum" sind nicht nur relationale Begriffe, sondern der Reichtum der einen erzeugt die Armut der anderen. Und diese gesellschaftliche Spaltung verursacht insbesondere die vielfältigen sozialen Probleme auch am Beginn der modernen Gesellschaft. Für diese Epoche gibt es wiederum eine ganze Reihe von „steinernen Zeugen", zumindest was die Herrschaftszentren (im 1. Wiener Bezirk) angeht (manchmal muss man aber genauer hinsehen, denn vieles ist später um- und überbaut worden – da hilft ein guter Architekturführer). Man kann* *dabei einbeziehen die verschiedenen Stadtansichten (die man aber auch meistens „gegen den Strich" lesen muss); wichtig sind ferner die unterschiedlichen sozialdemografischen und sozialstatistischen Angaben (z.B. Geburts-, Krankheits- und Todesfälle, Einwohnerzahlen, Beschäftigungsverhältnisse und soziale Zusammensetzung der verschiedenen Stadtgebiete). Und auch in diesem Falle enthalten die herrschaftlichen Darstellungen des Wiener Lebens immer auch Hinweise auf das „einfache Volk", genauso wie es sich in populären Theaterstücken, Liedern, Streit- und Schmähschriften u. ä. wieder finden lässt (auch in diesem Fall erfordert die Sozialreportage echte „Detektivarbeit", eben Recherchen).*

8.3.4 Das Widerspruchsverhältnis von Bildungsförderung und Sozialdisziplinierung

Blickt man nun auf den Gesamtprozess, der mit dem „aufgeklärten Absolutismus" eingeleitet worden ist, so ist ein spezifischer Widerspruch unübersehbar: Einerseits schuf die Herausbildung des modernen österreichischen Steuer- und Verwaltungsstaates (mit Gewaltmonopol und einer gewissen Gewaltenteilung) die Grundlage dafür, dass auch die „entlegenen" Teile des Reiches in den inneren Staatsbildungsprozess einbezogen werden konnten und auch an den materiellen, sozialen und kulturellen Fortschritten bis zu einem gewissen Grade teilhaben konnten, also auch die unmittelbaren Sozial-, Rechts- und Kulturräume in den Modernisierungsprozess einbezogen wurden. Dafür steht besonders der Aufbau des Schulwesens – und er zeigt andererseits schon das Problem, dass nämlich diese neuen Aneignungsmöglichkeiten auch räumlich sehr unterschiedlich verteilt waren (die höheren Bildungsgänge und -einrichtungen waren weitgehend auf die Städte konzentriert). Schon in diesem unmittelbaren Sinne zeigt sich hier der Widerspruch von *Bildung* und *Herrschaft*, der immer auch einer von Volkskultur und Elitekultur war (und ist), wobei hier seit der Erfindung des Buchdrucks die Fähigkeit oder Nicht-Fähigkeit zum Lesen und Schreiben die entscheidende kulturelle „Wasserscheide" wurde. Die soziale Ambivalenz dieser Epoche zeigt sich aber auch darin, dass mit der Verdichtung der Staatsaktivitäten und deren sozialräumliche Präsenz, die Möglichkeiten der staatlichen Kontrolle des Verhaltens des einzelnen bzw. ganzer Gruppen und Milieus erheblich ausgeweitet wurden – und dies geschah sozialräumlich abgestuft: Die Städte waren hier schon deshalb die Vorreiter, weil sie Regeln „erfinden" und durchsetzen mussten, die das Zusammenleben von immer mehr Menschen auf einem relativ begrenzten Raum sicherstellten. Das betraf selbstverständlich vorrangig die unteren sozialen Milieus, aber auch – wenngleich in privilegierter Form – den Adel, der sich z.B. dem sehr ausgefeilten höfischen Zeremoniell unterwerfen musste, wenn er nicht seine Karrierechancen verspielen wollte. Je weiter weg vom Machts- und Herrschaftszentrum, also besonders auf dem Lande, war die Kontrolle weniger direkt, auch wenn sie immer spürbarer wurde. Dazu gehörten nicht nur die körperfeindlichen Ideologien und Praktiken (vgl. die ausführliche Darstellung bei Le Goff/Truong 2007: Kap.3), die die Schamgrenzen erhöhten, Nacktheit verpönten und Badestuben schlossen, sondern auch die Kritik an der „grobschlächtigen", besonders ländlich geprägten Literatur. Noch massiver ging man gegen „Außenseiter" der Gesellschaft wie die Bettler, Prostituierten und Waisenkinder vor, denn sie wurden in Arbeits-, Findel- und Waisenhäuser (als „Besserungsanstalten") eingewiesen und sollten dort durch extensive Arbeit, fromme Gebete und reichlich Prügel zu „anständigen" Mitgliedern der Gesellschaft erzogen werden (1811 wurde die Kinder- und Jugendfürsorge erstmals als staatliche Aufgabe anerkannt; und das Landstreichergesetz von 1873 sah die Einweisung von Jugendlichen unter 18 Jahren in Zwangsanstalten vor). Roma und Sinti (schon damals ausgrenzend als „Zigeuner" bezeichnet) wurden verfolgt, des Landes verwiesen und häufig der Spionage für die Osmanen verdächtigt. Insgesamt wurde die ganz große Bevölkerungsmehrheit von den allermeisten Entscheidungsprozessen, die sie betrafen, ausgeschlossen, denn das vorrangige Ziel war die Stärkung der Zentralmacht und nicht die basisdemokratische und zivilgesellschaftliche Unterfütterung der Verfahren und Institutionen eines republikanischen Gemeinwesens. Vielmehr dominierte im Konfliktfall die absolutistische Machtausübung stets gegenüber dem Anspruch der Aufklärung auf öffentlichen Vernunftgebrauch – und dies mit massiver Unterstützung der katholischen Kirche (ihre „innere Missionierung" baute auf der geschürten Angst vor Seuchen wie der Pest und den „Höllenstrafen" auf), die wegen ihrer neuen Organisationsstruktur gerade im ländlichen Alltagsleben unmittelbar präsent war. Insofern haben wir es schon hier mit einer städtisch bestimmten Modernisierung zu tun, die den Widerspruch von *Bildung* und *Sozialdisziplinierung* hervorbrachte (und dieser ist bis heute nicht zuletzt in der Sozialpolitik und Sozialen Arbeit spürbar).

Projektvorschläge: *Die* Erziehungswirklichkeit *der Schulen ist ein wichtiger Gegenstand von Sozialreportagen über diese Zeit. Sie läßt sich allerdings meist nur indirekt erschließen (bildliche Darstellungen sind noch relativ selten, man findet sie ggf. in den Schulmuseen), deshalb muss man Schulgebäude, Klassenräume, Sitzanordnungen, Lehrpläne, Schulordnungen, Art der Lehrer(vor- oder -aus)bildung, Berichte über „besondere Vorkommnisse" sowie – vereinzelt vorhandene – Lebenserinnerungen von Schulleitern (es waren fast ausschließlich Männer), Lehrkräften und SchülerInnen zurückgreifen. Bildliche Darstellungen zur* psychosozialen Verelendung *aus jener Zeit (vgl. wiederum als Anregung Sachße/Tennstedt [1983: 89ff]) thematisieren einerseits nicht nur die „ehrlichen", sondern auch und besonders die „falschen", die „betrügerischen" Bettler, aber auch „Zigeunerlager" und sie verbreiten z.B. steckbriefliche Darstellungen von „Räubertypen" u.ä. Andererseits werden dargestellt WohltäterInnen, die damals neu eingerichteten Zucht- und Armenhäuser (einschließlich ihrer Hausordnungen und Bestrafungspraktiken). Schriftliche und* *bildliche Dokumente findet man teilweise in den entsprechenden Darstellungen der Geschichte der jeweiligen Institutionen bzw. ihrer späteren oder heutigen Träger. Nicht zuletzt sollten Sozialreportagen die verschiedensten Darstellungsweisen der* religiösen Erziehung *(im weitesten Sinne) verarbeiten, wie sie sich u.a. finden in den Glaubensgrundsätzen, Katechismen, Heiligenbildern, Texten und Darstellungen von Kindern, die „wohl" und die „schlecht" erzogen sind*[67]*, Darstellungen der Höllenqualen" für sündige Menschen und des glücklichen" Lebens für die „guten=frommen" Menschen (etwa in den verschiedenen Darstellungen des „jüngsten Gerichts" oder der „Totentänze"). In diesem Falle wäre auch zu erörtern, wie die religiöse Erziehung zur Legitimation der gesellschaftlichen und politischen Ungleichheiten, Polarisierungen und Segmentierungen beigetragen hat.*

---

67 Hierzu finden sich viele Anregungen – auch für spätere Zeiten – in den „Lesebüchern zur Kindheit" von Könneker (1976).

Kapitel 9: Die Erste Moderne: Kapitalistische Industriegesellschaft, Urbanität und Nationalstaat (1848-1973)

Es ist selbstverständlich immer riskant, Anfang und Ende großer historischer Entwicklungsetappen an präzise Jahreszahlen zu binden; aber im Falle von Österreich hat das eine gewisse Plausibilität, denn mit der Bauernbefreiung (1848) wird endgültig der Weg frei gemacht zur Industrialisierung und der Durchsetzung des Sozialtypus des doppelt freien Lohnarbeiters (frei von feudalen Fesseln, aber auch frei von eigenbewirtschafteten Produktionsmitteln, also gezwungen seine Arbeitskraft als Ware zu verkaufen). Im gleichen Jahr fällt auch das kaiserliche Verbot, dass sich in Wien keine Industrie ansiedeln darf. Und am Ende steht im Jahre 1973 nicht nur der Zusammenbruch des goldbasierten internationalen Währungssystems von Bretton Woods und die Ölkrise sowie die erste neuere internationale Strukturkrise der kapitalistischen Hauptländer (1974ff), sondern auch der sehr frühe Übergang Österreichs von der klassischen Industriegesellschaft zur neoindustrialisierten Dienstleistungsgesellschaft. Dabei ist die österreichische Geschichte in dieser Epoche von jähen außen- und innenpolitischen Wendungen bestimmt.

9.1 Der mehrfache äußere Staatsumbau und die Spannungen zwischen Wirtschafts-, Staats- und Nationalraum

Hier sind zwei Prozesse hervorzuheben:

a. Obwohl auf dem Wiener Kongress mit der Gründung des (Groß-) Deutschen Bundes eine enge Verflechtung von Österreich und Preußen beabsichtigt war, kam es dazu nicht. Zwar führten beide Kontinentalmächte noch den gemeinsamen Krieg gegen Dänemark (1864), aber mit dem preußisch-österreichischen Krieg (1866) setzte die politische Klasse um Bismarck die kleindeutsche Lösung durch (wohl mit der – zutreffenden – strategischen Einschätzung, dass ein derartig großer Staatsraum politisch nicht „zusammengehalten" werden kann, also die Grenzen seiner systemischen und sozialen Integrationsmöglichkeiten überschreitet). Im Gegenzug kam es zum sog. „Ausgleich" zwischen Österreich und Ungarn (1867) und der Gründung der kaiserlichköniglichen (k.u.k.) Donaumonarchie. Die gemeinsamen Staatsaufgaben (Außenpolitik sowie Heeres- und Kriegswesen) wurden zu 30% von der ungarischen (transleithanischen) Reichhälfte finanziert und zu 70% von der cisleithanischen, der auch die Industrieansiedlung vorbehalten wurde, während das ungarische Gebiet alle landwirtschaftlichen Funktionen übernahm (wodurch zwei sehr ungleichgewichtige Wirtschafträume entstanden).

b. Die Donaumonarchie zerbrach 1918 vorrangig aufgrund der ungelösten Nationalitätenfrage: Der Versuch einen *einheitlichen Staatsraum* zu schaffen (darum bemühte sich die Dynastie und die ihr unmittelbar verpflichtete bzw. loyale Spitzenbürokratie und das Militär), innerhalb dessen sich *unterschiedliche nationalpolitische Räume* entwickeln sollten, scheiterte am Bedeutungszuwachs der nationalen Bewegungen (besonders in Böhmen, in Ungarn, im Gebiet des späteren Jugoslawien – und abgeschwächt auch in Polen) und deren Bestrebungen, Staats- und Nationalraum zur Deckung zu bringen. Mit dem Friedensvertrag von Saint-Germain (10.9.1919) wird dies anerkannt; und zugleich verkehrt sich nun das Verhältnis von Staatsraum und nationalpolitischem Raum: Die von der demokratischen Bewegung ausgerufene Republik verstand den österreichischen Staat als einen *Teil* der deutschen Nation. Daran hielten (fast) alle österreichischen Gruppierungen bis 1934 fest, auch wenn der staatliche Zusammenschluss durch den o. a. Friedensvertrag verboten worden war (mit dem Verfassungsgesetz vom 1.10.1920 wird Österreich zu einem Bundesstaat)[68]. Es gehört zur – nicht zufälligen – Tragik der österreichischen Geschichte, dass der programmatische Anspruch eines deckungsgleichen österreichischen Staats- und Nationalraumes erstmals vom Austrofaschismus (1934-1938) formuliert worden ist (und von den Garantiemächten Italien, Frankreich und England mehr oder weniger stark getragen wurde). Mit dem „Anschluss" an den deutschen Faschismus (1938-1945), der – entgegen der lange vertretenen und verbreiteten Auffassung in der 2.Republik – von der deutlichen Mehrheit der ÖsterreicherInnen begrüßt wurde, wird diese gesellschafts- und außenpolitisch ausgesetzt und bahnt sich erst nach 1945 und entgegen dem massiven Widerstand der deutschnationalen Kräfte der Weg in die politischen Selbstverständlichkeiten[69].

---

[68] Vgl. zur Geschichte der Ersten Republik jetzt umfassend Konrad/Maderthaner (2008).

[69] Empirisch gehaltvolle, theoretisch anspruchsvolle und politisch ehrliche Analysen zum Austrofaschismus und zur Zeit der NS-Herrschaft bieten die beiden Sammelbände Tálos u.a. (1988) und Tálos/Neugebauer (2005) sowie die Monografie von Bauer (2003); und zur Sozialen Arbeit während der NS-Zeit die Beiträge zum entsprechenden Themenschwerpunkt in: SiO. Soziale Arbeit in Österreich, 2008, H.3.

9.2 Die Strukturveränderungen der Binnenräume

Die Epoche der Ersten Moderne ist nicht nur von tiefgreifenden geopolitischen Veränderungen in Europa geprägt, sondern auch von nachhaltigen Veränderungen in den Stadt-Land-Beziehungen. Hier sind drei Aspekte von besonderem Interesse[70]:

a. Die nachhaltigste Veränderung des Wirtschaftsraumes besteht in der Durchsetzung der industriellen Massenproduktion; sie wird die zentrale Quelle der gesellschaftlichen Wertschöpfung. Obwohl dies die *gesamte* Gesellschaft nachhaltig verändert, konzentriert sich die auf den Naturstoffen Salz, Eisen und Kohle aufbauende und schnell eine breite Produktpalette herstellende Industrialisierung in *selektiver* Weise auf bestimmte Zentren. In der Frühphase waren dies das steirische Erzgebirge, die Eisenwurzen (in dieser Region befand sich im 16.Jh. bereits ein Zentrum der europäischen Kleineisenindustrie), in den Voralpenländern der Enns, in Ybbs und Erlauf (alle NÖ), in Krems und Steyer (Oberösterreich [OÖ]) und in Triesting und Piesting (Wiener Becken). Während des letzten Drittels des 19.Jh. kommt es dann aufgrund der technischen Fortschritte in der Stahlproduktion und der Herausbildung quasi oligopolmäßig agierender Großbetriebe zur regelrechten *Revierbildung*, und zwar in der Mur-Mürtz-Furche (bei Leoben und Bruck an der Mur), an den Alpenrändern im Norden (Waidhofen [NÖ] und Steyer [OÖ]), im Osten (Ternitz [Wiener Becken]) und im Süden (Graz); ferner in Vorarlberg (fast ausschließlich Textilindustrie) und – was sehr bedeutsam ist – in Böhmen (dort waren 1918 40% der in der Industrie beschäftigten Arbeiter tätig). Mit diesem Prozess ist nicht nur ein Eingriff in die bisher ländlich geprägten Räume verbunden, die Industrialisierung der Landwirtschaft und eine bisher nicht bekannte verkehrstechnische Verbindung zwischen den Wirtschaftszentren durch die Eisenbahn, sondern auch eine weitere Verschärfung der ökonomischen Ungleichheiten zwischen Stadt und Land. Diese werden durch einen weiteren Prozess vertieft:

b. Die industrielle und landwirtschaftliche Massenproduktion (letztere verbesserte sich besonders durch Ausweitung der landwirtschaftlich genutzten Flächen, neue Anbaumethoden, Mechanisierung und Verwendung von Kunstdünger) führte zu einem Bevölkerungswachstum. Die Bevölkerung stieg von 17 Millionen (um 1750) auf 52 Mill. (1914). Diese Bevölkerung findet aber auf dem Lande immer seltener eine existenzsichernde Beschäftigung; ein Teil wandert

[70] Vgl. zur nachfolgenden Darstellung Architekturzentrum Wien (2006), Ehmer (1991: Kap. IX/X), Jetschgo u.a. (2004), Maderthaner u.a. (2007), Schmidt-Dengler (2002) und Tálos (1981, 2005, 2008).

aus, besonders nach Übersee, speziell nach Kanada. Der größere Teil zieht in die Städte, die ein enormes Wachstum verzeichnen (Wien von 180.000 um 1750 auf über 2. Mill. um 1910), wodurch sich weiter die Stadt-Land-Ungleichheiten vertiefen. Dabei waren die Lebensbedingungen in den Städten für das (Industrie-)Proletariat erdrückend: Zwar nahm die *Arbeitszeit* zwischen 1907 und 1913 real ab (für 50% auf 9 Stunden und auf 10 Stunden und mehr für 21%), aber die Anzahl der *Betriebsunfälle* stieg zwischen 1890 und 1909 von 16.041 auf 129.186 (die mit tödlichem Ausgang von 548 auf 1.252 und mit darauf folgender Erwerbsunfähigkeit von 6.193 auf 32.903); während der Ersten Republik erhöhte sich die *Arbeitslosenquote* von 2% (1920) auf 22% (1932), wobei die Anzahl der jeweils Unterstützen zwischen 44% (1919), 80-86% (1927-1930) und 51% (1935) schwankte. In dieser Zeit bildeten sich in der Städtehierarchie neue Strukturen heraus: Während an der obersten Stelle weiterhin Wien mit seiner Primatfunktion angesiedelt ist (und Graz eine gewisse gesteigerte Relevanz erhält und beide schon damals suburbane Zonen und so die Spannungen zwischen „steinerner" und „grüner" Stadt ausbildeten), schieben sich nun zwischen diesen und der unteren Ebene der Mittel- und Kleinstädte (zu ersten gehören auch die meisten Landeshauptstädte!) jetzt die neuen (namentlich oben erwähnten) Industriestädte. Ihre Anzahl wird später nur noch um Linz (OÖ) erweitert, wo während des deutschen Faschismus zur Steigerung der Rüstungsproduktion die „Hermann-Göhring-Werke" (mit Hüttenwerk, Bleichwalzwerk, Wärmekraftwerk und Stickstoffwerk) gebaut und die Hafenanlagen erheblich erweitert werden.

c. Es dürfte offensichtlich sein, dass der Zusammenbruch der k.u.k.-Monarchie nachhaltige Veränderungen des Wirtschaftsraumes mit sich brachte. Die unmittelbarste war, dass ein wesentlicher Teil der Industrieproduktion und der Kohlereviere nun außerhalb des neuen Staatsgebietes lag (die neu gegründete Tschechoslowakei belegt mit ihrer Industrieproduktion in den 1920er Jahren Weltrang 7). Die Kohle musste nun importiert werden oder es wurde versucht, die energetische Basis auf Elektrizität umzustellen und diese in Wasserkraftwerken zu erzeugen (was in größerem Umfang aber erst nach 1955 gelang). Insofern ist Österreich in der 1. Republik (1918-1934) ein eher schwach industrialisiertes Land, wo es ins Gewicht fiel, dass die eingangs erwähnten nichtbesiedelbaren Naturräume fast ausschließlich auf dem neuen Staatsgebiet lagen und noch heute liegen (das förderte selbstverständlich den Mythos, dass Österreich weitgehend ein „naturbelassenes" bzw. von „Kulturlandschaften" bestimmtes Land sei; s.u.) Ein neues Niveau der Verknüpfung von Wirtschafts- und Staatsräumen wurde dadurch erreicht, dass nach der Befreiung vom Faschismus die damals in deutschem Besitz befindliche Großindustrie (genauso wie die Banken) verstaatlicht wurde und damit ein ganz neues Steuerungspotenzial entstand, um die innerstädtischen, die innerländlichen und die Stadt-Land-Beziehungen sozialer zu gestalten, also die „friedliche Koexistenz zwischen Kapitalismus und Demokratie" (Habermas) auch für die Raumplanung und -gestaltung zur Geltung zu bringen und auf diese Weise die Ungleichheiten durch sozialstaatliche Maßnahmen abzubauen. Bis Ende der 1960er Jahre gelingt es tatsächlich, das materielle Lebensniveau insgesamt und stabil anzuheben. Es ist aber eine offene Frage, ob es sich dabei nicht „nur" um einen „Fahrstuhleffekt gehandelt hat („Es geht allen besser") oder ob dabei tatsächlich gesellschaftliche Ungleichheiten abgebaut worden sind. Bezogen auf die Stadt-Land-Relationen dürfte davon aber bis zu einem gewissen Grade ausgegangen werden, wozu besonders die weitere Industrialisierung, der Ausbau des Verkehrswesen (Elektrifizierung der Eisenbahn) und Kommunikationsmöglichkeiten (Telefon und Fernsehen), die Zunahme von Zweitwohnungen von StadtbewohnerInnen und nicht zuletzt der Massentourismus beigetragen haben (letzterer ist aber nicht – wie manchmal vermutet – der Hauptträger des „Wirtschaftswunders" nach 1955, sondern dies war die Industrieproduktion). Aber dieser Anschluss an die industriekapitalistischen Modernisierungsprozesse hatte immer auch eine Kehrseite: nämlich die zunehmende Ausrichtung der Entwicklung der ländlichen Räume an den ökonomischen und politischen Erfordernissen der städtischen (Zentral-) Räume und die alltagskulturelle Übertragung städtischer Lebensweisen und -stile auf die ländlichen Sozialräume und Lebenswelten (diese Tendenz verschärft sich dann in der Zweiten Moderne nochmals erheblich).

Alles dies hatte selbstverständlich nachhaltige Konsequenzen für die *sozialen Milieuverhältnisse* der österreichischen Gesellschaft, die sich zugleich während der Ersten Moderne nochmals erheblich veränderten. Das betrifft – erstens – die verschiedenen *Elitemilieus,* bei denen sich während der Phase der Donaumonarchie noch Adel und Großbürgertum gegenüber standen. Die Aristokratie differenzierte sich dabei in die altehrwürdige, uradlige Hocharistokratie und den neuen Dienstadel aus der Bürokratie und dem Militär; zwischen dieser „Ersten" und „Zweiten Gesellschaft" gab es so gut wie keine sozialen Beziehungen (z.B. Heiraten), auch wenn Teile der Hocharistokratie (z.B. die Familie des Fürsten Schwarzenberg) auch in Industriebetriebe investiert hatte, woraus auch eine relative politische Spannung zwischen strikt konservativen und eher liberalen Einstellungen und Praktiken resultierte. Die Großbourgeoisie gehörte durch ihren Besitz an Fabriken, Banken, und Handelskonzernen weitgehend den ökonomischen Eliten an und versuchte zumeist den Lebensstil des Adels zu imitieren. Die kulturellen Eliten (besonders Juristen, Ärzte und Wissenschaftler) brachten keine eigenständigen Formen der Lebensführung hervor, sondern orientierten sich an den herrschenden politischen und ökonomischen Eliten. Das gilt in gewisser Weise auch für die Frauen, die zwar von der Hausarbeit und anderen Formen der gesellschaftlich nützlichen Tätigkeit entlastet waren, aber zugleich auch nur begrenzte politische Gestaltungsrechte hatten (das Frauenwahlrecht wurde erst in der Verfassung der 1.Republik verankert), weshalb sich eine ganze Reihe in dem für die Entstehung der Sozialen Arbeit wichtigen Bereich der fürsorglichen Tätigkeiten engagierte. Und daraus entstanden auch die ersten Ansätze einer Professionalisierung und Qualifizierung der im Sozialbereich Tätigen (z.B. die „Vereinigten Fachkurse für Volkspflege" seit 1912, die „Sozialkaritative Frauenschule der katholischen Frauen Niederösterreich" seit 1916 und die ersten kursorientierten Ausbildungsgänge seit 1920). Der Respekt vor der adligen Lebensweise hat sich über die ökonomische und die schrittweise auch politische Entmachtung der Aristokratie und der Dominanz der Großkapitals während der 1. Republik weitgehend erhalten (wie man nicht zuletzt an wichtigen, bis heute verliehenen Titeln, etwa dem des „Hofrates", erkennen kann, mit dem zugleich der Habsburg-Mythos aufrecht erhalten wird).

Zweitens ist hier auf die sozial anerkannten *Volksmilieus* der *Bauern* zu verweisen, die trotz der formellen Bauernbefreiung ein sehr anstrengendes Leben an der Existenzgrenze führen mussten, an der auch die zunehmende Verwendung von Maschinen und Kunstdünger nur wenig änderte, woraus die strikte wie typische Trennung zwischen Arbeit und Freizeit bzw. Alltag und Fest resultierte. Die Frauen waren wie in vorindustrieller Zeit in abhängiger Position in den agrarischen Produktionsprozess einbezogen und zugleich für die Versorgung des Hauses und die Kindererziehung zuständig. Es ist eines der bedeutsamsten gesellschaftlichen Strukturveränderungen in der Ersten Moderne, dass die Bauernmilieus (wie die des Adels) aus dem Zentrum in die Peripherie der gesellschaftlichen Reichtumsproduktion und Anerkennung „abgedrängt" wurden; zugleich verbesserte sich ihre Lage merklich dadurch, dass sie in der 2. Republik zunehmend in das System der sozialstaatlichen Versorgung einbezogen wurden und sowohl durch die Agrarpolitik unterstützt als auch durch die Teilhabe am Tourismus ergänzend abgesichert wurden.

Drittens sind die *proletarischen* Volksmilieus zu nennen, die eng mit der industriellen Produktion verbunden sind, deren Arbeits- und Lebensbedingungen in ihrer Kargheit und Existenzbedrohung über lange Zeit denen der Bauern sehr ähnelten, die aber in Gestalt der Arbeiterbewegung sich dann zunehmend zu einem sozialen, politischen und kulturellen Faktor entwickelten (die „Arbeiterbewegung als Massenbewegung"), dem es auch in vielen und z. T. heftigen Auseinandersetzungen mit den ökonomischen und politischen Eliten und besonders dem Staatsapparat gelang, sowohl die alltäglichen Arbeits- und Lebensbedingungen durch sozialstaatliche Regelungen immer mehr zu verbessern wie auch Alternativen zur kapitalistischen Industrialisierung und Modernisierung zu entwerfen – und an ihnen nahm auch die sich formierende sozialdemokratische Frauenbewegung sehr aktiv Anteil. Das kann von den *kleinbürgerlichen* Volksmilieus so nicht gesagt werden, weil sie sich zwischen den proletarischen und den politischen und ökonomischen Elitemilieus positioniert sahen, ihre Eigenständigkeit trotz faktisch hoher Abhängigkeit „verteidigten", dabei auch bestimmte, wenn auch recht begrenzte soziale Verbesserungen, manchmal auch Privilegien erreichen konnten (z.B. als „kuk-Hofliferanten") und sich so als „etwas Besseres" fühlen konnten.

Nicht zuletzt ist – drittens – auf die *prekären* und *deklassierten Volksmilieus* zu verweisen. Sie setzten sich einerseits zusammen aus Teilen der bäuerlichen Milieus, nämlich den männlichen Personen, die Haus und Hof verlassen mussten und weder auf dem Land noch in der Stadt eine Arbeit und Bleibe fanden; und besonders den Mägden auf den Bauernhöfen, die häufig – bis zur Befreiung vom Faschismus – nicht heiraten durften, allen Drangsalierungen ihrer Dienstherren ausgeliefert waren und vom Hof vertrieben wurden, wenn sie Kinder bekamen (weshalb sie auch als „weiße Sklavinnen" bezeichnet wurden). Sie bildeten dann als Dienstpersonal der städtischen Eliten einen Teil der Randständigen oder Ausgegrenzten in den Städten, zu denen auch die arbeits- und wohnungslosen Arbeiter und Angestellten, aber auch die in Konkurs gegangenen kleinen Gewerbetreibenden gehörten.

Projektvorschläge: *Wir beschränken uns hier auf ganz wenige Vorschläge, denn einerseits werden wir am Beispiel des „Roten Wien" (in Kap.10) ausführlich auf die sozialen Probleme und deren sozialpolitische und sozialpädagogische Lösungsversuche näher eingehen. Andererseits finden sich in Kap. 6 eine ganze Reihe der Themenstellungen und Verfahrensweisen, die auch für die Analyse der analogen Problemlagen in Österreich von Bedeutung sind; und nicht zuletzt sind für diesen Zeitraum die gleichen Textsorten und Fotobestände*[71] *relevant, die in den Projekten von Drommer und Kuszynski verarbeitet worden sind (vgl. Kap. 1.5, Abschnitt c). Vorschlagen wollen wir an dieser Stelle sich mit einem besonderen und neuen Medium zu beschäftigen, nämlich dem* Film. *Anhand von Leitfäden, die die zentralen sozialen und politischen Probleme der jeweiligen Zeitspanne enthalten, auf die Besonderheit des verwendeten Films zugeschnitten sind und auf*

[71] Hier ist auf zwei Buchreihen des Wiener Verlages Ueberreuter zu verweisen, die beide historische Fotobestände zugänglich machen: Einmal die Reihe zu den einzelnen Bundesländern (Wien oder Kärnten usw. „in alten Fotografien"); und dann die Reihe „Österreichs Bezirke in alten Ansichtskarten".

charakteristische Darstellungsweisen aufmerksam machen, könnten z.B. folgende dokumentarische und/oder künstlerische Filme in einer Hochschul- oder Fortbildungsveranstaltung gemeinsam angesehen, anschließend diskutiert und die Ergebnisse in einer Foto-Text-Reportage[72] *zusammengefasst werden:*

1: Dazu können die nach Jahrgängen zusammengestellten Filme der „Edition österreichische Wochenschauen" (auf DVD herausgegeben vom Filmarchiv Austria) dienen; wobei so etwas wie „Zeitreihen" aufgestellt werden können wann welche sozialen Problem wie thematisiert worden sind.
2. Von besonderem Interesse ist der Film „Wienfilm 1896-1976" von Ernst Schmidt Jr, denn er verknüpft dokumentarische mit fast surrealen Darstellungsmitteln und zieht so eine kritische Bilanz der Geschichte Österreichs im 20. Jahrhundert (ist auf DVD zugänglich).
3. Der Film „Staatsoperette" von Franz Novotny zeigt die Eingebundenheit der katholischen Kirche in den österreichischen und deutschen Faschismus; und die Psychodynamik des mehr oder weniger aktiven „Mitläufertums" wird bisher unerreicht analysiert und dargestellt in „Der Herr Karl" von Carl Merz und Helmuth Qualtinger (erstmals 1961; jetzt auf DVD erhältlich) – Beide Filme thematisieren den inneren Zusammenhang von sozialer *und* politischer *Demokratie – und zwar von der negativen Seite her: dass nämlich mangelnde soziale Sicherheit die politische und kulturelle Demokratie einer Gesellschaft schrittweise aushöhlen und eben zum Einsturz bringen können (woraus mit dem direkten oder indirekten Sozialstaatsgeboten in den Länderverfassungen die entsprechenden Konsequenzen gezogen worden sind).*

9.3 Wien als industriekapitalistische Agglomeration

Eine immer noch weit verbreitete Vorstellung von „der Stadt" ist in ihrem historischen Kern antik bzw. mittelalterlich geprägt: dass es sich hier nämlich um einen Sozial- und Kulturraum handele, der relativ in sich abgeschlossen ist, dessen Binnenstrukturen wichtiger seien als seine Außenbeziehungen. Dieses Bild ist stark bestimmt von der antiken griechischen Polis, den oberitalienischen Stadtstaaten und z.B. auch von den deutschen Reichs- und Hansestädten und findet seinen besonderen städtebaulichen Ausdruck in der bewehrten Stadtmauer (vgl. Lichtenberger 2002b: Kap.1 u. 151ff). Genau diese Stadtmauern haben sich auch in Wien als militärisch zunehmend nutzlos erwiesen (zuletzt im Krieg mit den napoleonischen Truppen), aber erst 1857 wurden sie geschliffen. Das war der symbolische Aus-

[72] Vgl. zu den ästhetischen Besonderheiten von Standfotos bzw. Fotogrammen (also Einzelbildern aus Filmen) Barthes (1990c).

druck dafür, dass die Wiener Stadtentwicklung in eine neue Phase trat, nämlich die der Ersten Moderne, und diese lässt sich in vier Punkten näher charakterisieren[73]:

a. Zunächst einmal führen die insgesamt vier *Stadterweiterungen* dazu, dass Wien sich immer mehr in den ländlichen Raum hinein ausdehnt, also „hineinfrisst". Die 1. Stadterweiterung (1850) bezieht die Vorstädte ein, also das ganze Gebiet zwischen der heutigen Ringstraße und dem Gürtel. Aus ihnen werden die heutigen Bezirke 2 bis 9 und die bisherigen Arbeitsstätten und Wohnquartiere der Kleinhandwerker und Tagelöhner wurden zu solchen des Mittelstandes, d.h. die damaligen Slums und Verfallsgebiete wurden zu bürgerlichen Vierteln, z.B. mit Nobelmietshäusern. Zugleich etablierte sich in der Innenstadt, dem 1. Bezirk, neben der Regierungscity die Wirtschaftscity mit den Zentralverwaltungen der Großbetriebe und Banken und der kleinräumigen sozialen Segregation von hierarchisch abgestuften Geschäftsstraßen. Außerhalb des Gürtels entstehen Vororte der Industriearbeiter und ihre Massenquartiere. Mit der 2. Stadterweiterung (1890) werden auch diese Vororte außerhalb des Gürtels in die Stadt einbezogen (die heutigen Bezirke Nr. 10 – 20); bei der 3. Stadterweiterung (1905) kommt Florisdorf (als 21. Bezirk) hinzu, dem auch Strebersdorf bei der letzten Eingemeindung zu k.u.k.-Zeiten (1910) zugeordnet wird.
b. Insgesamt gibt es in dieser Zeit eine enorme *Bautätigkeit.* Dazu gehört zum einen die auf den Brachflächen der Befestigungsanlagen (den „Glacis") zwischen 1859 und 1909 erbaute *Ringstraße*, die sowohl den neuen funktionalen Notwendigkeiten Wiens entsprach wie dem Willen von Dynastie, Aristokratie und Großbürgertum, die neue ökonomische und politische Stärke der Donaumonarchie im Wettstreit der europäischen Metropolen auch symbolisch zum Ausdruck zu bringen. Das geschah unter Einbeziehung des bereits vorhandenen Burggartens (erbaut 1816-1819) und Volksgartens (1821-1823) sowie der Votivkirche (1856-1879) in vier – angesichts der Weltwirtschaftskrisen von 1857, 1873-1879 und 1882-1886 staatlich geförderten, also antizyklisch zu verstehenden – Bauphasen: Von 1861 bis 1865 wurden die Staatsoper und besonders adlige Mietpalais gebaut; von 1868 bis 1873 die neue Universität, das Rathaus, das Kunsthistorische und das Naturhistorische Museum, die Rossauer Kaserne an der Donau und die großbürgerlichen Mietshäuser mit einer

[73] Vgl. zur weiteren Darstellung Lichtenberger (1984), Maderthaner/Musner (1999), Podbrecky (2004) und Ponstingl (2008); zu Stadtgebieten mit besonderen Entwicklungsproblemen Klusacek/Stimmer (2005) und Trinker/Strand (2001, 2002); zu vergleichbaren Prozessen und Lösungsversuchen in Graz Poelt (2008); und zu den Entwicklungen in andern europäischen Großstädten Helms/Janssen (1970), Olsen (1988) und Zimmermann (1996).

Vielzahl von Grundrissvarianten; von 1878 bis 1882 das Burgtheater und Reichsratgebäude (heute Parlament) und gleichzeitig nahm die Verbauungsdichte erheblich zu und entstanden erstmals Doppeltrakte mit Aufzügen; von 1901 bis 1908 wird die Neue Hofburg errichtet und kommt es zur Vollüberbauung der jeweiligen Parzellen mit Wohnungen besonders für die kulturellen Eliten und dominieren als Besitzer Hypothekenbanken, Realitätsbüros und Erbengemeinschaften. Insgesamt werden knapp 150 öffentliche Gebäude und 650 hochwertige Mietshäuser gebaut – und zwar im gründerzeitlich Stil des *Historismus*, der damit auch das Stadtbild von Wien grundlegend verändert. Denn dieser Stil überwindet den tendenziell „totalitären" Anspruch des Barock und verwendet in pluralistischer und eklektizistischer Weise die unterschiedlichsten Stilrichtungen (besonders der griechischen Antike, der Gotik, der Renaissance und auch des Barock). Deren meist kriterienlose Anwendung, Abwandlung und Kombination erleichtert zwar die Anpassung an die baulichen Erfordernisse einer industriekapitalistischen Großstadt, aber der innere Zusammenhang von Konstruktion, Funktion und Form – der bei der Gotik noch im Vordergrund stand und danach aufgegeben wurde – ist auch hier kein relevantes Thema, so dass es zu einer merkwürdigen Koexistenz von rationaler Technik und begründungsfreier Stilistik kommt.

Projektvorschlag: *Wenn man heute eine historische Sozialreportage über die Ringstraße macht, dann sollte man die eher traditionelle Betrachtungsweise in dem 2007 veröffentlichten Film „Die Ringstraße" (Regie: Alfred Vendl, Sprecher: Maximilian Schell; als DVD erhältlich) systematisch und im Detail vergleichen mit dem subversiven Spaziergangsvorschlag „Ringstraßen-Sinfonie" von Kreissler (1997: Kap. VI) und sie in eine Beziehung setzen zu den eigenen Empfindungen und Reflexionen beim Durchschreiten und Betrachten dieses letzten gebauten Stücks von neoabsolutistisch-monarchischer Gesellschaft in Österreich.*

Wohlstand und Massenelend in Wien um 1900

Der Bau der Wiener Ringstrasse (Quelle: Architekturzentrum Wien 2006: 43)

*Oben: Arbeiterwohnungen in Wien-Simmering (Quellen: Österreichisches Gesellschafts- und Wirtschaftsmuseum 2002: 5);
unten links: Hermann Drawe: Obdachloser beim Feuer sitzend (1904; Quelle: Schwarz u.a. 2007: 98); unten rechts: Massenquartier (Quelle: ebd.: 109)*

c. Bei dem gründerzeitlichen Bauboom ist zu verweisen auf den umfangreichen *Wohnungsbau*: Insgesamt werden zwischen 1856 und 1917 400.000 neue Wohnungen gebaut; und auch außerhalb des Gürtels kommt es zu einer geschlossenen Verbauung. Von den 1869 innerhalb des Gürtels stehenden Häusern gab es 1900 nur noch 70% und 1910 noch 46%, und im gleichen Jahr waren 40% aller Häuser jünger als 20 Jahre[74]. Gleichzeitig stieg die Bevölkerung von 444.000 (1850) auf 2.030.000 (1910). Ein relevanter Teil kam aus den übervölkerten Gebieten Böhmens und Mährens und arbeitete hauptsächlich als Dienstpersonal, Arbeiter und Handwerker (nur etwa 6% kamen aus Gebieten außerhalb der Donaumonarchie). Der Wohnungsbau blieb weit hinter den Erfordernissen zurück – und so müssen sich gerade die Volksmilieus der Arbeiter und Kleinbürger und natürlich besonders die Unterprivilegierten (die häufig der Stadt verwiesen wurden) mit völlig unzureichenden Bedingungen abfinden: So teilten sich z.B. um 1910 im Durchschnitt 5 Personen 30 qm, hatten nur 7% der Mietshäuser Bad und Toilette und nur bei knapp 22% war die Toilette innerhalb der Wohnung; dabei musste im Schnitt 30% des Lohns als Miete gezahlt werden; ferner gab es etwa 90.000 Untermieter und 75.000 Bettgeher (sie hatten noch nicht einmal einen Schrank in der Wohnung) und manche jungen „Mädchen vom Lande“ sahen sich zur Prostitution gezwungen, um eine Schlafstelle zu bekommen[75].

Die Wohnungszählung vom 6.2.1917 ergab insgesamt folgende soziale Wohnraumverteilung[76]: Von der Wiener Bevölkerung lebten

– 73% in Kleinwohnungen mit bis zu 1 Zimmer und 1 Kabinett (also ½ bis 1 ½ Räumen; die Küche wurde nicht als Wohnraum gezählt); hier wohnten die ArbeiterInnen (im sehr weiten Sinne des Wortes);

---

[74] Auch in anderen Städten gab es einen erheblichen Zuwachs an Bauten: In Graz waren 1910 30% aller Häuser jünger als 20 Jahre, in Linz und Salzburg 34% und in Innsbruck sogar 47%, älter als 50 Jahre waren in Graz 40%, über 40% in Linz, Salzburg und Klagenfurt und in Innsbruck 32%.

[75] Zum Alltagsleben der unteren und untersten sozialen Milieus und des Umgangs der Polizei- und Sozialbehörden mit ihnen vgl. die eindrücklichen Schilderungen des späteren Wiener Vizebürgermeisters Max Winter (1870-1937); eine Auswahl ist aktuelle zugänglich in Winter 2007; sowie die systematische Analyse von Maderthaner/Musner (1999). Mit diesem Teil der „Sozialen Frage“ befasste sich damals auch eine andere Richtung der vergleichenden Metropolenforschung, die in der Ausstellung des Museum Wien (14.6. bis 28.10.2007) unter dem Titel „Ganz unten: Die Entdeckung des Elends“ in Erinnerung gerufen und analysiert wurde (vgl. den Katalog von Schwarz u.a. 2007).

[76] Vgl. Hautmann/Hautmann (1980: 100); die Befunde geben auch einen Eindruck vom quantitativen Umfang der sozialen Milieus, weshalb Lichtenberger (2002b: 241f) von der „Wohnklassengesellschaft“ spricht.

– 2.9% in kleinen Mittelwohnungen mit zu 2 Zimmern; hier waren die Angestellten und der weniger vermögende Mittelstand anzutreffen;
– 13% in großen Mittelwohnungen mit bis zu 3 Zimmern und einem Kabinett (also 2 1/2 bis 3 ½ Räumen); sie beherbergten vermögende Beamte und Angehörige der Freien Berufe;
– und 5% in Großwohnungen mit 4 und mehr Räumen; diese waren den ökonomischen und politischen, in seltenen Fällen einzelnen Mitgliedern der kulturellen Eliten vorbehalten.

Projektvorschläge: *Es könnten eigene Sozialreportagen zu folgenden Themen angefertigt werden:*

1. *Interviews mit Zeitzeugen der Zeit zwischen 1900 und 1920; oder genauer mit solchen, die noch aus Erzählungen ihrer Eltern oder anderer Verwandter oder Bekannter etwas aus dieser Zeit zu berichten haben; und man könnte das verbinden mit schriftlichen Augenzeugenberichten, Lebenserinnerungen u.ä. oder auch Meldungen aus den damaligen Tages- und Wochenzeitungen.*
2. *Ein Vergleich des Massenelends in anderen europäischen Großstädten mit der Herausarbeitung der jeweiligen gemeinsamen sowie unterschiedlichen Ursachen als auch der verallgemeinerbaren bzw. differenten individuellen, gemeinschaftlichen und staatlichen Bewältigungsweisen.*
3. *In ganz ähnlicher Weise könnten Formen des Massenelends zu jener Zeit außerhalb der Metropole Wien, also in anderen Großstädten, in den mittelgroßen Städten und auf dem Lande thematisiert werden.*

Kapitel 10: Das „Rote Wien" (1920-1934) – eine exemplarische historische Sozialreportage

Zwischen 1897 und 1934 wird die Großstadt Wien zum „Laboratorium" für die Versuche einer nachhaltigen Lösung der sozialen Frage, die für Europa, aber auch die USA einmalig sind. Dieser Phase waren schon eine ganze Reihe von gesetzlichen Regelungen auf gesamtstaatlicher Ebene vorausgegangen (vgl. Konrad 2008).

10.1 Die Anfänge einer sozialstaatlichen Raumpolitik

Zu erwähnen sind besonders die vier Novellierungen der Gewerbeordnung zwischen 1883 und 1888 mit dem Verbot der Kinderarbeit bis 12 Jahre im Gewerbe und 14 Jahre im Betrieb; dem vierwöchigen Schwangerschaftsschutz vor der Niederkunft; der Befreiung der Frauen und Jugendlichen von der Nachtarbeit; der Auszahlung des Lohnes ausschließlich in Geld (und nicht in Naturalien), der Einführung des Elf-Stundentages sowie der Unfall- und Krankenversicherung; ferner ist zu verweisen auf das Gesetz zum Heimatrecht (1863, welches dieses aber auf die Kommune beschränkte, an der man ansässig war). Parallel zu den nun zu schildernden Prozessen wurde 1918 sowohl das Bundesministerium für Soziale Fürsorge und als auch für Volksgesundheit eingeführt (1919 zusammengefasst zum Staatsamt für Soziale Verwaltung). Entscheidend an Versuchen der Wiener Stadtregierungen war nun, dass sie bemüht waren, die Probleme komplexer und grundsätzlicher anzugehen.

Vereinzelte Versuche, sich der sozialen Wohnungsfrage anzunehmen, gab es schon in den 1870er Jahren, wobei hier besonders an die älteste Arbeiterwohnanlage Wiens, das Carolinum (im 4.Bezirk), zu denken ist, welches 1872 von dem aus adligen Damen bestehenden katholischen Maria-Elisabeth-Verein errichtet wurde (wobei die Altkaiserin Karolina Augusta es durch eine großzügige Spende unterstützte). In den 25 Wohnungen lebten mehr als hundert Arbeiterfamilien, vorrangig aus dem Kleingewerbe und es gab neben angemessenem und preisgünstigem Wohnraum auch eine Kinderbewahranstalt; wobei auf praktizierte christliche Gesinnung (z.B. den Gottesdienstbesuch in der Hauskapelle) Wert gelegt wurde. Ferner ist zu verweisen auf den von der 1896 gegründeten „Kaiser Franz Josef I – Jubiläumsstiftung für Volkswohnungen und Wohlfahrtseinrichtungen" in Ottakring erbauten Lobmeyrhof (mit abgeschlossenen Wohnungseinheiten, WC im Wohnungsverbund, Mindestraumgrößen, Kinderhort, Sport- und Badeanlagen sowie Bibliothek), der als Vorläufer der Wohnbauten des Roten Wien angesehen werden kann.

Ein erster wichtiger Versuch die katastrophalen Lebensbedingungen für die große Bevölkerungsmehrheit und die damit verbundenen extremen groß- und kleinräumigen Segregationsprozesse in den Sozialräumen und psychosozialen Verelendungsprozesse in den Lebenswelten auch der relativ gesicherten Volksmilieus zu mildern und schrittweise abzubauen, wurde in der Amtszeit des christlichsozialen Bürgermeisters Karl Lueger (1897-1910) unternommen durch die Kommunalisierung der Gasversorgung, die kommunale Verstaatlichung der Elektrizitätswerke, die Vereinheitlichung, Kommunalisierung und Ausgestaltung der Stadtbahn (für deren Bedienstete in den oberen Stockwerken der Verwaltungsgebäude relativ komfortable und preisgünstige Wohnungen errichtet wurden)[77], den Bau der zweiten Hochquellenwasserleitung, Maßnahmen der öffentlichen Wohlfahrtspflege (z.B. Bau eines Altersheimes, eines Waisenhauses, einer Kinderheilstätte sowie städtischer Brause- und Freibäder) und die Schaffung der Erholungsgebiete im Wald- und Wiesengürtel; im Bebauungsplan von 1893 war bereits die abgestufte Bauhöhe für die verschiedenen Bezirke festgelegt und Industriegebiete ausgewiesen worden. Sie waren ein erster wichtiger Ansatz, die Stadtentwicklung nicht mehr (allein) dem Markt zu überlassen, sondern in die (sozialpolitische) Verantwortung des (Stadt-) Staates zu übernehmen. Dazu trug ganz besonders und in ihrer Langzeitwirkung gar nicht beabsichtige Regelung aus dem Jahr 1917 bei, nämlich die kaiserliche Verordnung, dass die Mieten für „Bassenawohnungen" der gründerzeitlichen Zinskasernen (sie waren ohne Wasser und Toilette, mit dem Wasserhahn für alle Mieter des Stockwerks auf dem Gang), wenn die Männer im Krieg waren, nicht erhöht und die Verträge auch nicht gekündigt werden dürfen. Dies hat zu einem allgemeinen Mietpreisstopp bzw. nur sehr moderaten Erhöhungen geführt, die bis zum Mietgesetz

---

[77] Für sie war seit 1894 Otto Wagner verantwortlich und sie umfasste die Gürtellinie (1895-1897), die Vorortelinie (1895/96), die Donaukanal-Wientallinie (1896-1900) und die im 2. Bezirk (1899). Die architektonische Bedeutung (die heute noch an den Linien U4 und U6 studierte werden kann, z.B. dem Wagnerpavillon am Karlsplatz) bestand darin, dass Wagner hier die technisch-konstruktiven Notwendigkeiten von Verkehrsbauten mit den ästhetischen Gestaltungsmitteln des in der Lebensreformbewegung entstandenen Jugendstils verband (großzügige Dekorationen aus organischen und fließenden Formen) und so den Übergang der Architektur Wiens zur kulturellen Moderne einleitete, den dann besonders Adolf Loos (1870-1933) vollzog.

von 1981(!) weitgehend in Kraft geblieben sind (heute können für Neuvermietungen erheblich höhere Mieten gefordert werden).

10.2 Die Sozialdemokratie als politische Gestaltungsmacht und Massenorganisation

An diese Reformansätze schloss die Sozialdemokratie in den 1920erJahren unmittelbar an. Nachdem sie 1920 die Bundesregierung hatte verlassen müssen, konzentrierte sie sich auf Wien und wollte dort zeigen, was die im *Austromarxismus*[78] entwickelten Reform- bzw. Revolutionskonzepte für die Neugestaltung der städtischen Wirtschafts-, Staats-, Sozial- und Kulturräume sowie der Lebenswelten bedeuten können bzw. sollen. Dieses große Reformprojekt des *„Roten Wien"* (von manchen – z.T. mit kritischem neoliberalen Unterton – als „Munizipalsozialismus" bezeichnet, was manchmal auch schon auf die Reformen von Lueger bezogen wird), war zum einen durch die Wiener Wahlerfolge der damaligen Sozialdemokratischen Arbeiterpartei (SDAP) möglich geworden (1919: 54%, 1923: 56%, 1927: 60%, 1932: 59%); die beruhten sowohl auf den wachsenden Mitgliederzahlen (1914: ca. 45.000; 1919: 79.165; 1927: 417.347 bei 1,7 Millionen BewohnerInnen insgesamt) und einem breiten Spektrum von sozialdemokratisch dominierten Institutionen und Vereinen (z.B. für Freizeit, Kultur und Sport, für Elementarerziehung und Bildung, für Lebensberatung und politische Aufklärung sowie den parteinahen Kinder- und Ju-

[78] Vgl. dazu die Quellenedition von Sandkühler/Vega (1970) und die ausführliche Analyse von Butterwegge (1991: Kap.3); die biografische Bedeutung dieses Denkansatz hat Habermas (2008a: 78f) bei der Entgegennahme des Bruno-Kreisky-Preises knapp so charakterisiert: Bei der Vorbereitung der empirischen Untersuchung „Student und Politik" kam er „mit Schriften der Austromarxisten in Berührung, in denen ich drei Dinge fand, die ich als Adornos Assistent in Frankfurt vermisste: erstens die selbstverständliche Verbindung der Theorie mit der politischen Praxis, zweitens die uneingeschüchterte Öffnung der marxistischen Gesellschaftstheorie für Einsichten der akademischen Wissenschaft (eine Gesinnung, von der Horkheimer und Adorno seit der *Dialektik der Aufklärung* wieder abgerückt waren) und drittens – und vor allem – die vorbehaltlose Identifizierung mit den Errungenschaften des demokratischen Rechtsstaates ohne Preisgabe von radikalreformistischen Zielsetzungen, die weit über den *status quo* hinauswiesen." So erinnert z.B. Max Adler mit „der Einführung eines ‚sozialen Apriori' nicht nur an die gesellschaftliche Konstituierung unseres Ich-Bewusstseins und unseres Wissens von der Welt; auch umgekehrt sollen sich die sozialen Lebenszusammenhänge aus Akten des Wissens aufbauen. Die Gesellschaft selbst beruht dann aber auf der Faktizität von Geltungsansprüchen, die wir mit unseren kommunikativen Äußerungen erheben. So begründet Adler ganz ähnlich wie der späte Husserl einen der Gesellschaft selbst immanenten Bezug zur Wahrheit von Aussagen und zur Richtigkeit von Normen."

gendorganisationen Kinderfreunde, Rote Falken und Sozialistische Arbeiterjugend), die um 1930 von ca. 1500 professionellen Parteifunktionären und ca. 21.000 ehrenamtlichen Vertrauenspersonen unterstützt und „angeleitet“ wurden. Zum anderen war von Bedeutung, dass Wien am 1.1.1922 eigenständiges Bundesland wurde und damit eigene Steuern erlassen konnte – und dies geschah auch in Form der Mietzinsabgabe (1922), der sozial gestaffelten und zweckgebundenen Wohnbausteuer (1923) sowie verschiedener Luxussteuern auf alle nicht lebensnotwendigen Konsumgüter (z.B. auf Autos, Pferde, hochwertige Gebrauchsgüter, Hauspersonal und Vergnügungen – so gab es etwa eine Biersteuer). Für diese Reformen zeichnete der ehemalige Direktor der Länderbank und seit 1918 als Stadtfinanzrat tätige Hugo Breitner verantwortlich.

Die Sozialdemokratie als Staatsmacht und Massenorganisator (Quelle: Historisches Museum der Stadt Wien 1993: 93 (oben) und 35 (unten)

Während der Regierungszeit der sozialdemokratischen Bürgermeister Jakob Reumann (1919-1923) und Karl Seitz (1913-1934; noch vor Gesamtösterreich erhielt Wien bereits Ende 1934 eine „ständestaatliche, also austrofaschistische Verfassung“) gab es insgesamt fünf Reformschwerpunkte, die sich heute lesen lassen als komplexes Entwicklungsprogramm „Soziale Stadt“:

- Eine umfassende sozialpolitische Gestaltung der Bedingungen und Verlaufsformen des Aufwachens der Kinder und Jugendlichen;
- intensive Gesundheitspolitik mit Schwerpunkten bei der Vorsorge sowie der Überwindung der „Proletarierkrankheit“ Tuberkulose und dem Alkoholismus als „massenhafter“ psychosozialer Verelendungserscheinung; diese ersten beiden Schwerpunkte lagen im Zuständigkeitsbereich des Stadtrates (und ehemaligen Professors für Anatomie an der Wiener Universität) Julius Tandler (1869-1936);
- reformpädagogische Erneuerung der inneren Schulverhältnisse (die Bemühungen um eine Einheitsschule scheiterten am konservativen Widerstand) und Schaffung von Einrichtungen der Erwachsenenbildung; dafür war besonders der Stadtrat Otto Glöckel (1874-1935) verantwortlich (vgl. Adam u.a. 1983; Weideholzer 1981);
- (sozial-) demokratische, teilweise am klassischen Bildungskanon orientierte Kulturpolitik mit Büchereien, Kunststellen, Arbeitersinfoniekonzerten (unter der Leitung von Anton von Webern [1883- 1945]), Festen und Umzügen sowie politischen Aufmärschen am 1. Mai und am Tag der Republik sowie am Tag der Oktoberrevolution;
- und nicht zuletzt der Wohnungsbau, für den der Stadtrat Anton Weber verantwortlich zeichnete[79]:

Da es in diesem Buch vorrangig um die Entstehung und Bewältigung sozialer Probleme geht, sollen nun die Fragen des Wohnungsbaus und der sozialen Gestaltung des Aufwachsens und Zusammenlebens im Zentrum stehen.

---

[79] Vgl. hierzu die umfassende Studie von Hautmann/Hautmann (1980); vgl. zu den Grundproblemen des „Massenwohnens“ und seinen sozialen Bewältigungsformen Niethammer (1979), Prigge/Kalb (1988) und Schildt/Sywottek (1988).

10.3 Die Gemeindebauten als Beitrag zur Verbesserung der Lebensqualität und als Machtdemonstration

Im Rahmen des Gemeindewohnungsbaus wurden bis 1934 64.000 neue Wohnungen in 379 städtischen Wohnanlagen geschaffen. In Anknüpfung an die traditionelle Blockbauweise wurden halb oder ganz geschlossene Wohnhöfe mit Geschäften, Klubs und sozialen Einrichtungen im Erdgeschoss sowie einem Innenbereich errichtet, wodurch große, meist begrünte Freiflächen entstanden, was eine natürliche Belichtung und Belüftung aller Aufenthaltsräume ermöglichte (mit der Querlüftung gab es allerdings Probleme). Im jeweiligen Wohnungsverband (nicht *in* der Wohnung) lagen die Toiletten, die Küche mit Gasanschluss und der Vorraum, der als Übergangszone von der Öffentlichkeit des Treppenhauses zur Privatheit der eigenen Wohnung fungierte. Im ersten Wohnbauprogramm ab 1922 überwog der Typ mit Wohnküche und Zimmer auf 38qm (der mit 48 qm hatte zusätzlich ein Kabinett). Im zweiten Programm (ab 1927) wurden die Wohnflächen vergrößert und die Typen variantenreicher gestaltet (Einzimmerwohnung mit Kochnische und Vorraum auf 21 qm; mit Wohnzimmer und Schlafzimmer auf 40qm; mit Wohnzimmer und zwei Schlafzimmern auf 49 qm und einem zusätzlichen Kabinett auf 57 qm).

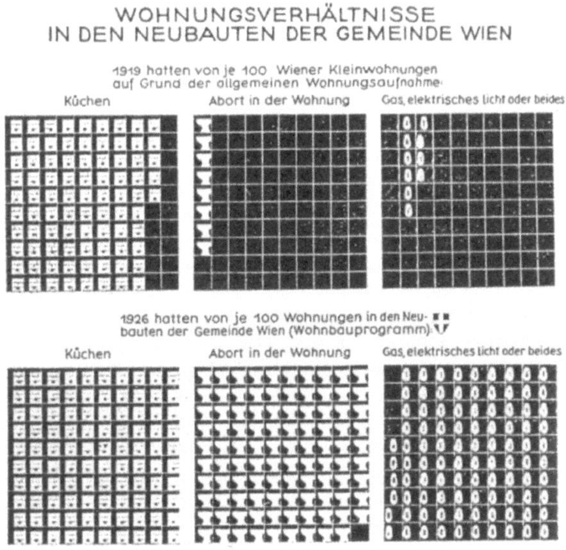

Die Verbesserungen der Wiener Wohnverhältnisse (Quelle: Neurath 1991 [1926]: 60)

Zu den bekannten Bauten gehören u.a der Fuchsenfeldhof (im 12. Bezirk; erbaut: 1922-1926), der Lasallehof (2.; 1924), der Winarsky-Hof (20.; 1924/25), der Liebknecht-Hof (12.; 1926/27), der Matteotti-Hof (5.; 1926-1933) und der Wildgans-Hof (3., 1931-33). Der wichtigste Architekt war Karl Ehn (1884-1959), der nicht zuletzt das allseits bekannte Symbol des „Roten Wien", den Karl-Marx-Hof erbaute (19., 1928-1930). Obwohl die Bauten eine erhebliche Monumentalität aufweisen, waren sie auch damals relativ gut in den städtischen Sozialraum integriert. Ihre großen Innenhöfe schufen Begegnungs- und Kommunikationsräume für sozial und politisch Gleichgesinnte. Darüber hinaus waren die Mieten relativ gering, so dass tatsächlich die Arbeiter in ihnen wohnen konnten[80].

Wenn man mit SozialarbeiterInnen Sozialraumfotos diskutiert, dann zeigt sich häufig, dass sie mit der Interpretation der zu sehenden Architektur erhebliche Schwierigkeiten haben. Sie verweisen dann häufig darauf, dass sie ja keine ArchitektInnen seien. Aber dieses Argument greift natürlich nicht sehr weit, denn der *soziale* Raum ist nun einmal in wesentlichen Teilen ein *umbauter* Raum und seine Entwicklung, seine technischen und symbolischen Strukturen, seine Funktionen und lebensweltlichen Sinngehalte muss man kennen, um die Art und Weise der Bezüge der Menschen zu diesen Räumen verstehen, also rekonstruieren zu können. Dazu sind dann offensichtlich auch elementare Kenntnisse der sozialraumbezogenen Architekturanalyse notwendig[81].

---

[80] Schon hier sei ein *Projektvorschlag* gemacht: Im Unterschied zu den Wiener Projekten waren die großen Berliner Wohnbauprojekte der 1920er und frühen 1930er Jahre am Stadtrand platziert (sie standen eher in der Tradition der Gartenstadt) und waren ihre Mieten relativ hoch, so dass hier hauptsächlich mittlere soziale Milieus wohnten. Ihr Vorteil war allerdings das klare Bekenntnis zur modernen Bauweise und Formensprache und dies war auch ein wesentlicher Grund, dass sechs dieser Siedlungen (die Gartenstadt Falkenberg, die Siedlung Schillerpark, die Großsiedlung Britz [auch Hufeisensiedlung genannt], die Wohnstadt Carl Legien, die Weiße Stadt und die Großsiedlung Siemensstadt [auch „Ring"- Siedlung genannt] 2008 ins Weltkulturerbe der UNSESCO aufgenommen wurden (vgl. Haspel/Jaeggi [2007] und Haspel u.a. [2008]). Es wäre also sehr reizvoll, diese beiden Großprojekte, ihre kommunalpolitischen Hintergründe, ihre Finanzierungsformen, ihre architektonische und städtebauliche Ausrichtung miteinander zu vergleichen, dazu auch in beiden Städten bedeutsame Anlagen möglichst selber zu erkunden und die dabei gemachten Erfahrungen in die Sozialreportage aufzunehmen (das eignet sich als Aufgabe gewiss nicht nur für Hochschulseminare, sondern auch als Thema einer eigenständigen Fortbildungsveranstaltung bzw. eine Art Kassenfahrt in der gymnasialen Oberstufe, als deren Abschluss dann eine solche Reportage gemeinsam erstellt würde, ggf. auch als Film).

[81] Gute Einführungen dazu sind Lichtenberger (1998), Löw u.a.(2008) sowie Schäfers (2003; 2008); sehr hilfreich ist auch der zweibändige dtv-Atlas zur Baukunst (von Müller/Vogel 1981) bzw. zur Stadt (von Hotzan (1994), weil hier verbale und ikonische Darstellungsformen ganz eng miteinander verknüpft sind. Für die architektonisch interessierten und infor-

Die Aneignung solcher Kompetenzen scheint aber für eine ganze Reihe von SozialarbeiterInnen nicht in einem Lernschritt möglich zu sein. *Ein* möglicher Zwischenschritt ist in solchen Fällen die Einbeziehung von populären Architekturführern. Mit deren Hilfe kann man sich vorbereiten – oder nachträglich seine Eindrücke und Fotos deuten und dann ggf. nochmals die Sozialräume aufsuchen, um bestimmte Aspekte vertieft zu betrachten und präziser zu fotografieren. Das soll hier am Beispiel der Wiener Gemeindebauten verdeutlicht werden. Zu den ausgewählten Fotocollagen werden die entsprechenden Interpretationen quasi als ausführliche Bildunterschriften hinzugefügt, die dem gut informierten und allgemein verständlichen Führer durch das „Rote Wien" von Podbrecky entnommen sind. Die Darstellung soll dazu anregen, bei der eigenständigen Sozialraumerkundung und -dokumentation ähnlich zu verfahren (zugleich können diese Texte Beispiele für eine kompakte Architekturbeschreibung und -analyse gelesen werden).

Wir haben drei Anlagen ausgewählt[82]: Den Reumannhof und den Leopoldine-Glöckel-Hof, denn beide befinden sich am Margaretengürtel, der besonders viele der großen Gemeindebauanlagen aufweist und deshalb schon sehr früh als „Ringstraße des Proletariats" bezeichnet worden ist. Beide Baukomplexe zeigen auch die enorme architektonisch-ästhetische Spannweite. Unverzichtbar ist der Karl-Marx-Hof, weil er einen besonderen Symbolcharakter hatte und nicht zufällig von den Austrofaschisten im Bürgerkrieg am 14.2.1934 beschossen worden ist.

Bearbeitungsvorschläge:

1. Es sollten anhand dieses dokumentierten Textes die thematischen und stilistischen Elemente einer sozialraumbezogenen und historischen Architekturbeschreibung und -analyse herausgearbeitet werden.

2. In den verschiedenen Bilddateien gibt es viel Fotomaterial zu den Gemeindebauten des Roten Wien. Sie können genutzt werden, um weitere Fotos (die hier abgedruckten können nur einige Anregungen geben) auszusuchen, die die verschiedenen angesprochenen Aspekte dokumentieren und verdeutlichen, und diese zu einer eigenständigen Sozialreportage zusammenzustellen, ggf. unter Einbeziehung historischer Texte und auch von Musik (wie wir das in einem Hochschulseminar über das „Rote Wien" gemacht haben).

---

mierten LeserInnen bietet sich als weitere Bearbeitungsmöglichkeit in einer eher wissenschaftlichen Sozialreportage Bezüge herzustellen zwischen diesen architektonischen und städtebaulichen Entwicklungen und den zeitgenössischen Architekturtheorien, besonders von Otto Wagner (2008) und Camillo Sitte (2002 ; vgl. zu dessen Aktualität auch Wilhelm/Jessen-Klingenberg [2006]), aber auch den internationalen Debatten (vgl. die Dokumentation von Conrads [1981]).

[82] Die historischen Fotos werden jeweils im Detail nachgewiesen; die aktuellen Fotos wurden am 5. und 7.5. 2009 gemacht.

a) Der Reumannhof

(Quellen der historischen Fotos: oben rechts: Historisches Museum der Stadt Wien 1993: 52; unten rechts: Architekturzentrum Wien 2006: 71)

„Der Reumannhof auf Margeratengürtel 100-110 (472 Wohnungen, benannt nach Jakob Reumann, ab 1919 erster sozialdemokratischer Bürgermeister Wiens) mit seiner 180 Meter langen Front ist einer der großartigsten Gemeindebauten des Roten Wien. 1924 bis 1926 von Hubert Gessner unter Mitwirkung des Stadtbauamts (Josef Bittner, Adolf Stöckl) erbaut, ist er ein Schlüsselbau der Wiener Sozialdemokratie und die idealtypische Verkörperung des ‚Superblocks'. Diese Bezeichnung, die H. Kodré 1964 in einer der ersten Arbeiten zum Wohnbau des Roten Wien geprägt hat, meint eine ‚Vergrößerung der Randbebauung ins Überdimensionale. Er besteht aus mehreren umbauten Höfen, ein architektonisch hervorgehobener Mittelteil beherrscht die Anlage'. Der Reumannhof ist eine kompakte, bis ins Detail perfekt symmetrische Anlage, zeichenhaft und auf Fernwirkung berechnet, mit einem mittleren Ehrenhof und einem dominanten überhöhten Mittelblock (der ohne städtebauliche Entsprechung bleibt; mit den ursprünglich geplanten vierzig Metern Höhe hätte er das erste Hochhaus Wiens werden sollen). Der Grundriss erinnert stark an eine feudale Schlossanlage, und zahlreiche weitere traditionelle Hoheitsmotive aus der Herrschaftsarchitektur verstärken diesen Eindruck. Dieser Umstand war ein Angelpunkt der Kritik für die politische Gegnerschaft, aber auch für einige Architekten: In einem berühmten Text mit dem Titel ‚Der Volkswohnungspalast' wandte sich der Architekt Josef Frank gegen die Nobilitierung und Monumentalisierung von Anlagen, die hinter ihren heroischen Fassaden doch nur Kleinwohnungen bargen ..., und in gewisser Weise setzte diese Taktik tatsächlich die gründerzeitliche Praxis der fassadenhaften Nobilitierung einfacher Bauaufgaben fort, gegen die die Avantgarde schon um 1900 protestiert hatte. (...)

Auch die Architekturdetails des Reumannhofs sind typisch für diese Phase, in der die Wohnbautätigkeit des Roten Wien einen ersten Höhepunkt erreichte. Kodré hat in diesem Zusammenhang von der ‚revolutionären' Phase des Gemeindebaus gesprochen, in der Motive des bürgerlichen Wohnbaus, wie Erker und Loggien, mit großen kubischen Baumassen und mit Elementen aus der Neuen Sachlichkeit, wie übereck geführten Fenstern, Flachdächern und umlaufenden Gesimsen, kombiniert werden. Ein expressiver, manchmal pittoresker, pathetischer Effekt ist das Resultat. (...) Ein Detail, das Sie nicht missen sollten, sind die aufwendig gestalteten Portale der Durchgänge vom Ehrenhof zu den seitlichen, tiefer gelegenen Höfen. Sie bestehen aus farbigen Keramiktafeln, die mit Handwerkersymbolen dekoriert sind. Über dem Sturz sind die Bauinschriften angebracht, die auf die Gemeinde als Bauherrin hinweisen und Baudaten und Architekten nennen. Prachtvoll und handwerklich erstklassig sind auch die Details aus Guss- und Schmiedeeisen, oft in expressionistischen Formen. Die Bauplastik der Gemeindebauten, im Reumannhof Putten von Max Krejca und ein Reumann-Porträt von Franz Seifert, schließt an die Tradition der Secession bzw. der Wiener Werkstätte an, aus der die Künstler meist kamen. Die Sujets der Bauplastik sind selten revolutionär oder allegorisch; meist wurden Genrefiguren und -szenen, Tierplastiken und Dekoratives bevorzugt.“ (Podbrecky 2003: 50-52)

b) Der Glöckelhof

„Nördlich des Hadynparks, im zwölften Bezirk, liegt auf Gaudenzdorfer Gürtel 11 der Leopoldine-Glöckel-Hof, (benannt nach der Lehrerin und Ehefrau des sozialdemokratischen Schul- und Bildungsreformers Otto Glöckel; 318 Wohnungen). Die 1931/32 in der Spätphase des kommunalen Wohnbaus errichtete Blockrandbebauung ist in jeder Hinsicht ein markantes Gegenstück zum Reumannhof, denn der Entwurf stammt vom weiter oben erwähnten Josef Frank. Um den weiten Hof sind zurückhaltende, glatte, gleichförmig gestaltete Trakte angeordnet, die ursprünglich in zarten Pastellfarben gefärbelt waren, was dem Bau den Namen ‚Aquarellhof‘ oder ‚Regenbogenhof‘ einbrachte ... Die glatten Fassaden sind nur durch rhythmisch angeordnete Balkons und durch die geputzten Fensterfaschen gegliedert. Auf Anregung durch die Kritik des Internationalen Wohnungs- und Städtebaukongresses, der 1927 in Wien tagte, wurden in den späten 1920er-Jahren auch großzügigere Wohnungen gebaut – mit zwei, zweieinhalb und drei Zimmern und Flächen bis zu 57 Quadratmetern. Dazu kamen noch 21 Quadratmeter große Garconnieren mit Kochnischen für allein stehende Personen.

Die zunehmende Glätte, Wandhaftigkeit und Detailreduktion der Gemeindebauten um 1930 wird im Allgemeinen mit den internationalen Tendenzen der Architektur um 1930, dem Einfluss des Internationalen Stils, des Neuen Bauens und der holländischen Gruppe De Stijl in Zusammenhang gebracht. Josef Frank wandte sich aber nicht nur gegen das Pathos der Gemeindebauten um 1925, sondern auch gegen die ‚Ornamentlosigkeit als Ornament!‘, wie er sie im Neuen Bauen Deutschlands sah.(...) Der Glöckelhof wurde ebenso wie der Reumannhof während der Februarkämpfe 1934 vom Bundesheer erstürmt und beschädigt.“ (ebd.: 53f)

c) Der Karl-Marx-Hof

(Quelle der historischen Fotos: oben rechts: Historisches Museum der Stadt Wien 1993: 92; unten rechts: ebd.: 23)

„Der Karl-Marx-Hof (19., Heiligenstädter Straße 82-92) ist das beeindruckendste und monumentalste Wahrzeichen des Roten Wien: Die Anlage ist 1,2 Kilometer lang, die Fläche des Areals beträgt 156.027 Quadratmeter, und zum Zeitpunkt der Eröffnung im Oktober 1930 gab es hier 1382 Wohnungen für etwa 5000 Menschen. Ab 1927 geplant und 1930 vollendet, fällt seine Errichtung zwar in die Zeit, in der die Wiener SP ihren höchsten Mitgliederstand verzeichnen konnte, aber auch in die Zeit der Weltwirtschaftskrise und einer zunehmenden Radikalisierung und Militarisierung der politischen Lager Österreichs …Die Namenswahl zeigt, dass die Wiener Sozialdemokratie mit dem Bau ein Zeichen im öffentlichen Raum setzen wollte; vielleicht sollte der Hinweis auf Karl Marx auch ein innerparteiliches integratives Signal geben.“ (ebd.: 95/97)

„Die lang gestreckte Form der Anlage ist eine Folge der Grundstücksform. Die Hagenwiese, ein extrem langes, schmales Grundstück zwischen Franz-Josefs-Bahn und Heiligenstädter Straße, sollte zunächst … mit offenen Häuserzeilen bebaut werden, bevor man sich doch für die geschlossene Bauweise entschied. Wegen der geringen Tiefe der Baufläche war die Schaffung von Hofräumen am besten durch eine Blockrandbebauung gewährleistet, die aber ihrerseits zwei Nachteile hatte: Zum einen schob sich der Bau wie ein Querriegel zwischen den Bahnhof Heiligenstadt und die Heiligenstädter Straße, die Hauptachse dieses Gebiets, zum anderen brachte die Überlänge der Trakte gestalterische Probleme mit sich.“ Der verantwortliche Architekt, Karl Ehn „entschloss sich, die Mittelachse der langen Anlage durch einen zur Heiligenstädter Straße hin offenen mit sechs Türmen wahrzeichenhaft überhöhten Ehrenhof zu öffnen, und durchbrach diese Turmblöcke zugleich im Erdgeschoß mit monumentalen Bögen. (...) Die langen Fronten an Boschstraße und Heiligenstädter Straße sind in Tiefe und Höhe zum mittleren Ehrenhof hin gesteigert, parallel dazu wird auch das expressive Pathos zur Baumitte hin erhöht, um am Ehrenhof in den Türmen mit den Fahnenmasten zu kulminieren. Die langen Fronten mit Türmen und Toren lassen das Motiv der Stadtmauer assoziieren, das für die Stadt selbst, in diesem Fall für das Rote Wien, stehen konnte (...) Hinter den Bögen des Karl-Marx-Hofes liegt ein traditionell bürgerlicher und konservativer Wohn- und Villenbezirk, der nur in der Nähe zur Bahnlinie ein paar Industrieansiedlungen aufweist. [...]

Der Ehrenhof gehörte seit dem Reumannhof ... zur Symbolsprache der Architektur des Roten Wien; seine Anspielung auf den Schlossbau hat seine Entsprechung in den ebenfalls aristokratisch-fortifikatorischen Motiven der Tore und Türme, die auch als monumentalisierte Zinnen gesehen werden können und dem Bau einen vordergründig wehrhaften Charakter verleihen. Dieser Wehrcharakter war der konservativen Kritik ein Dorn im Auge: Einerseits nahm sie an, die roten Gemeindebauten wären tatsächlich Forts, Waffen- und Munitionsdepots, an strategisch wichtigen Stellen platziert; andererseits hatte die Aneignung traditioneller architektonischer Hoheitssymbole, die den Machthabern aus Aristokratie und Kirche vorbehalten gewesen waren, sicherlich ein hohes Provokationspotenzial.“ (ebd.: 99) Die zeitgenössische Kritik lehnte auch hier (wie beim Reumannhof) das Pathos und die Diskrepanz zwischen äußerer Monumentalität und innerer Kleinräumigkeit ab. „1930, als der Karl-Marx-Hof eröffnet wurde, hatte sich seine pathetische Architektursprache eigentlich schon überlebt, der Schwenk zu einer sachlichen, funktionalistischen Bauweise war bereits vollzogen worden ... Es scheint aber, dass die ‚pathetischen' Entwürfe immer noch dort zum Einsatz kamen, wo städtebaulich wichtige Punkte besetzt werden sollten.“ (ebd.: 100). Sie sind so gesehen als das vom Austromarxismus anvisierten „Gleichgewichts der Klassenkräfte“ (Otto Bauer) zu deuten. Aus alledem ergibt sich für Podbrecky folgende Gesamtbewertung: „Die Ansichten über die Durchsetzung einer wirklichen architektonischen Moderne in Wien sind geteilt; zum einen gab es nach dem Ersten Weltkrieg einen formalen Backslash in Richtung Neohistorismus, zum anderen wurden aber auch zahlreiche Anregungen aus der sich formierenden internationalen Moderne (Bauhaus, Neue Sachlichkeit, Funktionalismus) rezipiert und bearbeitet. Die Sozialdemokratie hat sich nie zu einer der herrschenden architektonischen Ideologien ihrer Zeit bekannt; ihre heterogene Architektursprache wurde nicht selten als rückständig und bourgeois diffamiert. Aber genau dadurch war sie modern – im Sinne Josef Franks, der jeglichen Dogmatismus, jedes Formdiktat ablehnte, die Suche nach dem neuen Stil, der alles verändern sollte, aufgegeben hatte und sich dafür den Luxus von Vielfalt, Abwechslung und Sentimentalität leistete."(ebd.: 20f)[83]

Projektvorschlag: *Man könnte in einer eigenen Sozialreportage der Frage nachgehen, wer* heute *in den (berühmten) Gemeindebauten der damaligen Zeit wohnt (besonders den hier ausführlicher dargestellten). Zu klären wäre einerseits die soziale und ethnische Zusammensetzung der heutigen MieterInnen, die Wohnungsqualität (Größe, Ausstattung, Wohnungszuschnitt, Mietpreis, Wohnumfeld) und die Art und Weise, wie die MieterInnen diese Wohnungen und ihr Wohnumfeld nutzen und wie sie es bewerten.*

10.4 Die Schaffung neuer sozialer Entwicklungsmöglichkeiten und Unterstützungssysteme für die Heranwachsenden und ihre Familien

Die soziale Arbeit und Erziehung ließ sich besonders von folgenden Zielsetzungen leiten:

- Alle Hilfsbedürftigen sollten umfassende Hilfe erhalten, um so den „Volkskörper" nach dem Krieg und dem Elend der Nachkriegszeit wieder zu stärken; Soziale Arbeit war demnach „soziale Bevölkerungspolitik" als Teil einer sozialen Stadtpolitik.
- Sie wollte weg kommen von der isolierten Individualfürsorge und hin zur Familienfürsorge, wobei in der Wohnpolitik aufgrund des Wohnungszuschnitts die Kleinfamilie favorisiert wurde.
- Aufbauende Fürsorge wurde vorrangig als vorbeugende Fürsorge verstanden.
- Die Sicherung günstiger „Aufzuchtsbedingungen" erforderte die Verknüpfung von Verbesserungen der Lebenslage mit der erzieherischen Förderung der Persönlichkeitsentwicklung; das Recht auf Fürsorge korrespondierte also mit der Pflicht zu sozialverträglichem Verhalten.

---

[83] Vgl. dazu auch die kritische Darstellung der Zwischenkriegsentwicklungen in Österreich und Deutschland bei Benevolo (1990: Bd.2: Kap. XVI.1).

- Es bedurfte einer einheitlichen Organisation, nämlich des Jugendamtes, um die Angebote und Maßnahmen abzustimmen (sie nahmen ein Drittel des Wiener Budgets in Anspruch).
- Notwendig war ferner eine kollektive professionelle Praxis von MedizinerInnen und SozialarbeiterInnen (SozialpädagogInnen), um die Aufgaben zu erfüllen und die Traditionen der repressiven Armenpolitik zu überwinden.
- Erforderlich war insbesondere eine angemessene Ausbildung der ErzieherInnen und SozialpädagogInnen; dazu diente u.a. die von Ilse von Arlt (1876-1960) bereits 1912 eingerichteten „Vereinigten Fachkurse für Volkspflege“ (diese Schule leitete sie bis 1938; sie wurde 1946 nochmals eröffnet und dann 1950 endgültig geschlossen) und Arlt förderte auch die Gründung der „Fachkurse für Jugendfürsorge“, ab 1919 „Akademie für Soziale Verwaltung“ der Stadt Wien; zu erwähnen ist ferner die von Otto Felix Kanitz (1894-1940) zwischen 1919 bis 1924 geleitete „Schönbrunner Erzieherschule“ der Österreichischen Kinderfreunde; er leitete auch von 1930 – 1934 die „Zentralstelle für Jugend- und Erziehungsarbeit“ (vgl. Weidenholzer 1981: 97f). Er wurde 1940 im KZ Buchenwald ermordet.
- Zugleich entwickelten sich erste Ansätze einer Theorie der Sozialarbeit bzw. Sozialpädagogik. Ganz besonders sind hier zu nennen die Begründung einer „Fürsorgewissenschaft“ von Ilse Arlt (vgl. Arlt 1921, 1958; zur Aktualität dieses Ansatzes jetzt Pantucek/Maiss 2009), die psychoanalytische Begründung der Fürsorgeerziehung durch August Aichhorn (2005 [zuerst 1925]) und das Konzept der politischen Erziehung von Kanitz ([1974]; zu seiner Würdigung Andresen [2006: Kap.3.1] bzw. seiner Aktualität Dobesberger/Raiby [1991]).

Die institutionellen und interaktiven Angebote und Maßnahmen lassen sich in vier Komplexe gliedern (sie können im einzelnen jeweils nur stichwortartig charakterisiert werden):

a) Die familienbezogenen Angebote und Maßnahmen:

- Familienfürsorge (in Form von Bargeldmitteln oder Naturalunterstützung wie Nahrungsmittel, Kleidung und Brennstoff)
- Eheberatungsstellen bzw. Ehe- und Sexualberatung
- Schwangerschaftsberatung
- „Mutterhilfe“ für mittellose Mütter (medizinische Untersuchung und Behandlung, die finanziell „belohnt“ wurde)
- Wöchnerinnenfürsorge (ab 1931 gab es für die Hebammen die Pflicht, jede Geburt nicht nur dem Gesundheitsamt, sondern auch dem Jugendamt zu melden)

- Fürsorge im Entbindungsheim
- Unentgeltliches Säuglingspaket für ausnahmslos alle Mütter seit 1927 (im Wert von 55 Schilling)
- Rechtsberatung für uneheliche Mütter, ggf. Feststellung der Vaterschaft (1931: 2.494 Fälle und 439 Gerichtsprozesse) und je nach Fall Durchsetzung der Unterhaltspflichten

b) Die kindbezogenen Angebote und Maßnahmen

- Erziehungsberatung; diese wurde von 1920-1925 von August Aichhorn (1878-1949) aufgebaut
- Allgemeine Kindergärten (1918: 51; 1931: 111) und Volkskindergärten für „Bedürftige" (80% der Kindergärten waren solche ganztägigen Volkskindergärten mit professionellem Personal)
- Städtische Horte für Kinder (1930: waren es ca. 9.000) aus den prekären Teilen des proletarischen Milieu, besonders wenn „Verwahrlosung" drohte, was von der Schule und/oder dem Jugendamt festgestellt wurde (in 57% der Fälle waren die Eltern von allen Zahlungen befreit)
- Schulärztliche, besonders zahnärztliche Betreuung (es gab allein 15 Zahnkliniken und sie erfassten insgesamt ca. 90.000 SchülerInnen)
- Medizinisch kontrollierte Schulspeisung (78% der SchülerInen waren „Freiesser")
- Erholungsfürsorge für „bedürftige" Kinder durch das „Wiener Jugendhilfswerk"
- Generalvollmacht des Jugendamtes für alle unehelichen Kinder
- Kinderübernahmestelle für alle Kinder, die der öffentlichen Erziehung dringend bedürfen; es gab dann eine medizinische und entwicklungspsychologische Untersuchung und danach wurde entschieden, ob die Kinder der Herkunftsfamilie zurückgegeben werden (die dann pädagogische Unterstützung erhielt) oder an Pflegeeltern oder ein Kinderheim übergeben wurden (für die Übergangsphase gab es ein Durchzugsheim)
- Eigenständige, proletarische Kinderorganisation, die „Kinderfreunde"

c) Die jugendbezogenen Angebote und Maßnahmen

- Tagesheimstätten für die Wintermonate (wo sich arbeitslose Jugendliche aufhalten konnten)
- Pädagogisch und sozial ausgerichtete Freizeit für arbeitslose Jugendliche; sie wurde später weiterentwickelt zum Programm „Jugend in Not"(1930) und dann zu „Jugend am Werk" (1932)

- Fürsorgeanstalten in Form öffentlicher und privater Waisenhäuser
- Geschlechtergetrennte Erziehungsanstalten, die im Unterschied zu den früheren Besserungsanstalten aus den Zeiten des „aufgeklärten Absolutismus“ einen dezidiert pädagogisch-sozialintegrativen Auftrag hatten, weshalb das Personal pädagogisch ausgebildet war, die Türen nicht mehr versperrt, die Arrest- und Prügelstrafe sowie die Uniformen und militärischen Übungen abgeschafft wurden und die Aufseher keine Waffen mehr trugen In den Waisenhäusern und Erziehungsanstalten waren 1929 insgesamt 3.709 Heranwachsende untergebracht
- Heilpädagogische Betreuung sog. „Debiler“, „Rückständiger“, „Minderwertiger“ und „Psychopathen“
- Die „Roten Falken“ als proletarische Jugendorganisation

Das Wartezimmer der Mutterberatungsstelle
Säuglinge, Kleinkinder, Schulkinder — ständige Besucher, deren Gesundheitszustand regelmäßig kontrolliert wird

Mutterberatung im Jugendamt

Ein helles, freundliches Zimmer mit vielen Bänken, ein Zimmer, in dem das Kinderlachen nie verstummt und Dutzende von Müttern ihre Erfahrungen und Sorgen gegen andere Sorgen und Erfahrungen austauschen, ein Zimmer, in dem über Gewichtstabellen, Pflegschaftsbeiträge, Bestrahlung und Lebertran gesprochen wird, das ist der Warteraum in der Mutterberatungsstelle im Jugendamt. Wie sauber alles in diesem Vorzimmer aussieht. Die Gemeinde hat den Wiener Frauen nicht umsonst die Säuglingswäsche gegeben! Da sitzt eine abgehärmte Frau. Ihr Mann ist arbeitslos, die Not ist bei ihnen ständiger Gast. Aber das Kind ist ordentlich gehalten und sieht, wie es da aus der lichtblauen Flanelldecke hervorguckt, nicht anders aus als irgendein Kind hier im Zimmer. Die Mütter wissen das schöne Geschenk der Gemeinde zu schätzen. Aber nicht nur die Frauen fühlen sich hier wie zu Hause, da trippeln dreijährige, vierjährige Erdenbürger an der Mutter Hand herein und grüßen die Fürsorgerin wie eine gute Bekannte ...

Wer hat die Mütter früher beraten? Die Nachbarinnen, die Gemüsehändlerin, der Kohlenhändler. Wer kennt nicht den Unfug der „Volksmittel"? Den tausendfältigen Aberglauben, der Krankheiten mit Beschwörungsformeln heilen wollte? Der Arzt kostete Geld und wurde höchstens zu Schwerkranken gerufen. So kam es, daß viele Gebrechen, viele Leiden, die in der Kindheit vernachlässigt wurden, den ganzen Lebenslauf eines Menschen bestimmten. Heute ist die ärztliche Beratung kostenlos. Jede Mutter kann mit ihrem Kind in eine der Wiener Mutterberatungsstellen kommen. Und jede wird dort etwas Neues erfahren. Vom Vorzimmer treten Mutter und Kind in das Kartothekzimmer ein. Über jedes Kind, das bereits einmal hier war, wird ein Merkblatt geführt ... Anna Bergauer. Drei Jahre. Zuletzt gewogen am ... Gesundheitszustand ... So sieht die Buchführung der Gemeinde über ihre jüngsten Mitbürger aus. Eine kurze, aber inhaltsreiche Lebensgeschichte, in der alle Krankheiten, alle körperlichen Schwächen, in der die ganze Entwicklung des Kindes verzeichnet ist. Der Arzt, der im nächsten Zimmer auf das Kind wartet, kann ruhig Hunderte von Kindern untersuchen, Hunderte von Müttern beraten — das Merkblatt ist sein Assistent. Nun zur Beratung! Zuallererst einmal auf die Waage. Im Sommer waren viele, viele Tausende von Wiener Kindern durch das Jugendamt und durch die Kinderfreunde ein paar Wochen in einer Ferienkolonie. Jetzt liest die Fürsorgerin das Resultat von der Waage ab: Gewichtszunahme! Auch gewachsen ist die Anna in den letzten Wochen. Die Ärztin im weißen Mantel, die die Kinder prüfend und freundlich ansieht, legt nun das Horchrohr an. Herz, Lunge — alles in Ordnung. Ob die Mutter eine Frage an den Arzt hat? Ernährung, Verdauung, Schlaf ... Ratschläge zur Ernährung werden erteilt — Stillpropaganda ist eine der wichtigsten Aufgaben der ärztlichen Mutterberatung. Die Ergebnisse der Untersuchung trägt der Arzt sofort ins Merkblatt ein. Freilich, nicht immer geht es so glatt. Der forschende Blick des Arztes entdeckt oft die Keime einer Krankheit, die vorerst noch ganz schwach im kindlichen Organismus vorhanden sind. Darum rasch eine Heilbehandlung, den Feind der Gesundheit sofort vernichtend schlagen! Auch da hat die Gemeinde außerordentlich viel geleistet. Alle Kinder, für die die Gemeinde einen Pflegebeitrag zahlt, alle, die unter der Vormundschaft des Jugendamtes stehen, müssen regelmäßig vom Arzt des Jugendamtes untersucht werden. Aber auch alle anderen Kinder, alle anderen Mütter sind dem Jugendamt herzlichst willkommen. Es liegt an den Frauen, von dieser segensreichen Einrichtung recht viel Gebrauch zu machen.

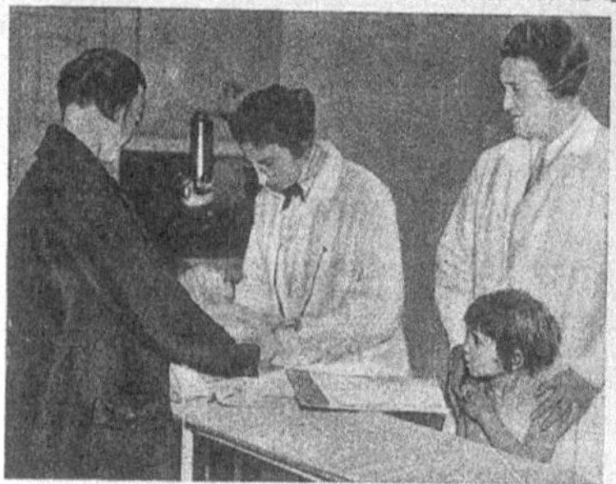

Im Ärztezimmer
Das Kind wird untersucht, das Nötige angeordnet und der Gesundheitszustand des Kindes im Merkblatt eingetragen

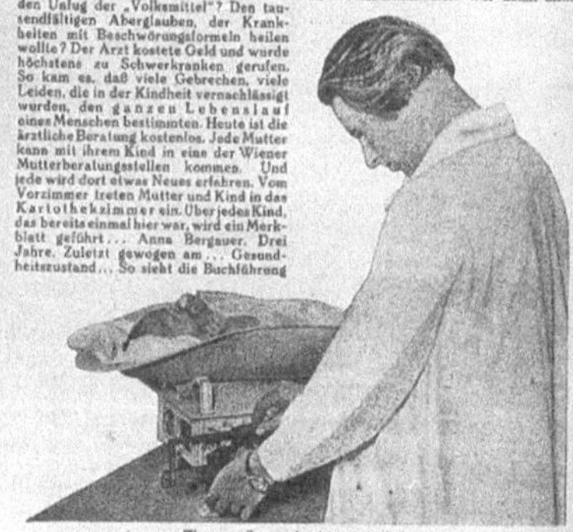

Wenn es ihm auch nicht recht ist,
dem kleinen Schreihals, er muß wie jedes Kind hier sein Gewicht prüfen lassen

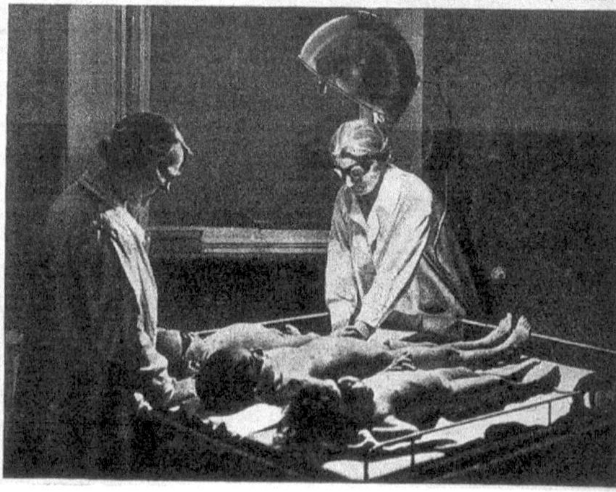

Sofortige Heilbehandlung rachitischer und tuberkulös gefährdeter Kinder in dem einigen Jugendämtern direkt angeschlossenen Behandlungssaal mit künstlicher Höhensonne

terberatung: Überwachung der Gesundheit des Kindes und erzieherische Beeinflussung der Mutter
Nr. 2/2/4

Familienbezogene Maßnahmen des Wiener Jugendamtes (Quelle: Historisches Museum der Stadt Wien 1993:116)

Säuglingswäschepaket: Zur Zeit der Wahlen 1927 eingeführt – von der Opposition als „Wahlwindeln“ bezeichnet
Kat. Nr. 2/2/1

Erwachsenenbildung und Kindeswohl (Quelle: Historisches Museum der Stadt 1993: 145 ([inks] und 116 [rechts])

d) *Die erwachsenenbezogenen Angebote und Maßnahmen*

- Strikt an der Nothilfe ausgerichtete Erhaltungsbeitrage, aber – wie zu Zeiten der Maria Theresia – nur für diejenigen, die in Wien ein „Heimatrecht“ hatten, also dort gemeldet waren (was alle – auch Facharbeiter! – ausschloss, die auf der Suche nach Arbeit waren)
- Einmalige Fürsorgeakte (wobei diese meist in Form von Naturalien, selten in Form von Geld gewährt wurden)
- Die 1931 als überparteiliche Initiative gegründete „Winterhilfe“ für Langzeitarbeitslose, finanziert aus Spenden, staatlichen Zuschüssen und Geldern der Stadt Wien
- Obdachlosenhilfe (Wärmestuben und Obdachlosenheim), weil seit den späten 1920er Jahren – trotz der Wohnbauanstrengungen die Zahl der Nichtsesshaften sprunghaft anstieg
- Arbeiterbildung in Form u.a. von Bibliotheken, Arbeitersinfoniekonzerten, sportlichen Wettbewerben

Wir haben bisher nur die Angebote und Maßnahmen aufgelistet, die in einer entsprechenden Sozialreportage bearbeitet werden können. Wichtig wäre es aber auch der Frage nachzugehen, wie die Soziale Arbeit bei den Betroffenen und Interessierten „angekommen" ist. Das ist das besondere Feld einer lebensweltlich ausgerichteten Forschung zur Geschichte der Sozialen Arbeit[84], die in einer Kooperation mit entsprechenden Forschungsansätzen der Geschichtswissenschaft realisiert werden kann und sollte. Ein gelungenes Beispiel dafür sind Analysen von Pirhofer/Sieder (1982) zu den soziokulturellen Prozessen in den Arbeiterfamilien des „Roten Wien". Sie machen folgendes Problem deutlich: Der sozialen Ordnung in den öffentlichen und halböffentlichen Räumen der Wiener Gemeindebauten (die auf den historischen Fotos sehr gut deutlich wird) sollte dann auch die in den Familien entsprechen. Gerade hier wird die interaktive Seite dieses immer auch, ja wohl sogar dominant *repressiven* Wohlfahrtsmodells besonders deutlich. Die normative Perspektive war dabei die patriarchalisch geprägte Kleinfamilie, die zugleich als das „Paradies" vorgestellt wurde, die soziale und psychische Deprivationserscheinungen überwinden sollte. An dieser Art von sozialer und pädagogischer Ordnung der Arbeiterfamilie war auch die Familienfürsorge ausgerichtet; was umgekehrt bedeutete, dass Verstöße gegen sie als Rechtfertigung für sozialstaatliche Eingriffe angesehen wurden.

Das kommt sehr treffend in einem Interviews mit einer der damaligen FürsorgerInnen (die allermeisten waren Frauen) zum Ausdruck, nämlich Frau Oce. (verschlüsselter Name)[85]:

> „Zwei Buben sind überstellt worden, und ich hatte die Ehre, das verflohte Gewand dieser Mutter zu übergeben. Und mit dieser Mutter hab ich dann wirklich schöne Ergebnisse erzielt. Junge fesche Leut, die Wohnung total verdreckt … und der Vater ganz einfach arbeitsscheu. Und – sie wurde dann immer wieder schwanger. Sie woar natürlich sehr bös aufs Jugendamt! ….Und eines Tags

[84] An dieser Stelle verknüpft sich dann die *Sozialraum*-Reportage mit der *Lebenswelt*-Reportage; wenn auf der Ebene der intersubjektiven Beziehungen aber nicht deren biografische Einmaligkeit im Zentrum steht, sondern deren soziale und epochale Typik, dann geht die Analyse in eine *Milieu*-Reportage über.

[85] Historische Sozialreportagen dieser Art sollten immer auch zentrale biografische Angaben enthalten. Die von Frau Oce lauten (Pirhofer/Sieder 1982: 363f): „Geb. 1901, Vater Lichtdruckergehilfe (später Werkstattmeister), konfessionslos, Mutter selbständige Miedermacherin, Jüdin, ein Bruder (Berufsschullehrer), Volks- und Bürgerschule, einjähriger Handelsschulkurs, Sekretärin in Privatmittelschule, während 1.Weltkrieg in Flugzeugfabrik, danach in Miedergeschäft, arbeitslos, 1924 Hilfspflegerin bei der Gemeinde Wien, Besuch der sozialdemokratischen Arbeiterhochschule, 2 Jahre Sozialakademie, 1927-38 Fürsorgerin der Gemeinde Wien. Ledig".

kommt sie zu mir ins Jugendamt: ‚Frau Fürsorgerin, i bin schwanger! Werdn's ma *des* Kind *auch* wegnehmen?'

‚Hörns zua, i *muaß* es Ihnen wegnehmen, wenn Sie weiter so eine Drecksau bleiben und ihr Mann weiter arbeitsscheu is! Daß-ma Deutsch miteinander reden! Wenn Sie aber Ihre Wohnung sauber halten...dann hab ich doch keinerlei Grund, das Kind in Gemeindepflege zu nehmen! Wenn Sie sich danach richten, werden Sie ihr Kind behalten können!'

Kurzum, die haum sich *so* zusammengenommen! Und eines Tages fährt vor meinem Sprechstundenfenster eine junge, nette Frau vorbei, mit'm Kinderwagerl und'n Sonnenschirm drauf und ihr Baby drin. Najo, ich hob sie fleißig besucht, hab immer notiert, wie sauber und nett und schön des is. Dann, eines Tages hot sie sich a Herz genommen, ob ich ihr die Buben nicht z'haus geben könnte.

Sog ich: , Na, Kinderl, so gschwind geht das nicht. Mir mochn hoid amol a Probe!' – Und do hob ich's ihr auf Urlaub noch Haus gegeben, die zwa Buam. Und bin mittags hingegangen Hausbesuch machen. Do sind die zwei Buben bei einem Kindertischerl gsessen, Serviette vorgebunden – wissen Sie, *das* zu erleben!! Das is so wundervoll!! – Kurzum, die hot ihre Buam dann hamgriagt. Die *waren* resozialisiert, nicht!" (Pirhofer/Sieder 1982: 333)

Wie sehr die zentrale Bedeutung einer äußerlichen Ordnung und Sauberkeit bei relevanten Teilen der ArbeiterInnen „auf Gegenliebe stieß", ja selbstverständlich war, das wird an den Lebenserinnerungen von Frau Kle. (verschlüsselter Name)[86] deutlich: „...unsere Teppiche, die haben bestanden aus so oiten Matratzengradl, net, des hamma zaumgstückelt, oiso in der Weise. Ma hot hoid versucht, net, und hot auch die Wohnung, wenns sauber und rein woar, als schön gfunden. Und so soll angeblich eine von der Fürsorge dogewesen sein und soll gsogt haum: ‚Bei Ihnen es es jo net notwendig (zu kontrollieren, P/D), bei Ihnen es eh olles sauber', net ..." (ebd.: 334)

In diesen Analysen und Lebenserfahrungen wird ein grundlegendes Problem gesellschaftlicher Reformpolitik deutlich, welches in speziellen Sozialreportagen genauer untersucht werden sollte: So notwendig es einerseits ist, die sozialen Lebenslagen durch ein Mehr an gesellschaftlicher Gerechtigkeit der Lebenschancen entschieden zu fördern, so wenig führen sie im Selbstlauf dazu, dass die Menschen auch befriedigender leben. Oder grundsätzlicher formuliert: Es können in bestimmten historischen Epochen mit guten Gründen relativ *einheitliche* gesellschaftliche *Gerechtigkeitsmodelle* entworfen und realisiert werde, die nachhaltig günstigere Entwicklungschan-

[86] Ihre biografischen Daten lauten: „Geb. 1913, Vater aus Iglau, Drechsler, 1918 gest., Mutter aus Polen, Bedienerin, 5 Geschwister; 1921 über eine Hilfsaktion nach Belgien, Gewerbeschule für Schneiderinnen, Lehre, Arbeitslosigkeit, Berufskleidernäherin, Freizeit in sozialdemokratischen Organisationen (Turnverein, Kinderfreunde)". (Pirhofer/Sieder 1982: 363)

cen für die Kinder und Jugendlichen, für die Erwachsenen sowie die älteren und alten Menschen schaffen; aber Entwürfe eines *guten Lebens* (in einer gerechten Gesellschaft) kann es immer nur im *Plural* geben. Von dieser Einsicht war nicht nur die Wiener Arbeiterbewegung der Zwischenkriegsperiode (weit) entfernt; mit dem Konzept des „Neuen Menschen“ waren relativ fest umrissene Vorstellungen einer angemessenen Lebensweise und -haltung verbunden [87], die in sehr unterschiedlicher Weise von den Menschen mehr oder weniger deutlich als Einschränkungen empfunden wurden und offene oder verdeckte Widerstände gegen diese *sozialstaatliche Kolonialisierung der Lebenswelten* provozieren[88].

Projektvorschläge:
1) Man könnte eine Befragung unter Wienern oder auch generell unter österreichischen SozialarbeiterInnen durchführen zum Thema: „Was verbinden Sie mit dem Stichwort ‚Rotes Wien', was wissen Sie darüber, was sagen Ihnen Namen wie Julius Tandler und Ilse Arlt und was könnten wir Ihrer Auffassung nach heute noch von den damaligen pädagogischen und organisatorischen Ansätzen lernen?“
2) Man könnte in einer anderen Sozialreportage das Wiener Modell der Wohlfahrt mit anderen Modellen der sozialstaatlichen Bearbeitung sozialer Probleme in anderen europäischen Metropolen vergleichen.

10.5 Die Bildpädagogik von Otto Neurath als sozialwissenschaftliches Aufklärungsprojekt

Wir wollen hier noch auf einen anderen Aspekt der Entwicklung des „Roten Wien“ eingehen, der nicht nur für die Pädagogik generell, sondern ganz besonders auch für die Fundierung und Ausrichtung der Sozialreportage von besonderem Interesse ist, nämlich die Arbeiten von Otto Neurath (1882-1945) zur Begründung und Entfaltung einer *visuellen Sozialwissenschaft* (wie wir das heute nennen). Das soll in neun knappen Punkten geschehen, wobei wir – um den „Zeitgeist“ seiner Argumentation

[87] Die theoretische Implikation war die weitgehende Übereinstimmung zwischen *politischem Lager*, *sozialen Milieu* und *Geselligkeitsformen*, die im „Roten Wien“ zu einem relativ hohen Grade tatsächlich erreicht wurde.
[88] Die Kolonialisierung der Lebenswelten ist also nicht nur ein generelles Problem kapitalistischer Gesellschaften, sondern auch das spezifische Problem der vom Sozialstaatskompromiss getragenen Sozialplanung, wie Habermas (1985b: Kap. III/IV) deutlich macht (vgl. wegen des Bezugs auf die Probleme der moderne Stadtplanung und Architektur auch Habermas [1985b]).

deutlich werden zu lassen – Neurath selber ausführlich zu Wort kommen lassen (die Systematisierung stammt allerdings von uns).

Bearbeitungsvorschlag: *Die nachfolgende Darstellung ist auch deshalb relativ ausführlich, weil der Ansatz von Neurath eine weitere, eigenständige Begründung der Sozialreportage darstellt. Deren Eigentümlichkeit kann besonders durch den Vergleich mit den zeitgenössischen Ansätzen von Mannheim (Kap.3) und der FSA (Kap. 6) herausgearbeitet werden.*

10.5.1 Der historische und biografische Kontext: Sozialpolitischer Fortschritt und pädagogische Verantwortungsübernahme

Bevor Neurath 1919 Präsident des Zentralwirtschaftsamtes der Münchner Räterepublik wurde, hatte er – nach dem Studium der Nationalökonomie in Wien und Berlin – von 1914-1918 die Leitung der Abteilung Kriegswirtschaftslehre im österreichischen Kriegsministerium inne (er habilitierte sich 1918 in Heidelberg für Politische Ökonomie – im Institut von Max Weber). Nach der Niederschlagung der Räterepublik wurde er wegen Hochverrats verhaftet, zu 1½ Jahren Festungshaft und Verlust seiner Privatdozentur verurteilt, aber in einem Austauschverfahren nach Österreich abgeschoben und 1920 Generalsekretär des Österreichischen Verbandes für Siedlungs- und Kleingartenwesen, der dann auch das wiederum von ihm geleitete Gesellschafts- und Wirtschaftsmuseum in Wien betrieb, das sich den unterschiedlichsten sozialen Fragen zuwendete und in dessen Rahmen die Bildpädagogik als zentrale didaktische Methode entwickelt wurde. Die Arbeit daran beginnt also mit der ersten sozialpolitischen Reformphase des Roten Wien und endet (1934) zunächst – was diesen institutionellen Kontext angeht – mit dem Sieg des Austrofaschismus: Neurath flieht zunächst nach Den Haag und dann (1940) weiter über die Isle of Man (wo er in einem Internierungslager festgesetzt wird) nach Oxford (wo er überraschend 1945 stirbt).

Im heutigen Österreichischen Gesellschafts- und Wirtschaftsmuseum erinnern nur noch solche Schautafeln an die Bildpädagogik ihres Gründers

Otto Neurath (1882-1945)

(Quelle:http://www.math.yorku.ca/SCS/Gallery/images/portraits/neurath1.jpg)

Diese wenigen Daten machen schon deutlich, dass wir hier einem Projekt begegnen, welches in ganz unmittelbarer, aber zugleich reflektierter Weise die radikalen gesellschaftlichen Reformbemühungen mit wissenschaftlicher Aufklärung der proletarischen Milieus verbinden wollte. Das wird auch noch an einem anderen Arbeitskontext von Neurath – „dem Hünen mit dem roten Bart“ (Geier 2004: 17) – deutlich. nämlich im *„Wiener Kreis“*, dessen treibende und organisierende Kraft er war. Dieser hatte sich ab 1923/24 um den Philosophen Moritz Schlick (1882-1936) gebildet und wurde zum Zentrum der mittleren Phase der Analytischen Philosophie (die später als „Neopositivismus“ international bekannt wurde – und an dessen Diskussion sich phasenweise auch Ludwig Wittgenstein [1889-1951] beteiligte). Ihm gehörten eine ganze Reihe hoch qualifizierter Wissenschaftler an, die der exakten, erfahrungsbasierten Wissenschaft verpflichtet waren und wegen ihrer philosophie- und gesellschaftskritischen Ausrichtung keinerlei Chancen hatten an einer österreichischen Universität zu lehren (einige haben in ihren Exilländern große Anerkennung erfahren). Viele von ihn waren – ähnlich wie Neurath – in den Wiener Volkshochschulen tätig (er selber unterrichtete darüber hinaus auch noch in der Parteihochschule der Sozialdemokratischen Arbeiterpartei [SDAP] und bei den Freien Gewerkschaften; vgl. Dvorak 1993: 44ff). Diese Bemühungen um eine intensive Verschränkung zwischen wissenschaftlicher Forschung, Funktionärsschulung und allgemeiner Arbeiterbildung fand 1928 seinen besonderen Ausdruck und Höhepunkt in der Gründung des *„Vereins Ernst Mach“*, dessen organisatorischer Träger der sozialreformerisch ausgerichtete Freidenkerbund Österreichs war, dessen repräsentative Funktionen aber von Schlick (Vorsitz), Hans Hahn (1880-1934; als Obmann-Stellvertreter) sowie Rudolf Carnap (1891-1970) und Neurath als Schriftführer besetzt wurden (vgl. Geier 2004: 81ff). Das Anliegen dieses „Vereins zur Verbreitung von Erkenntnissen der exakten Wissenschaften“ kommt in der gemeinsam von Carnap, Hahn und Neurath verfassten Programmschrift „Wissenschaftliche Weltauffassung – der Wiener Kreis“ prägnant zum Ausdruck, in der gleich zu Anfang die wissenschafts- und kulturpolitischen Konfliktlagen deutlich gemacht werden: „Dass *metaphysisches* und theologisierendes Denken nicht nur im Leben, sondern auch in der Wissenschaft heute wieder zunehme, wird von vielen behauptet. (...) Die Behauptung selbst wird leicht bestätigt durch einen Blick auf die Themen der Vorlesungen an den Universitäten und auf die Titel der philosophischen Veröffentlichungen. Aber auch der entgegengesetzte Geist der Aufklärung und der *antimetaphysischen Tatsachenforschung* erstarkt gegenwärtig (...) In der Forschungsarbeit aller Zweige der Erfahrungswissenschaft ist dieser *Geist wissenschaftlicher Weltauffassung* lebendig.“ (Neurath u.a. 1979a: 81) Und am Schluss wird der gesellschaftliche Kontext der geistigen und wissenschaftlichen Entwicklung verdeutlicht: „Die Zunahme metaphysischer und theologisierender Neigungen ...scheint zu beruhen auf den heftigen sozialen und wirtschaftlichen Kämpfen der Gegenwart: die eine Gruppe der Kämpfenden, auf sozialem Gebiet das Vergangene festhaltend, pflegt auch die überkommenen oft inhaltlich längst überwundenen Einstellungen der Metaphysik und Theologie; während die andere, der neuen Zeit zugewendet, besonders in Mitteleuropa diese Einstellungen ablehnt und sich auf den Boden der Erfahrungswissenschaft stellt. Diese Entwicklung hängt zusammen mit der des modernen Produktionsprozesses, der immer stärker maschinentechnisch ausgestaltet wird und immer weniger Raum für metaphysische Vorstellungen lässt. Sie hängt auch zusammen mit der Enttäuschung breiter Massen über die Haltung derer, die die überkommenen metaphysischen und theologischen Lehren verkünden. (...) In früherer Zeit war der *Materialismus* der Ausdruck für diese Auffassung; inzwischen aber hat der moderne Empirismus sich aus manchen unzulänglichen Formen heraus entwickelt und in der *wissenschaftlichen Weltauffassung* eine haltbare Gestalt gewonnen“ (ebd.: 100) Zumindest Teile des Wiener Kreises, besonders die drei Autoren, waren sich der politischen Gefahren am Ende der 1920er Jahre durchaus bewusst; zugleich war dies für sie kein Grund zur Resignation, sondern plädierten sie für Engagement und Bündnisfähigkeit; am Schluss dieses Dokumentes heißt es deshalb: „So steht die wissenschaftliche Weltauffassung dem Leben der Gegenwart nahe. Zwar drohen ihr sicherlich schwere Kämpfe und Anfeindungen. Trotzdem gibt es viele, die nicht verzagen, sondern, angesichts der soziologischen Lage der Gegenwart, hoffnungsfroh der weiteren Entwicklung entgegensehen. Freilich wird nicht jeder einzelne Anhänger der wissenschaftlichen Weltauffassung ein Kämpfer sein. Mancher wird, der Vereinsamung froh, auf den eisigen Firnen der Logik ein zurückgezogenes Dasein führen; mancher vielleicht sogar die Vermengung mit der Masse schmähen, die bei der Ausbreitung unvermeidliche ‚Trivialisierung' bedauern. Aber auch ihre Leistungen fügen sich der geschichtlichen Entwicklung ein. Wir erleben, wie der Geist wissenschaftlicher Weltauffassung in steigendem Maße die Formen persönlichen und öffentlichen Lebens, des Unterrichts, der Erziehung, der Baukunst durchdringt, die Gestaltung des wirtschaftlichen und sozialen Lebens nach rationalen Grundsätzen leiten hilft. *Die wissenschaftliche Weltauffassung dient dem Leben, und das Leben nimmt sie auf.*" (ebd.: 100f)

Leider hat sich dieser historische Optimismus nicht bewahrheitet. Es wird erst in Wien und dann in ganz Österreich eine austrofaschistische Verfassung eingerichtet (in hohem Maße durch die katholische Kirche gestützt, was die Kritik an ihr nochmals bestätigt) und in diesem Zusammenhang wird dann auch (am 23.2.1934 bzw. 2.5.1934) der Verein Ernst Mach verboten. Wichtige Exponenten fliehen ins Ausland. Schlick wird am 22.6.1936 in der Wiener Universität von Johann Nelböck ermordet; dieser wird nach nur zweijähriger Haft von den Nazis freigelassen (vgl. Geier 2004: 7ff u. 90ff).

10.5.2 Der wissenschaftliche Bezugspunkt: Die empirische Analyse der Lebenslagen

Für Neurath war zumindest während der Zeit des „Roten Wien" die wissenschaftliche Weltanschauung und ihre materialistische Grundausrichtung weitgehend identisch mit seinem Verständnis von Marxismus[89]. Deshalb bildeten zwei Fragekom-

[89] Wir orientieren uns bei der übergreifenden Interpretation des Werkes von Neurath an Hegselmann (1979, 1988; 1993) und Dvorak (1993). Für die Neurath-Rezeption sind zwei Tendenzen charakteristisch: Einerseits wird er fast überhaupt nicht als Teil des Austromarximus betrachtet (vgl. Kap. 10.2.). Das könnte man auch als eine späte Folge der drastischen Kritik des jungen Max Horkheimer (1937: 12ff) deuten, der die Philosophie des „Wiener Kreises" in die reaktionäre politische Ecke gestellt und damit auch wichtige Stichworte zur Kritik am Neopositivismus im Kontext der 1968er Bewegung gegeben hatte (vgl. Horkheimer 1937; und den Kommentar dazu von Hegselmann 1933: 13ff). Man muss aber hinzufügen, dass Neurath in der gleichen Ausgabe der „Zeitschrift für Sozialforschung" sein Kon-

plexe den Ausgangspunkt seines Arbeiterbildungskonzeptes, von dem die Bildstatistik und dann umfassender die Bildpädagogik ein integraler Bestandteil war: Zunächst einmal beschäftigten Neurath (1979a: 262) in Bezug auf „die marxistische Wirtschaftslehre in der ursprünglichen Form, die ihr Marx und Engels gegeben haben“, drei Fragen:

> „1. Wie ist die *Lebenslage* des Proletariats in der bürgerlich-kapitalistischen Ordnung beschaffen?
> 2.Wie *bewirkt* die bürgerlich-kapitalistische *Ordnung* diese *Lebenslage* des Proletariats?
> 3. Welche *geschichtlichen* Vorgänge bedingen Entstehung und Untergang dieser *Ordnung* und der durch sie bewirkten *Lebenslagenverteilung?*“ (ebd.)

Wie dann die politische Befreiungsperspektive mit der soziologischen Diagnose verbunden werden soll, das macht die Präzisierung dieser Fragen deutlich: „Der Marxismus entstand ursprünglich, um zu der durchaus *praktischen* Jahrhundertfrage wissenschaftlich Stellung nehmen zu können: *Gibt es für das Proletariat eine Rettungsmöglichkeit aus der zunehmenden Verelendung?* Er wurde zum Ursprung einer umfassenden Denk- und Anschauungsweise und lässt sich insbesondere auf sämtliche Wirtschaftsprobleme anwenden. Wir können die oben angedeuteten Fragestellungen etwa so ausbauen:

1. Welcher Inbegriff von Aussagen ist über Lebenslagen und Lebenslagenverteilungen überhaupt möglich (Lebenslagentheorie), und welche empirischen Lebenslagen können wir zu bestimmten Zeiten, an bestimmten Orten, bei bestimmten Gruppen feststellen? (Lebenslagenforschung.)
2. Wie hängen Lebenslagenverteilung und Lebenslagenhöhen von bestimmten *Einrichtungen der Lebensordnungen* (Wirtschaftsordnungen) ab? (Wirtschaftslehre.)
3. Welche geschichtlichen Umstände bedingen Entstehung und Untergang der Lebensordnungen, einschließlich der Wirtschaftsordnungen und der mit ihnen verknüpften Lebenslagenverteilung? (Geschichtsphilosophische Analyse der Wirtschaftsgeschichte.)“ (ebd.: 263)

---

zept der Lebenslagenanalyse vorstellen konnte (vgl. Neurath 1937). Andererseits wird in der neueren, verdienstvollen Rezeption der Bildpädagogik (vgl. z.B. Hartmann/Bauer 2006; Müller 1991; Sandner 2008) sowohl sein Bezug zum Marxismus wie sein Plädoyer für eine sozialistische Planwirtschaft weitgehend ausgeblendet. Eine bedeutsame Ausnahme bildet da Sandkühler (1991: 303ff), der *beide* Aspekte berücksichtigt und Neurath – bei aller begründeten Kritik – wissenschaftsgeschichtlich und politisch würdigt.

Zur strikt empirischen Beantwortung dieser Fragen hatte Neurath dann drei Schlüsselkonzepte entwickelt. Dabei versuchen die beiden ersten das Verhältnis von intersubjektiv geteilten Erfahrungen, Stimmungen und Bewertungen bzw. die sozialen Lagen, die sie hervorbringen, zu erfassen. Und das dritte Konzept stellt den gesamtgesellschaftlichen Zusammenhang und die historische Perspektive heraus:

a. Das *Lebensstimmungsrelief:* Dies beinhaltet den schwierigen Versuch, die subjektive Bedeutung von arbeitsmarkt- und sozialpolitischen Maßnahmen und Trends analysieren und abschätzen zu können, wobei deren Verallgemeinerungsgrad deutlich begrenzt ist: „Wir können Lebensstimmungsgesamtheiten nicht immer miteinander vergleichen und müssen uns damit begnügen, in vielen Fällen nur anzugeben, dass die Lebensstimmung gewisser Menschen oder Menschengruppen unter Einwirkung gewisser Maßnahmen sinkt, die anderer steigt. Nehmen wir zum Beispiel an, es sei uns eine menschliche Gesellschaft oder Klasse gegeben, die aus sechs Personen besteht. Immer je zwei verhalten sich gleich – bilden etwa eine Klasse oder Gruppe innerhalb der Klasse. Unter gewissen Umständen seien nun die ersten beiden mit der geringsten Lebensstimmung bedacht, die zweiten beiden weisen eine höhere Lebensstimmung auf, während die dritten beiden eine noch höhere zu verzeichnen hätten. Unter anderen Umständen seien die Lebensstimmungen der drei Gruppen gleich hoch, etwa so hoch wie die der mittleren Gruppe. Wir können gewissermaßen von einem *Lebensstimmungsrelief* sprechen, Denken wir uns eine Fläche gegeben, auf der die Personen als Flächenteile aufgetragen sind, ihre Lebensstimmungen als Prismen, die auf diesen Flächenteilen errichtet werden. Im ersten Fall werden wir eine Art Stiege erhalten. Jede Stufe umfasst zwei Personen mit ihren Stimmungen. Im zweiten Fall dagegen hätten wir es mit einer Ebene zu tun, die sechs Stimmungen umfasst. Ihre Höhe würde der mittleren Stufe im ersten Fall entsprechen. Die Reliefs sollen nur ein mehr oder minder Hoch wiedergeben; die absolute Höhe der Prismen ist gleichgültig. (…) Einen Übergang dieser ‚Stiege' zur ‚Ebene' beschreibt etwa das *Kommunistische Manifest*, wenn es davon spricht, ‚dass sich die Lebenslagen des Proletariats immer mehr ausgleichen'." (ebd.: 273f)

b. *Das Lebenslagenkataster:* Wichtiger als die Analyse der Lebenszufriedenheit (deren Stellenwert für die Milieuanalyse Neurath indirekt gleichwohl anerkennt[90]) ist die der Lebenslage; und dafür ist für ihn Engels Analyse der Lage der arbei-

[90] Das Verhältnis von objektiver und intersubjektiver gesellschaftlicher Strukturanalyse war auch Gegenstand einer Kontroverse mit dem Austromarxisten Max Adler und seiner kantisch beeinflussten Marxdeutung in dem Plädoyer für eine „Erziehung zum Neuen Menschen" (vgl. Weidenholzer 1981: 86f).

tenden Klasse in England das paradigmatische Beispiel, weil er von der Annahme ausgegangen sei, „dass Mehr-Arbeiten und Weniger-Essen, Weniger-Kleidung-Haben, In-dunkleren-Wohnungen-Sitzen die Lebensstimmung im allgemeinen herabsetze, zumal das kulturelle Selbstgefühl der Arbeitenden ebenfalls verringert war“ und deshalb habe er sich „mit der Feststellung dieser *Lebenslagenveränderungen*“ begnügt (ebd.: 275) – womit nun (zunächst) an die Stelle der Lebensstimmungsreliefs das Lebenslagenkataster trete. Dieser soziologische Forschungszweig war damals aber sehr unzureichend entwickelt, was dazu führte, „dass die Lebenslagenbeschreibung meist in die systematisch recht stiefmütterlich behandelte ‚Sozialpolitik' geschoben wurde. Als *Haushaltungsbeschreibung* wurde sie theoretisch wenig geschätzt und dann auch vorwiegend unter dem Gesichtspunkt der *Haushaltungsrechnung* ausgebaut. Vor allem wurde in solche Beschreibungen aufgenommen, was für *Geld* eingekauft wird! Auch fehlt gemeinhin die Zusammenfassung von Arbeitslast, Erkrankungshäufigkeit, Sterbewahrscheinlichkeit, Nahrung, Kleidung, Wohnung, Bildungsmöglichkeiten, Vergnügungen, Mußezeit usw. Es kann wohl kein Zweifel sein, dass durch die Entwicklung zum Sozialismus hin solchen Beschreibungen immer größere Bedeutung zukommen wird.“ (ebd.: 275f) Und dass bei ihnen eben sowohl die objektiv feststellbaren Veränderungen wie auch deren intersubjektive Bewertungen stets historisch relativ, aber dennoch objektiv sind, dass man also „letzten Endes nur Lebensstimmungsgesamtheiten (Lebenslagengesamtheiten) mit anderen Lebensstimmungsgesamtheiten (Lebenslagengesamtheiten) ganzer Gruppen oder Klassen als Wirkungen von Maßnahmen und Einrichtungen miteinander vergleichen kann.“ (ebd.: 276f)

c. *Der Wirtschaftsplan*[91]*:* Lebenslagen und -zufriedenheiten stehen in einem größeren Kontext, dem der Gesamtwirtschaft, das gilt für die bestehenden kapitalistischen Gesellschaften und das galt für Neuraths Vorstellungen von der sozialistischen Wirtschaftsplanung. Als Alternative zur kapitalistischen, über Geld gesteuerten Verkehrs- bzw. Marktwirtschaft plädierte er für eine sozialistische Verwaltungs- und Planwirtschaft, die wegen ihrer Geldlosigkeit eine Naturalwirtschaft werden sollte. Dabei übernahm er Erkenntnisse aus seinen kriegswirtschaftlichen Untersuchungen von 1914-1918, weil auch hier schon die Marktgesetze durchbrochen und z T. aufgehoben worden seien (z.B. Neurath 1991 [1927] 83f) und wollte diese Einsichten in die friedenswirtschaftlichen Sozialisierungsprogramme einbringen (als Präsident des bayrischen Zentralwirtschaftsamtes wollte er in Bayern innerhalb eines Jahrzehnts die Vollsoziali-

[91] Dieses Konzept fehlt in einer späteren, bereits erwähnten Darstellung dieses Ansatzes der Lebensqualitätsforschung, nämlich in Neurath (1937).

sierung erreicht haben). „So wie ein bürgerlicher Staat einen Staatsvoranschlag entworfen hat, muss die sozialistische Gesellschaft einen Wirtschaftsplan entwerfen. (…) Wenn auch der Staatsvoranschlag seine Einnahmen- und seine Ausgabenziffer und die durch sie bestimmte Differenz kannte, so wurde er doch nicht in Hinblick auf ein solches Geldergebnis beschlossen, vielmehr musste darauf Rücksicht genommen werden, dass Schulen, Krankenhäuser usw. in bestimmtem Ausmaß zu errichten waren. Die Schulbildung, welche durch die neu errichteten Schulen verbreitet werden sollte, muss man *nicht* in Geldsummen ausdrücken, da ja Schulbildung kein Gegenstand des Handels ist. Aber es gab immerhin eine nach einer einheitlichen *Geldrechnung* verfasste Übersicht der *Kosten* und *Einnahmen.* Im Wirtschaftsplan der sozialistischen Gesellschaft *fehlt selbst diese Einheit, auf welche alles bezogen werden kann.* Es kann eine genaue *zahlenmäßige* Feststellung aller vorhandenen Bestandteile des *Lebensbodens* vorgenommen werden, es können die *Lebenslagenbestandteile zahlenmäßig* bestimmt werden, aber man kann eine solche *Naturalrechnung* niemals auf eine *Einheit* reduzieren, niemals einen ‚Überschuss' errechnen" (ebd.: 279f). Ins Grundsätzliche gewendet bedeutet dies: „Es ist unmöglich, den Grundsatz des Sozialismus ‚*durch* die Gesellschaft, *für* die Gesellschaft' anders zu verwirklichen als durch einheitlichen Beschluss über die Gesamtheit der Lebensstimmungen und der sie bedingenden Maßnahmen; daraus ergibt sich, dass rein theoretisch nur eine gesellschaftstechnische Konstruktion für die sozialistische Wirtschaftswirklichkeit in Frage kommt, die *völlig zentralistisch ist!* Die geschichtsphilosophischen Erwägungen des Marxismus führen im allgemeinen zum gleichen Ergebnis, so *Hilferdings* bemerkenswerte Voraussagen über das Generalkartell und die geldfreie Zukunftsforschung." (ebd.: 280)[92]

10.5.3 Die soziokulturelle Herausforderung: Die neue Bilderflut

Heute ist der iconic turn in (fast) aller Munde; als Neurath sich mit den kulturellen Voraussetzungen seiner Bildungsarbeit näher beschäftigte, war dies noch eine recht neuartige Diagnose. Er schrieb bereits 1931:

> „Der *moderne* Mensch ist vor allem ein *Augenmensch.* Die Reklame, das Aufklärungsplakat, Kino, illustrierte Zeitungen und Magazine bringen ein Großteil aller Bildung an die breiten Massen heran. Auch die, welche viele Bücher lesen, schöpfen immer mehr Anregung aus Bildern und Bilderreihen. Der ermüdete Mensch nimmt rasch im Bilde etwas zur Kenntnis, was er lesend nicht mehr auffassen

[92] Vgl. dazu die knappen Hinweise bei Hilferding (1947: Kap. XXV).

könnte.“ (Neurath 1991 [1931]: 189)[93]. Daraus resultiert für eine pädagogische Einrichtung wie die Schule (man könnte hier selbstverständlich auch die außerschulische Jugendarbeit und die Erwachsenenbildung nennen) die Aufgabe: „Will die Schule die Konkurrenz mit dem optisch bewegten Leben aufnehmen, muss sie selbst optische Fülle bieten. Ja, sie muss es überzeugender, klarer, eindringlicher tun als das Leben da draußen, will sie jene führende Stellung sich sichern, die sie ehedem gehabt hatte. Es ist nicht notwendig, dass die Lehrmittel der Schule durchschnittlich auf einer niedrigeren Stufe der Gestaltung stehn. Wie soll das Kind sich an klare Formen gewöhnen, wenn so viele Lehrbücher und Lehrbilder ohne einheitliches System optisch wirken wollen.“ (Neurath 1991 [1933): 299)

10.5.4 Der institutionelle Rahmen: Das Gesellschafts- und Wirtschaftsmuseum

Es war für Neurath kein Zufall, dass die Bildpädagogik im Zusammenhang mit seiner Museumsarbeit entwickelt wurde, denn die besonderen Lernweisen, die das Museum anregt und fördert, sind in hohem Maße von der Bildhaftigkeit der Darstellung sozialer Zusammenhänge bestimmt. „Die moderne Demokratie verlangt, dass breite Massen der Bevölkerung sachlich über Produktion, Auswanderung, Säuglingssterblichkeit, Warenhandel, Arbeitslosigkeit, Bekämpfung der Tuberkulose und des Alkoholismus, Ernährungsweisen, Bedeutung des Sports, körperliche und seelische Erziehung, Schulformen, Verteilung der Schulen auf die Bewohner, Volkswohnungsbau, Gartenstädte, Kleingarten- und Siedlungsanlagen, Standorte der Industrien unterrichtet werden. (...) Diesem Zweck dienen die *Sozialmuseen...*“ (Neurath 1991 [1926]: 56), sie sind der Typus des neuen Museums und sie haben „den Menschen als soziales Wesen zum Gegenstand; hier ist der Ort, wo die Methodik der optischen Darstellung gesellschaftlicher Zusammenhänge gepflegt wird.“ (Neurath 1991 [1927]: 118) Dabei hat das *ruhende Bild* für die individuelle wie die kollektive Betrachtung viele Vorteile: „Das Museum, die Ausstellung laden zu beschaulicher Betrachtung ein. Von einem späteren Bild kann man ... zu einem früheren zurückkehren – wie in einem Buch, nur mit dem Unterschied, dass man gruppenweise im Museum umherwandern und sich führen lassen kann. Gerade in einer Ausstellung wird klar, dass die einzelnen Bildtafeln einander nicht bekämpfen, sondern ergänzen sollen.“ (ebd. [1933): 295)

Das ursprüngliche Konzept von 1925 sah drei Abteilungen vor: 1.„Arbeit und Organisation“, 2. „Sozialhygiene“ und 3. „ Siedlung und Städtebau“ (vgl. Neurath

---

[93] Die bildpädagogischen Schriften Neuraths aus der Zeit des „Roten Wien“ wie auch die meisten späteren Beiträge sind heute fast nur noch in Band 3 der Gesammelten Schriften zugänglich; deshalb verzichten wir im Weiteren auf einen differenzierten Zitatnachweis, erwähnen aber jeweils auch das Jahr der Erstveröffentlichung, hier also: Neurath 1991 [1931]: 189.

1991 [1926]: 58). Später haben sich folgende durchgesetzt: "I. Arbeit und Organisation", „II. Siedlung und Städtebau"; „III. Sozialhygiene und Sozialversicherung", „IV: Geistesleben und Schule" (ebd. [1927]: 89).

Ein besonderes Aufgabenfeld war die Einrichtung des 1930 erstmals erwähnten „*Archivs für bildhafte Pädagogik*" mit folgenden Schwerpunkten: „1. Kartographie und Weltbild. 2. Technik und Architektur. 3. Biologie und Hygiene. 4. Psychologie und Psychotechnik. 5. Soziologie und Nationalökonomie. 6. Physik, Chemie, Mathematik, Logik. 7. Ausstellungs- und Museumswesen. 8. Kinderbücher. 9. Zeichnungen der Primitiven und Kinderzeichnungen. 10. Raum, Licht und Bewegung." (Neurath 1991 [1930]: 161)

10.5.5 Die übergreifende pädagogische Aufgabenstellung: Die flexible Verschränkung von Sprache und Bild

Wie schon erwähnt kam der politischen Erwachsenenbildung im „Roten Wien" eine zentrale Bedeutung zu; sie war auch über längere Zeit das Hauptarbeitsfeld des Gesellschafts- und Wirtschaftsmuseums und der Entwicklungs- und Erprobungsschwerpunkt der Bildpädagogik[94], besonders zur statistischen Darstellung sozialer Entwicklungen[95]. Dieser Aufklärungsanspruch wird in folgender Textpassage sehr

---

[94] Dabei steht er – teilweise auch explizit (vgl. Neurath 1991 [1936]: 391ff) – in der längeren europäischen Tradition der bildwissenschaftlichen Darstellung sozialer und philosophischer (bzw. theologischer) Sachverhalte; zu nennen sind u.a. die „Alberti-Tafeln" von Albertus Magnus (1200-1280; vgl. Nitz 1980), die „scheldsche weltchronik" aus dem Jahre 1493 (vgl. Rücker 1973), der „Orbis sensualim pictus" von Johann Amos Comenius (1592-1670; vgl. Comenius 1978) und natürlich besonders die Bildtafeln der französischen Enzyklopädie von Denis Diderot (1713-1784; vgl. Diderot 1996); zu verweisen ist auch auf die frühen ikonischen Darstellungselemente in den klassischen Architekturtheorien von Leon Batist Alberti (1404-1472; vgl. Alberti 1975) und Andrea Palladio(1508-1580; vgl.Palladio 1983). Ausdrücklich erwähnt werden soll aber auch noch ein anderes, zeitgleiches und sehr umfangreiches und anspruchsvolles Konzept, nämlich Aby Warburgs (1866-1929) letztes, unvollendetes Projekt „MNEMOSYNE", welches den Versuch unternahm, einen umfassenden Bilderatlas der psychischen Befindlichkeit der Menschen und ihrer bildhaften, meist künstlerischen Ausdrucksformen, also eine Art „ethnologisches Bilderbuch" zu erarbeiten, das auf Texte ganz oder zumindest weitgehend verzichtete und durch die Art der Anordnung der Fotografien (meist von Werken aus der Antike und der Renaissance) eine Kulturgeschichte der menschlichen Gebärden (darauf konzentrierte sich Warburg schließlich) vorzulegen, die zugleich einen Beitrag leistete zum kollektiven (Bild-) Gedächtnis (vgl. dazu Barta-Fliedl u.a. [1999: Teil V] und Gombrich [1981: Kap. XV];

[95] Einige der Bildstatistiken zur Entwicklung Wiens in der damaligen Zeit wurden in dieser historischen Sozialreportage und in Kap. 9 ja dokumentiert. Den Ausgangspunkt der Entwicklungsarbeit hatte Neurath (1991 [1926]) so charakterisiert: „Die Pädagogik der Sozialwissenschaften ist noch unentwickelt, insbesondere fehlt eine Systematik der optischen Darstel-

schön deutlich: „Viele Arbeiter empfinden schwer die Mängel ihrer allgemeinen Bildung. Minderwertigkeitsvorstellungen sind häufig, deren Peinlichkeit auch der Spott über die Intellektuellen nur unzulänglich überwindet. Auf die Dauer hilft nur die Hebung des eigenen Kraftbewusstseins durch Stärkung der geistigen Werkzeuge. Die Arbeiterbildung bemüht sich, die Bildungsmängel im allgemeinen mit Hilfe derselben Methoden auszugleichen, die von den besser gestellten Kreisen angewendet werden, um sich Bildung zu verschaffen. (...) Es fragt sich nun, ob es nicht Methoden gibt, die, dem Wesen der Arbeiter besonders angepasst, Kenntnisse in einer Weise vermitteln, dass der Arbeiter dem Menschen überlegen wird, der über die überlieferte Bildung verfügt. Eine solche Methode scheint die Wiener *Methode der Bildstatistik* zu sein, welche vor allem an das Auge sich wendet und so soziale Tatsachen optisch erfassbar macht. Da nun in der Arbeiterschaft das Auge lernbegieriger als bei den Intellektuellen ist, besteht die Möglichkeit, durch optische Bildungsmittel rasch und eindringlich Kenntnisse verbreiten zu können, die von Menschen mit bürgerlicher Bildung nicht in gleichem Maße und nicht mit gleicher Sicherheit gehandhabt zu werden pflegen. Diese Überlegenheit ist dann besonders stark gegeben, wenn diese Methode wegen ihres optischen Gehalts den bürgerlichen Intellektuellen geradezu weniger zugänglich bleibt, wenn aus bestimmten Gründen die Verbreitung dieser Methode der bürgerlichen Ideologie widerstrebt." (Neurath 1991 [1929]: 139)

Dieser *erwachsenenbildnerischen* Argumentation hat Neurath dann wenig später eine *kulturgeschichtliche* hinzugefügt: „Wie so oft in der geschichtlichen Entwicklung kehrt man nach betonter Gegensätzlichkeit auch in der Bildpädagogik auf höherer Stufe zu den ersten Anfängen zurück. Welcher Triumph war es, als man sich von den Schranken der Bilderschrift befreit hatte, welcher Triumph, als die Sprache biegsam und vielgestaltig sich allen Anforderungen wissenschaftlicher Arbeit anpasste, als man dieses logische Werkzeug beherrschen lernte. Freilich, die Befreiung vom Bild führte auch auf Abwege, führte ins Gebiet des Sinnleeren. Substantivierung gab Anlass zu immer neuen Problemen. Insbesondere die deutsche Sprache verleitet zu solchen metaphysischen Abwegen, sie gestattet umfangreiche Erörterungen über ‚das Nichts, welches nichtet' (Heidegger), über das ‚Sein', als ob das ‚Sein' ebenso in einem Satz verwendet werden könnte wie das Schwert oder der Tisch. Die reine Bilderschrift kennt zwar ein Schwert und einen Tisch, aber kein

lungsweisen. Immer öfter stößt man auf Versuche, Kurven und Bänder den wissenschaftlichen Werken zu entlehnen, um sie bunter und gröber zu gestalten. Derlei erweist sich als schwierig, solche abstrakten Figuren schrecken ab. Also: *Bilder!* Aber diese Einsicht genügt nicht, man muss wissen, wie man Bilder richtig anwendet." Ein frühes Beispiel der ikonischen Darstellung sozialer Sachverhalte sind die in den 1880er Jahren von Charles Booth (1840-1916) angefertigten Armutskarten von London (aktuell zugänglich unter: booth.lse.ac.uk).

Sein. Indem man die Schranken der Bilderschrift überwand, verzichtet man aber auch auf die starken Wirkungen, die mit den Bildern verbunden sind." (ebd. [1933]: 269)

Im Gang der pädagogischen Arbeit hatte sich einerseits gezeigt, dass das visuelle Lernen für *alle* Bildungsstufen von Bedeutung ist – und so gab es dann von Seiten des Museums auch eine intensive Zusammenarbeit mit Kindergärten und Schulen (durch Vorträge. Fortbildungen und Modellprojekte) – und zwar besonders mit solchen, die sich an der Montessori-Pädagogik ausgerichtet hatten (vgl. z.B. ebd. [1927] 85; [1933] 267ff). Andererseits musste das grobe Missverständnis verhindert bzw. überwunden werden, wonach die ikonische Aneignung der (sozialen) Welt in einen Gegensatz zu sprachlichen Aneignungsformen gebracht wurde; deshalb stellte Neurath (1991 [1933] : 271) klar: „Wenn wir heute zu den Sach- und Merkbildern früherer Epochen zurückkehren, … so geschieht dies unter voller Anerkennung der ungeheuren Bedeutung der Wortsprache und Wortschrift für Wissenschaft und Leben." Zugleich darf der Text aber auch nicht das Bild verdrängen; mit Blick auf die Ausstellungspraxis des Gesellschaftsmuseums ist zu beachten: „Von großer Bedeutung ist der Inhalt und die formale Gestaltung der *Texte*. Wichtig ist, dass nicht zu langatmigen Texten Bilderläuterungen gegeben werden, sondern dass an sich schon verständliche Bilder durch Textworte weiter erklärt werden. *Was man durch ein Bild zeigen kann, soll man nicht mit Worten sagen.*" (ebd. [1933]: 295)

10.5.6 Die zentralen bildpädagogischen Ausdruckformen: Sachbilder und Mengenbilder

Im letzten Zitat sind die beiden Hauptformen der bildnerischen Darstellung schon erwähnt worden; sie sollen nun erläutert werden.

a. *Sachbilder:* „Ein gutes *Sachbild* soll einen Tatbestand allgemeinverständlich zum Bewusstsein bringen, sei dies nun eine Wohnung, eine Maschine, ein Haus, ein Tier, eine Stadt, die soziale Gliederung eines Volkes, die wirtschaftliche Struktur der Welt oder sonst etwas, das sich bildhaft darstellen lässt. Ein Sachbild kann man neben ein anderes hängen; sie wollen sich nicht stören. Eine Reklameplakat dagegen strebt nach Alleinherrschaft. (…) Sachbilder … können einander ergänzen – alle zusammen sind ein System der Aufklärung. (…) Sachbilder müssen bestimmte Dinge besonders hervorheben, aber immer innerhalb eines gegebenen Rahmens…". (Neurath 1991 [1930/31]: 153) Das impliziert: „Während in der Wortsprache größte Sinndifferenz an optisch wenig hervortretende Elemente gebunden sein kann, ist im Bild der Wiener Methode eine große Sinndifferenz durch eine große optische Differenz wiedergegeben." (ebd.: 271) – Insgesamt entspricht das Sachbild seinem Zweck nur dann, „wenn es sachlich richtig ist, pädagogisch durchdacht wird und formal befriedigt.“ (Neurath 1991[1930/31]: 154) Dabei ist es „wichtig, von den Zeichen zu schematischen Abbildungen hinüberzuführen, von diesen zu sorgsam ausgewählten Sachfotos. Die großen Errungenschaften moderner Photografie sind noch mehr als bisher in den Dienst der Aufklärung zu stellen, indem man sie in dieses Aufklärungssystem sinnvoll eingliedert.“ (ebd.: 158f) – Insgesamt sind die Sachbilder immer schon als *Merkbilder* zu entwerfen: „ Daraus ergibt sich …, dass sie womöglich einen auf den ersten Blick verwendbaren Eindruck vermitteln, die Details dagegen erst bei genauerem Zusehen offenbaren. Diese stufenweise Gliederung zielt darauf ab, dass man das, was man logisch nacheinander darlegen will, optisch nacheinander erfassbar macht. Daraus ergibt sich bereits, dass über denselben Gegenstand verschiedene Sachbilder berichten können.“ (ebd. [1933]: 270)

b. *Mengenbilder:* „Soziale Aufklärung verlangt besondere Methoden bildhafter Pädagogik. (…) Das Wesen des Soziologischen besteht .. in bestimmten Mengen von Menschen, Waren usw., die wiederzugeben Aufgabe de*r Mengenbilder* ist. (…) Soziologische Merkbilder sollen den einzelnen befähigen, über sein Wissen jederzeit sicher zu disponieren. Es handelt sich um eine wichtige mnemotechnische Aufgabe, deren Lösung darauf beruht, dass sehr viele Menschen, insbesondere die weniger vorgebildeten, vor allem ein optisches Gedächtnis haben. Wenn wir im Rahmen bildhafter Pädagogik Mengenbilder für soziale Aufklärung entwerfen, muss man jedes Bild als Glied einer Reihe betrachten. Eines muss mit dem anderen verbunden werden können. Mengenbilder verhalten sich zueinander ungefähr wie die Karten eines Atlas. Es gibt Mengenbilder verschiedener ‚soziologischer Gebiete’ von ‚gleichem Maßstab’, dann wieder vom selben soziologischen Gebiet Mengenbilder, die verschiedene Maßstäbe aufweisen (Völkergruppen und Mächte der Erde). Auf der einen Tafel bedeutet eine Figur 100 Millionen Menschen, auf der anderen 25. Das größere Zeichen kann unter Umständen etwas reicher geformt sein als das kleinere. Wesentlich ist, dass die Zeichen in ihren Grundzügen unverändert bleiben.“ (ebd.: 163)

10.5.7 Didaktische Grundorientierung: Einheitlichkeit und Verbindlichkeit der Darstellung

Es gehört zu den Besonderheiten von Neuraths bildpädagogischem Ansatz, dass er nicht nur das Alltagsbewusstsein der Lernenden mit den wissenschaftlichen Einsichten in soziale Zusammenhänge verknüpfen will, sondern zugleich auch einen umfassenden, internationalen wissenschaftlichen Verständigungsprozess und Arbeitsverbund anstrebte, also diszplinübergreifend ausgerichtet war. Er war Teil des

Projektes „*Einheitswissenschaft*“[96], das sich in die Tradition der großen Enzyklopädien stellte. An diesem Unterfangen arbeitete er dann besonders in der Zeit der Emigration und es entstand der Plan, die theoretischen, methodologischen und einzelwissenschaftlichen Befunde in 26 Bänden (mit insgesamt 260 Monografien) zusammenzufassen, wobei – ähnlich wie in der erwähnten klassischen Enzyklopädie von Diderot – ein zehnbändiges Supplement mit Bilddarstellungen geplant war (das Projekt ist leider durch den Tod von Neurath in den Anfängen stecken geblieben)[97].

Diese Einheitswissenschaft war ein aufklärerisch-antimetaphysisches, sprachkritisches, praxisbezogenes, jederzeit für Erkenntnisfortschritte offenes, also revidierbares Unterfangen, welches zugleich den inneren Zusammenhang der Wissenschaft entfalten wollte und sich dabei nicht mehr nur oder vorrangig an die Proletarier, sondern an die ganze Menschheit wendete. Dies hat Neurath (1991 [1936]) unter dem Stichwort „Internationale Bildersprache“ so zusammengefasst: „Die Enzyklopädie wird von einer einzigen Sprache für alle Wissenschaften Gebrauch machen, sie lässt im wissenschaftlichen Text alles Gefühlsmäßige, alle Worte über Recht und Unrecht beiseite, sie wird sowenig wie möglich mit irgendwelchen unklaren Worten oder Zeichen zu tun haben, sie wird nur eine einzige Bildersprache verwenden. Der Zweck dieser neuen Enzyklopädie, die nur eine Ergänzung zu anderen Enzyklopädien ist, ist es, allen Menschen einen gemeinsamen Ausgangspunkt des Wissens zu geben, eine Einheitswissenschaft zu schaffen, Verbindungen zwischen den Fachwissenschaften herzustellen und die Arbeit verschiedener Nationen zusammenzubringen, einfache und klare Informationen über alles als zuverlässige Grundlage für unser Denken und Handeln zu vermitteln und uns die Bedingungen, unter denen wir leben, völlig bewusst zu machen. Diese Enzyklopädie wird ständig im Wachsen sein wie die Gesellschaft, die Wissenschaft und die Sprache selbst. Was die Wissenschaft des Denkens geleistet hat, um diese Vereinigung der Wissenschaften zu ermöglichen und um allen Fachwissenschaften eine einzige

---

96 Diese Perspektive findet sich schon bei Neurath u.a. (1979a: 86ff); eine wissenschaftsgeschichtliche Selbstverortungen findet sich z.B. in Neurath (1991 [1936] 393ff); zur Verortung der Einheitswissenschaft im Kontext anderer, alternativer Enzyklopädieprojekte vgl. Sandkühler (1988).

97 Der heute leider fast vergessene österreichische Philosoph Walter Hollitscher (1911-1986), der ein Schüler von Moritz Schlick war, hatte mit seinen beiden Hauptwerken „Die Natur im Weltbild der Wissenschaften“ und „Der Mensch im Weltbild der Wissenschaften (Hollitscher 1965; 1969) den beeindruckenden Versuch einer *monografischen* Realisierung dieses Enzyklopädie-Projektes unternommen.

Wortsprache zu geben, hat das Isotype-System[98] getan, um eine einzige Bildersprache zu ermöglichen, die in ähnlicher Weise eine Hilfe für alle Fachwissenschaften und für die Menschen aller Nationen sein wird.“ Dabei ist das „Rückgrat dieser Methode … die Einheitlichkeit der visuellen Hilfsmittel: das *‚visuelle Lexikon'*, das mehr als 2000 Symbole enthält; die *‚visuelle Grammatik'*, welche besondere Regeln für die Anordnung und Zusammensetzung von Symbolen enthält; der *‚visuelle Stil'* beruht auf den Prinzipien der ‚Transformation', durch welche Ideen veranschaulicht werden können.“ (ebd. [1937]: 413; alle Hervorhebungen von uns, d.Verf.)

10.5.8 Visuelles und diskursives Argumentieren

Es wurde bereits darauf hingewiesen, dass es ein grobes Missverständnis dieser Bildpädagogik wäre, wenn man sie in einen Gegensatz zur Wortaneignung brächte. In seinen letzten Arbeiten hat Neurath dies nochmals zugespitzt und dafür den Begriff des visuellen Argumentierens eingeführt, das sich vom diskursiven unterscheidet. Dies ist auch für das Text-Foto-Verhältnis in der Sozialreportage von zentraler Bedeutung: „Für pädagogische Zwecke ist es von Interesse herauszufinden, welche Methode die Einstellung des argumentierenden Nachdenkens hervorrufen und entwickeln wird, und zwar auf der Grundlage intellektueller Aufrichtigkeit und wissenschaftlicher Rechtschaffenheit der Analyse und des Vergleichs. (…) Solch eine Einstellung kann ein Gegengewicht zur Eile und Hast des täglichen Lebens sein, ohne den Handlungsantrieb zu verringern. (…) Sorgfältig ausgesuchte Bilder anzuschauen – und immer wieder anzuschauen – kann eine solche Stimmung ruhiger argumentierender Tätigkeit hervorrufen. Bildpädagogik, die Information zusammen mit Argumenten vermittelt, kann die Tendenz blockieren, wortsprachliche Äußerungen als unveränderlich anzusehen, da dieselbe bildhafte Darstellung auf verschiedene Weise in Sätze ‚übersetzt' werden kann. Das ist ein wichtiger Punkt. Die Aussage eines wissenschaftlichen Ergebnisses, besonders eine Formel, ist absichtlich so klar wie möglich gehalten. Gerade hierin besteht ihr Vorteil gegenüber einem anderen Gesichtspunkt. Aber vom pädagogischen Standpunkt besteht die ständige Gefahr einer Versklavung durch wortsprachliche Formulierungen, die durch ihre Starrheit das vernünftige Denken tatsächlich behindern können.“ (Ebd. [1944]: 600f) Von der grundlegend anzuregenden Frage ausgehend „“Wo ist das Argument“ (ebd.: 610) ist aber auch die mögliche Grenze einer bildhaften Darstellung, z.B. durch die Fotografie, zu reflektieren: „Die hochentwickelte Technik der modernen Photografie hat den Vorteil, dass weniger geschickte Menschen jetzt

[98] Das ist die Abkürzung für „International System of Typographic Picture Education“; die Bezeichnung schließt an die griechische Bedeutung von “immer dieselben Typen verwenden“ an (ebd. [1944]: 605).

nützliche Aufnahmen machen und sammeln können. Man kann sehr viel detailliertes Material erhalten. Andererseits kann für die Zwecke des argumentierenden Nachdenkens eine sorgfältige Zeichnung Verbindungen von gewünschten Eindrücken darstellen, die in einer Photografie nicht immer möglich sind. (…) Nicht einmal ein erstklassiger Photograph kann diese ganze Information immer verbinden, mit all diesen Schattierungen, die so abgestuft sind, dass sie einen bestimmten Eindruck in Verbindung mit dem Argument hervorrufen." (ebd.: 614)

10.5.9 Das Vermächtnis der Bildpädagogik für die Sozialreportage

Der letzte Teil des letzten Zitats wird gewiss Widerspruch hervorrufen, denn er steht in einem gewissen Gegensatz zu unseren bildtheoretischen Überlegungen (in Kap. 4 u. 5). Damit ist schon die Frage aufgeworfen, ob und ggf. was wir heute noch von Neurath lernen können. Wir wollen vier Aspekte hervorheben:

a) Notwendigkeit einer Metakommunikation zwischen Text und Bild

Zunächst einmal ist der Grundgedanke einer Balance zwischen diskursivem und visuellem Argumentieren aufzunehmen und sogar noch zuzuspitzen: Die ikonische Darstellung ist nicht nur ein didaktisches Hilfsmittel; darauf legt Neurath etwas zu sehr den Akzent, wohl auch deshalb, weil er – anders als Mannheim – keine eigene *Bild*-Theorie entwickelt bzw. entsprechenden Ansätze, die es damals schon in Form z.B. der Ikonologie gab (vgl. Kap. 3), nicht rezipiert hatte. Vielmehr sind ikonische und diskursive Welt- und Selbstdeutung strikt gleichwertig, denn es gibt auch grundlegende Wirklichkeitsschichten, die *nur* der ikonischen Analyse- und Darstellungsweise zugänglich sind. Neuraths Textsprache und Bildsprache verweist nochmals auf die Notwendigkeit eines Verständigungsmedium „oberhalb" dieser beiden Kommunikationsweisen, sie sind nicht schon diese Art von „Metasprache". Gleichwohl ist es eine unausgesprochene Konsequenz des Gedankens der „Einheitswissenschaft", dass es eine solche geben sollte – und zwar aus theoretischen wie auch praktischen Gründen.

b) Tatsachen- und Erfahrungsbezug der Theoriebildung der Soziale Arbeit

Das Bemühen des „Wiener Kreises", alle theoretischen Annahmen – außer denen der Mathematik und Logik – auf objektiven Tatsachen bzw. intersubjektiven Erfahrungen zu begründen, negiert die notwendige eigenständige Qualität von theoretischen Reflexionen (z.B. bei der normativen Begründung von Gerechtigkeitsmodellen). Dennoch ist der Impuls aufzunehmen, dass die Erforschung von Tatsachen und Erfahrungen zentraler Bestandteil des Theoriebildungsprozesses in der Sozialen Arbeit ist. Das klingt banaler als es ist, denn in vielen disziplinären und professionellen Zusammenhängen wird genau dieser Grundsatz verletzt, werden z.B. gut gemeinte oder auch begründete Praxisorientierungen schon für die faktische Praxis gehalten, werden statistische Daten (z.B. über die neuen Familienstrukturen oder das Schulversagen) eher randständig behandelt, ist das tatsächlich präsente und solide begründete empirische Wissen nur unzureichend ausgeprägt. Hier kann die Sozialreportage in der Tradition der Bildpädagogik der empirischen Absicherung theoretischer Annahmen und konzeptioneller Entwürfe und der Präsentation entsprechender Befunde (z.B. durch „Merkbilder“) neue Wege erschließen. Sie kann z.B. durch genaue Fotoanalysen dazu beitragen, dass unterschätzte oder übergangene Sachverhalte „auffallen“ (z.B. die Ausdrucksqualität einer Stadtlandschaft oder eines Gebäudes, der Grad der groß- bzw. kleinräumigen Segregation), die Fragstellung präzisiert oder sogar die Fragerichtung verändert wird und damit auch theoretische Defizite aufgedeckt werden. Sie können – mit anderen Worten – dazu beitragen, dass die in der Sozialen Arbeit forschend, lehrend oder praktisch Tätigen lernen, *mit ihren Augen sozial kritisch zu denken.*

c) Kein Verzicht auf komplexe Zusammenhangsanalysen

Die Einheitswissenschaft impliziert eine theoretische „Ganzheitlichkeit“, einen theoretischen Holismus, den wir heute nicht mehr teilen können: Schon Mannheim (vgl. Kap. 3.4) hatte zu Recht auf der grundlegenden Differenz von Natur- und Sozial- (bzw. Kultur-) Wissenschaft bestanden; hinzuzufügen ist, dass auch die Rationalität der Erkenntnis und Gestaltung der *Bedingungen* des systemischen und alltäglichen Zusammenlebens anderen Strukturen und Prämissen folgt als die der lebensweltlichen Vergemeinschaftung und Verständigung (vgl. Kap. 2.1)[99]. Aber das bedeutet natürlich nicht, dass hier nicht komplexe Wechselbeziehungen existieren, die systematisch untersucht werden müssen, um die Lebensqualität der menschlichen Gesellschaft insgesamt und der jeweiligen Gemeinschaften zu fördern. Gerade das gelingt immer besser, wenn nicht nur sehr verschiedene Textsorten einbezogen werden (vgl. den Kasten in Kap.1.2 sowie Kap. 5), sondern auch das gesamte Spektrum der ikonischen Analyse- und Darstellungsweisen in einer genau aufeinander abgestimmten Weise genutzt wird (dazu haben wir in den Kap. 9.3 u. 10.2-10.4 anhand des uns verfügbaren historischen Materials einen noch sehr begrenzten Versuch unternommen).

Diese Aufgabenstellung hat noch eine weitere Seite: Angesichts der zunehmenden Internationalisierung und partiellen Globalisierung der gesellschaftlichen Verhältnisse gewinnt Neubarths Gedanke einer universellen Bildsprache eine neue Relevanz. Gewiss war sein hoffnungsfroher Grundsatz „Worte trennen – Bilder

---

[99] Dem entsprach bei Neurath auch ein *politisch-praktischer Holismus*, der sich fast „sozialbehavioristisch“ verstand und im Sinne einer „Gesellschaftstechnik“ auch in der Planungs- und Gestaltungspraxis des „Roten Wien“ vorzufinden war; welche problematischen lebensweltlichen Konsequenzen das hatte, wurde in Kap. 10.4 dargestellt.

verbinden" (z.B. Neurath 1991 [1931]: 190; [1936]: 359) zu simpel, weil er die intensive soziokulturelle und historische Eingebundenheit auch der Bilderwelten ebenso unterschätzt hatte wie später Steichen (1983), der – wie in Kap.1.5 bereits erwähnt – mit seinem Fotoprojekt „Family of Man" nach den Erfahrungen mit der Barbarei des internationalen Faschismus eine neue Verständigungsgrundlage für *alle* Menschen schaffen wollte. Dennoch ist die Arbeit an einem visuellen Lexikon, einer visuellen Grammatik und einem visuellen Stil, der durch die *Vielfalt* der soziokulturellen Traditionen „hindurch" zu einer *umfassenden* visuellen argumentativen Verständigung beiträgt und führt, alles andere als überflüssig Vor diesem Hintergrund ist es sehr erstaunlich und bedauerlich, dass in der heutigen Tätigkeit des „Österreichischen Gesellschafts- und Wirtschaftsmuseums" die Bildpädagogik von Neurath gar keine Rolle mehr spielt, geschweige denn, dass sie dort weiterentwickelt worden wäre. Ansätze gibt es dazu allerdings bei Hartmann/Bauer (2006: 108ff) sowie den TeilnehmerInnen eines entsprechenden Symposiums (ebd.: 122-169) sowie bei Sandner (2008: 474ff).

d) ***Projektvorschlag:*** *Konzipierung und Gründung lokaler und regionaler „Archive für Sozialfotografie bzw. Sozialtreportage"*

Das Projekt zielt darauf, durch ein eigenes Konzept sich mit den Grundsätzen von Neurath nochmals vertieft zu beschäftigen, indem man der Frage nachgeht, was man daraus für die eigene Praxis in einer Fort- und Weiterbildungseinrichtung, in den Zentralen der großen Kinder- und Jugend- bzw. Wohlfahrtsverbänden, an einer Schule oder Hochschule, vielleicht sogar in einem Museumskomplex lernen kann. Dabei wären zwei Schritte denkbar: Zunächst die Erarbeitung eines eigenständigen Konzeptes für ein solches „Archiv für Sozialfotografie" – oder, wenn die personellen Kapazitäten und zeitlichen Spielräume vorhanden sind, auch weiter gefasst als „Archiv für Sozialreportage". Unter günstigen lokalen und regionalen Bedingungen könnte man einen Schritt weitergehen und ein solches Archiv – ggf. mit einem besonderen Schwerpunkt – auch tatsächlich aufzubauen. Dazu könnte man auf den reichen lokalen und regionalen Schatz von historischen und aktuellen Fotografien zurückgreifen, der in privatem, halböffentlichem und öffentlichem Besitz ist, könnte diese Bestände in digitaler Form zusammenführen und einer breiten Öffentlichkeit zugänglich machen. Dabei könnten die genannten Einrichtungen Unterstützungsarbeit leisten, gerade wenn es darum geht. einen institutionellen Kern zu schaffen, der die verschiedensten lokalen und regionalen Fotogruppen, Gemeinweseninitiativen, Geschichtsvereine usw. zusammenführt. Darüber hinaus wäre es sehr nützlich in einem „Archiv für Sozialreportage" historische und aktuelle Reportagen zu sammeln, auszuwerten und für Bildungs- und Forschungszecke zur Verfügung zu stellen.

Kapitel 11: Die Zweite Moderne: Die Totalität des Urbanen in der internationalisierten Gegenwart und absehbaren Zukunft

Nur nach einer scheinbar langen Vorrede sind wir nun in der Gegenwart angekommen und bei der Frage, wie die Sozial- und Kulträume und Lebenswelten sich im Kontext der Wirtschafts- und Staats- bzw. Politikräume entwickeln und weiter entwickeln werden[100].

11.1 Die Internationalisierung der Wirtschafts- und Politikräume[101]

Es gehört zu den tiefgreifenden Paradoxien der österreichischen Geschichte, dass in dem Moment, wo sich die nationalstaatlichen Strukturen und Identitätsbildungsprozesse begannen zu stabilisieren, es schon wieder zu deren Infragestellung kommt. Dies betrifft besonders drei Prozesse:

a. Zunächst einmal bilden sich immer schneller und immer dichter übernationale *Wirtschaftsräume* aus. Zwar war die österreichische Währung, der Schilling, schon in den 1960er Jahren durch das internationale Wechselkurssystem an die Deutsche Mark gebunden, aber besonders ab den 1980er Jahren nehmen – als Moment der Krisenbewältigung der seit 1974 sich vertiefenden Strukturkrisen in den hochentwickelten kapitalistischen Ländern – die internationalen Kapitalverflechtungen und -konzentrationen zu. Das war für Österreich schon deshalb eine sehr problematische Entwicklung, weil es selber nur über ganz wenige Großkonzerne verfügte und verfügt (hier ist besonders an die OMV und die Voest Alpine zu denken). So errichteten internationale Konzerne (wie z.B. Siemens oder BMW) in Österreich zwar Zweigwerke, aber die Geschäftspolitik

---

[100] Die nachfolgenden Darstellungen stützen sich auf Braun/Felinger/Wetzel (2009), Bundesministerium für Soziale Sicherheit, Generationen und Konsumentenschutz (2003, 2006), Dermutz (1983), Großegger u.a. (2005), Großegger/Heinzlmaier (2004), Horak u.a. (2004), Kast/Tálos (2003), Knapp/Lauermann (2007), Knapp/Pichler (2008), Kröll/Wammerl (1992), Lichtenberger (2002a), Obinger/Tálos (2006), ÖROG (2005), Österreichische Gesellschaft für Politikberatung und Politikentwicklung (2004), Schulz u.a. (2005) und Statiskik Austria (2006).

[101] Vgl. dazu übergreifend Albrow (1998: Kap. 4-9), Beck (1997) und Zürn (1998).

wurde und wird selbstverständlich in den ausländischen Zentralen gemacht (umgekehrte Prozesse, dass Zentralen nach Österreich verlegt wurden bzw. österreichische Großunternehmen bedeutsame Auslandsniederlassungen errichteten, gab es fast überhaupt nicht). Gegenwärtig sind 30% des Nominalkapitals in ausländischem Besitz, 1/3 der Industriebeschäftigten arbeitet in ausländischen Unternehmen (bes. in der Glasbranche sowie der Elektro-, Chemie- und Fahrzeugindustrie). Dieser Prozess konnte besonders intensiv beim Engagement österreichischer Unternehmen in den ehemaligen COMECON-Ländern beobachtet werden: Sie hatten nach 1989 eine Reihe von geografischen und geopolitischen Startvorteilen und waren relativ schnell dort präsent, wurden dann aber in den späten 1990er Jahren von kapitalstarken Unternehmen aus Westeuropa zunehmend von ihrer Spitzenposition verdrängt. Zu den wenigen Ausnahmen gehört hier die OMV, aber auch die Creditanstalt, die Raiffeisenkasse und die Bank Austria[102].

Die gravierendste binnenwirtschaftliche Veränderung war die Entstaatlichung von großen Industrieunternehmen und Banken. Hier sind u.a. zu nennen die Österreichische Mineralölverwertung (OMV; 1987), die Länderbank (1991), VAE Eisenbahnsysteme (1992), Teilverkauf der BAWAG (1995), Creditanstalt (1996) Salinen AG (1997), Flughafen Wien, Österreichische Staatsdruckerei, Rest von Austria Tabak, Bank Austria und Postsparkasse (alle 2000) und nicht zuletzt die VOEST Alpine (2003/2004). Zwar konnten aufgrund der Privatisierung teilweise die Gewinne (erheblich) gesteigert werden, die auch durch die neueren Steuerreformen immer weniger besteuert wurden, zugleich nahm aber die Arbeitslosigkeit von 2% (1981) auf 7,3% (2005) deutlich zu wie auch zwischen 1973 und 2002 die atypischen Beschäftigungsverhältnisse (Teilzeitarbeit von 6% auf 19% und die befristeten Verträge von 6% auf 7%). Grundsätzlich verlor der Staat ein wichtiges raumpolitisches Steuerungselement, was gerade in den Regionen (wie z.B. der Mürz-Mur-Furche) besonders deutlich zu spüren war, wo die Krise der traditionellen Industrieproduktion als Krise der Sozialräume durchschlug und z.T. zu erheblichen Fragmentierungen der Lebenswelten führte. Diese Gebiete werden im Rahmen der EU-Regionalpolitik gefördert: Zu den Ziel-1-Gebieten (Regionen mit besonderem Entwicklungsrück-

[102] Bis zum Beginn des Jahres 2009 hatten österreichische Banken an folgende Länder Kredite in folgender Höhe vergeben (alle Angaben in Milliarden Euro): Tschechien: 42,6; Rumänien: 30,5; Ungarn: 25,8; Slowakei: 22,5; Kroatien: 16,6; Russland: 15,6; Polen: 11,7; Ukraine: 10,0; Slowenien: 7,1; Serbien: 5,3; Bulgarien: 3,9; Bosnien-Herz.: 3,1; Albanien: 1,9; Weißrussland: 1,6; Lettland: 0,4; Moldawien: 0,2; Litauen: 0,2; Estland: 0,2; Montenegro: 0,1; Mazedonien: 0,1 (Meldung in: Die Presse v. 28.2.2009).

stand) gehört besonders das Burgenland (sein Bruttoregionalprodukt liegt unter 75% des EU-Mittels); zu den Ziel-2-Gebieten (Regionen in der industriellen Umstrukturierung) gehören die Obersteiermark, das südliche Niederösterreich und der Raum Steyr in Oberösterreich. Nur in solchen Regionen, wo es zugleich noch eine erhebliche Landwirtschaft gab und gibt (wie z.B. in den Eisenwurzen), konnte durch einen Mix aus verschiedenen Teilzeit- und Saisonbeschäftigungen und Landwirtschaft das Familieneinkommen über dem Existenzminimum gehalten und so die wirtschaftliche und soziale Krise abgedämpft werden. Die meisten dieser Gebiete werden den Ziel-5-Gebieten (ländliche Gebiete in Randlage mit schwacher Wirtschaftsstruktur) zugeordnet. Für die Brüsseler Förderungspolitik (der es auch um den Erhalt der ländlichen Kulturlandschaften und den Umweltschutz geht) ist entscheidend, dass sich Österreich diesbezüglich als Bergbauernland versteht (Ziel-5-B-Region mit einem Agraranteil von über 10%) und deshalb sehr extensiv gefördert wird (in diesem Gebiet leben über 29% der österreichischen Bevölkerung). Dadurch konnte die weiter voranschreitende Schrumpfung des primären Sektors (von 1.080.000 [1951] auf 219.000 [1999] Beschäftigte) teilweise sozial aufgefangen werden (wobei zu beachten ist, dass der Anteil der Vollerwerbstätigen von 69,% [1951] auf 37% [1999] gesunken und der Anteil der Nebenerwerbstätigen im gleichen Zeitraum von 29% auf 59% angestiegen ist). Insgesamt ist diese Entwicklung ambivalent: Einerseits ist sie ein erheblicher Stabilisator der wirtschafts- und sozialräumlichen Entwicklung und kompensiert teilweise den Rückbau des österreichischen Sozialstaates; andererseits sind die Entscheidungszentren und -verfahren noch weiter vom Alltagsleben der Menschen entfernt als im traditionellen Nationalstaat und ist noch schwieriger Transparenz herzustellen und die Gerechtigkeit der staatlichen Entscheidungen zu kontrollieren (auch mangels einer europäischen Zivilgesellschaft). Diese Schwierigkeiten und Defizite wurden von den rechtspopulistischen Bewegungen und Parteien im Nationalratswahlkampf 2008 ziemlich genutzt, obwohl Österreich 1.681 Mill. EURO für 1995-1999 aus dem Strukturfonds erhielt (und dies kam Gebieten zugute, in denen über 40% der österreichischen Bevölkerung leben).

b. Die wichtigste Veränderung im Politikraum war – wie schon angedeutet – der Beitritt Österreichs zur Europäischen Union (1995, die Volksabstimmung war 1994)[103]. Damit wurde das Verhältnis von nationalem und staatlichem Raum wieder umgekehrt: Der Staatsraum (sofern man den Strukturen und Kompe-

[103] Selbstverständlich war der EU-Beitritt nicht nur einer zum europäischen Wirtschafts- und Politikraum, sondern auch zum europäischen Rechts- und Kulturraum; vgl. zu dessen Entwicklung seit 1945 Kaelbe (2007: Kap.6-13) und Therborn (2000: Teil III).

tenzen der EU diesen Status schon zubilligen will) überschreitet den nationalen Raum und seine besondere Form der Staatlichkeit. Die daraus resultierenden neuen politischen Entscheidungsprozeduren betreffen gerade die Stadt-Land-Beziehungen im Rahmen der EU Förderrichtlinien für ein „Europa der Regionen“ (sie unterscheiden Metropolen, Stadtregionen, suburbane und ländliche Räume): Damit wird einerseits die relative Eigenständigkeit der Regionen anerkannt; andererseits wird deren Förderung von bestimmten EU-weiten Bedingungen abhängig gemacht, die das Ziel haben, *gleichwertige* (nicht: gleichförmige!) Lebensbedingungen und Entwicklungschancen zu erreichen. Von dieser Politik haben Österreich und seine Regionen erheblich profitiert, denn es erhält mehr Fördergelder als es selbst an Beiträgen zum EU-Haushalt leistet.

c. Betrachtet man nun das Verhältnis von internationalen Wirtschafts- und Politikräumen zueinander, so hat die im September 2008 einsetzende Bankenkrise[104] deutlich gemacht, dass die internationale und in großen Teilen auch globale Vernetzung der Banken, also des quartären Sektors, in einem weitgehend politik- und staatsfreien Raum stattgefunden hat, dass es so gut wie keine staatlichen Eingriffs- und Gestaltungsmöglichkeiten gibt, um diesen Teil der wirtschaftlichen Prozesse in verantwortbarerer Weise zu regulieren. Das ist das Erbe des internationalen Neoliberalismus und Markradikalismus, dessen Folgen für die nationalen Wirtschafts-, Politik- und Sozialräume gegenwärtig noch gar nicht abzusehen sind.

11.2 Die „Neue Urbanität“ der Eurometropole Wien

Der Begriff der „neunen Urbanität“ ist von Häusermann/Siebel (1987) in die Stadtsoziologie eingeführt worden. Er hat für Wien eine doppelte Relevanz: Zum einen ist Wien die einzige österreichische Stadt europäischen Formats (Salzburg hat eigentlich nur als Musikstadt einen internationalen Namen). Ohne Wien als Wirtschafts-, Politik- und Kulturraum würde Österreich in der relativen Bedeutungslosigkeit eines Kleinstaates „versinken“. Zum anderen zeigen sich in Wien die neuen gesellschaftlichen Entwicklungstendenzen und -probleme zuerst und werden hier zuerst Lösungsmodelle erarbeitet, die dann schrittweise für ganz Österreich von Relevanz sind (wie ja schon an der Geschichte des Österreichischen Sozialstaats-

---

[104] Vgl. zu ersten, globalen Einschätzung Galbraith (2008).

modells gezeigt wurde). Für die aktuellen und in Zukunft absehbaren Entwicklungen sind vier Aspekte von Bedeutung[105]:

„Wien in der Zweiten Moderne: Sozialraum-Kontraste"

Bearbeitungsvorschlag: *Da im fortlaufenden Text nicht näher auf die Fotos eingegangen wird, sollten diese Text-Foto-Beziehungen schrittweise selbständig hergestellt werden; dabei können die Fotos einzeln wie auch als Serie nach dem Leitfaden (in Kap.4.2) interpretiert werden Alle Fotos wurden vom 4. bis 7.5.2009 gemacht.*

105 Vgl. zu den aktuellen Trends der Stadtentwicklung und -politik in Wien Giffinger (1999), Havlicek/Sachslehner (2006), Klein u.a. (2005), Klein/Glaser (2006), Mally/Schediwy (2008), Seiß (2007), Stadt Wien MA 18 (2000; 2004a,b,c; 2005a,b) Steinmetz (2006) und zu Graz, der zweitgrößten Stadt Österreichs Stadtplanungsamt Graz (2008). Für unsere Analyse der thematischen Felder der Sozialreportage steht Wien dabei exemplarisch für die Entwicklungsprobleme der europäischen Großstädte (vgl. dazu Bukow u.a.[2001], Dubet/Lapeyronnie [1994], Hall/Pfeiffer [2000], Häußermann u.a [2004], Häußermann/Läpple/Siebel [2008], Häußermann/Siebel [1995; 1996; 2004] und Siebel [2004]). Mit diesen Umbrüchen sind dann auch neue Herausforderungen an die Stadtsoziologie und damit auch an die Sozialreportage verknüpft (vgl. dazu Berking/Löw [2008] u. Löw [2008]).

a) Alte City vs. Neue City (Donaucity)

b) Geschäftsräume

c) Verkehrsräume

d) Wohnräume

e) Freizeiträume

a. Wien war schon immer ein Dienstleistungszentrum bestehend besonders aus der staatlichen Bürokratie, dem Bildungs-, Universitäts- und Akademiewesen, den Zentralen der Großbetriebe sowie der Parteien und Gewerkschaften, den halboffiziellen Institutionen, Körperschaften, Vereinen, Verbänden usw., die die „Kommunikation“ zwischen Staat und Wirtschaft förderten. Neu ist, dass sich seit den 1980er Jahren neben diesem tertiären ein bedeutsamer *quartärer Wirtschaftssektor* herausgebildet hat (in ihm waren Österreich weit 1951: 72.000, 1971: 116.000, 1981:161.000, 1991: 236.000 und 2001: 460.000 Personen beschäftigt), wobei fast nur in Wien dieser internationale Trend aufgenommen wurde und wird (was zu einer weiteren Ungleichheit zwischen den Städten und Regionen in Österreich führte). Grundlage dafür waren die schon erwähnten Veränderungen in den Eigentumsverhältnissen des österreichischen Bankensystems, wobei hier gerade die Übernahme der Länderbank durch die Zentralsparkasse zu nennen ist und der Verkauf der Bank Austria an die Creditanstalt-Bankverein. Zugleich nahm der Einfluss des bundesdeutschen Kapitals immer mehr zu. Tätigkeitsbereiche der Banken wurden zunehmend und schließlich dominant der Wertpapierhandel, die Waren- und Finanztermingeschäfte, der Versicherungs- und Immobilienmarkt und der Technologiesektor. Zugleich verkauften sie ab den 1980er Jahren defizitäre Industrieunternehmen. Welche Konsequenzen die o.a. globale Bankenkrise für den Wirtschaftsstandort Wien hat, ist gegenwärtig nicht abzusehen.

b. Durch diese Veränderungen im Wirtschaftsraum kam es auch zu einigen wichtigen Veränderungen in der bebauten Struktur der Sozialräume. Der tertiäre und quartäre Sektor (zu ihm zählen seit 1989 auch die in Wien angesiedelten Osteuropazentralen von internationalen Konzernen wie IBM oder General Motors) benötigt in hohem Maße *Büroräume*. Dem wird nur relativ selten durch Neubauten, sondern zumeist durch Nutzung leer stehender Bauplätze und Umwandlungen von Wohnungen in Büros Rechnung im Innenstadtbereich getragen. So wurden – als Teil der *Stadterneuerung* – jährlich mehr als eine halbe Million qm Bürofläche geschaffen, was dem Bedarf von etwa 30.000 Arbeitsplätzen entspricht. Zugleich kam es zu einer „spekulativen“ Bürobautätigkeit, d.h. es wurden „auf Verdacht“ hin gerade Bürohochhäuser errichtet (z.B. die Wienerberg City, wo auch Wohnungen und soziale Einrichtungen wie Schulen, Kindergarten, Seniorenheim und Parkanlagen errichtet wurden; oder der Andromeda-Tower in der Donau-City), wobei deren Bauherren/Eigentümer zumeist ausländische Unternehmen, besonders Banken waren. Diese Hochhäuser dürfen wegen des Erhalts des historischen Stadtbildes nicht im Innenstadtbereich errichtet werden und verteilen sich relativ gleichmäßig an der Peripherie.

c. Die neueren Entwicklungen haben die Bedeutung von Wien als *Arbeitskräftezentrum* nicht geschmälert, sondern sogar noch erweitert. Das gilt – erstens – für die ortansässige Bevölkerung, die aus dem ganzen Osten Österreichs (in einer Entfernung bis zu 120 km) in Wien den verschiedensten Arbeitstätigkeiten nachgeht und so verhindert, dass diese Regionen (NÖ und das Burgenland und deren Landeshauptstädte sowie Viertelstädte – z.B. Krems) mehr oder weniger ökonomisch abgehängt werden und psychosozial verarmen. Zweitens verzeichnet Wien eine – teils legale, teils illegale – Zunahme von Arbeitskräften aus Ungarn, Tschechien, Slowakei und Polen (das waren 1994 16% der ausländischen Arbeitskräfte; alle weiteren Angaben beziehen sich auf dieses Jahr und diese Personengruppe). Sie haben nicht bisherige ArbeitsplatzinhaberInnen verdrängt (dazu gehören auch die etablierten „Gastarbeiter" aus Jugoslawien [42%] und der Türkei [16%]), sondern in neuen Bereichen und zu Lohndumpingpreisen Arbeit gefunden (besonders im expandierenden Baugewerbe und privaten Haushalten und im Reinigungs- und Gastgewerbe, wobei sie sehr häufig überqualifiziert sind). Während das Kapital also von West- nach Osteuropa transferiert wird, verläuft der Arbeitkräftestrom umgekehrt (wobei er bei weitem nicht die Ausmaße angenommen hat, wie 1989 vermutet bzw. befürchtet wurde). Der dritte Arbeitskräftezustrom (15%) kommt aus Staaten außerhalb der EU (Asien und Afrika) und diese Arbeitskräfte bilden so etwas wie eine „ethnische Kaste", die sich in einigen Berufszweigen organisiert haben (z.B. Zeitungsausträger aus Ägypten und Bangladesh, Krankenschwestern aus den Philipinnen und Indien oder in Form chinesischer Restaurantketten). Wenn man die ethnische Zusammensetzung der Beschäftigten näher betrachtet, muss man in jedem Falle zwischen der *ethnischen Unterschichtung* und *Überschichtung* unterscheiden. Die meisten der bisher erwähnen Arbeitskräfte sind gewiss der ersten Gruppe zuzuordnen. Es gibt aber in Wien aufgrund seiner Primatfunktion schon seit dem Absolutismus (wie erwähnt) Personen, die Spitzenpositionen in der Bürokratie, in der Politik, im Militär und in der Wirtschaft bekleiden; hinzu kommt das Personal in den diplomatischen Vertretungen (insgesamt lebten 1989 über 30.000 ausländische StaatsbürgerInnen mit internationalem Status in Wien). Und gerade diese ökonomischen, politischen und kulturellen Elitemilieus legen – wie die ortsansässigen ökonomischen, politischen und kulturellen Eliten – auf eine hohe Qualität der „weichen" Standortfaktoren Wert, also ein reichhaltiges Kulturangebot. Dem wurde z.B. durch den Umbau der ehemaligen Hofstallungen zum Wiener Museumsquartier (1998-2001) Rechnung getragen. Solche u.ä. Projekte erweitern zwar den städtischen Kulturraum, sie bergen aber auch die Gefahr, dass einerseits andere, alternative Kulturprojekte weniger bis gar nicht gefördert werden und andererseits darin ein Ersatz gesehen wird für die Bewältigung der tiefgreifenden sozialen Probleme (s.u., Pkt. d)

d. In der Nachkriegsentwicklung von Wien löst die Bipolarität zunehmend die ursprüngliche Asymmetrie ab. Dazu hat zwischen 1945 und 1980 auch beigetragen die planerische Neuausrichtung „vom sozialen Wohnungsbau zur sozialen Stadtentwicklung" und der Bau von 123.000 Wohnungen in der gründerzeitlichen Innenstadt (dazu gehört auch der Ausbau von Dachgeschossen zu privilegiertem Wohnraum, der zugleich in der Nähe der Arbeitsstätten und „gehobenen" Geschäftsstraßen liegt) sowie der von Großwohnanlagen im Süden und Osten der Stadt (mit ca. 180.000 Wohnungen; nur im 22.Bezirk wurden sie auf dem freien Feld errichtet) und ihre Anbindung an die Stadt durch neue Verkehrsstraßen, Schnell- und U-Bahnlinien sowie die Autobahn. Ferner wurden dort auch Spitäler, Schulen, andere soziale und Bildungseinrichtungen, Einkaufszentren, Fußgängerzonen und Grünanlagen geschaffen, so dass diese Stadtteile relativ autonom wurden (und so etwas wie ein ungleichgewichtiger Polyzentrismus entstand). Das Vorzeigeprojekt ist dabei die noch von Kreisky initiierte UNO-City (1973-1979), die mittlerweile zur Donau-City erweitert wurde. Dadurch wurde real wie symbolisch die Donau systematisch in die Wiener Stadtlandschaft einbezogen, zugleich eine zweite City außerhalb des 1. Bezirks geschaffen und die Donauinsel zu einem „Stück Natur in der Großstadt", einer städtischen Kulturlandschaft für die Freizeitgestaltung. Die starke Tendenz, dass die Stadtteile innerhalb und außerhalb des Gürtels ökologisch, sozial, kulturell und ethnisch weiter auseinanderdriften, soll u.a. dadurch gegengesteuert werden, dass der Bereich der Gürtelstraße selber verstärkt modernisiert bzw. bebaut wird; z.B. die unter der Stadtbahntrasse liegenden Bögen, die Gemeindewohnungen im Sozialraum des Westbahnhofs und durch den Umbau des Südbahnhofs zum Zentralbahnhof und seiner umliegenden Areale zu einem multifunktionalen Stadtteil.

Der Bau der Donau-City und der Großwohnanlagen stehen auch dafür, dass neben der Stadterneuerung die *Stadterweiterung* wieder eine größere Bedeutung gewonnen hat; dies auch deshalb, weil nach 1989 erstmals seit 1920 die Bevölkerung wieder stabil zugenommen hat (wie exemplarisch anhand der Zuwanderung oben dargestellt wurde).

Obwohl sich die gegenwärtige Stadtpolitik selber in der Traditionen des „Roten Wien" sieht, hat doch die Lockerung der Sozialstaatsverpflichtung des Wohneigentums durch das Mietgesetz von 1981 dazu beigetragen, dass die schon mehrfach in Bezug auf Wien dargestellten sozialen Segregationsprozesse

sich seit den 1980er Jahren wieder verschärft haben[106]. Dazu hat auch beigetragen, dass die Kommune selber sich zunehmend aus dem Sektor zurückgezogen hat und die Bautätigkeit und Wohnraumbewirtschaftung Genossenschaften übertragen hat; oder aber Stadt und private Unternehmen solche Projekte gemeinsam durchführen, womit dem Aspekt der Gewinnmaximierung häufig der Vorrang eingeräumt wurde und wird. Von daher ist kein Zufall, dass es nicht nur an großen Wohnbauprojekten mangelt, sondern dass die wenigen – z.B. der Wohnpark Alt-Erlaa (1970-1985) – weitgehend von Mittelschichtsangehörigen bewohnt werden – und es gleichzeitig in den gründerzeitlichen Arbeiterbezirken einen ganz erheblichen Erneuerungs- und Modernisierungsbedarf gibt.
Diese sozialräumliche Einschließung der sozialen Milieus wird gleichzeitig durch ethnische Einschließungsprozesse ergänzt, überlagert und gefördert[107] . Zu Anfang der 1970er Jahre zogen die jugoslawischen „Gastarbeiter“ (es waren zunächst meist Männer) in die funktionslos gewordenen Dörfer im Süden und Osten von Wien, in die Behelfsquartiere der Zwischenkriegszeit – besonders in Lobau östlich der Donau, in den gründerzeitlichen Industriegürtel und in die verwohnten gründerzeitlichen Substandardwohnungen (im 12. und 15.-17. Bezirk). Dabei verdrängten sie die ortsansässige Bevölkerung nicht, sondern übernahmen die Wohnungen von Verstorbenen – und so wurde Haus für Haus, Straße für Straße zunehmend von ihnen bewohnt, bis vorrangig sie in dem Stadtteil lebten und sich ethnisch bestimmte informelle Organisationsstrukturen, Vereine, lokale Märkte, Geschäftszentren usw. zu sozialräumlichen Makro- und Mirkostrukturen verdichteten. Die nachkommenden türkischen „Gastarbeiter“ hielten sozialräumlichen Abstand von den jugoslawischen und etablierten sich in ähnlicher Weise vorrangig im 10. und 20. Bezirk. Die neueren Zuwanderergruppen konzentrierten sich demgegenüber auf die ehemaligen Mittelschichtsbezirke (den 2, 4., 6. und 9.), füllen also die leer stehenden Wohnungen und Lokale mit neuem Leben. Diese ethnische Segregation wurde auch dadurch erheblich gefördert, dass die Stadt Wien die in ihrem Besitz befindlichen Wohnraumbestände (immerhin 30% des insgesamt vorhandenen) nicht für ausländische MitbürgerInnen geöffnet hat.

---

106 Insofern ist es ganz unpolemisch zu vermuten, dass das „Rote Wien“, gerade in Sachen Wohnbaupolitik, seit den 1980er Jahren wahrscheinlich nach Graz „ausgewandert“ ist (vgl. die Hinweise in ÖROG 2005: 203ff).

107 Vgl. zu deren „Mechanismen“ die Fallstudie von Lichtenberger (1984, bes. Kap. 5. u. 6) zu den jugoslawischen MitbürgerInnen in Wien; und die allgemeine Studie zur ethnischen Selektionsprozessen in der Wohnraumvergabe in Wien von Giffinger (1999).

Projektvorschläge:

1. Man könnte in einem intergenerativen Projekt „Das Wien meiner Kindheit“ mit den unterschiedlichsten Altersgruppen (einschließlich den jetzigen *Kindern) deren damalige und heutige Lebensräume in Erinnerung rufen bzw. in entsprechenden Sozialraumspaziergängen zeigen bzw. suchen (z.B. wer früher wo gewohnt hat, wo man damals gespielt hat, wo man zur Schule gegangen ist, wo man sich getroffen hat, was man gemacht hat, wo man zuerst einen Ausbildungsplatz und später seine Arbeitsplätze hatte, welches die Lebens- und Bildungsräume der jetzigen Kinder sind, wie man das Leben damals empfunden hat, wie man sich heute fühlt, welches Verhältnis man zu den verschiedenen Altersgruppen hat usw.). Dabei kann man auch private und halböffentliche Fotos einbeziehen (manchmal auch öffentliche), um z.B. Gebäude und Plätze zu zeigen, die es nicht mehr gibt. Mit alledem könnte die Dynamik des sozialen Wandels in den Räumen und Lebenswelten sinnlich erfahrbar dokumentiert und theoriegeleitet ausgewertet werden. Unter Umständen ist es sinnvoll die Frage, wo die* verschiedenen *Generationen* heute *leben, zum Gegenstand einer eigenständigen Reportage zu machen.*

2. Ein anderes Projekt könnte sich mit der Präsenz (und umgekehrt: der Nicht-Präsenz) der verschiedenen sozialen und ethnischen Milieus in den verschiedenen öffentlichen Räumen der verschiedenen Stadtteile bzw. Bezirke beschäftigen und dabei insbesondere klären, inwieweit es soziale und ethnische Einschließungs- und Abschottungstendenzen gibt, wie sie entstehen und worin sie zum Ausdruck kommen.

3. Bedeutsam wäre es auch, sich den verschiedenen Dimensionen der Wohnungsnot zuzuwenden. Darunter fallen alle die Haushalte/Personen, die aktuell von Wohnungslosigkeit betroffen bzw. bedroht sind, die in unzumutbaren Wohnverhältnissen leben müssen, die mal von Wohnungslosigkeit betroffen waren und jetzt nur durch staatliche Unterstützung in akzeptablen Verhältnissen leben und nicht zuletzt diejenigen, die als AsylbeweberInnen u.ä. in Zwangsunterkünften leben. Dabei wäre auch den verschiedenen gesellschaftlichen Ursachen und biografischen Gründen nachzugehen, die zur Wohnungslosigkeit geführt haben oder aktuell führen und den verschiedensten Formen der individuellen, gemeinschaftlichen und sozialpolitischen (Nicht-) Bewältigung. Ein Teilprojekt oder auch ein eigenständiges könnte Wohnungssuchende aus den verschiedensten sozialen und ethnischen Milieus bei ihrer Wohnungssuche begleiten (u. U. auch beraten) und die entsprechenden Erfahrungen in Bildern und Texten dokumentieren.

4. Ein wichtiger „Sonderfall“ von Projekt 3 wären die über längere Zeit Wohnungslosen, die sog. „Sandler“. Ihren Alltag über mehrere Wochen zu begleiten und ihre sozialen Erlebnisse und Erfahrungen zu dokumentieren, ihre Über-Lebensstrategien zu beobachten und mit ihnen darüber zu sprechen – das wäre deshalb ein lohnendes Thema, weil man dann „von ganz unten“ erfahren würde, welche offenen und besonders verdeckten sozialen und staatlich-administrativen Ausgrenzungsprozesse in einer Eurometropole wie Wien wirksam und erlebbar sind. Dabei könnte die ältere Studie von Girtler (1980) Anregungen für die methodische Anlage geben und zugleich könnte man seine älteren mit den aktuellen Ergebnissen vergleichen.

5. Ein besonders anspruchsvolles, im strengen Sinne schon wissenschaftliches Projekt wäre die Erstellung eines Armuts- und Reichtumsberichtes, der dabei nicht nur sozialstatistische Daten zusammenstellt und die systemischen Strukturen analysiert, sondern auch die lebensweltlichen Bewältigungsweisen systematisiert.
6. Lohnend wäre es in jedem Fall auch, die Ergebnisse der eigenen Projektarbeit (von Nr. 1-5) in ein Verhältnis zu setzen mit der Art und Weise, wie in der veröffentlichten Meinung (in Fotos und Texten) die entsprechenden sozialen Probleme abgehandelt werden (natürlich auch: ob sie dort überhaupt einen Stellenwert haben) und in welchem Verhältnis sie zur offiziellen Stadtplanung stehen (wir hatten auf die entsprechende Literatur hingewiesen) und wie sich die politisch Verantwortlichen zu ihnen verhalten.

11.3 Die zunehmende „Kolonialisierung" des ländlichen Raumes durch die „Neue Urbanität"

Wie in den meisten entwickelten Gesellschaften nimmt auch in Österreich die direkte Verstädterung durch das Wohnen und Arbeiten in den Städten wieder zu; vielleicht noch bedeutsamer ist aber die indirekte Verstädterung, also die Kolonialisierung der ländlichen Sozial- und Kulturräume durch ihre Anpassung an die Entwicklungsinteressen der Stadtbevölkerung und Stadtpolitik. Hier sollen – ohne Anspruch auf Vollständigkeit, also eher exemplarisch – sieben Prozesse hervorgehoben werden, wodurch und wie das geschieht.[108]

11.3.1 Suburbanisierung

Wie die Passagen zu Wien gezeigt haben, gab es immer schon die Tendenz nicht nur einer Erweiterung der städtischen Wirtschafts-, Politik- und Sozialräume in die ländlichen Territorien hinein, sondern auch die, die Stadt zu verlassen: Das geschah entweder freiwillig (wie beim Adel, wenn sich z.B. Prinz Eugen sein Schloss, das heutige Belvedere, außerhalb des Stadtgebietes bauen ließ; oder ein Teil des Großbürgertums – natürlich in anderen Orten bzw. Vierteln – ihre Villen erbaute); andererseits wurden BewohnerInnen – gerade aus den Milieus der Arbeiter, Handwerker und kleinen Gewerbetreibenden – gezwungen, das Stadtgebiet zu verlassen, weil sie die Mieten nicht mehr zahlen konnten und mit Schikanen, sozialer Verachtung o.ä. hinausgedrängt wurden und nun in die Vorstädte bzw. die Vororte ziehen mussten.

---

108 Wir werden in den einzelnen Unterkapiteln wiederum zahlreiche Projektvorschläge machen; an dieser Stelle wollen wir nur auf das „Provinzlexikon" von Ahrens (2009) hinweisen, dem man sehr viele originelle, weil sublime Anregungen für weitere Sozialreportagen entnehmen kann.

Davon sind die gegenwärtigen Formen der Suburbanisierung insofern zu unterscheiden, als sie nicht nur auf Freizeit- und Erholungsbedürfnisse einerseits oder unzureichende finanzielle Mittel andererseits zurückzuführen sind, sondern auf das Bedürfnis, in einem nichtgroßtädtischen Sozial- und Kulturraum zu leben, der sich aber zugleich in der Nähe einer Großstadt befindet. Dabei ist die Großstadt (oder auch die mittelgroße Stadt) nicht nur bedeutsam als Arbeitsort, sondern auch dessen Infrastruktur. Die Suburbanisierung ist also eine „Stadtflucht mit begrenzter Reichweite" – und sie hält sich biografisch die Chance der Rückkehr in den (groß-)städtischen Raum offen (er bleibt einem ja vertraut); daraus rekrutiert sich ein Teil der „neuen" StadtbewohnerInnen. Dabei zeigt sich folgende Entwicklungsdynamik: Es kommt zunächst zu einer Suburbanisierung der Wohnbevölkerung (dafür steht z.B. das Mühlviertel). Dann kommt es zu einer Suburbanisierung von Betrieben, weil diese im städtischen Kernbereich nicht genügend architektonisch und/oder finanziell angemessenen Raum bekommen (das geschah z.B. im Traunviertel in OÖ). Wenn diese wirtschaftliche Funktionalisierung der Sozialräume dominant wird, dann verlagert sich die wohnbezogene Suburbanisierung in den nächsten Kreis (das geschah z.B. im südlichen Umland von Wien). Die zunehmende Verstädterung der Gesellschaft zeigt sich auch darin, dass die städtischen und die suburbanen Sozialräume Wachstumszonen sind.

Projektvorschlag: *Und dieser Ausweitungsprozess könnte in einer Sozialreportage neben den Stadtplänen, Landkarten und Raumwidmungsplänen besonders gut auch durch Luftaufnahmen aus unterschiedlichen Zeiten erfasst werden; bei den aktuellen Fotoaufnahmen könnte man – das gäbe dem Projekt eine erlebnispädagogische Komponente – mit einem örtlichen Segel- oder Motorflugverein zusammen arbeiten oder aber auch mit kommerziellen Anbietern von Ballonfahrten.*

11.3.2 Zweitwohnungswesen

Dies ist eine andere Form der soziokulturellen Verknüpfung von Stadt und Land: Die Hauptwohnungen (meist Mietwohnungen) verbleiben am Arbeitsort, die Zweitwohnungen, meist in großer architektonischer Variationsbreite gebaute Einzelhäuser, befinden sich „im Grünen" (die Wiener Zweitwohnungsregion liegt im Umkreis von ca. 120 km). So kommt es zu einer biografischen Aufspaltung der Wohnfunktionen und einem Leben in zwei Sozial- und Kulturräumen (meist auf die mittlere Lebensspanne konzentriert). Das Zweitwohnungswesen ist kein reines Privileg der Elitemilieus, sondern findet sich auch ausgeprägt in den etablierten Facharbeiter- und (klein-) bürgerlichen Milieus. Das wird durch die im internationalen Vergleich relativ günstigen Mieten möglich; das macht verständlich, weshalb es 1991 426.00 Wohnungen mit Neben- bzw. ohne Wohnsitzangabe gab und 201.000

Ferien- und Wochenendwohnungen (das sind knapp 20% des gesamten österreichischen Wohnraumbestandes, und über 80% davon wurden nach 1955 erbaut). Dieses Zweitwohnungswesen hat ökonomische Funktionen (es trägt zum finanziellen Transfer bei) sowie siedlungsstabilisierende, allerdings auch die Landschaft zerstörende Konsequenzen. Darüber hinaus bringt es in einer Reihe von Fällen auch soziale Konflikte mit sich, wenn die Zweitwohnungsbesitzer gegenüber der ortsansässigen Bevölkerung aufgrund ihrer größeren Finanzkraft auf dem lokalen Immobilienmarkt relevante Vorteile haben und diese schließlich aus ihrem angestammten Territorium verdrängen (dann entstehen hier neue klein- und/oder großräumige Segregationsprozesse).

Projektvorschlag: *In einer Soziareportage könnte man gerade Kindern die „detektivische" Aufgabe stellen herauszubekommen, wann welche Häuser von welchen Personen aus welchen Regionen Österreichs benutzt werden und ggf. mit diesen BewohnerInnen, besonders (so vorhanden bzw. anwesend) den Kindern oder Jugendlichen Gespräche führen lassen, ob bzw. warum sie gerne in dem Ort, der Landschaft, dem Haus sind.*

Auf ein Phänomen sei nur knapp hingewiesen: Sowohl durch die Suburbanisierung wie auch das Zweitwohnungswesen halten in die (ehemals) ländlichen Regionen moderne Baustile Einzug. Häufig stören sie das lokale und regionale Orts- und Landschaftsbild (gerade wenn sie von geringer architektonischer Qualität sind); aber es gibt auch gelungene Beispiele, die als eine nachhaltige Bereicherung angesehen werden könnten, wenn sie viel häufiger praktiziert würden, solche Bauprojekte also nicht der Privatinitiative engagierter und verantwortungsbewusster Privatpersonen überlassen blieben.

11.3.3 Pendlerwesen

Eine andere, zumeist erzwungene Form des „Lebens in zwei Welten" ist das Pendlerwesen: Aufgrund der selektiven Modernisierung schon der Industrialisierung und auch der gegenwärtigen Neoindustrialisierung, sowie der räumlichen Zugänglichkeit der tertiären und quartären Wirtschaftssektoren sind ganze Regionen mit Arbeitsplätzen strukturell unterversorgt (das betrifft – wie die Arbeitslosenquoten zeigen – die absolute Zahl der Stellen überhaupt, es betrifft aber auch – wenn auch statistisch viel schwieriger zu erfassen – solche mit anspruchsvollen Arbeitsinhalten und –formen sowie stabilen Zukunftsaussichten). Daraus resultiert die Notwendigkeit, die „Arbeit da zu suchen, wo sie ist", und das ist meistens in den großstädtischen Zentren und ihrem unmittelbaren Umfeld, weshalb der (manchmal tägliche) Weg zur Arbeit bis zu 120 km beträgt. Auf der einen Seite hat das Pendlerweisen die in den

1950er Jahren dominante Abwanderung aus den ländlichen Regionen weitgehend gestoppt; andererseits kommt es auf diese Weise zu einem Transfer von städtisch bestimmten Arbeitsweisen und -einstellungen, Konsumgewohnheiten, ggf. auch Wertehaltungen und Lebensstilen in die eher kleinstädtisch oder ländlich bestimmten Sozial- und Kulturräume und so zu deren Überformung durch das Städtische. Ergänzend sei noch darauf verwiesen, dass auch viele SchülerInnen zum Besuch der Schulen nach der Volksschule in die Bezirksstädte fahren müssen, sie also „BildungspendlerInnen" sind (vgl. dazu auch Kap. 11.3.4).

Projektvorschlag: *In einer Sozialreportage, die mit Fotoserien oder Videofilmen sowie Aufzeichnungen von Gesprächen und Beobachtungen arbeitet, könnte man bestimmte Pendler (z.B. Fahrgemeinschaften) mal für eine ganze Woche (einschließlich Samstag/Sonntag) täglich begleiten, um so diese Art von "Leben in zwei Welten" unmittelbar zu erfahren und zu verstehen.*

11.3.4 „Zentrale-Orte"-Politik[109]

Was man in einem weiten Sinne als ländlichen Raum bezeichnen kann (und dabei die nicht besiedelbaren Naturräume ausnimmt), ist nur sehr dünn bewohnt und in gewisser Weise haben sich im Siedlungssystem „prämoderne" Strukturen gehalten. Daraus ergibt sich, dass Österreich auch weiterhin ein Sozialraum der kleinen Gemeinden ist, wobei zwischen 1961 und 2001 die Einwohnerzahlen der ganz kleinen Gemeinden abgenommen, der aller anderen Größenordnungen (außer Wien) zugenommen haben: Bis 2.500 Einwohner von 33% auf 29%; von 2.500 bis 5.000 von 14% auf 17%; von 5.000 bis 10.000 von 9% auf 11%; von 10.000 bis 50.000 fast gleich bleibend bei 12%; von 50.000 bis 500.000: von 10% auf 12"; nur Wien verlor im Gesamtzeitraum von 23% auf 19% (auch wenn es seit einigen Jahren wieder wächst). Die sich hier zeigende Tendenz zu relativen Entvölkerung der ländlichen Regionen wurde auch dadurch gefördert, dass die Beschäftigungsangebote absolut und die soziokulturellen Entwicklungsmöglichkeiten relativ gegenüber den größeren Gemeinden und den Städten abnahmen. Im Rahmen der Gemeindereformen der 1970er Jahre, die am nachhaltigsten in Kärnten und am wenigsten in Tirol umgesetzt wurden, wurde versucht dem durch eine bewusst sozialpolitische Ausrichtung der Regionalpolitik entgegen zu steuern. Deren Kern war die „Zentrale-Orte-Politik". Sie bestand zum einen in der Zusammenlegung von Gemeinden (um besonders hinreichend Volksschulplätze vorhalten zu können): ihre Anzahl sank von 1961 bis 2001 in den östlichen Bundesländern (NÖ und Burgenland) von 1.652 auf

[109] Hier sei nochmals auf die im Wiener Verlag „Ueberreuter" erscheinende Buchreihe „Österreichs Bezirke in alten Ansichtskarten" hingewiesen; Nachfragen können gerichtet werden an Johann Riegler, Wienerstraße 69, A-3252 Petzenkirchen, Tel.: 0043/664/338 98 97.

573; in den südlichen (Steiermark und Kärnten) von 1.080 auf 675, und in den westlichen (OÖ, Salzburg, Tirol und Vorarlberg) nur von 947 auf 939 (insgesamt in Österreich von 3.999 auf 2.359). Wichtiger als die Zusammenlegung (mit der die Identität von Kastral- und Ortsgemeinde aus der Zeit von Maria Theresia aufgegeben wurde) war aber zum anderen, dass die größeren Orte nun mit besonderen Staatsfunktionen ausgestattet wurden (die durchgängig im Dienstleistungsbereich lagen). Dazu gehören weiterführende Schulen bzw. Schulzentren, Musikschulen, Spitäler und andere Einrichtungen der medizinischen Versorgung, Altersheime und andere soziale Wohlfahrtseinrichtungen, Standesämter, Gerichte; aber auch kommunale Betriebe (etwa für den Straßenbau oder die Friedhofsverwaltung). Mit den Bezirkshauptmannschaften wurde zugleich eine neue Planungs- und Kontrollebene geschaffen, deren Befugnisse sich beziehen auf das Gewerbe-, Wasser-, Verkehrsrecht, die Gemeindeaufsicht und die Gesundheits-, Veterinär-, Forst- und Sicherheitsverwaltung (das alles wird in den verschiedenen Ländern aber z.T. unterschiedlich geregelt). Da diese Übertragung von gesamtstaatlichen Funktionen auf diese Gemeinden auch zu einer erheblichen baulichen Veränderung geführt hat, kann man in einer Sozialreportage den Veränderungen des Stadtbildes und seinen raumplanerischen Entscheidungsprozessen nachgehen (warum z.B. ein wuchtiger Gebäudekomplex aus Rohbeton neben einer eher schmächtigen Barockkirche genehmigt worden ist).

Die „Zentrale-Orte"-Politik teilt mit der ersten Gemeindereform aus der Zeit des aufgeklärten Absolutismus die Ambivalenz von neuen Lebens- und Bildungsmöglichkeiten und einer verstärkten Sozialdisziplinierung: Sie schafft neue Arbeits- und Kulturmöglichkeiten, schafft realistische Instrumente zur Gestaltung der Wirtschafts-, Politik- und Sozialräume; und trägt zugleich dazu bei, dass die von der gesellschaftlichen Urbanität bestimmten zentralstaatlichen Belange auch vor Ort berücksichtigt werden und dass die politische Macht vor Ort gebündelt wird, ohne dass sie deshalb zwingend durch zivilgesellschaftliche Verfahren und Bewegungen „von unten" kontrolliert wird.

Projektvorschläge:

1. *Eine Sozialreportage könnte der Frage nachgehen, welche Konsequenzen die Massierung von staatlichen Behörden, Bildungs- und Versorgungseinrichtungen (besonders Schulen und Krankenhäusern) aufgrund ihrer Größe, ihres Baustils und ihrer sozialräumlichen Platzierung für das historisch gewachsene Stadtbild haben, ob es so überhaupt noch wieder zu erkennen ist, wie sich die ökonomischen und sozialen Nutzungsweisen der verschiedenen Stadträume dadurch verändert haben. Gerade hier sind historische Fotobände von großem Nutzen*

– gepaart mit den Erzählungen von StadtbewohnerInnen, die schon vor dieser Politikphase in den Orten gewohnt haben.

2. *Man könnte ferner mit Kindern und Jugendlichen ihre Wohn-, Aufenthalts- und Bildungsräume erkunden, dies fotografisch (oder mit einer Videokamera) festhalten und sie dazu Erlebnisse und Geschichten erzählen lassen (z.B. welche Straßen und Ecken sie meiden und welche sie lieben, wo sie sehr positive und sehr negative Erlebnisse gemacht haben, welche ungestörten Aufenthaltsräume sie sich wünschen, wie sie sich in den Schulen fühlen, welche Bedeutung diese für die Entwicklung ihrer Freundschaften haben, ob sie in dem Ort, wo sie jetzt leben, bleiben wollen, wenn sie dort einen Ausbildungs- bzw. Arbeitsplatz finden usw.).*
3. *In einem weiteren Projekt könnte man sich näher mit der lokalen Sozialstruktur (besonders Art und Verteilung der Arbeitsplätze, Besitzverhältnisse, Einkommensarten, Bildungsabschlüsse, Wohnverhältnisse) und ihren sozialräumlichen Ausprägungsformen beschäftigen. Dabei würde man den Zonen des relativen Wohlstandes, der relativen sozialen Sicherheit und der prekären bis deklassierten Lebensverhältnisse besondere Aufmerksamkeit schenken. Hier ist aber zu beachten, dass es nicht nur um großräumige Segregationstendenzen geht, sondern auch um kleinräumige (manchmal geht die soziale Spaltung durch eine Straße: linke vs. rechte Straßenseite/Häuserzeile).*
4. *Man könnte auch – initiiert oder doch zumindest unterstützt von WissenschaftlerInnen (etwa einer ansässigen Fachhochschule) – Befragungen in verschiedenen Altersgruppen zu zentralen Problemen der sozialen Integration bzw. Desintegration durchführen. Hierbei sollten die vermuteten sozialen Konflikte einschließlich ihrer ethnischen und/oder religiösen Überformung eine besondere Rolle spielen. In die Auswertung sollten auch einbezogen werden die Stellungnahmen sowohl der Befragten wie auch der kommunalpolitisch Verantwortlichen und Interessierten zu den Befragungsergebnissen. Unter günstigen Umständen könnten aus den Sozialreportagen von Projekt 3 und 4 so etwas wie ein lokaler und/oder regionaler Armutsbericht entstehen.*

Noch ein Aspekt muss angesprochen werden, obwohl er nur indirekt mit den neueren Gemeindereformen zu tun hat, der Bau von *Einfamilienhäusern*. Hier zeigt sich – wiederum – ein markanter Gegensatz zwischen den Entwicklungen in Wien und im „Rest von Österreich“: Während in Wien ca. 75% der Wohnungen zur Vermietung gebaut wurden, sind außerhalb davon ca. 50% der Einfamilienhäuser und 10% der Wohnungen in Privatbesitz. Zugleich konzentrieren sich diese Bauten nicht in den größeren Gemeinden, sondern verteilen sich diese auf kleinere Gemeinden und zugleich verstreuen sie sich „großzügig“ in der Landschaft; d.h. es kam seit 1955 zu einer extensiven Zersiedlung des ländlichen Raumes und einer Ausdehnung und Stabilisierung vorindustrieller Siedlungsstrukturen (wobei die noch bestehenden Weiler und Streusiedlungen dem entgegenkamen). Zugleich wurde das „Hausbauen-und-pflegen" in den arrivierten Volksmilieus zu einem der zentralen Lebensinhalte, das durch ein dichtes und bis heute sehr funktionstüchtiges Netz von Nachbarschaftshilfe (auch aus den näheren und weiteren Verwandtschaftskreisen), den lokalen Bauunternehmen und -behörden sowie der Bürgermeistereien unterstützt wurde und wird. Auch in den größeren Gemeinden gibt es nur wenige Baukomplexe des sozialen Wohnungsbaus, so dass es selten zu großräumigen Segregationsprozessen kommt, wohl aber zu kleinräumigen (wenn z.B. auf der einen Seite der Straße sozialer Wohnungsbau vorherrscht und auf der anderen Seite Einfamilienhäuser mit unterschiedlicher Größe und Qualität). Eine Sozialreportage könnte die Entstehung eines einzelnen Hauses vom Baubeginn bis zum Einzug begleiten, die verschiedenen Bauetappen fotografisch festhalten, eine Liste all derjenigen erstellen, die immer oder zeitweise an den Baumaßnahmen beteiligt waren und besonders in Interviews die Motivation erkunden, warum es für sie meist ganz selbstverständlich ist, sich daran zu beteiligen (und wenn man sie nicht darum gebeten hätte, sie gekränkt wären).

Projektvorschlag: *Man könnte den Bau oder Umbau eines Hauses von der Planungsphase bis zur Fertigstellung beobachtend begleiten und dabei das Hauptaugenmerk auf die sozialen Beziehungsnetzwerke richten, welche in solchen gemeinschaftlichen Aktivitäten zum Tragen kommen.*

11.3.5 System der Filialen im Einzelhandel

Eine besondere Form der „Okkupation des Landes durch Stadt" ist das System der Filialen im Einzelhandel. Es war zunächst eines der sozialpolitischen Vorzeigeprojekte der Sozialdemokratie, die 1951 die genossenschaftlich organisierte Konsumgesellschaft „Konsum" gründete, um den ArbeiterInnen ein breites und für sie bezahlbares Warenangebot zu machen (das erste Geschäft wurde in Linz eröffnet). 1988 gehörten dieser zu einem Großkonzern angewachsenen Kette 555 Selbstbedienungsläden, 213 Märkte, 55 COOP-Diskountmärkte, 35 Forum/Stafa-Warenhäuser, 7 Gerngroß-Kaufhäuser und 5 Einrichtungshäuser. 1995 musste er Konkurs anmelden, weil er der Konkurrenz nicht mehr stand hielt, zugleich verstärkte sich auch hier der Konzentrationsprozess: So übernahm im Lebensmittelbereich der REWE-Konzern 2008 zu 75% die ADEG-Kette, wogegen nunmehr Spar auf europäischer Ebene klagt, weil er Wettbewerbsverzerrungen sieht (denn REWE ist auch an den Vertriebslinien Billa, Merkur, Penny und Mondo beteiligt und kontrolliert so 36% des österreichischen Lebensmittelmarktes – und setzt zugleich gegenwärtig die bisherigen Zulieferer von ADEG unter Druck, ihre Kalkulationen offen zu legen). Wie sehr diese Filialisierung auch in kleineren Zusammenhängen problematische Konsequenzen hat, zeigt sich in Wien an der türkischen Lebensmittelkette ETSAN, die mit ihren 13 Filialen und 100 MitarbeiterInnen jährlich 35 Mill. Euro umsetzt und den kleinen türkischen Einzelhändlern das wirtschaftliche Leben schwer macht (österreichweit sind heute schon über 200 Gemeinden ohne ein eigenes Lebensmittelgeschäft) In einer Sozialreportage würde man genauer den Folgen dieser Entwicklung nachgehen und insbesondere dokumentieren und klären, welche Folgen das für welche Personengruppen hat (z.B. besonders für ältere Menschen oder diejenigen, die aus verschiedenen Gründen nicht mobil sind).

Das alles sind Hinweise darauf, wie der lokale Wirtschaftsraum von überregionalen Konzentrations- und Entscheidungsprozessen bestimmt wird. Und zugleich ist das Vorhandensein und Nichtvorhandensein von solchen Filialen und damit eines mehr oder weniger kompletten Warenangebots besonders in den größeren Gemeinden ein bedeutsamer Vor- bzw. Nachteil in der Konkurrenz zwischen den Gemeinden, weshalb sie die Ansiedlung solcher Ketten auf der grünen Wiese im unmittelbaren Umfeld der Stadt in der Regel fördern. Dann ist einem Bürgermeister ggf. ein Parkhaus wichtiger als eine Bildungseinrichtung – und zugleich haben sehr häufig die eingesessenen (Fach-) Geschäfte in den Innenstädten trotz der Errichtung von Fußgängerzonen u.ä. das Nachsehen und veröden z.T. Daraus resultiert nun auch eine neue Hierarchie der Konsumentenversorgung der Gemeinden (ähnliches gilt für die Postämter und die Zukunft der knapp 5.800 Zweigstellen der überregionalen Banken mit ihren 70.000 Beschäftigten). Dieser Konzentrationsprozess im Einzelhandel zeigt sich auch in anderen Sektoren: Während bei den Drogeriewaren sich 2 Unternehmen 70% des Umsatzes teilen, sind es bei den Möbeln 5 mit 58% Marktanteil, bei Schuhen 3 mit 52%, bei Elektro 3 mit 41% und bei Textilien 5 mit 28%.

Projektvorschläge:

1. In diesem Zusammenhang könnte man im Rahmen eines Sozialreportage-Projektes eine Art „Konsumatlas" erstellen, der festhält, welche Produkte von welcher Kette wie häufig von bestimmten Personen (von einem selbst, von FreundInnen und Bekannten usw.) gekauft werden, wie wichtig es einem ist, dass man diese Produkte hat und welchen finanziellen Aufwand, aber auch welche Fahrzeiten man dafür in Kauf nimmt bzw. nehmen muss.

2. In einer anderen Reportage könnte man der Frage nachgehen, unter welchen Voraussetzungen entsprechende Bauten auf der „grünen Wiese" genehmigt werden und wie sich dadurch nicht nur das Stadtbild, sondern auch die Struktur der Stadt verändert (z.B. Verödung der Innenstädte, weil die meisten Auswärtigen die jeweilige Innenstadt gar nicht aufsuchen). Darüber hinaus könnte man die ehemaligen und heutigen Hauptgeschäftsstraßen miteinander vergleichen.

11.3.6 Nachhaltig modernisierter Verkehrsraum

Der Verkehr ist die vielleicht offensichtlichste Form, Orte miteinander zu verbinden und so übergreifende Räume zu schaffen; er selber konstituiert aber auch eigenständige Raumqualitäten und diese stehen in Österreich in einer langen Tradition, die teilweise bis auf die Römerzeit zurückgeht, denen die großen Kommerzialstraßen aus der Zeit des Absolutismus gefolgt sind, an denen sich auch viele der seit 1955 errichteten Autobahnen (insgesamt knapp 1.600 km) ausrichten (z.B. die A1 von Wien nach Salzburg, die A 2 von Wien nach Italien und die A 4 von Wien nach Budapest). Neu sind die Strecken der A 8 von Passau nach Wels und die A 9 von Linz nach Graz. Da Österreich immer auch ein Transitland war, ist der Verkehrsraum auch in diesem Fall größer als der Staatsraum – was man nicht nur an den erwähnten Autobahnen erkennen kann, sondern auch an der Inntalautobahn (A 12), der Brennerautobahn (A 13) und der Tauernautobahn (A 10 von Salzburg nach Kärnten). Die Tatsache, dass es innerhalb von Österreich darüber hinaus 71.2000 km Gemeindestraßen, 23.400 km Landstraßen, 10.600 km Bundesstraßen und 195 km Schnellstraßen gibt, zeigt einerseits, dass mittlerweile auch viele abgelegene Orte in das Straßennetz einbezogen sind[110], andererseits aber auch, wie bedeutsam der *Individualverkehr* ist, denn die meisten Fahrzeuge, die diese Straßen nutzen, sind nicht dem ÖPNV zuzurechnen. Das macht schon die Ambivalenz dieses Fortschritts deutlich: zum einen ist die bequemere Erreichbarkeit auch der abgelegenen Orte ein Zugewinn an Lebensqualität und in Form des Tourismus, aber auch in bezug auf die vielen kleinen und mittelständischen Betriebe in den kleineren Gemeinden sowie in den Zentralen Orten auch an Wirtschaftskraft (und trägt so zum Abbau wirtschaftsräumlicher Ungleichheiten bei); zum anderen werden auf diese Weise Naturlandschaften (z.T. sogar Naturschutzgebiete) gerade durch den (internationalen) Fernverkehr in Mitleidenschaft gezogen. So passierten 2002 auf der A1 bei Linz im Tagesdurchschnitt 75.000 Fahrzeuge, davon 12.000 Lkws; der grenzüberschreitende Verkehr besonders Richtung Ungarn umfasst gegenwärtig ca. 12 Mio. Pkw, 500.000 Lkw und über 200.000 Busse; und sie bringen für die ansässige Bevölkerung erhebliche bis unerträgliche Lärm- und Schadstoffbelastungen mit sich.

Demgegenüber hat der öffentliche Verkehr eine nachgeordnete Rolle. Hier ist – neben dem (jetzt zusammengelegten) Bahn- und Postbusverkehr – natürlich besonders an die Österreichischen Bundesbahnen (ÖBB) zu denken, die u.a. durch eine Neuerrichtung von 381 Brücken, der Elektrifizierung der Hauptstrecken (der Strom kommt zumeist aus Wasserkraftwerken), die Taktfahrpläne zwischen den Landeshauptstädten, flexible Preisgestaltung zwar insgesamt auf den 5.636 Schie-

[110] Wie wenig das in der Ersten Republik der Fall war, zeigt sehr anschaulich der DVD-Film „100 Jahre Postbus“, der die Werbefilme aus den Jahren 1927 und 1929 dokumentiert.

nenkilometern jährlich ca. 190 Mill. Personen befördern (die Bahnbusse weitere 136 Mio.), aber dennoch nicht mit der Zunahme des Individualverkehrs mithalten konnten. Was u.a. auch darauf zurückzuführen ist, dass auf den Fernstrecken die Fahrzeiten in den letzten 100 Jahren nicht merklich reduziert werden konnten und offensichtlich in den städtischen Gebieten die Angebote den Zeiterfordernissen der BewohnerInnen nicht hinreichend angepasst sind (denn dort werden nur etwa 20% der 200 Mio. Personen erreicht).

Projektvorschlag: *In einer Sozialreportage könnte man diejenigen Straßen nochmals abfahren, die in den Werbefilmen für den Postbus aus den Jahren 1927-1929 benutzt wurden (sie sind jetzt zugänglich auf dem DVD „100 Jahre Postbus") und so eine historisch-vergleichende Dokumentation erstellen, die zugleich einen Eindruck vermittelt, welche Erleichterungen mit dem Ausbau verbunden sind, aber auch welche tiefen Eingriffe in die Makro- und Mikrobiotope damit verbunden waren und sind.*

11.3.7 Tourismus als städtische „Freizeitgesellschaft"

Etwas pointiert ausgedrückt ist er die vorderste „Front" der Kolonialisierung der ländlichen Regionen durch das Städtische – und zwar gerade weil er sich teilweise spiegelbildlich zu den städtischen Wirtschafts-, Politik-, Sozial- und Kulturräumen verhält (und sie wird ergänzt durch die ambivalenten Tendenzen des Zweitwohnungswesens). Bei der Analyse ist zunächst davon auszugehen, dass die *städtische Freizeitgesellschaft* (wenn man sie denn so nennen will) auf eine in der Krise befindliche *Agrargesellschaft* stößt. In den fruchtbaren Gebieten des Hochgebirges sowie des Alpenvorlandes (z.B. im Klagenfurter Becken) kann durch Modernisierung, Intensivierung, Ökologisierung und Besitzkonzentration die Überlebensfähigkeit gesichert werden; besonders dann, wenn – wie dargestellt – eine EU-Förderung im Rahmen des Ziel-5 Plans stattfindet. Eine andere Form der Krisenbewältigung ist allenfalls für kurze Zeit erfolgreich, nämlich die Extensivierung der Landwirtschaft. Bedeutsamer ist der Übergang von der Vollerwerbs- zur Nebenerwerbslandwirtschaft und der Einstieg in den Tourismus; entweder in seiner Mischform als „Ferien auf dem Bauernhof" bzw. der Vermietung von Einzelzimmern oder die weitgehende Konzentration auf den Fremdenverkehr – wobei die Landwirtschaft ggf. für den Privatverbrauch erhalten bleibt. Für einen relevanten Teil der ortsansässigen Bevölkerung stellt sich diese Alternative allerdings auch nicht, weil entweder ihr Gebiet nicht die notwendigen ökologischen Qualitäten hat, die die StädterInnen fordern, und/oder weil sie der Kommerzialisierung des Tourismus gerade durch die entsprechend großen Reiseunternehmen nicht standhalten können. Dann wird dieser Teil der Bevölkerung häufig zu SaisonarbeiterInnen oder PendlerInnen und die bisher landwirtschaftlich genutzten Flächen werden aufgegeben und „verwildern“ oder werden zu Waldgebieten (der Forst ist ein geheimer Gewinner der Agrarkrise, wie man etwa an Kärnten sehen kann).

Betrachtet man nun die touristisch genutzten Räume näher, so fällt auf, das sich ihre Zentren (noch) außerhalb der Kerngebiete der Landwirtschaft befinden, dass sie aber mit einer weiteren Extensivierung auch in sie hinein dringen werden. In diesem Zusammenhang kommt es auch zu einer interessanten Überlagerung von ökologischem und sozialem „Schichtenbau“ der Freizeitpyramide: Im untersten Stockwerk ist die Vielfalt der Wein- und Obstbaukulturen bestimmend, wo auch teilweise noch Ackerbau betrieben wird oder das Wechselwirtschaftssystems anzutreffen ist (Acker und Grünland oder Acker und Wald). In diesem Bereich ist nur Sommertourismus möglich und es dominieren Angebote aus dem unteren Qualitäts- und Preissegment Darüber liegt das Gebiet der Hochweiden, besonders mit Rinderhaltung, z.T. in Forstgebieten liegend. Hier ist (wie im obersten Stockwerk) Sommer- und Wintertourismus möglich und das Qualitäts- und Preisspektrum ist noch relativ breit, so dass es zu einer relativen sozialen Durchmischung unter faktischem Ausschluss der unteren Milieus kommt. Die höchste Stufe ist die der Almwirtschaft, die sich als Arbeits- und Sozialraum und hinsichtlich der Lebenswelten in einer noch größeren Distanz zu den städtischen Sozial- und Lebensformen befindet wie die der Hochweiden. Gerade dieser Bereich ist von den alpinen Vereinen bereits um 1900 entdeckt und zugänglich gemacht worden, hier wurden nach 1955 zunehmend Wintersportorte angelegt (und zwar oberhalb der traditionellen Siedlungen). Da dies sehr aufwendig ist und teilweise dort Luxushotels erbaut wurden, sind die Preise entsprechend hoch (sie „färben“ auch auf die „einfachen“ Hütten und Jausenstationen ab) und die soziale Selektion ist entsprechend scharf.

Projektvorschlag: *Eine Sozialreportage könnte anhand von offiziellen Statistiken der Frage nachgehen, aus welchen Städten und Regionen innerhalb und außerhalb von Österreich die „FreizeitlerInnen“ zu welcher Jahreszeit kommen und welche „Höhenstufe“ sie bevorzugen; durch teilnehmende Beobachtung von einigen ausgewählten Hotels, Gasthäusern und Buschenschenken bzw. Jausenstationen könnte man den Jahresrhythmus des Freizeitgewerbes fotografisch und verbal festhalten; und in Gesprächen mit den Gästen könnte man u.a. den Fragen nachgehen, was ihnen an einer bestimmten Region besonders gefällt, welche Art von Erholung sie sich wünschen, welche Folgen die klimatischen Veränderungen der letzten 10-15 Jahre für ihr Urlaubsverhalten haben usw.*

11.4 Ausblick: Zukunftsszenarien der Sozialraum- und Lebensweltentwicklungen

Sozialreportagen können sich – wie in Kap. 3 näher erläutert – nicht nur auf die vergegenwärtigte Vergangenheit und die unmittelbare Gegenwart beziehen, sondern müssen gerade diese unmittelbar erfahr- und erkennbare Gegenwart beziehen auf die vergegenwärtigte Zukunft, um die aktuelle Gegenwart überhaupt rekonstruieren zu können. Damit sind schon an sich komplizierte Fragen der Gesellschaftsprognose aufgeworfen, weil auch hier stets das Verhältnis von objektiver Bestimmtheit und subjektiver Bestimmung beachtet werden muss und damit auch das Verhältnis von objektiv *möglicher* (sich nicht im Selbstlauf durchsetzender Zukunft) und lebensweltlich *wünschenswerter* Zukunft. Solche anspruchsvollen Zukunftsentwürfe sind aber gegenwärtig besonders schwierig zu begründen und zu entfalten, weil wir uns im epochalen Umbruch von der Ersten zur Zweiten Moderne befinden, diese neue Gesellschaft mit ihren charakteristischen Strukturen aber noch nicht vorhandenen ist, was einerseits auf einen erheblichen individuellen, gemeinschaftlichen und politisch-staatlichen Gestaltungsspielraum verweist, aber zugleich erhebliche Unsicherheiten impliziert, wie dieser in absehbarer Zeit genutzt und welche Teil- und Zwischenergebnisse er zeitigen wird. Alle diese Fragen sind deshalb von zentraler Bedeutung, weil die Soziale Arbeit das faktisch-perfomative Versprechen beinhaltet, dass die Individuen, Gruppen und Gemeinschaften, die sich auf ihre Absicherungs- und Unterstützungsangebote einlassen (z.B. in Form von beratender Einzelfallhilfe, von kultureller und politischer Gruppenarbeit, von innovativer Gemeinwesenarbeit) dadurch ihre Lebensqualität steigern werden. Im Widerspruch zu diesem perfomativen Zukunftsversprechen steht die erstaunliche Tatsache, dass Zukunftsdebatten nicht nur in der Profession, sondern auch in der Disziplin der Sozialen Arbeit relativ selten sind, und wenn, dann dominieren – in kritischer Absicht – Gefährdungs- und Krisenprognosen.

Vor diesem wissenschaftlichen und gesellschaftlich-politischen Problemhintergrund wollen wir dieses Buch mit dem Versuch abschließen, einige der *möglichen* gesellschaftlichen Entwicklungsvarianten der österreichischen Gesellschaft in den nächsten zwei Jahrzehnten zu skizzieren[111].

---

[111] Dabei beziehen wir uns auf entsprechende Arbeiten der „Österreichischen Raumordnungskonferenz" (vgl. bes. ÖROG [2008]). Bei einem Vergleich mit internationalen Studien wird dabei schnell deutlich, wie sehr sich die Problemlagen und Zukunftsperspektiven in den hoch entwickelten europäischen Ländern ähneln, dass also die Gemeinsamkeiten gegenüber den nationalen Besonderheiten (deutlich) überwiegen (vgl. zu den Entwicklungsperspektiven in Europa Beck/Grande [2004: Kap. IV, VI u. VIII], Crouch [2008: Kap. 3 u. 5], Held [2007:

11.4.1 Sektor- und themenspezifische Szenarien

Selbstverständlich können hier nicht die verschiedenen Theorieansätze und Methoden der sozialwissenschaftlichen Zukunftsforschung und deren Bedeutung für die Sozialreportage erläutert werden. *Ein* Ansatz ist die Entwicklung und diskursiv-ikonische Darstellung von Szenarien auf der Grundlage der Analyse der Entwicklung der Gesellschaft in der jüngeren Vergangenheit (hier: in den letzten 25 Jahren) und in der fortschreibenden Auswertung der verschiedenen Datenbestände Entwicklungsvarianten, eben Szenarien herauszuarbeiten. Es handelt sich dabei also weder um *Zielszenarien* einer wünschenswerten Zukunft noch um *Maßnahmeszenerien*, die die Mittel umreißen, wie eine als wünschenswert erachtete Zukunft erreicht werden kann, sondern um einen Aufriss der Entwicklungs-*Möglichkeiten* (vgl. ÖROK [2008: Teil I]). Das kann zweigeteilt erfolgen: einmal nach den verschiedenen gesellschaftlichen Sektoren (das soll in diesem Unterkapitel geschehen); und in sektoren- bzw. themenübergreifender Weise (dazu das nachfolgende Unterkapitel).

Da Entwicklungen immer die (progressive und/oder regressive) Bewältigung von Spannungen und Widersprüchen impliziert, sind auch die jeweiligen gesellschaftlichen Sektoren und ihre möglichen Zukunftsentwicklungen von themenspezifischen Spannungsverhältnissen bestimmt; davon werden jeweils die zwei dominanten in den Vordergrund gestellt; und daraus resultieren dann – je nach sich durchsetzender Dominanz – vier Entwicklungsvarianten. Das soll nun skizziert werden (vgl. ÖROK [2008: Teil II u. die Zusammenfassung in Teil III. Kap. 3.1]) [112]:

a. Der *institutionelle Rahmen* entwickelt sich im Spannungsverhältnis von neoliberalem „Nachtwächterstaat“ („Minarchismus“) und dem klassischen bzw. modernisierten Interventions- und Sozialstaat einerseits und zentralistisch-hierarchischer Steuerung vs. dezentral-deliberativen Gestaltungsweisen andererseits. Beim Szenarium *„Freihandelszone“* dominieren zentral/hierarchisch und neoliberal; bei *„Partikularismus“* neoliberal und dezentral-deliberativ; bei *„Festung Europa“* zentral-hierarchisch mit interventions- und sozialstaatlich; und bei *„Einheit in der Vielfalt“* dezentral-deliberativ mit interventions- und sozialstaatlich.
b. Der Sektor *Wirtschaft* wird bestimmt von den Spannungsverhältnissen hoher vs. niedriger Sozial- und Umweltverträglichkeit und hohem vs. niedrigem

---

Kap. 2, 3 u. 10], Leibfried/Zürn [2006: 265-355], Meyer [2005: Kap. 2 u. 7] und Pries [2008: Kap. 4, 5 u. 9]).

[112] *Lesevorschlag: Es mag sein, dass manchen LeserInnen die Charakterisierung der einzelnen Szenarien trotz der anschaulichen Begrifflichkeit zu abstrakt ist; die sollten dann erst Kap. 11.4.2 lesen und dann zu diesem Unterkapitel zurückkehren.*

Wachstum. Das Szenarium *„Insel der Seligen“* verbindet niedriges Wachstum mit hoher Sozial- und Umweltverträglichkeit; das von *„Creative Austria“* hohes Wachstum mit hoher sozial- und Umweltverträglichkeit; im *„Katerkapitalismus“* verbinden sich niedriges Wachstum mit geringer Sozial- und Umweltverträglichkeit; und bei dem der *„High-Speed- Zone A“* hohes Wachstums mit geringer Sozial- und Umweltverträglichkeit.

c. Der Entwicklungsbereich *Energie* wird beherrscht von den Spannungsverhältnissen aktive vs. passive Energiepolitik und hohen vs. niedrigen Energiepreisen. Das Szenarium *„ Energiewende“* verbindet aktive Energiepolitik mit hohen Preisen; das von *„Weiter wie bisher“* aktive Politik mit hohen Preisen; das der *„Energiekrise“* hohe Preise mit passiver Politik; und das der *„Energieverschwendung“* niedrige Preise mit passiver Politik.

d. Im Bereich der *Land- und Forstwirtschaft* trifft man auf die Konflikte zwischen niedrigen vs. hohen Energie- und Transportpreisen und regulierten vs. liberalisierten Märkten. Die Entwicklungskonstellation *„Regional/global politikbestimmt“* verbindet niedrige Preise mit Regulation; die der *„Globalisierung“* niedrige Preise mit Liberalisierung; die der *„Regionalisierung“* hohe Preise mit Regulation; und die von *„Global/regional marktbestimmt“* Liberalisierung und hohe Preise.

e. Für den Sektor *Verkehr/Mobilität* sind die Widerspruchsverhältnisse hohe vs. niedrige Innovationsrate und schwache vs. intensive politische Steuerung charakteristisch. Dementsprechend zeichnet sich das Szenarium *„gestaute Mobilität“* durch hohe Innovationsrate und wenig politische Steuerung aus; das der *„Mobilität ohne Grenzen“* durch viel Innovation und starke politische Steuerung; das der *„Mobilität als Luxus“* durch niedrige politische Steuerung und Innovationsraten; und *„Gebremste Mobilität“* durch wenig Innovation und viel politische Steuerung.

f. Der *Tourismus* entwickelt sich zwischen den Polen Zunahme vs. Abnahme/ Stagnation der Übernachtungen einerseits und Zunahme vs. Abnahme/ Stagnation des Umsatzes andererseits. Die Variante *„Wachstum/ Quantität/Inszenierte Erlebniswelten“* bedeutet Zunahme der Übernachtungen bei Abnahme/ Stagnation des Umsatzes; *„Wachstum“* ermöglicht Zunahme der Übernachtungen und des Umsatzes; bei *„Stagnation“* überlagern sich Abnahme/ Stagnation von Übernachtungen und Umsatz; und bei „Wachstum/Qualität/ Gesundheitstourismus“ verschränken sich Zunahme des Umsatzes mit Abnahme/Stagnation der Übernachtungen.

g. Die Entwicklungsdimension *Umwelt* wird bestimmt durch das Spannungsverhältnis proaktive vs. reaktive politische Steuerung bzw. niedriges vs. hohes Problem- und Verantwortungsbewusstsein. Dementsprechend verbinden sich bei der *„Selektiven Vorsorge von oben“* proaktive Politik mit geringerem Bewusstsein; beim *„Vorsorgen“* proaktive Politik mit hohem Problem- und Verantwortungsbewusstsein; bei *„Reparieren“* reaktive Politik mit geringen Bewusstsein; und bei *„Selektive Vorsorge von unten“* hohes Problem- und Verantwortungsbewusstsein mit reaktiver Politik.

h. Die *Bevölkerungsentwicklung* wird bestimmt von den Spannungsverhältnissen hohe vs. niedrige Zuwanderung bzw. steigender vs. konstanter Fertilität und Lebenserwartung. Die Entwicklungsvariante *„hohe Zuwanderung“* wird wahrscheinlich durch hohe Zuwanderung bei konstanter Fertilität/Lebenserwartung; die von *„Wachstum“* durch hohe Zuwanderung bei steigender Fertilität/Lebenserwartung; die der *„Alterung“* durch konstante Lebenserwartung bei geringer Zuwanderung; und die der *„niedrigen Zuwanderung“* durch geringe Zuwanderung bei steigender Fertilität/Lebenserwartung.

i. Last not least – gerade mit Blick auf die Soziale Arbeit – wird die Entwicklung der *Gesellschaft* insgesamt bestimmt durch die grundlegenden alternativen Ausrichtungen einerseits an „Social Value vor Shareholder Value“; „Arbeitsmarkt/Sozialsystem: integrativ/innovativ“ oder an „Arbeitsmarkt/ Sozialsystem: ausgrenzend; Ego-Gesellschaft“ – und andererseits an „Konsumverhalten: Selbstverwirklichung; politische Steuerung: restriktiv/bevormundend“ oder „Konsumverhalten: bewusst/kritisch; politische Steuerung: unterstützend/aktivierend“. Das Szenarium *„Vater Staat“* verbindet den Vorrang von Social Value mit autoritärer politischer Steuerung; das von „Blossom time“ („Alles wird gut“) den Vorrang der Social Values mit Kritikvermögen und demokratischer politischer Steuerung; das von *„Ein Blatt fällt ab“* die Ausgrenzung aus Arbeitsmarkt und Sozialsystem mit einem autoritären Staat und egozentrischem Konsum; und das von *„Die im Dunklen sieht man nicht“* die Ego-Gesellschaft mit kritischem Konsumbewusstsein und demokratischen Formen der politischen Steuerung.

11.4.2 Sektor- und themenübergreifende Szenarien in ihrer Bedeutung für die Sozialraum- und Lebensweltenentwicklungen

Die ÖROG hat die dargestellten sektorspezifischen Szenarien in einem weiteren Arbeitsschritt zu vier themenübergreifenden Szenarien verallgemeinert und dabei explizit die möglichen Konsequenzen für die Sozialraumentwicklung und implizit auch für die Lebenswelten umrissen (vgl. ÖROG [2008: Teil III, Kap. 3.2]).

Bearbeitungsvorschläge:

1. *In diese jeweiligen Entwicklungsvarianten gehen sehr viele Dimensionen ein, die schwerlich „in einem Durchgang" hinreichend verstanden werden können. Deshalb empfiehlt es sich, die einzelnen Aspekte eigenständig und in aller Ruhe zu betrachten, zu durchdenken und gemeinsam in Arbeits- und/oder Seminargruppen zu diskutieren – und erst danach auch die Gesamtzusammenhänge zu thematisieren. Aus diesem Grunde werden die jeweiligen Dimensionen durch die Spiegelstrich-Darstellung deutlich voneinander getrennt; damit sind die jeweiligen Themen, die sich immer auch – so ein weiterer Projektvorschlag – für eigenständige Sozialreportagen eignen, gut erkennbar.*
2. *Sowohl zur Bearbeitung wie auch als Thema eines eigenständigen Projektes eignet sich die Frage, welche der Szenarien die LeserInnen für die wahrscheinlichere und welche sie für die unwahrscheinlichere halten – und zwar sowohl bezogen auf ganz Österreich (vielleicht sogar in den hoch entwickelten Ländern Europas) wie auch und besonders auf das eigene Bundesland bzw. die eigene Region.*

a) Entwicklungsszenarium „Alles Wachstum"

Für die *Sozialraumentwicklung* bedeutete dies u.a.:

- Es würde ein starke Dynamik geben gerade durch das Bevölkerungs- und Wirtschaftswachstum (+ 1,5 Mill EinwohnerInnen; + 1,1 Mill. Haushalte, + 750.000 Arbeitsplätze); sie würde gestützt durch innovativ weiterentwickelte, nicht mehr lohnzentrierte Sozial- und Pensionsversicherungssysteme.
- Auch wenn sich die Entwicklung auf bestimmte Zentren konzentrieren würde (gerade in den großen Städten die Hightech- und Wissensproduktion), gäbe es auch eine positive Ausstrahlung in die anderen Wirtschafts- und Sozialräume (wissensintensive spezialisierte Nischenproduktion bei gleichzeitig günstigeren Boden- und Mietpreisen sowie relativ geringen Mobilitätskosten).
- Der Tourismus könnte seine Bedeutung erhalten (Berge und Seen könnten im Sommer „Zufluchtsorte für Hitzeflüchtlinge" werden und im Winter könnte Schnee künstlich erzeugt werden).
- Allerdings würden sich dadurch die wirtschafts- und sozialräumlichen Konflikte (erheblich) verschärfen (Flächenkonkurrenz, Nutzungskonflikte, Verdrängungsdruck und Zersiedlung), und es würden wohl folgende Raumtypen entstehen: (aa) Städtische Agglomerationen mit steigender Zuwanderung und steigenden Boden- und Mietpreisen und zunehmender Segregation der schwächeren sozialen und ethnischen bzw. ethnisch-religiösen Milieus bei gleichzeitiger genereller Einschließung der Milieus; (bb) Stadtrandgebiete, Stadtumlandgebiete und alpine Täler mit relativ guter Wirtschafts- und Verkehrsinfrastruk-

tur; (cc) höher gelegene alpine Landschaften mit verstärktem Nutzungsdruck (und entsprechenden Konflikten zwischen Land- und Forstwirtschaft und Tourismus) und somit brüchigen Wirtschafts- und Sozialraumstrukturen; (dd) im übrigen ländlichen Raum gäbe es sehr unterschiedliche Nutzungen für sehr unterschiedliche Wirtschaftsbereiche und soziale (Freizeit-) Milieus.

Für die *Lebenswelten* würde das u.a. bedeuten:

- Es würden kritische Konsumweisen dominieren (gefördert durch Internetvergleiche), die auch die großen Konzerne zu Anpassungen zwingen würden; ökologisch und sozial fair produzierte Waren gewännen genauso wie regional produzierte erheblich an Akzeptanz und würden z.T. in neu belebten alten Einkaufstraßen oder Dorfläden angeboten. Zugleich nähme in allen Szenarien der elektronische Einkauf stark zu.
- Die traditionellen Bindungen würden – in allen Szenarien – weiterhin an Bedeutung verlieren, die Scheidungsraten steigen, die Patchwork-Biografien und -Familien (nicht zuletzt wegen der Berufskarrieren) zunehmen, die sozialen Bindungen über Lebensstil-Gemeinsamkeiten hergestellt, die zugleich auch relativ schnell gewechselt werden könnten. Insgesamt würden alle diese Trends auch bei der Generation der Älteren und Alten sich schrittweise durchsetzen.
- Die Kinderbetreuung würde ausgeweitet auch auf die Klein(st)kinder und flächendeckend für alle vorgehalten; zugleich gewänne das lebenslange Lernen tatsächlich an Bedeutung, genauso wie die staatliche und private, vorrangig dezentral organisierte Gesundheitsvorsorge.
- Bei den gesellschaftlichen Werten würden Lebensqualität, nachhaltiges Wachstum und gesellschaftliche Verantwortung dominieren und das würde sich auch niederschlagen in einem verstärkten zivilgesellschaftlichen Engagement (in Bürgerinitiativen, Interessenzusammenschlüssen, Basisöffentlichkeiten und Netzwerken). Zugleich würden die Bindung an Unternehmen abnehmen und Flexibilität, Zeitsouveränität und Entschleunigung in der alltäglichen Lebensführung und im biografischen Sinnentwurf vorrangig sein.
- Im politischen System würden sich zwar die Parteien und großen Verbände umstrukturieren und sich für zivilgesellschaftliche Initiativen öffnen, sie blieben aber weiterhin ein bedeutsames Zentrum des staatlichen Handelns.

b) Entwicklungsszenarium „Alles Sicherheit"

Damit wären u.a. folgende *Sozialraumentwicklungen* verbunden:

- Zunächst einmal gäbe es eine deutlich geringere Entwicklungsdynamik als oben (+ 250.000 EinwohnerInnen, +550.000 Haushalte, + 125.000 Arbeitsplätze).
- Die Entwicklung würde sich auf zentrale Standorte mit guten (öffentlichen) Verkehrsanbindungen konzentrieren und der ländliche Raum würde immer mehr zum Energierohstoffproduzenten.
- Es würden sich besondere Krisenzonen ausbilden an den Standorten der ehemaligen standardisierten, CO-2- intensiven Massenproduktion, in den kapitalschwachen Tourismusgebieten (hier würden sich Klimarisiken und Strukturkrise überlagern) und in den dünn besiedelten Randgebieten und den kleineren Ortschaften, die weit von den Mittelzentren liegen.
- Die Zersiedlung der Landschaft und die Nachfrage nach neuen Shopping Centern würde deutlich zurückgehen.
- Möglicherweise könnte Österreich von seiner zentralen Lage in Europa profitieren (als Logistik- und Distributionsstandort) und könnten kapitalstarke Tourismusgebiete internationale Gäste gewinnen.
- Insgesamt würde es eine sehr scharfe Konkurrenz der verschiedenen Wirtschafts- und Sozialräume geben um EinwohnerInnen, Arbeitsplätze, innovative Betriebe und öffentliche Einrichtungen, deren Gewinner allerdings vorrangig die großen Zentren sein dürften, weshalb in den Verliererregionen der Rückbau unausweichlich wäre. Diese Flächenkonkurrenz, Nutzungskonflikte und Verdrängungsprozesse (durch hohe Bodenpreise und Mieten) könnten von einer sozialstaatlichen Raumpolitik aber mehr oder weniger stark (je nach Intensität der politischen Steuerung) abgemildert werden; das würde allerdings u.a. voraussetzen, dass zwischen den Städten und Gemeinden die solidarische Kooperation gegenüber der Konkurrenz siegen würde und auch die Politik der Länder bestimmte.

Für die *Lebenswelten* wären u.a. folgende Trends bedeutsam:

- Der Konsum würde das Hauptmedium der Selbstverwirklichung und es würden sich die Konsumwelten des Luxus und des Discount sowie die des Erlebniseinkaufs und der Produktbeschaffung gegenüberstehen, womit die traditionellen Einkaufsstraßen und Sortimentskaufhäuser weitgehend ihre Bedeutung verlören und in den ländlichen Regionen der Trend weg vom Einzelhandel hin zu Einkaufs- und Fachmarktzentren durchschlagen würde.

- Auch nach diesem Szenarium würde die Kinderbetreuung erheblich ausgeweitet und weitgehend öffentlich finanziert wie auch das lebenslange Lernen sowie die Gesundheitsvorsorge (einschließlich Pflegeversicherung) öffentlich und privat umfassend gefördert werden.
- Ebenfalls würden die traditionellen Bindungen sich nachhaltig lockern, Gemeinsamkeiten über Lebensstile hergestellt, wobei die Menschen biografisch mehrere Lebensstile durchwandern würden und die älteren und alten MitbürgerInnen konsum- und freizeitorientiert wären.
- Die Ausrichtung an den gesellschaftlichen Werten Lebensqualität, nachhaltiges Wachstum und gesellschaftliche Verantwortung wäre eng verknüpft mit der Erwartung an ein staatliches Handeln, dass diese Sicherheit ermöglicht und garantiert. Dabei gewännen die politischen Großorganisationen wieder an Bedeutung, weil die Menschen sich einzeln und/oder in kleinen Gruppen als nicht hinreichend durchsetzungsfähig erfahren würden. Das verbände sich mit der Zustimmung zu eher autoritären politischen Regierungsformen (gepaart mit einem untergründigen Misstrauen gegenüber dem Staat) und einer mehrheitlichen Skepsis bis Ablehnung gegenüber allem „Fremden".

c) Szenarium „Alles Wettbewerb"

Für die *Sozialraumentwicklung* würde dies u.a. implizieren:

- Es wäre mit einer erheblichen sozialen Dynamik zu rechnen (+ 1 Mill. EinwohnerInnen, + 450.000 Haushalte, + 500.000 zusätzliche Arbeitsplätze, einschließlich die der „working poor"), die sich allerdings auf die Agglomerations- und Zentralräume konzentrieren würden, wobei kleinere Zentren bis zu einem gewissen Grade davon profitieren könnten, wenn sie sich sehr schnell auf innovative Trends um- und einstellen. Insgesamt würden die räumlichen Disparitäten erheblich zunehmen. Das gälte auch für die verschärften Ungleichheiten zwischen kapitalstarken und -schwachen Tourismusgebieten.
- Die Boomregionen wären mit Überlastungsproblemen aller Art konfrontiert und die Flächenkonkurrenz, Nutzungskonflikte und Zersiedlung würden die raumpolitischen Entscheidungen der Gemeinden, Regionen und Bundesländer bestimmen.
- Auch innerhalb der Sozialräume, besonders in den Agglomerations- und Zentralräumen würde die Entwicklung von starken Ausgrenzungs- und Einschließungsprozessen zwischen den verschiedenen sozialen und ethnischen Milieus bestimmt werden, was durch erhebliche außereuropäische Zuwanderung sowie hohe Boden- und Mietpreise forciert würde. Der extremste Ausdruck dafür

wären die „No go areas“. Die kleineren Ortschaften könnten ihre Einwohnerzahlen halten, wenn sie hohe Auspendlerraten erreichen.

- Zu sozialräumlichen Krisenregionen würden sich entwickeln die ehemaligen Standorte der traditionellen Massenproduktion, die randständigen ländlichen Gebiete (hier gäbe es Abwanderung und noch intensivere Bodennutzung), die landwirtschaftlichen Ungunstlagen (sie würden aufgeforstet oder würden verwalden – und in letztere könnten sich bedrohte Tierarten retten). Dabei wäre auch kleinräumig mit einem raschen Wechsel von Wachstum und Zerfall, Boom und Krise zu rechnen.
- Dies alles würde durch eine Raumordnungspolitik ermöglicht und verschärft, die ihre Hauptaufgabe darin sähe, bestmögliche Rahmenbedingungen für Investitionen und Unternehmen zu schaffen (z.B. auch für die Wiedervermarktung von Brach- und Verfallsgebieten), bei der die Zivilgesellschaft von mächtigen aktiven Lobbies bestimmt würde und auf eine sozialpolitische Ausrichtung der Raumgestaltung weitgehend verzichten würde.

Für die *Lebenswelten* ergäben sich u.a. folgende Trends:

- Der kritische Konsum würde dominieren und auch Großkonzerne teilweise zum Einlenken zwingen; ökologisch und sozial fair produzierte Waren könnten größere Marktanteile erobern und neue kleine Läden mit Nischenangeboten alte Einkaufsstraßen beleben (allerdings das Absterben des Einzelhandels und die Dominanz von Einkaufs- und Fachmarktzentren in ländlichen Regionen nicht verhindern).
- Die Kinderbetreuung würde vorrangig privat finanziert und die öffentliche auf die Kernzeiten beschränkt; der Bedarf an Weiterbildung würde weitgehend privat befriedigt (wobei entsprechende Qualifizierungen die Arbeitsmarktchancen deutlich erhöhen würden). In ganz ähnlicher Weise würde Gesundheitsvorsorge und Pflege in die private Verantwortung übertragen.
- Die Bindungsverluste wären auch in diesem Szenarium wie bei den anderen massiv (wären also eine der wesentlichen Prognosekonstanten) – Bei den Werten wären die der Ego-Gesellschaft (von Solidarität entkoppelte Individualität und Selbstbestimmung) dominant. Die sozialen Strukturen bekämen einen amorphen Charakter (mit unbestimmter Zeitdauer, ohne klare Grenzen, geringer Verbindlichkeit, hoher Spontaneität sowie voller Risiken) und das Internet würde zum zentralen Kommunikationsmedium. Dabei würden die großen gesellschaftlichen Interessenvertretungen dramatisch an Mitgliedern verlieren und gleichzeitig würden die sozial Deklassierten als „Sozialschmarotzer“ massiv ausgegrenzt sowie alle „Fremden“ unter einen massiven Anpassungsdruck

gesetzt (was durch das ehrenamtliche Engagement nur sehr begrenzt relativiert werden könnte).

d) *Szenarium „Alles Risiko"*

Mit diesem Entwicklungspfad wären u.a. folgende *Sozialraumentwicklungen* verbunden:

- Auch in diesem Fall wäre die zentrenorientierte Raumentwicklung von sehr krassen strukturellen Ungleichheiten bei hoher Sockelarbeitslosigkeit bestimmt. Die räumliche Dynamik würde nicht durch Wachstum, sondern durch Umverteilung hervorgerufen (stagnierende Einwohner- und Arbeitsplatzzahlen, lediglich die Haushalte würden ein Plus von 450.000 verzeichnen).
- Die hohen Mobilitätskosten (aufgrund der gestiegenen Energie- und Treibstoffpreise) würden zu einer weiteren Verdichtung der städtischen Großräume führen; autoorientierte Stadtrandgebiete, Zwischenstädte und Pendlergemeinden wären von Verfallsprozessen gekennzeichnet. Und die hohen Bodenpreise und Mieten würden die Segregationsprozesse deutlich verschärfen. Opfer wären besonders die außereuropäischen ZuwanderInnen, die zugleich die niedrigen Geburtenarten kompensieren würden. Es würden sich ethnisch-soziale Ghettos ausbilden, u.U. gepaart mit hoher Jugendarbeitslosigkeit, Jugendgangs und baulichem Zerfall (was wiederum gerade in den „No go areas" zum Ausdruck käme).
- Der Massentourismus würde erheblich zurückgehen und die entsprechenden Tourismusgebiete ökonomisch und sozial abgekoppelt und zunehmend zerfallen.
- Gerade die jungen, gut ausgebildeten Bevölkerungsgruppen würden aus den entlegenen und/oder ökonomisch randständigen Regionen abwandern, weshalb die technische und soziale Infrastruktur nicht mehr aufrecht erhalten werden könnte. Viele Häuser und perspektivisch ganze Wohngebiete würden leer stehen und zerfallen. Die Negativentwicklung würde beschleunigt durch den Konkurs von energieintensiven Betrieben.
- Gewisse Chancen hätten Gebiete, wo der Standortvorteil von Österreich (in der Mitte Europas mit gutem Fernstraßen-, Schienen- und Wasserstraßenanschluss) zu Buche schlagen könnte, wo es regionale Wertschöpfungsketten gibt sowie regionale, erneuerbare Energieangebote.
- Die Raumpolitik müsste sich nicht nur mit der verschärften Konkurrenz der Gemeinden, Regionen, Bundesländer und Agglomerationszentren auseinan-

dersetzen, sondern auch mit der Bewältigung der vielfältigen Krisenprozesse sowie der Sanierung von Verfallsgebieten.

Für die *Lebensweltentwicklungen* würde dieses Szenarium u.a. bedeuten:

- Auch in diesem Fall würde der Konsum zum Medium einer egozentrisch verstandenen Selbstverwirklichung, die Marken (auch der neuesten Kommunikationsmittel) würden Lebensinhalte und -formen zeigen und symbolisieren, und es würden sich die Konsumwelten des Luxus und der Discounter sowie die des Erlebniseinkaufs und der Produktbeschaffung herausbilden. Der Bedeutungsverlust der traditionellen Einkaufsstraßen ginge zumeist weiter, wobei auf dem Land eine neue Nahversorgungsstruktur entstünde, die die autoorientierten Einkaufs- und Fachmarktzentren unter Druck setzen würden.
- Alle pädagogisch und sozial notwendigen Einrichtungen (außer der Schule und Teilen der Hochschulen/Universitäten) würden privatisiert und es entstünden starke Versorgungsunterschiede.
- Auch nach diesem Szenarium würden die Bindungen sich erheblich lockern und sich fast alle Altersgruppen über Lebensstile „definieren“, die Werte der Ego-Gesellschaft dominieren und die großen Interessenvertretungsorganisationen an Bedeutung erheblich verlieren. Soziale Verantwortungsübernahme fände hauptsächlich in karitativer Weise statt, das Gefühl der sozialen und politischen Machtlosigkeit wäre bestimmend und die Integration von „Fremdem“ würde abgelehnt.

Passend zu einem Lehrbuch wollen wir es mit ***Projektvorschlägen*** *abschließen:*

1. *Man könnte zunächst einmal versuchen, die hier dargestellten Szenarien „anschaulich“ zu machen (am besten mit einem deutlichen Bezug auf die lokalen und regionalen Entwicklungsvarianten). Zur „Ausmalung“ könnten dabei einerseits Erzählungen dienen – nach dem Motto: „Wir schreiben jetzt eine Geschichte, wie die Menschen bei uns in 20 Jahren leben werden“. Und das könnte man durch Collagen entsprechend bearbeiteter Fotos, aber auch durch Computersimulationen (ggf. mit Unterstützung ortsansässiger Architekturbüros) ergänzen und erweitern.*
2. *Die ÖROG-Szenarien haben – wie erwähnt – die Frage nach den Zielen ausgeblendet. In einer breiten Diskussion mit allen Altersgruppen könnte der Frage nachgegangen werden, welche Vorstellungen die Menschen mit der Zukunft verbinden, welche Erwartungen und Hoffnungen sie haben, aber auch welche Unsicherheiten und Ängste sie beschäftigen.*
3. *In einer anderen Reportage könnte die ebenfalls ausgeblendete Frage nach den angemessenen politischen und administrativen Mitteln einer für alle Menschen befriedigenden Zukunftsgestaltung bearbeitet werden. Man könnte dazu die Ergebnisse von Projektvorschlag 2 kombi-*

nieren mit den hier dargestellten Szenarien (ggf. ihrer lokalen und/oder regionalen Spezifizierung) und dann jene Personen, die in den staatlichen Einrichtungen, den großen Interessenvertretungsorganisationen, in den Kinder- und Jugendverbänden, den Wohlfahrtsverbänden usw. Leitungsfunktionen besetzen, befragen, welche Zukunftsaufgaben sie vorrangig sehen, wie sie sie meinen am besten lösen zu können. Oder anders ausgedrückt: Was alle diese Personen, Einrichtungen und Instanzen dazu beitragen können und wollen, um eine Vielfalt guten Lebens in einer gerechten Gesellschaft zu ermöglichen.

4. *Lohnend wäre es in jedem Falle auch, die vorhandenen Zukunftsplanungen der staatlichen Behörden vor dem Hintergrund dieser Szenarien kritisch zu durchleuchten und darüber eine öffentliche Debatte anzuregen und beides in einer Reportage zu dokumentieren.*
5. *Es dürfte schon deutlich geworden sein, dass sich bei diesen Vorschlägen Formen der pragmatischen, der journalistischen und der wissenschaftlichen Sozialreportage miteinander vermischen. Eine ausdrücklich wissenschaftliche wäre ein Vergleich der hier vorgestellten Szenarien der ÖROK mit denen, die Bonß (2000) im Kontext des Theorieansatzes der „Zweiten Moderne" entwickelt hat. Er geht zunächst von folgenden Entwicklungsfaktoren aus: Der Globalisierung, der Ökologisierung, der Digitalisierung, der Individualisierung, und der Politisierung. Und er verschränkt diese dann mit zentralen Zieldimensionen der Erwerbsgesellschaft: dem Verständnis von Arbeit und Beschäftigung, dem Naturbezug und seinen ökologischen Konzeptionen sowie den Solidaritätskonzepten und den daraus resultierenden Formen der sozialen Sicherung. Aufgrund dessen kommt er dann zu jeweils einem positiven und einem negativen Trendszenario und Alternativszenario: Das Trendszenario lautet: „Erhaltung der Erwerbsgesellschaft". Die Positivvariante wäre „Die radikal individualisierte Erwerbsgesellschaft"; die Negativvariante „Die Erwerbsgesellschaft als Zwei-Drittel-/Ein Fünftel-Gesellschaft". Das Alternativszenarium lautet: „Jenseits der Erwerbsgesellschaft"; und seine Negativvariante wäre „Die desintegrierte Nicht-Erwerbsgesellschaft"; und die Positivvariante würde lauten: „Vergesellschaftung jenseits der Erwerbsgesellschaft". Ein solcher ÖROG-Bonß-Vergleich würde nicht nur deutlich machen, vor welchen komplexen Aufgaben solche sozialwissenschaftlichen Zukunftsprognosen stehen, sondern sie würden auch das weite Feld umreißen, in dem sich die Sozialreportage als Handlungs- und Forschungsmethode verorten und öffentlich Verantwortung übernehmen sollte.*

Literatur

Ackerl, J. / Dobesberger, B. / Rammer, G. (Hrsg.) (2008): Bilder der Freundschaft. Kinderfreunde Bundesorganisation, Wien

Adam, E. u.a. (1983): Die Schul- und Bildungspolitik der österreichischen Sozialdemokratie in der Ersten Republik. Österreichischer Bundesverlag, Wien

Adriani, G. (2002): In Szene gesetzt. Architektur in der Fotografie der Gegenwart. Hatje Cantz, Osterfildern-Ruit

Adorno, Th. W. (1972): Theorie der Halbbildung. In: Gesammelte Schriften 8. Soziologische Schriften 1. Suhrkamp, Frankfurt/M. 93-121

Agee, J. / Evans, W. (1989): Preisen will ich die großen Männer. Schirmer/Mosel, München

Ahrens, H.(2009): Provinzlexikon. Knaus, München

Aichhorn, A. (2005) Verwahrloste Jugend. Huber, Bern

Alberti, L.A. (1875): Zehn Bücher über die Baukunst. Wissenschaftliche Buchgesellschaft, Darmstadt

Albrow, M. (1998): Abschied vom Nationalstaat. Suhrkamp, Frankfurt / M.

Alt, C. (Hrsg.) (2005): Kinderleben – Aufwachsen zwischen Familie, Freunden und Institutionen. VS Verlag. 2 Bände, Wiesbaden

Amelunxen, H.v. (Hrsg.) (2000): Theorie der Fotografie. Bd.IV: 1980-1995. Schirmer/Mosel, München

Ammann, C. (2001): Ronco com'ra/ wie es war. Eigenverlag, Ronco

Amsoneit, W. / Ollenik, W. (2008): Zeitmaschine Architektur. Klartext, Essen

Andresen, S. (2006): Sozialistische Kindheitskonzepte. Reinhardt, München Basel

Anhut, R. / Heitmeyer, W. (2000): Desintegration, Konflikt und Ethnisierung. Eine Problemanalyse und theoretische Rahmenkonzeption. In: Heitmeyer/Anhut (2000), 17-75

Apel, K.-O. (1979): Die Erklären-Verstehen-Kontroverse in transzendentalpragmatischer Sicht. Suhrkamp, Frankfurt/M.

Apitzsch, U. (Hrsg.) (1993): Neurath Gramsci Williams. Theorien der Arbeiterkultur und ihre Wirkung. Argument, Hamburg/Berlin

Arbus, D. / Israel, M. (Red.) (2003): .diane arbus. Zweitausendeins, Frankfurt/M.

Arbus, D. (2003): Revelations. Random House, New York

Arbeitsgruppe Bielefelder Soziologen (Hrsg.) (1980): Alltagswissen, Interaktion und gesellschaftliche Wirklichkeit. 2 Bände, Westdeutscher Verlag, Opladen

Architekturzentrum Wien (Hrsg.) (2006): Architektur in Österreich im 20. und 21. Jahrhundert. Birkhäuser, Basel u.a.

Arlt, I. (1921): Die Grundlagen der Fürsorge. Österreichischer Schulbücherverlag, Wien

Arlt, Ilse (1958): Wege zu einer Fürsorgewissenschaft. Notring der wissenschaftlichen Verbände Österreichs, Wien

Asmus, G. (Hrsg.) (1982): Hinterhof, Keller und Mansarde. Einblicke in Berliner Wohnungselend 1901-1920. Rowohlt, Reinbek

Atget, E. (1992): Paris. Hazan, Paris

Atget, E. (2007): Retrospektive. Nicolai, Berlin

Barta-Fliedl u.a. (Hrsg.) (1999): Rhetorik der Leidenschaft. Zur Bildsprache der Kunst im Abendland. Dölling und Galitz, Hamburg

Bartelheimer, P. (2001): Sozialberichterstattung für die „Soziale Stadt“. Campus, Frankfurt/ New York

Barthes, R. (1964): Mythen des Alltags. Suhrkamp, Frankfurt / M.

Barthes, R. (1989): Die helle Kammer. Suhrkamp, Frankfurt / M.

Barthes, R. (1990): Der entgegenkommende und der stumpfe Sinn. Suhrkamp, Frankfurt/M. (darin 1990a: Die Fotografie als Botschaft, 11-27; 1990b: Rhetorik des Bildes, 28-46; 1990c: Der dritte Sinn, 47-66)

Barthes, R. (2008): Die Vorbereitung des Romans. Suhrkamp, Frankfurt/M.

Bauer, K. (2003): Elementarereignis. Die österreichischen Nationalsozialisten und der Juliputsch 1934. Czernin, Wien

Baum, D. (Hrsg.) (2007): Die Stadt in der Sozialen Arbeit,. VS Verlag Wiesbaden

Beck, C. (2003): Fotos wie Texte lesen: Anleitung zur sozialwissenschaftlichen Fotoanalyse. In: Ehrensspeck/Schäffer (2003)

Beck, Ulrich (1997): Weltrisikogesellschaft, Weltöffentlichkeit und globale Subpolitik. Wiener Vorlesungen. Picus, Wien

Beck, U. (2002): Macht und Gegenmacht im globalen Zeitalter. Suhrkamp, Frankfurt / M.

Beck, U. (Hrsg.) (2000): Die Zukunft von Arbeit und Demokratie. Suhrkamp, Frankfurt / M.

Beck, U. (2008): Die Neuvermessung der Ungleichheit unter den Menschen. Suhrkamp, Frankfurt/M.

Beck, U. / Bonß, W. (Hrsg.) (2001): Die Modernisierung der Moderne. Suhrkamp, Frankfurt / M.

Beck, U. / Erdmann Ziegler / Rauter, T (1997): eigenes Leben. C.H. Beck, München

Beck, U. / Grande, E. (2004): Das kosmopolitische Europa. Suhrkamp, Frankfurt/M.

Beck, U. / Lau, C. (Hrsg.) (2004): Entgrenzung und Entscheidung. Suhrkamp, Frankfurt / M.

Beckmann, C. / Otto, H.-U. u.a. (Hrsg.) (2009): Neue Familialität als Herausforderung der Jugendhilfe. neue praxis. Sonderheft 9, Lahnstein

Beer, O. (2002): Lucien Hervé. Hatje Cantz, Ostfildern-Ruit

Belting, H. (Hrsg.) (2007): Bilderfragen. Die Bildwissenschaft im Aufbruch. Wilhelm Fink, München

Benevolo, L. (1990): Geschichte der Architektur des 19. und 20. Jahrhunderts. dtv. 3 Bde, München

Benevolo, L. (1993): Die Stadt in der europäischen Geschichte. Beck'sche, München

Benjamin, W. (1991): Kleine Geschichte der Photographie. In: Gesammelte Schriften Bd. II.1. Suhrkamp, Frankfurt / M

Benjamin, W. (1992): Städtebilder. Fotografiert von A. Blau. Suhrkamp, Frankfurt / M.

Berger, J. / Mohr, J. (1984): Eine andere Art zu erzählen. Hanser, München-Wien
Berger, P.A. / Kahlert, H. (Hrsg.) (2005): Institutionalisierte Ungleichheiten. Juventa, Weinheim und München
Berking, H./ Löw, M. (Hrsg.) (2008): Die Eigenlogik der Städte. Campus, Frankfurt/M./ New York
Bielefeldt, H. / Heitmeyer, W. (Hrsg.) (1998): Politisierte Religion, Ursachen und Erscheinungsformen des modernen Fundamentalismus. Suhrkamp, Frankfurt / M.
Bismark, B. v. u.a. (Hrsg.) (2008): Nach Bourdieu. Visualität, Kunst, Politik, Wien
Bizot, J.-F. (2006): Free Press. Underground & Alternative Publications 1965-1975. Universe. New York
Bloch, E. (1985): Erbschaft dieser Zeit. Werkausgabe Bd.5. Suhrkamp, Frankfurt / M.
Blumenberg, H. (2001): Lebenszeit und Weltzeit. Suhrkamp, Frankfurt / M.
Bock, K. / Miethe, I. (Hrsg.) (2009): Handbuch qualitative Methoden in der Sozialen Arbeit. Barbara Budrich, Opladen & Farmington Hills
Bodenschatz, H. / Laible, U. (Hrsg.) (2008): Großstädte von morgen. Internationale Strategien des Stadtumbaus. Braun, o.O.
Böhnisch, L. (2008): Sozialpädagogik der Lebensalter. 5., überarb. Aufl. Juventa, Weinheim und München
Böhnisch, L./Arnold, H. / Schroer, W. (1999): Sozialpolitik. Juventa, Weinheim und München
Bohnsack, R. (2003a): Die dokumentarische Methode in der Bild- und Fotointerpretation. In: Ehrenspeck/Schäffer 2003, S. 87 – 107
Bohnsack, R. (2003b): „Heidi": Eine exemplarische Bildinterpretation auf der Basis der dokumentarischen Methode. In: Ehrensspeck/Schäffer, S. 109 – 120
Bohnsack, R. (2008): Rekonstruktive Sozialforschung, 7. Aufl., Opladen & Farmington Hills
Bohnsack, R. (2009): Qualitative Bild- und Videointerpretation. Barbara Budrich, Opladen & Farmngton Hills
Bohnsack, R. u.a. (1995): Die Suche nach Gemeinsamkeit und die Gewalt der Gruppe. Leske + Budrich, Opladen
Bohnsack, R. / Nentwig-Gesemann, I. / Nohl, A.-M. (Hrsg.) (2007): Die dokumentarische Methode und ihre Forschungspraxis. 2.erw. u. aktual. Aufl., VS Verlag, Wiesbaden
Bonß, W. (1982): Die Einübung des Tatsachenblicks. Suhrkamp, Frankfurt/M.
Bonß. W. (2000): Was wird aus der Erwerbsgesellschaft?. In: Beck (2000), 327-415
Bois-Reymond, M.d. (2004): Lernfeld Europa. VS Verlag, Wiesbaden
Bourdieu, P. (2003): In Algerien. Camera Austria, Graz
Bourdieu, P. u.a. (1997): Das Elend der Wel. UVK, Konstanz
Bourdieu, P. u.a. (2006): Eine illegitime Kunst. Die sozialen Gebrauchsweisen der Fotografie. Europäische Verlagsanstalt, Hamburg
Brauchitsch, B. v. (2002): Kleine Geschichte der Fotografie, Stuttgart
Braun, K.-H. (2003): Lebensführung in der „zweiten Moderne". In: neue praxis, , H.5, S.401-421

Braun, K.-H.(2004): Raumentwicklung als Aneignungsprozess. In: Deinet/.Reutlinger (2004), 19-48

Braun, K.-H. (2006): Ziele institutioneller Entwicklung der Schule in der „zweiten Moderne". In: Rihm, Th. (Hrsg.): Schulentwicklung. VS Verlag, Wiesbaden, 183-210

Braun, K.-H. (2008): Potenziale von Alexejew Nokilajew Leontjews Tätigkeitskonzept für die Erforschung gesellschaftlicher Lebensräume, In: Kessl / Reutlinger (2008), 112-134

Braun, K.-H. (2009): Tiefenhermeneutik. In: Bock / Miethe (2009), 212-220

Braun, K.-H. / Dobesberger, B. / Rammer, G. / Wetzel, K. (Hrsg.) (1998) : Lernort Kinderfreunde. Leske + Budrich, Opladen

Braun, K.-H. / Felinger, M. (2009): Sinn-Bildung von Kindern. In: neue praxis (39.Jg.), 129-144

Braun, K.-H./Felinger, M. /Wetzel, K. (unter Mitarbeit von L. Brandt/D. Mesic) (2009): Soziale Desintegrationsprozesse im Alltagsleben von Kindern und Jugendlichen und deren Bewältigungsmöglichkeiten in Österreich: Gesellschaftliche Ursachen und pädagogische Interventionsmöglichkeiten (Jubiläumsfondsprojekt Nr. 12347 der Österreichischen Nationalbank). 2 Bände. Österreichisches Institut für Kinderrechte und Elternbildung, Wien

Braun, K.-H. / Wetzel, K. (2007a): Fotografie als ikonische Deutung sozialer Praxis. In: SOZIAL EXTRA, 2007, H.3/4, S. 9 -13

Braun, K.-H. / Wetzel, K. (2007b): Foto und Text. In: SOZIAL ETXTRA, H.11/12, 6-11

Braun, K.-H. / Wetzel, K. (2009): Sozialreportage –Zur kommunikativen Aneignung von historischen Sozialräumen. In: Deinet (2009), 217-238

Brenner, G. / Niesyto, H. (Hrsg.) (1993): Handlungsorientierte Medienarbeit. Juventa, Weinheim und München

Brix, M (1990a): Walker Evans photographisches Werk 1918-1938. In: Brix/Mayer (1990), 23-45.

Brix, M. (1990b): „Let Us Now Praise Famous Men". James Agees Prosa und Walkers Evans' Bilder im Vergleich. In: Brix/Mayer (1990), 47-58

Brix. M. / Mayer, B. (Hrsg.) (1990): Walker Evans Amerika. Bilder aus den Jahren der Depression. Schirmer/Mosel, München

Brook-Shepherd, G. (1998): Österreich. Eine tausendjährige Geschichte, Wien

Bruhn, M. (Hrsg.) (2000): Darstellung und Deutung. VDG, Weimar

Brumlik, M. (2007): Schrift und Bild – Frühe Weichenstellungen. In: Friebertshäuser / v.Felden / Schäffer (2007), 295-302

Budde, W. u.a. (Hrsg.) (2006): Sozialraumorientierung. VS Verlag, Wiesbaden

Bude, H. / Willisch, A. (2006) (Hrsg.): Das Problem der Exklusion, Hamburg: Hamburger Edition

Bude, H. / Willisch, A. (Hrsg.) (2008): Exklusion. Die Debatte über die „Überflüssigen". Suhrkamp, Frankfurt / M.

Bukow, W.-D. u.a. (2001): Die multikulturelle Stadt. Leske + Budrich, Opladen

Bundesministerium für Soziale Sicherheit, Generationen und Konsumentenschutz (Hrsg.) (2003): 4. Bericht zur Lage der Jugend in Österreich, Wien

Bundesministerium für Soziale Sicherheit, Generationen und Konsumentenschutz (Hrsg.) (2006): Junge Frauen und Männer in Österreich, Wien
Butterwegge, C. (1991): Austromarxismus und Staat. Mit einem Geleitwort von Bruno Kreisky. Arbeit & Gesellschaft, Marburg
Butterwegge, C. / Hentges, G. (Hrsg.) (2006): Zuwanderung im Zeichen der Globalisierung. VS Verlag, Wiesbaden
Calvenzi, G. (2003): Italia. Portrait einer Nation. Fotografien aus sechs Jahrzehnten. Schirmer/Mosel, München
Christen, M. / Holzer, A. (2007): Mythos Magnum. Die Geschichte einer legendären Fotoarchitektur. In: Mittelweg 36 (16.Jg.), H. Okt./Nov., 53-80
Cohen, D. (2001): Unsere modernen Zeiten. Campus, Frankfurt / M. / New York
Coles, R. (1998): Essay. In: Lange (1998), 8-43
Comenius, J.A. (1978): Orbis sensualium pictus, Harenberg Kommunikation, Dortmund
Conrads, U. (Hrsg.) (1981): Programme und Manifeste zur Architektur des 20.Jahrhunderts. Vieweg, Braunschweig / Wiesbaden: Vieweg
Cook, R.F./Gemünden, G. (Hrsg.) (1997): The Cinema of Wim Wenders. Wayne State University Press, Detroit/Michigan
Copei, F. (1969): Der fruchtbare Moment im Bildungsprozess, Quelle & Meyer, Heidelberg
Corboz, A. (2001): Die Kunst, Stadt und Land zum Sprechen zu bringen. Birkhäuser, Basel u.a.
Crary, J. (2002): Aufmerksamkeit. Wahrnehmung und moderne Kultur. Suhrkamp, Frankfurt/M.
Crouch, C. (2008): Postdemokratie. Suhrkamp, Frankfurt/M.
Dahme, H.-J. / Otto, H.-U / Trube, A. / Wohlfahrt, N.(Hrsg.) (2003): Soziale Arbeit für den aktivierenden Staat. Leske + Budrich, Opladen
Danzinger, J. (2005): American Photographs 1900/2000, Assouline, New York
Dechau, W. / Michel, B. (Hrsg.) (2001): Visionen in der Architektur. DVA, Stuttgart/München
Deinet, U. (Hrsg.) (2009): Methodenbuch Sozialraum. VS Verlag, Wiesbaden
Deinet, U. / Krisch, R. (2006): Der sozialräumliche Blick der Jugendarbeit. VS Verlag, Wiesbaden
Deinet, U. / Reutlinger, C. (Hrsg.) (2004): Aneignung als Bildungskonzept der Sozialpädagogik. VS Verlag, Wiesbaden
Deinet, U. / Sturzenhecker, B. (Hrsg.) (1996): Konzepte entwickeln. Juventa, Weinheim und München
Delors, J. u.a. (1997): Lernfähigkeit: Unser verborgener Reichtum (UNESCO-Bericht zur Bildung für das 21.Jahrhundert). Luchterhand, Neuwied u.a.
Dermutz, S. (1983): Der österreichische Weg: Schulreform und Bildungspolitik in der Zweiten Republik. Verlag für Gesellschaftskritik, Wien
Diderot, D. (1996) Diderots Enzyklopädie. Die Bildtafeln 1762-1777. 4 Bände. Weltbild, Augsburg

Dobesberger, B. / Raiby, T. (Hrsg.) (1991): Vom Risiko heute jung zu sein. Otto Felix Kanitz zur Erinnerung, Arbeit & Gesellschaft, Marburg

Döblin, A. (2003): Von Gesichtern, Bildern und ihrer Wahrheit. In: Sander, A.: Antlitz der Zeit. Schirmer/Mosel, München, 7-15

Doisneau, R. (2004): Gestohlene Blicke. SchirmerGraf, München

Drommer, G. (2003): Im Kaiserreich 1891 – 1918. Alltag unter den Hohenzollern, Faber & Faber, Leipzig

Drommer, G. (2004a): Die ruhelose Republik 1918 – 1933. Alltag zwischen Gewalt und Hoffnung, Schwartzkopff, Hamburg – Berlin

Drommer, G. (2004b): Gleichgeschaltet 1933 – 1945. Alltag unterm Hakenkreuz, Schwartzkopff, Hamburg- Belin

Dubet, F. / Lapeyronnie, D. (1994): Im Aus der Vorstädte. Klett-Cotta, Stuttgart

Dubois, Ph. (1998): Der fotografische Akt. Verlag der Kunst, Amsterdam-Dresden

Dvorak, J. (1993): Wissenschaftliche Weltauffassung, Marxismus und Arbeiterbildung im Wien der zwanziger und frühen dreißiger Jahre. In: Apitzsch (1993), 37-51

Ecarius, J. / Löw, M. (Hrsg.) (1997): Raumbildung – Bildungsräume. Leske + Budrich, Opladen

Ehmer, J. (1991): Heiratsverhalten, Sozialstruktur, ökonomischer Wandel, Vandenhoeck & Ruprecht, Göttingen

Ehmer, J. (1994): Soziale Traditionen in Zeiten des Wandels. Arbeiter und Handwerker im 19. Jahrhundert. Campus, Frankfurt/M. / New York

Ehrenspeck, Y. / Schäffer, B. (Hrsg.) (2003): Film- und Fotoanalyse in der Erziehungswissenschaft. Ein Handbuch, Opladen

Engler, S. / Krais, B. (Hrsg.) (2004): Das kulturelle Kapital und die Macht der Klassenstrukturen. Juventa, Weinheim und München

Eveno, B. v. (2001): Das Gesicht der Welt. Grosse Augenblicke des Fotojournalismus. Knesebeck, München

Faber, M. / Schröder, K.A. (Hrsg.) (2003): Das Auge und der Apparat. Die Fotosammlung der Albertina. Seuil/Hatje Cantz, Paris/Wien

Faulde, J. u.a. (Hrsg.) (2006): Jugendarbeit in ländlichen Regionen. Juventa, Weinheim und München

Feininger, A. (1964): New York. Econ, Wien und Düsseldorf

Feiniger, A. (1979): Grosse Fotolehre. Heyne, München / Zürich

Fend H. u.a. (Hrsg.) (2009) Lebensverläufe, Lebensbewältigung, Lebensglück. VS Verlag, Wiesbaden

Feuerstein, Chr. (2008): Altern im Stadtquartier. Passagen, Wien

Fischer, K. (1975): Porträtfotografie. VEB Fotokinoverlag, Leipzig

Flick, U. u.a. (Hrsg.) (2005): Qualitative Forschung. Ein Handbuch. Rowohlt, Reinbek

Flick, U. (2004): Triangulation. VS Verlag, Wiesbaden

Flusser, V. (2000): Towards a Philosophy of Photography. Reaktion Books, London

Frank, R. 2008): Die Amerikaner, Steidl, Göttingen

Fraser, N. /Honneth, A. (2003): Umverteilung oder Anerkennung? Suhrkamp Frankfurt / M.

Freeman, M. (2007): Der fotografische Blick. Wilhelm Fink, München
Freund, G. (1968): Photographie und bürgerliche Gesellschaft. München
Freund, G. (1979): Photographie und Gesellschaft. Rogner & Bernhard, München
Frey, A. (1999): Der Stadtraum in der französischen Malerei 1860-1900.Reimer, Berlin
Friebertshäuser, B. / Felden, H. von / Schäffer, B. (Hrsg.) (2007): Bild und Text. Methoden und Methodologien visueller Sozialforschung in der Erziehungswissenschaft. Barbara Budrich, Opladen & Farmington Hills
Friesl, C. u.a. (Hrsg.) (1999): Erlebniswelten und Gestaltungsräume. Die Ergebnisse des „Dritten Berichts zur Lage der Jugend in Österreich", Graz-Wien
Friesl, C. (Hrsg.) (2001): Experiment Jung-Sein. Die Wertewelt österreichischer Jugendlicher, Wien
Fuhs, B. (2003): Fotografie als Dokument qualitativer Forschung. In: Ehrenspeck / Schäffer, 37-54
Furtner-Kallmünzer, M. u.a. (2002): In der Freizeit für das Leben lernen. DJI, München

Gade, R. (2007): The silent theatre. Richard Avedon's IN THE AMIICAN WEST. In: Holm, M.J. (Hrsg.) (2007): Richard Avedon Photographs 1946-2004. Louisiana Museum of Modern Art, Louisiana, 124-153
Gaede, P.-M. (Hrsg.) (2002): Schattenlicht. Die Schwarzweiß-Fotografien aus GEO, Hamburg
Gaede, P.-M. (Hrsg.) (2006): Die Fotografen. 60 außergewöhnliche Geschichten aus 30 Jahren, Hamburg
Gängler, H. (1990): Soziale Arbeit auf dem Lande. Juventa, Weinheim und München
Galbraith, J.K. (2005): Der Grosse Crach 1929. FinanzBuch, München
Galbraith, J. K. (2008): Die Weltfinanzkrise – und was der neue US-Präsident tun sollte. In: Blätter für deutsche und internationale Politik, H.11, 41-57
Galuske, M. (1998): Methoden der Sozialen Arbeit. Juventa, Weinheim und München
Galuske, M. (2002): Flexible Sozialpädagogik. Juventa, Weinheim und München
Gauzin-Müller, D. (2002): Nachhaltigkeit in Architektur und Städtebau. Birkhäuser, Basel u.a.
Geier, M. (2004): Der Wiener Kreis. Rowohlt, Reinbek.
Geimer, P. (Hrsg.) (2002): Ordnungen der Sichtbarkeit. Suhrkamp, Frankfurt / M.
Giebelhausen, J.(1982): Erfolgreiche Architekturfotografie. Gerhard Knülle, Herrsching
Giffinger, R. (1999): Wohnungsmarktbarrieren und Stadtentwicklung. Birkhäuser, Basel u.a.
Girtler. R. (1980): Vagabunden in der Großstadt. Teilnehmende Beobachtung in der Lebenswelt der „Sandler" Wiens. Enke, Stuttgart
Glaser, B. G. / Strauss, A. L. (2005): Grounded Theory. Strategien qualitativer Forschung. Huber, Bern
Glatzer, W. u.a. (Hrsg.) (2002): Sozialer Wandel und gesellschaftliche Dauerbeobachtung. Leske + Budrich, Opladen
Goffman, E. (1981): Geschlecht und Werbung. Suhrkamp, Frankfurt / M.
Gombrich, E.H. (1981): Aby Warburg. Philo & Philo Fines Arts, Frankfurt/M.
Grebe, S. (2006): „Ohne Titel", mit Kontext. In: Holzbrecher, A. u.a. (2006), 39-57

Grivel, Ch. u.a. (Hrsg.) (2003): Die Eroberung der Bilder. Photographie in Buch und Presse 1816-1914, Wilhelm Funk, München

Grob, N. (1991): Wenders. Wissenschaftsverlag Volker Spiess, Berlin

Großegger, B. / Heinzlmaier, B. (2004): Jugendkultur Guide. öbv & hpt, Wien

Großegger, B. u.a. (2005): Jugend und Beschäftigung. Institut für Jugendkulturforschung, Wien

Günther, R. (1992): Fotografie als Waffe. Zur Geschichte und Ästhetik der Sozialfotografie. Rowohlt, Reinbeck

Habermas, J.(1985): Die neue Unübersichtlichkeit. Suhrkamp, Frankfurt / M. (darin: 1985a: Die Krise des Wohlfahrtsstaates und die Erschöpfung utopischer Energien, 141-163; 1985b: Moderne und Postmoderne Architektur, 11-29)

Habermas, J. (1988): Theorie des kommunikativen Handeln. Suhrkamp. 2 Bände, Frankfurt / M.

Habermas, J. (1992): Umgangssprache, Bildungssprache, Wissenschaftssprache. In: ders.: Die Moderne – ein unvollendetes Projekt. Philosophisch-politische Aufsätze 1977-1992. Reclam, Leipzig, 9-31

Habermas J. (1998): Die postnationale Konstellation, Frankfurt / M.(darin 1998a: Die postnationale Konstellation und die Zukunft der Demokratie, 91-169; 1998b: Konzeptionen der Moderne. Ein Rückblick auf zwei Traditionen, 195-231)

Habermas, J. (2008): Ach, Europa, Frankfurt/M. (darin: 2008a: Ein avantgardistischer Spürsinn für Relevanzen, 77-87; 2008b: Medien, Märkte und Konsumenten – Die seriöse Presse als Rückgrat der politischen Öffentlichkeit, 131-137)

Halfbrodt, D. / Pohlmann, U. (Hrsg.) (2003): Philipp Kester Foto Journalist. nicolai, Berlin

Hall, P. / Pfeiffer, U. (2000): Urban 21. DVA, Stuttgart – München

Haller, M. (2006): Die Reportage, UVK, Konstanz

Hamm, M. / Sieferle, R.P. (2003): Die antiken Stätten von morgen. Ruinen des Industriezeitalters. nicolai, Berlin

Hammett, D. (1976): Rote Ernte. Diogenes, Zürich

Harper, D. (2005): Fotografien als sozialwissenschaftliche Daten: In: Flick u.a.(2005), 402-416

Hartje, N. (2003): Between Heaven and Home. In: Wenders (2003), 13-16

Hartmann, F. / Bauer, E.K. (2006): Bildersprache. Otto Neurath Visualisierungen. WUV, Wien

Haspel, J. / Jaeggi, A. (Hrsg.) (2007): Siedlungen der Berliner Moderne, Deutscher Kunstverlag, München-Berlin

Haspel, J. u.a. (Hrsg.) (2008): Welterbestätten des 20. Jahrhunderts – Defizite und Risiken aus europäischer Sicht. ICOMOS Hefte des Deutschen Nationalkomitees XLVI, Petersberg: Imhof

Häußermann, H. u.a. (Hrsg.) (2004): An den Rändern der Städte. Suhrkamp, Frankfurt/M.

Häußermann, H. /Läpple, D. /Siebel, W. (2008): Stadtpolitik. Suhrkamp, Frankfurt/M.

Häußermann, H. / Siebel, W. (1987): Neue Urbanität. Suhrkamp, Frankfurt/M.

Häußermann, H. / Siebel, W. (1995): Dienstleistungsgesellschaften. Suhrkamp, Frankfurt / M.
Häußermann, H. / Siebel, W. (1996): Soziologie des Wohnens. Juventa, Weinheim und München
Häußermann, H. / Siebel, W. (2004): Stadtsoziologie. Campus, Frankfurt / M. / New York
Hautmann, H. / Hautmann, R. (1980): Die Gemeindebauten des Roten Wien 1919-1934. Schönbrunn, Wien
Havlicek, A. / Sachslehner, J. (2006): Wien. Im Flug über die Stadt. Pichler, Wien u.a.
Hegselmann, R. (1979): Otto Neurath – Empiristischer Aufklärer und Sozialreformer. In: Neurath (1979), 7-78
Hegselmann, R. (1988): Zur Enzyklopädie der Einheitswissenschaft. In: Sandkühler, H.J. u.a.(1988), 40-55
Hegselmann, R. (1993): Otto Neurath, der Wiener Kreis und das Projekt einer empiristischen Aufklärung. In: Apitzsch (1993), 13-36
Heiß, Chr. (1990): Amerika in der Depressionszeit. Dokumentarphotographie im Auftrag der Regierung. In: Brix/Mayer (1990), 13-22
Heiting, M. (2001) (Hrsg.): Zwischen Wissenschaft und Kunst. 50 Jahre Deutsche Gesellschaft für Photographie. Steidl, Göttingen
Heitmeyer, W. u.a. (Hrsg.) (1998): Die Krise der Städte. Suhrkamp Frankfurt / M.
Heitmeyer, W. / Anhut, R. (Hrsg.) (2000): Bedrohte Stadtgesellschaft. Juventa, Weinheim und München
Heitmeyer, W. / Imbusch, P. (Hrsg.) (2005): Integrationspotenziale einer modernen Gesellschaft. VS Verlag, Wiesbaden
Held, D. (2007): Soziale Demokratie im globalen Zeitalter. Suhrkamp, Frankfurt/M.
Helms, H. G. / Janssen, J. (Hrsg.) (1970): Kapitalistischer Städtebau, Luchterhand, Neuwied und Berlin
Hilferding, R. (1947): Das Finanzkapital, Dietz Nachf., Berlin
Hine, L. (1999): Sozialfotografie: Wie die Kamera die Sozialarbeit unterstützen kann. Ein Lichtbildervortrag. In: Kemp, W. (Hrsg.): Theorie der Fotografie I: 1839-1912. Schirmer/Mosel, München, 270-273
Historisches Museum der Stadt Wien (Hrsg.) (1993): Das Rote Wien 1918-1934. Historisches Museum der Stadt Wien, Wien
Hollitscher, W. (1965): Die Natur im Weltbild der Wissenschaft. Globus, Wien
Hollitscher, W. (1969): Der Mensch im Weltbild der Wissenschaft. Globus, Wien
Holzbrecher, A. u.a. (Hrsg.) (2006): Foto + Text.Handbuch für die Bildungsarbeit. VS Verlag, Wiesbaden
Holzbrecher, A. / Schmolling, J. (Hrsg.) (2004): Imaging. Digitale Fotografie in Schule und Jugendarbeit, VS Verlag für Sozialwissenschaften. VS Verlag, Wiesbaden
Honneth, A. (1992): Kampf um Anerkennung. Suhrkamp, Frankfurt / M.
Honneth, A. (2007): Pathologien der Vernunft. Suhrkamp, Frankfurt / M.
Horak, R. u.a. (Hrsg.) (2004) Randzone. Zur Theorie und Archäologie von Massenkultur in Wien 1950-1970. Turia + Kant, Wien

Horkheimer, M. (1937): Der neueste Angriff auf die Metaphysik. In: Zeitschrift für Sozialforschung (6.Jg.), 4-53
Hösl, W. / Pirhofer, G. (1988): Wohnen in Wien 1848-1938, Franz Deuticke, Wien
Hotzan, J. (1994): dtv-Atlas zur Stadt. dtv, München
Husserl, E. (1992): Die Krisis der europäischen Wissenschaften und die transzendentale Phänomenologie. Gesammelte Schriften Bd.8. Meiner, Hamburg
Imdahl, M. (1980): Giotto – Arenafresken. Wilhelm Fink, München
Jahoda, M. / Lazarsfeld, P.F. / Zeisel, H. (1975): Die Arbeitslosen von Marienthal. Suhrkamp, Frankfurt/M.
Jetschgo, J. u.a. (2004): Österreichische Industriegeschichte Bd.II: 1848-1955 „Die verpasste Chance", Ueberreuter, Wien
Kaelbe, H. (2007): Sozialgeschichte Europas, Bundeszentrale für politische Bildung, Bonn
Kanitz, O. F. (1974): Das proletarische Kind in der bürgerlichen Gesellschaft. Fischer-Taschenbuch, Frankfurt/M.
Kast, V. / Tálos, E. (2003) Krisen des flexiblen Menschen. Picus, Wien
Kemp, C./ Witzgall, S. (Hrsg.) (2002): Das zweite Gesicht / The other Face. Prestel, München u.a.
Kessl, F. u.a. (Hrsg.) (2005): Handbuch Sozialraum. VS Verlag, Wiesbaden
Kessl, F. / Otto, H.-U. (Hrsg.) (2007): Territorialisierung des Sozialen. Barbara Budrich, Opladen & Farmington Hills
Kessl, F. /Reutlinger, Chr. (Hrsg.) (2008): Schlüsseltexte der Sozialraumforschung. VS Verlag, Wiesbaden
Kettler, D. u.a. (1980): Karl Mannheims frühe kultursoziologische Arbeiten. In: Mannheim (1980), 9-31
Klafki, W. (1991): Neue Studien zur Bildungstheorie und Didaktik. 2. erw. Aufl. Beltz, Weinheim und Basel (darin 1991a: Die Bedeutung der klassischen Bildungstheorien für ein zeitgemäßes Konzept allgemeiner Bildung, 15-41; 1991b: Grundzüge eines neuen Allgemeinbildungskonzept. Im Zentrum: Epochaltypische Schlüsselprobleme, 43-81)
Klafki, W. / Braun, K.-H. (2007): Wege pädagogischen Denkens. Reinhardt, München und Basel
Klein, D. u.a. (2005): Stadtbildverluste Wien. Ein Rückblick auf fünf Jahrzehnte. LIT, Wien
Klein, E. / Glaser, G. (2006): Peripherie in der Stadt, StudienVerlag, Innsbruck u.a.
Klusacek, Chr./ Stimmer, K. (2005): Ottakring. Mohl, Wien
Knapp, G. / Lauermann, K. (Hrsg.) (2007): Schule und Soziale Arbeit. Zur Reform der öffentlichen Erziehung und Bildung in Österreich. Mohorjeva, Klagenfurt u.a.
Knapp, G. / Pichler, H. (Hrsg.) (2008): Armut, Gesellschaft und Soziale Arbeit, Mohorjeva, Klagenfurt u.a.
Könneker, M.-L. (Hrsg.) (1976): Kinderschaukel. 2 Bände. Luchterhand, Darmstadt/Neuwied
Konrad, H. (2008): Das Rote Wien. Ein Konzept für eine moderne Großstadt? In: Konrad/Maderthaner (2009). Band I, 223-240

Konrad, H. / Maderthaner, W. (Hrsg.) (2008): … der Rest ist Österreich. Das Werden der Ersten Republik. 2 Bände. Carl Gerolds Sohn, Wien
Koselleck, R. (1989): 'Erfahrungsraum' und 'Erwartungshorizont' – zwei historische Kategorien. In: Ders.: Vergangene Zukunft. Suhrkamp, Frankfurt / M.
Koselleck, R. u.a. (Hrsg.) (2004): Geschichtliche Grundbegriffe. Klett-Cotta, Stuttgart
Kosok, L. / Rahner, S. (Hrsg.) (1999): Industrie und Fotografie. Sammlungen in Hamburger Unternehmensarchiven. Dölling und Gallitz, Hamburg und München
Krauss, R. (1998): Das Photographische. Wilhelm Fink, München
Krisch, R. (2009): Sozialräumliche Methodik der Jugendarbeit. Juventa, Weinheim und München
Kröll, F. / Wammerl, M. (1992): Angebetet und verworfen. Streifrage „Arbeiterklasse". Sozialstruktur und Lebensweise in Österreich. Arbeit und Gesellschaft. Marburg
Kreissler, F. (1997): Kultur als subversiver Widerstand, edition KAPPA München u.a.
Kuczynski, J. (1981-1982): Geschichte des Alltags des deutschen Volkes. 5 Bände. Pahl-Rugenstein, Köln
Kunst- und Ausstellungshalle der Bundesrepublik Deutschland (Hrsg.) (1997): Deutsche Fotografie. Macht eines Mediums 1870-1970. Kunst- und Ausstellungshalle der Bundesrepublik Deutschland, Bonn
Lange, D. (1998): Ein Leben für die Fotografie. Könemann, Köln
Lange, D. / Taylor, P. (1999): An American Exodus. A record of human erosion. Jean-Michel Place, Paris (Reprint der Ausgabe von 1939)
Latour, B. (2002): Icno*clash*. Gibt es eine Welt jenseits des Bilderkrieges? Merve, Berlin
Laube, R. (2004): Karl Mannheim und die Krise des Historismus. Vandenhoeck & Ruprecht, Göttingen
Lauermann, K./ Knapp, G. (Hrsg.) (2003): Sozialpädagogik in Österreich. Mohorjeva, Klagenfurt u.a.
Lazarsfeld, P.F. (2007): Empirische Analyse des Handelns. Ausgewählte Schriften. Suhrkamp, Frankfurt/M.
Le Gall, G. (2007): Surrealistische Visionen. In: Atget (2007), 95-103
Le Goff, J. (1994) Das Alte Europa und die Welt der Moderne. C.H. Beck, München
Le Goff, J. (1998): Die Liebe zur Stadt. Campus, Frankfurt / M. / New York
Le Goff, J. (1999): Geschichte und Gedächtnis. Propyläen, Berlin
Le Goff, J. (2004): Der Mensch des Mittelalters. Magnus, Essen :
Le Goff, J. (2005): Ritter, Einhorn, Troubadoure. C.H. Beck, München
Le Goff, J. / Truong, N. (2007): Die Geschichte des Körpers im Mittelalter. Klett-Cotta, Stuttgart
Lebeck, R. / v. Dewitz, B. (2001): KIOSK. Eine Geschichte der Fotoreportage. Steidl, Göttingen
Leibfried, St. / Zürn, M. (Hrsg.) (2006): Transformationen des Staates? Suhrkamp, Frankfurt/M.
Leongard, J. u.a. (2004): The Great LIFE Photografers. Thames & Hudson, London
Lichtenberger, E. (1984): Gastarbeiter. Leben in zwei Gesellschaften. Böhlau, Wien u.a.

Lichtenberger, E. (1998): Stadtgeographie. Bd.1: Begriffe, Konzepte, Modelle, Prozesse. Teubner, Stuttgart und Leipzig

Lichtenberger, E. (2002a): Österreich. 2., überarb. u. ergänzte Aufl. Wissenschaftliche Buchgesellschaft, Darmstadt

Lichtenberger, E. (2002b): Die Stadt. Wissenschaftliche Buchgesellschaft, Darmstadt

Lichtwark, A. (1991): Erziehung des Auges, Fischer-Taschenbuch, Frankfurt (darin 1991a: Museen als Bildungsstätten, 43-49; Die Bedeutung der Amateurphotographie, 96-109)

Liesbrock, H. (1988): Edward Hopper. Schirmer/Mosel, München

Lindner, R. (2004): Walks on the Wild Side. Eine Geschichte der Stadtforschung. Campus, Frankfurt / M., New York

Lindner, R. (Hrsg.) (2005): Die Zivilisierung der urbanen Nomaden. Henry Mayhew, die Armen von London und die Modernisierung der Lebensformen. Berliner Blätter. Sonderheft 35. LIT, Münster

Lindner, R. (2007): Die Entdeckung der Stadtkultur. Soziologie aus der Erfahrung der Reportage. Campus, Frankfurt/ New York

Loch, D. / Heitmeyer, W. (Hrsg.) (2001): Schattenseiten der Modernisierung. Suhrkamp, Frankfurt / M.

Löw, M. (2001): Raumsoziologie. Suhrkamp, Frankfurt / M.

Löw, M. (Hrsg.) (2002): Differenzierungen des Städtischen. Leske + Budrich, Opladen

Löw, M. (2008) Soziologie der Städte. Suhrkamp, Frankfurt / M.

Löw, M. u.a. (2008): Einführung in die Stadt- und Raumsoziologie. Barbara Budrich, Opladen & Farmington Hills

Maderthaner, W. u.a. (2007): Die Ära Kreisky und ihre Folgen. Fordismus und Postfordismus in Österreich. Löcker, Wien

Maderthaner, W. / Musner, L. (1999): Die Anarchie der Vorstadt. Das andere Wien um 1900, Frankfurt / M, New York

Mally, Th. / Schediwy (2008): Wiener Spurensuche. Verschwundene Orte erzählen. LIT, Wien

Mannheim, K. (1964): Wissenssoziologie. Luchterhand, Neuwied und Berlin (darin 1964a: Beiträge zur Theorie der Weltanschauungs-Interpretation, 91-154; 1964b: Das Problem einer Soziologie des Wissens, 308-387; 1964c: Historismus, 246-307; 1964d: Das Problem der Generationen, 509-565)

Mannheim, K. (1980): Strukturen des Denkens. Suhrkamp, Frankfurt / M. (darin 1980a: Über die Eigenart kultursoziologischer Erkenntnis, 33-154; 1980b: Eine soziologische Theorie der Kultur und ihrer Erkennbarkeit (Konjunktives und kommunikatives Denken)

Mannheim, K. (1985): Ideologie und Utopie. Vittorio Klostermann, Frankfurt / M.

Mardorf, S. (2006): Konzepte und Methoden von Sozialberichterstattung. VS Verlag, Wiesbaden

Marotzki, W. / Niesyto, H. (Hrsg.) (2006): Bildinterpretation und Bildverstehen. VS Verlag, Wiesbaden

Mast, C. (2004): ABC des Journalismus. 10., völlig neue Aufl., UVK Verlagsgesellschaft, Konstanz
Mayhew, H. (1996): Die Armen von London. Eichborn, Frankfurt / M.
Meier, K. (2007): Journalistik, UVK Verlagsgesellschaft, Konstanz
Meyer, J. W. (2005): Weltkultur. Wie die westlichen Prinzipien die Welt durchdringen. Suhrkamp, Frankfurt/M.
Michel, B. (1999): Architekturfotografen. DVA, Stuttgart
Michel, B. (2006): Bild und Habitus. Sinnbildungsprozesse bei der Rezeption von Fotografien. VS Verlag, Wiesbaden
Misselbeck, R. (Hrsg.) (1996): Photographie des 20. Jahrhunderts. Museum Ludwig, Benedikt Taschen, Köln
Mitchell, W.J.T. (2008a): Das Leben der Bilder. C.H. Beck, München
Mitchell, W.J.T. (2008b): Bildtheorie. Suhrkamp, Frankfurt/M.
Mitterauer, M. / Sieder, R. (Hrsg.) (1982): Historische Familienforschung. Suhrkamp, Frankfurt /M.
Moholy-Nagy, L. (1986): Malerei Fotografie Film. Gebr. Mann, Berlin (Faksimile-Nachdruck der Ausgabe in der Reihe „Neue Bauhausbücher" von 1927)
Mora, G. / Hill, J. T. (1993): Walker Evans – La Soif du Regard. Éditions du Seuil, Paris
Müller, K. H. (1991): Symbole Statistik Computer Design. Otto Neuraths Bildpädagogik im Computerzeitalter. Hölder-Pichler-Tempsky, Wien
Müller, R. (1998): Globale Dynamik, lokale Lebenswelten. Suhrkamp, Frankfurt / M.
Müller, W. / Vogel, G. (1981): dtv-Atlas zur Baukunst. 2 Bände, dtv, München
Museum Moderner Kunst Stiftung Ludwig Wien [MUMOK] (Hrsg.) (2003): Jeff Wall – Photographs. MUKOK, Wien
Neue Gesellschaft für Bildende Kunst (1989): Revolution und Fotografie, Berlin 1918/1919, Dirk Nishen, Berlin
Neurath, O. (1937): Inventory of the Standard of Living. In: Zeitschrift für Sozialforschung. Jg.6, 140-151
Neurath, O. (1979): Wissenschaftliche Weltauffassung, Sozialismus und Logischer Empirismus. Suhrkamp, Frankfurt/M. (darin: 1979a: Wissenschaftliche Weltauffassung – Der Wiener Kreis [mit R. Carnap/ H. Hahn], 81-101; 1979b: Die neue Enzyklopädie, 120-131; 1979c: Wirtschaftlichkeitsbetrachtung und Wirtschaftsplan, 262-287)
Neurath, O. (1991): Gesammelte bildpädagogische Schriften. Hrsg. v. R. Haller/R. Kinross. Hölder-Pichler-Temsky, Wien
Newhall, B. (1998) Geschichte der Photografie. Schirmer/Mosel, München
Niethammer, L. (Hrsg.) (1979):Wohnen im Wandel. Peter Hammer, Wuppertal
Niesyto, H. (Hrsg.) (2001): Selbstausdruck mit Medien. Kopaed. München
Nitz, G. (1980): Albertus Magnus in der Volkskunst. Die Alberti-Tafeln. Schnell & Steiner München/Zürich 1980
Obinger, H. / Tálos, E. (2006): Sozialstaat Österreich zwischen Kontinuität und Umbau. VS Verlag, Wiesbaden
Olsen, D. J. (1988): Die Stadt als Kunstwerk. Campus, Frankfurt / M. und New York

ÖROK (Österreichische Raumordnungskonferenz) (2005): Elfter Raumordnungsbericht. Analysen und Berichte zur räumlichen Entwicklung Österreichs 2002-2004, Geschäftsstelle der ÖROK, Wien
ÖROG (2008): Szenarien der Raumentwicklung Österreichs 2010, ÖROG, Wien
Österreichische Gesellschaft für Politikberatung und Politikentwicklung (2004): Armuts- und Reichtumsbericht für Österreich, Wien
Österreichisches Gesellschafts- und Wirtschaftsmuseum (2002): 100 Jahre Leben und Wohnen in Wien. Österreichisches Gesellschafts- und Wirtschaftsmuseum, Wien
Otto, H.-U. / Oelkers, J. (Hrsg.) (2006): Zeitgemäße Bildung. Reinhardt, München/Basel
Otto, H.-U. / Schrödter, M. (Hrsg.) (2006): Soziale Arbeit in der Migrationsgesellschaft. neue praxis-Sonderheft 9. neue praxis, Lahnstein
Palladio, A. (1983): Die vier Bücher zur Architektur. Artemis, Zürich/München
Panofsky, E. (1978): Sinn und Deutung in der bildenden Kunst. Du Mont, Köln
Panofsky, E. (1989): Gotische Architektur und Scholastik. DuMont, Köln
Panofsky, E. (1998): Deutschsprachige Aufsätze II. Akademie, Berlin (darin 1998a: Über das Verhältnis der Kunstgeschichte zur Kunsttheorie, 1035-1063; 1998b: Zum Problem der Beschreibung und Inhaltsdeutung von Werken der bildenden Kunst, 1064-1077
Pantucek, P. / Maiss, M. (Hrsg.) (2009): Die Aktualität des Denkens von Ilse Arlt. VS Verlag, Wiesbaden
Pantucek, G. / Pantucek, P. (Hrsg.) (2003): Hochwasser 2002, St. Pölten: Sozaktiv
Panzer, M. (2002): Lewis Hine 55. Phaidon, London/New York
Park, R.E. / Burgess, E.W. (1984): The City. The University of Chicago Press, Chicago/London (Reprint der Ausgabe von 1925)
Paul, G. (Hrsg.) (2008/2009): Das Jahrhundert der Bilder. 2 Bände. Vandenhoek & Ruprecht, Göttingen
Perret, P. (2007): Les petits métiers. D'Atget à Willy Ronis. Hoebeke, Paris
Peters, B. (1993): Die Integration moderner Gesellschaften. Suhrkamp, Frankfurt / M.
Pilarczyk, U. / Mietzner, U.(2005): Das reflektierte Bild. Klinkhardt, Bad Heilbrunn
Pirhofer, G. / Sieder, R. (1982): Zur Konstitution der Arbeiterfamilie im Roten Wien. Familienpolitik, Kulturreform, Alltag und Ästhetik. In: Mitterauer/Sieder (1982), 326-368
Plazotta, B. (Hrsg.) (2007): „Care signore..." Storie Normali di Personi Speciali. Edizioni Saisera, o.O. (Udine)
Plumpe, G. (1990): Der tote Blick. Zum Diskurs der Photographie in der Zeit des Realismus. Wilhelm Fink, München
Podbrecky, I. (2003): Rotes Wien. Falter, Wien
Pobrecky, I (2004): Wiener Jugendstil. Falter, Wien
Poelt, J. (2008): Die Grazer Stadtrandsiedlungen der Randsiedlungsaktionen 1932-1937. Leykam, Graz
Ponstingl, M. (2008): Straßenleben in Wien. Fotografien von 1861 bis 1913. Christian Brandstätter, Wien
Pries, L. (2008): Die Transnationalisierung der sozialen Welt. Sozialräume jenseits von Nationalgesellschaften. Suhrkamp, Frankfurt/M.

Prigge, W. / Kalb, W. (Hrsg.) (1988): Sozialer Wohnungsbau im Vergleich. Vervuert, Frankfurt/M.
Proust, M. / Atget, E. (1987): Ein Bild von Paris. Hrsg. V. D. Trottenberg. Insel, Frankfurt / M.
Quermann, C. (2006): Der Pont transbordeur im Blick der Photographen. In: Hamburger Kunsthalle (Hrsg.): Im Licht des Südens. Marseille zu Gast. Hachmannedition, Hamburg, 101-131
Ranke, W. (1975): Heinrich Zille – Photographien 1890-1910. Schirmer/Mosel, München
Reiterer, A.F. (2003): Gesellschaft in Österreich.3.vollst. überarb. u. akt. Aufl. WUV, Wien
Renner, R.G. (2003): Hopper. Taschen, Köln
Reulecke, J. (1985): Geschichte der Urbanisierung in Deutschland. Suhrkamp, Frankfurt / M.
Reutlinger, C. (2008): Raum und soziale Entwicklung. Juventa, Weinheim und München
Rheinberger, H.-J. u.a. (1997): Räume des Wissens. Akademie. Berlin
Riege, M. / Schubert, H. (Hrsg.) (2005): Sozialraumanalyse. VS Verlag, Wiesbaden
Riis, J.A. (1971): How the other half lives. Dover Publications, New York
Riis, J.A. (1998): The Battle with the Slum. Dover Publications, New York
Rosenblum, N. (Hrsg.) (1992): Lewis H. Hine. Centre National de la Photographie, o.O.
Rosler, M. (2000): Bildsimulationen, Computermanipulationen. In: Amelunxen (2000), 129-170
Rossig, J. J. (2007): Fotojournalismus, UVK, Konstanz
Rodtschenko, A. (1993): Alles ist Experiment. Der Künstler-Ingenieur. Edition Nautilus, Hamburg
Rücker, E. (1973): die schedelsche weltchronik. Prestel, München
Runge, E. (2006) John Steinbeck, Dorothea Lange und die Große Depression. Martin Meidenbauer, München
Sachs-Hombach, K. (Hrsg.) (2005): Bildwissenschaft. Suhrkamp, Frankfurt / M.
Sachße, Chr. / Tennstedt, F. (Hrsg.) (1983): Bettler, Gauner und Proleten. Ein Bild-Lesebuch. Rowohlt, Reinbek
Salgado, S. (2002): Workers. An archaeology of the industrial age, Phaidon, London
Sander, A. (2001): Menschen des 20. Jahrhundert. Studienausgabe. Schirmer/Mosel, München
Sander, A. (2002): Menschen des 20. Jahrhunderts. 7 Bde. Schirmer/Mosel, München
Sandner, G. (2008): Demokratisierung durch Bildpädagogik. Otto Neurath und Isotype. In: SWS Rundschau (48), H.4, 463-484
Sandkühler, H. J. (1991): Die Wirklichkeit des Wissens. Suhrkamp, Frankfurt/M.
Sandkühler, H. J. u.a. (Hrsg.) (1988): Dialektik 16: Enzyklopädie und Emanzipation. Pahl-Rugenstein, Köln
Sandkühler, H.-J. / Vega, R. de la (Hrsg.) (1970): Austromarxismus. Europäische Verlagsanstalt, Frankfurt / M.
Schäfers, B. (2003): Architektursoziologie. Leske + Budrich, Opladen
Schäfers, B. (2008): Stadtsoziologie. VS Verlag, Wiesbaden
Schändlinger, R. (1998): Erfahrungsbilder. UVK, Konstanz

Scheipl, J. / Seel, H. (1987): Die Entwicklung des österreichischen Schulwesens von 1750-1938,. Leykam Graz
Scheipl, J. / Seel, H. (1988): Die Entwicklung des österreichischen Schulwesens in der Zweiten Republik 1945-1987. Leykam, Graz
Scheuch, M. (1994): Historischer Bildatlas Österreich. A & M, Wien
Schildt, A. / Sywottek, A. (Hrsg.) (1988): Massenwohnheim und Eigenheim. Campus, Frankfurt/ New York
Schirmer, L. (Hrsg.) (2001): Frauen sehen Frauen. Schirmer/Mosel, München
Schirp, J. / Zahn, H. (Hrsg.) (2009): Stadt und Land im Wandel. bsj, Marburg/Lahn
Schmidt, U. (2004): Das neue Handbuch Digitale Fotografie. Franzis, Poing
Schmidt-Dengler, W. (2002): Ohne Nostalgie. Zur österreichischen Literatur der Zwischenkriegszeit. Böhlau, Wien u.a.
Schultheis, F. / Schulz, K. (Hrsg.) (2005): Gesellschaft mit beschränkter Haftung. UVK, Konstanz
Schulz, W. u.a. (Hrsg.) (2005): Österreich zur Jahrhundertwende. VS Verlag, Wiesbaden
Schuster, K.-P. (2003): Einstellungen. Wim Wenders' Städte und Wüsten am Ende der Photographie. In: Wenders (2003), 7-12.
Schuster, M. (1996): Fotopsychologie. Springer. Berlin/Heidelberg
Schwarz, W.M. u.a. (Hrsg.) (2007): Ganz unten. Die Entdeckung des Elends, Brandstätter, Wien
Seel, H. / Scheipl, J. (2004): Das österreichische Bildungswesen am Übergang ins 21. Jahrhundert. Leykam, Graz
Seiß, R. (2007): Wer baut Wien? Pustet, Salzburg und München
Shepard, S. / Wenders, W. (2005): Don't come Knocking. Schwartzkopff, Berlin
Siebel, W. (Hrsg.) (2004): Die europäische Stadt. Suhrkamp, Frankfurt / M.
Simon, T. (2001): Wem gehört der öffentliche Raum? Leske + Budrich, Opladen
Sontag, S. (1980): Über Fotografie. Fischer Taschenbuch, Frankfurt / M.
Sitte. C. (2002): Der Städtebau nach seinen künstlerischen Grundsätzen. Birkhäuser, Basel u.a.
Stadtplanungsamt Graz (2008): Räumliches Leitbild der Landeshauptstadt Graz. Stadtplanungsamt, Graz
Stadt Wien – MA [Magistratsabteilung] 18 (2000): Stadtregion Wien, MA 18, Wien
Stadt Wien – MA 18 (2004a): Kleinräumige Wirtschaftsentwicklung im dicht genutzten Stadtgebiet von Wien. MA 18, Wien
Stadt Wien – MA 18 (2004b): Entwicklungsszenarien der Wiener City. MA 18, Wien
Stadt Wien – MA 18 (2004c): Wiener Wohnstudien. MA 18, Wien
Stadt Wien – MA 18 (2005a): Stadtregionen – Steuerungsmöglichkeiten für die räumliche Entwicklung. MA 18, Wien
Stadt Wien – MA 18 (2005b): Historische Sozialraumanalyse für das Wiener Stadtgebiet II 1971-1981-1991-2001, MA 18, Wien
Starl, T. (1995): Knipser. Die Bildgeschichte der privaten Fotografie in Deutschland und Österreich 1880 bis 1989. Koehler & Ameling, München und Berlin

Statistik Austria (2006): Einkommen, Armut und Lebensbedingungen, Wien
Steichen, E. (1983): The Family of Man. Museum of Modern Art, New York
Steinbeck, J. (1997): Erntezigeuner. Unterwegs zu den Früchten des Zorns. Folio, Wien/Bozen
Steinbeck, J. (2008): Früchte des Zorns. dtv, München
Steinmetz, M. (2006): Architektur neues Wien. Verlagshaus Braun, o.O.
Steinmetz, M. / Panek, S. (2007): Wien. Der Architekturführer. Verlagshaus Braun, o.O.
Stiegler, B. (2001): Philologie des Auges. Wilhelm Fink, München
Stiegler, B. (2006a): Theoriegeschichte der Photographie. Wilhelm Fink, München
Stiegler, B. (2006b): Bilder der Photographie. Suhrkamp, Frankfurt/M.
Tagg, J. (1993): The Burden of Representation. University of Minnesota Press, Minneapolis
Tálos, E. (1981): Staatliche Sozialpolitik in Österreich. Verlag für Gesellschaftskritik, Wien
Tálos, E. (2005) Vom Siegeszug zum Rückzug. Sozialstaat Österreich 1945 – 2005. Studien-Verlag, Innsbruck u.a.
Tálos, E. (2008): Sozialpartnerschaft. Ein zentraler politischer Gestaltungsfaktor in der Zweiten Republik. StudienVerlag, Innsbruck u.a.
Tálos, E. u.a. (Hrsg.) (1988): NS-Herrschaft in Österreich 1938-1945. Verlag für Gesellschaftskritik, Wien
Tálos, E. /Neugebauer, W. (Hrsg.) (2005): Austrofaschismus. LIT, Wien und Münster
Talos, E. / Wörister, K. (1994): Soziale Sicherung im Sozialstaat Österreich. Nomos, Baden-Baden
Tezak, H. (Hrsg.) (1990): Peripherie Graz. Haus der Architektur, Graz
Therborn, G. (2000): Die Gesellschaften Europas 1945-2000. Campus, Frankfurt / M. und New York
Thomson, J. (1981): Street-life in London. Harenberg, Dortmund
Trinker, B. / Strand, M. (Red.) (2001): Donaustadt. Wiener Bezirkshandbücher 22. Bezirk, Pichler, Wien
Trinker, B. / Strand, M. (Red.) (2002): Liesing. Wiener Bezirkshandbücher 23. Bezirk, Pichler, Wien
Troch, H. (Hrsg.) (1997): Wissen ist Macht. Zur Geschichte sozialdemokratischer Bildungsarbeit. Löcker, Wien
Vester, M. u.a. (2001): Soziale Milieus im gesellschaftlichen Strukturwandel. Suhrkamp, Frankfurt / M.
Vocelka, K. (2002): Geschichte Österreichs. Heyne, München
Voß, G.-G. (1991): Lebensführung als Arbeit. Enke, Stuttgart
Wagner, O. (2008) Die Baukunst unserer Zeit, Metroverlag, o.O.
Wall, J. (1997): SZENARIEN im Bildraum der Wirklichkeit. Verlag der Kunst, Dresden
Weidenholzer, J. (1981): Auf dem Weg zum „Neuen Menschen". Bildungs- und Kulturarbeit der österreichischen Sozialdemokratie in der Ersten Republik, Europa-Verlag, Wien u.a.
Welter, N. (2007): Zum Verhältnis von Bild und Sprache. In: Friebertshäuser / v. Felden / Schäffer (2007), 303-315
Wenders, W. (1987): Written in the West. Schirmer/Mosel, München

Wenders, W. (1988): Die Logik der Bilder. Verlag der Autoren, Frankfurt/M.
Wenders, W. (2001): Einmal. Schirmer/Mosel, München
Wenders, W. (2003): Bilder von der Oberfläche der Erde. Schirmer/Mosel, München
Wenders, W. (2005): A Sence of Place. Verlag der Autoren, Frankfurt/M
Wenders, W. u. D. (2000): The Heart is a sleeping Beauty. Schirmer/Mosel, München
Wenders, W. / Handke, P. (1992): Der Himmel über Berlin. Suhrkamp, Frankfurt/M.
White, St. u.a. (2001): The Photograph and the American Dream 1840-1940. Van Gogh Museum, Amsterdam
Whyte, W. F. (1981): Street Corner Society. The University of Chicago Press, Chicago and London
Wichert, A. (2006): Der Text zum Foto. In: Holzbrecher u.a. (2006). 25-38
Wilhelm, K. / Jessen-Klingenberg, D. (Hrsg.) (2006) Formationen der Stadt. Camillo Sitte weitergelesen. Birkhäuser, Basel u.a.
William, A. (2000): Erfolgreiche Porträtfotografie. Laterna magica, München
Winter, M. (2007): Expeditionen ins dunkelste Wien, Picus, Wien
Wirth, L. (1985): Vorwort zur englischen Ausgabe. In: Mannheim (1985).
Wolf, H. (Hrsg.) (2002): Paradigma Fotografie. Suhrkamp, Frankfurt / M.
Wolf, H. (Hrsg.) (2003): Diskurse der Fotografie. Suhrkamp, Frankfurt / M.
Wolff, K. H. (1964): Karl Mannheim in seinen Abhandlungen bis 1933. In: Mannheim (1964), 11-65
Wollenberg, Ch. (1997): Einleitung. In: Steinbeck (1997), 7-22
Ziehe, I. / Hägele, U. (Hrsg.) (2004): Fotografien vom Alltag – Fotografieren als Alltag. LIT, Wien und Münster
Zimmermann, C. (1996): Die Zeit der Metropolen. Fischer Taschenbuch, Frankfurt/M.
Zürn, M. (1998): Regieren jenseits des Nationalstaates. Suhrkamp, Frankfurt / M.

MIX
Papier aus verantwortungsvollen Quellen
Paper from responsible sources
FSC® C105338
FSC
www.fsc.org

If you have any concerns about our products,
you can contact us on
ProductSafety@springernature.com

In case Publisher is established outside the EU,
the EU authorized representative is:
Springer Nature Customer Service Center GmbH
Europaplatz 3, 69115 Heidelberg, Germany

Printed by Libri Plureos GmbH
in Hamburg, Germany